21世纪高职高专规划教材
国际经济与贸易系列

高等职业教育
“十三五”规划精品系列教材

U0874078

International Freight
Forwarders Operation

国际货运代理操作实务

第3版

主　编／李春富　山囡囡
副主编／蔡文芳　訾　颖

中国人民大学出版社
· 北京 ·

前　言
PREFACE

随着“一带一路”倡议的稳步推进，我国已经从一个世界制造工厂和新兴市场国家逐步成长为世界经济和贸易的领头羊之一。我们不但要进一步融入全球化发展，而且要引领全球化发展。伴随着国际贸易体系的不断发展与完善，我国国际物流业务扮演着最重要的角色。2017 年全球集装箱吞吐量为 7. 377 6 亿箱，其中中国 20 个港口占比达 29. 9%。目前，全球前十大集装箱港口中有七个是中国港口，分别是：上海位列第一，深圳位列第三，宁波位列第四，香港位列第五，青岛位列第七，广州位列第八，天津位列第十。如此大规模的国际货运规模必须有相应的国际货运代理企业为之提供配套服务。以宁波为例，目前共有大小国际货运代理企业近 1 300 家，其中在宁波注册成立的公司有 800 余家，外地在宁波设立分公司或办事处的有 400 余家。

人才的培养离不开好的教材。目前，培养国际货运代理行业人才的高职高专院校普遍面临选用的教材不实用这一难题。笔者所在学校与宁波天航国际物流有限公司开展了多年的校企合作人才培养工作，取得了很好的效果。我们根据行业普及的操作方法以及与宁波天航校企合作多年实践所积累的培训资料，并在兄弟院校相关专业教师的大力支持下编写了本书。本书主要强调所学内容的可操作性，工作项目与工作任务基本上是以实践操作的先后顺序来安排的，以相关工作任务的完成带动理论知识的学习，因此本书不强调理论上的完整性，但是特别注重每一个教学单元内容上的可操作性和可考核性。通过本书的学习，学生能达到独立处理货代企业简单操作的目标，部分优秀者甚至能在老师的指导下完成较复杂的操作。

本书可作为高职高专院校项目化教学的教材，也可作为企业进行人才培养的教材，还可作为国际货运代理从业资格证书考试的辅助教材。

本书第3版有一点增加、一点改变和一点删除。一点增加：增加跨境电商物流操作。随着全球电子商务的蓬勃发展，阿里巴巴等电商平台企业为个人或小微企业更多参与各种规模的国际贸易活动提供了机遇，跨境电商得到了飞速发展；跨境电商操作人员急需一本实用的教材或操作指南之类的文本供其参考。因此，本书特别增加了跨境电商物流操作的内容，并不厌其烦地将每一个操作步骤用截图演示，希望学习者能快速熟练掌握相关操作。一点改变：由于2017年新的报关单开始使用，因此本书与时俱进，将报关单改为最新版。一点删除：经编写组各位老师反复权衡，也听取了全国各高校使用本书多年的教师的良好建议，本版教材删除了“信用证”部分的内容。一方面是考虑到大多数学生在“单证操作”课程中已经学习了信用证相关知识与操作，另一方面是鉴于本书篇幅限制不得不做出的取舍。如有学习者没有学过信用证相关知识与操作，建议教师先安排该部分的学习。

本书由李春富、山囡囡任主编，蔡文芳、訾颖任副主编，具体分工为：李春富、訾颖、山囡囡编写项目一，李春富、徐芳泉编写项目二，李春富、訾颖编写项目三，山囡囡编写项目四，蔡文芳编写项目五，最后由李春富、山囡囡统稿。此外，笔者的同事屈宁华、胡志伟等为本书的编写提供了很多好的建议；笔者的学生朱奕、钱艳、王佳伟等为本书的编写收集了很多资料；宁波天航国际物流有限公司的副总经理廖欣提供了大量真实的数据。在本书的编写过程中，我们还参考了很多学者的著作、文章中的观点与案例，也参阅了许多船公司和船代货代公司的各项规定，在此一并表示感谢。

由于编者水平有限，书中疏漏和错误在所难免，真诚希望各位同行和读者批评指正，以便修改完善。

李春富
2018年2月

目　录
CONTENTS

项目一

出口货物班轮运输代理操作

项目概述

出口货物班轮运输代理是货代企业最常见的业务。对于货代企业的业务员、操作员、外协员以及客服员而言，熟悉出口货物班轮运输代理的各项操作至关重要。本项目主要介绍进行客户分析并成功揽货，协助客户做好备货报验、托运单填写以及订舱工作，进行高效配载并与客户确认提单签发的有关事宜，同时处理好提单签发有关保函、索赔与理赔等各项工作任务的操作方法与注意事项等。

教学目标

通过本项目的学习，要求学生熟练掌握揽货接单的各项技巧与注意事项；做好托运单填写、代理报检报验及报关、提单签发等各项工作；能正确处理客户的各种额外要求以及索赔与理赔等相关事宜。

重点难点

【重点】

分析客户并成功揽货，协助客户做好备货报验、填写托运单以及订舱工作；进行高效配载，协助客户做好索赔与理赔等工作。

【难点】

成功进行揽货接单、高效配载，处理倒签提单等各种不正常行为。

模块一　揽货与接单

学习目标

1. 对客户进行有效分析从而掌握潜在客户的基本情况，为开发客户制定目标；

2. 通过电话营销和上门拜访客户等方式和潜在客户接触，向客户介绍公司的优势产品；

3. 掌握顺利接单，并处理好接单后的相关事宜的技巧。

工作任务

本模块包括以下工作任务：第一，揽货；第二，接单。

实践操作

国际货运代理业务操作的基本流程是：揽货→询价→订舱→接受托运申请→订舱确认→排载→发放空箱→装箱→进场→边检→申报→报检→报关→配载（装船计划）→审提单→船东确认费用→预借购付汇联→缴纳费用→签单→向货主催款→货主确认并支付钱款→开具商业发票→放单/做电放/做海运单。

一、揽货

揽货是指与客户直接洽谈或通过电话、传真、互联网、广告等各种方式，从客户那里争取货源、承揽货载的行为。国际货运代理业务经营者的揽货行为属于货运市场营销的范围。它通过明确的目标市场、可控制的各种营销因素、完善的市场营销组合和对营销活动的有效管理，最终达到盈利的目的。揽货的具体流程包括：

（一）进行客户分析

国际货运代理企业为货主提供服务，并从货主那里获得报酬。货主主要包括进出口商、加工贸易企业、到国外参展的单位以及一些个人等。从货物运量来看，在每年通过海运出口的货物中，从事一般贸易的进出口商的货物运量所占比重最大，它们是国际货运代理企业的首选客户群，其次是加工贸易企业。一般来说，货主企业对于国际货运代理企业的选择大致有 5 种情况：

(1) 大型的出口企业。这类企业具有商业信誉好、出口量大、目标国家多等特点，因此，它们一般会选择实力雄厚、服务质量高的国际货运代理企业，有些甚至采取招投标的方式选择国际货运代理企业，因此大多数货运代理企业不能成为其服务供应商。

(2) 中小型的出口企业。这类企业具有货量较小、对服务价格比较敏感等特点，但是这些企业数量众多，货源总量很大，也是大多数国际货运代理企业争夺的主要目标。

(3) 新成立的出口企业。这类企业通常经验不足，因而往往更加小心翼翼。一个有实力、耐心、诚信的货代企业往往会有较大的机会取得这些新成立的出口企业的信任，并争取到它们的货源。

(4) 加工贸易企业。这些“三来一补”企业的货物一般以 FOB 的条款成交，在海上运输中运费的支付方式是运费到付，一般比较适合有较完善的海外代理网络的国际货运代理企业。

(5) 有特殊货物出口的企业。诸如冷冻食品、超大超重的货物、液态货物、危险品等，这些货物需要专业的特种箱运输，宜选择操作人员专业知识扎实、实力较强、实践经验比较丰富的国际货运代理企业。由于操作难度大，利润往往也更高。此外，还有各种展销、展览等也需要国际货运代理企业协助完成国际运输。

(二) 接触客户

1. 接触客户前的准备工作

货代企业的业务员在接触客户前需要做好以下准备工作：

(1) 准备好必要的基本文件资料。特别是第一次与未来可能成为企业客户的揽货对象见面时，应该准备名片、公司简介、运价表、船期表等资料。有的客户还会要求企业出示国际货运代理企业备案表或无船承运业务经营资格登记证。有些企业还会准备一些印制精美的公司简介或光碟。同时，还要准备好托运单，客户一旦有意向可以马上让客户填写托运单。

(2) 调整好心态，做好吃苦耐劳的准备。由于货代市场竞争进入白热化阶段，业务员的心态成为决定成败的重要因素，因此一定要有“要取得 1%的成功，前面 99%的拒绝无法避免”的心理承受力。而且要有吃苦耐劳的精神，拜访客户要勤，还要讲究效率，认真分析客户类型并制定相应的营销策略。

(3) 掌握一定的营销技巧。先做朋友再做生意，业务员要通过建立客户档案、定期联系客户等方式，努力与企业建立信任关系。同时，要关注客户企业的决策者和重要联络人的小档案，包括他们的兴趣、爱好、重要的纪念日等，在这些时刻，给他们发送一张电子贺卡也许就能促成一笔业务。

2. 电话开发客户

电话开发客户可以说是诸多开发方式中最直接、最快速的，它比网络开发更有突破性，比登门拜访的效率更高。但是电话开发方式也有很多的不足，以下情况应避免选择这种方式：

（1）方言太重的人禁用电话开发方式，尤其是由于南北方言的不同所导致的障碍可能会更大。

（2）语言表达不流利的人最好不要选择电话开发方式。

（3）应变能力不强的人最好少用这种方式，因为在电话中你会遇到各种意想不到的询问，许多问题对于新人来说相当尖锐且难以回答，如果不能在短时间内给客户一个合理、满意的答复，那么企业在新客户心中的印象将会大打折扣，处理不好甚至会给客户一种虚假、不实在的感觉，这个是联系业务时最忌讳的，切记不能让客户对你的话产生怀疑。

在电话开发客户时，首先要注意开发的时间。通常应选在上午 9:00—10:30，下午 2:00—4:00。这两个时间段客户都不太忙，心情相对会好些，倾听业务员介绍的可能性更大。其次要注意打电话时的态度，应诚恳、热情、谦虚。这样客户对你的第一印象会很好，愿意听你的介绍，也能够比较相信你所说的话。最后语言一定要简明扼要，不要啰唆，语调也要适中。

在电话开发客户的过程中，业务员会遇到的意外状况有：

（1）客户的拒绝。在你刚刚介绍公司情况或说明来意的时候，有些客户可能会挂断电话。

（2）客户的斥责。有时候会遇到客户并不挂电话，而是在电话那端对你大声斥责的情况，这会让人很恼火。心理承受能力强的业务员可以耐心地听完客户所说的话，因为这种客户在心理上比较好把握，一旦抓住他们的心理，他们将会是很稳定的客户源。

（3）客户的推脱。有些客户并不是没有出口业务，但是出于工作繁忙或对货代企业的反感（因为有一些同行在电话开发时态度不好，从而使一些客户对这一行业产生了不好的印象，所以凡是接过这种电话的客户都很反感陌生货代企业的来电），往往会以公司没有业务或者已经指定业务，或询问货代企业的优势，然后很委婉地以航线不符来拒绝。所以业务员不要太主动地将自己公司的所有信息和盘托出，要尽可能地多了解对方的信息。

3. 上门拜访客户

有些客户对业务员的上门拜访并不反感，而且还能够表示欢迎，热情招待业务员；但也有一些客户，由于工作繁忙，害怕受外界打扰，对业务员深感厌烦，甚至拒业务员于门外，从而使没有经验的业务员无法接近，未曾交手便很快败下阵来。因此，为了成功地接近客户，就必须事先预约。

（1）正确选择约见时间。比较合适的约见时间有：客户刚开张营业，正需要产品或服务的时候；对方遇到吉庆喜事的时候，如晋升提拔、获得某种奖励等；客户刚领到工资或提高工资级别，心情愉快的时候；节假日或者适逢对方厂庆纪念、大楼奠基、工程竣工之际；客户遇到困难，急需帮助的时候；客户对原先的服务有意见，对你的竞争对手不满意的时候；等等。许多经验表明，业务员在这样的时刻拜访客户，往往会令客户感动。

（2）正确选择约见地点。在与客户接触的过程中，选择一个恰当的约见地点非常重要。一般业务员选择的约见地点有客户的办公室、公共场所、社交场合等，注意尽量不要到客户家里拜访。

（三）介绍优势产品

业务员需要在最短的时间内向客户介绍本公司的优势产品。例如：与本公司合作的船公司有哪些，本公司主要承接哪些航线的货物运输业务，要特别强调在哪些航线可以提供更优势的价格或者服务，并且要向客户介绍相关港口信息。

二、接单

（一）详细了解客户需求

在为客户提供服务前，业务员需要和客户确定的内容包括：发货人、收货人、通知人、品名（中英文）、目的港、中转港、柜型柜量、超重柜特殊说明（如为特种柜，则需说明详细的货物尺寸、长×宽×高、毛重、体积等，有时还需要注明货物装柜次序及摆放示意图）、危险品和冷冻货的特殊说明、装运期限（是否有信用证要求）、配载要求（出船证等）、货物交运日期以及交运方式、运费结算方式（预付、到付金额）、是否第三地付款、是否指定船东、是否有要求申请目的港N天免柜期、提单签发时是船东提单还是货代提单、是否第三地签单等。

除了上述内容，业务员还需要了解客户的其他业务要求，应尽可能为客户提供其他增值服务。例如：是否需要提供短途运输、代理报关报检、代理保险、安排仓储、更换包装、代刷唛头、“门到门”等服务。这样既能尽量满足客户的各种需求，也能为企业赢得更多的收益。

（二）帮助客户设计运输方案

业务员要根据客户的要求设计若干个运输方案供客户选择，并将各种方案的优缺点详细地向客户说明，最好形成书面方案供客户带回公司请领导审核。运输方案的设计应尽可能详尽，尤其要分析客户的需求情况。有些客户由于运输的货物价值本身较低，可能比较在乎价格；有一些客户可能更在乎时间，按期交货对其意义更大，因此设计运输方案时要特别强调这一点。只有符合客户的需求，才能打动客户的心。

同时，业务员应通过航线主管向船公司询价，争取申请更低的价格，以供货主选择。若直接与船东订舱，则应注意以下几点：第一，该船东是否可接至货主所要求的目的港；第二，是否可以接超重柜；第三，是直航船还是中转船，在哪里中转；第四，几天可到达目的港；第五，该航次挂靠什么码头（如宁波北仑港一期至四期、大榭岛、梅山岛等）；第六，该航次舱位是否紧张，是否可以保证舱位。

（三）要求客户准确填写托运单

托运单是客户向国际货运代理企业提出服务需求的书面请求，由客户填写。托运单一般由国际货运代理企业印制并提供，也有客户自己印制的。

托运单上一般有以下栏目：托运人（Shipper），收货人（Consignee），通知人（Notify），装货港（Port of Loading），卸货港（Port of Discharge），目的港（Port of Delivery），标志与号码（Marks&Nos.），件数、包装种类及货名（Number and Kinds of Packages & Description of Goods），毛重（Gross Weight），尺码（Measurement）等。如果是集装箱运输，还包括箱型的选择，如×20′GP、×40′GP、×40′HQ、×45′HQ等（“×”号前填数字，表示需要多少个该种箱型的集装箱）；运输条款的选择，如CY-CY（堆场到堆场）、CY-DR（堆场到门）、DR-CY（门到堆场）、CFS-CFS（站到站）、CY-CFS（堆场到站）等；支付运费方式的选择，如运费已付、运费待付；一些服务项目的选择，如自理报关还是委托报关，自派拖车运输还是委托派车运输；提单的选择，如船东提单、货代（无船承运人）提单，还是电放等。最后要求托运人签名盖章。

（四）做好内外协调与跟踪工作

业务员揽货后，由操作人员负责完成订舱、安排拖车、报关报检、制单等工作。通常揽货人员将揽到的货物交给操作人员时，要填写一份业务联系单作为交接的凭证。这是一份内部流转的单证，其内容除了客户托运单上的基本内容外，还有比较详细的装货时间、装货地点、联系人、报关行、应收费用、应付费用等内容，各企业的业务联系单内容基本一致。

揽货人员应该不断与操作人员沟通，以确保完成各个环节的操作。揽货人员有责任主动跟踪操作人员在订舱、安排拖车、转载货物、安排报检和报关、缮制提单的过程中遇到的各种意想不到的问题，并随时将每一个环节上出现的问题通报给客户，从而让客户放心。揽货人员还应协助财务部门安全收回各种款项。

（五）帮助客户处理突发事件

在客户发生突发事件时，业务员要积极配合处理，这是体现货代企业业务水平和服务态度的关键时刻。例如：变换航次、目的港10～14天免柜期、非危货物说明、提柜后船东换船或货主要求换船、套柜申请、倒签提单以及货物退关。

在国际货运代理市场竞争日趋白热化的今天，货代企业既要利用自身优势航线和优势价格开发新客户，也要通过良好的运后服务赢得客户的信任，增进揽货人员与客户的感情，真正做到依靠优质的服务质量稳定老客户，从而提高企业自身的竞争力。

相关知识

一、国际海运船舶的营运方式

（一）租船运输

1. 租船运输的定义

租船运输（Tramp Shipping），又称不定期船运输，这是相对于定期船运输，即班轮运输而言的一种船舶营运方式。由于这种营运方式没有固定的航线和挂靠港口，也没有预先制定的船期表和费率本，因此船舶经营人需要在市场上寻求机会，与需要船舶运力的租船人通过洽谈运输条件、签订租船合同等方式来达成交易，故称为租船运输。租船运输主要根据租船人的要求来安排营运，通常由租船人租用整船进行运输，根据租船人的不同要求分为不同的租船方式。

2. 租船运输的特点

（1）租船运输是根据租船合同组织运输的。租船合同明确规定船舶出租人与船舶承租人双方的责任、义务和权利，租船合同条款是解决争议的依据。

（2）国际租船市场行情、世界经济状况、船舶运力供求关系、季节性气候条件及国际政治形势等因素都会影响租金或运费的高低。

（3）船舶营运中有关费用的分担取决于不同的租船方式，并在租船合同中明确规定。

（4）租船运输主要适于大宗货物的运输，如谷物、矿石、煤炭等。

（二）班轮运输

1. 班轮运输的定义

班轮运输（Liner Shipping），又称定期船运输，是指班轮公司将船舶按事先制定的船期表，在特定航线的各挂靠港口之间经常性地为非特定的众多货主提供货物运输服务，并按运价本或协议运价的规定计收运费的一种营运方式。

2. 班轮运输的分类

（1）杂货班轮运输。这是最早的班轮运输方式。杂货班轮运输的货物以件杂货为主，还包括一些散货、重大件等特殊货物。对货主而言，杂货班轮运输具有以下优点：

1）能及时、迅速地将货物发送和运达目的港。由于货主和货代能根据船期表预知货物的发运和到达时间，因此能保证货物的供需要求，并能较好地保证货运质量。

2）能满足小批量零星件杂货对海上运输的要求。无论货物的批量大小，货主或货代企业能够随时请班轮公司托运，因此可以节省货物等待集中的时间和仓储的费用。

3）通常班轮公司都负责转运工作。货主或货代企业可以要求班轮公司安排货物的转运工作，从而满足货物运输的特殊需要。

（2）集装箱班轮运输。20世纪60年代后期，随着集装箱运输的发展，班轮运输中出现了以集装箱为运输单元的新的运输方式。由于集装箱运输具有运送速度快、装卸方便、机械化程度高、作业效率高、便于开展联运等优点，因此到了20世纪90年代后期，集装箱班轮运输已逐渐取代了传统的杂货班轮运输。

对货主而言，集装箱班轮运输除了具有与杂货班轮运输相似的优点外，在运输速度、货运质量等方面更具有优势。但是，由于目前大多数班轮公司不接小批量的拼箱货，因此需要集拼经营人来安排小批量的拼箱货运输。

3. 班轮运输的特点

与租船运输相比，班轮运输具有以下特点：

（1）在租船运输中，出租人和承租人双方在货物运输之前已签订明确详细的租船合同。而在班轮运输中，承运人与货主之间在货物装船之前，通常不签订具有详细条款的书面运输合同。在杂货班轮运输中，通常是在货物装船后，由承运人或其代理人签发提单；在集装箱班轮运输中，则由承运人或其代理人签发提单或海运单。这些单证上须标识详细的有关承运人、托运人或收货人的责任、权利和义务的条款。

（2）在杂货班轮运输中，除非已签订协议，允许托运人在船边交货和收货人在船边提货，通常承运人是在装货港指定的码头仓库接收货物，并在卸货港的码头或仓库向收货人交付货物；在集装箱班轮运输中，承运人通常是在装货港集装箱堆场接收货物，并在卸货港集装箱堆场交付货物。拼箱货则由集拼经营人在装货港集装箱货运站接收货物，并在卸货港集装箱货运站交付货物。但在租船运输中，关于货物接收与交付事项是由承租双方当事人在租船合同中协商确定的。

（3）班轮公司一般负责包括装货、卸货和理舱在内的作业和费用。在杂货班轮运输中，班轮公司通常不负担仓库至船边或船边至仓库搬运作业的费用；在集装箱班轮运输中，由于运输条款通常为CY-CY，因此班轮公司理应负担堆场至船边或船边至堆场的搬运作业的费用。但在租船运输中，货物装卸费用应由出租人和承租人双方依租船合同的装卸条款规定来分担。

（4）在班轮运输中，承运人与货主之间不规定装卸时间，也不计算滞期费和速遣费。在堆场或货运站交接货物的情况下，双方会约定交接时间，而不规定装卸时间；在船边交货或提取货物时，也仅约定托运人或收货人需按照船舶的装卸速度交货或提取货物，否则，货主应赔偿承运人因降低装卸速度或中断装卸作业所造成的损失。但在租船运输中，特别是在航次租船运输中，装卸时间及滞期费或速遣费的规定是一项必不可少的内容。

二、国际货运代理概述

（一）国际货运代理的定义

2004年10月，国际货运代理协会联合会（FIATA）总部对国际货运代理的含义进行了扩充并提出了最新的阐释："国际货运代理及物流服务，指的是所有和货物的运输（即采用单一的模式或多式联运模式所完成的运输）相关的服务，与货物的拼箱、储存、处理、包装或配送等相关的服务及与上述服务相关的辅助性及咨询服务，其中包括但不局限于海关和财政事务、货物的官方申报、安排货物的保险、代收或支付货物相关的款项及单证等服务。国际货运代理服务还包括物流服务，即将现代信息和通信技术应用于货物的运输、处理和储存及实质上的整体供应链管理之中。所有这些服务都可以根据客户的要求及具体的服务内容而量身定做，灵活运用。"此外，国际货运代理还可理解为从事国际货运代理业务的机构。

根据 2001 年 12 月 11 日颁布的《中华人民共和国国际海运条例》，对于国外普遍公认的应属于国际货运代理范畴的无船承运业务作了如下定义："无船承运业务是指无船承运业务经营者以承运人身份接受托运人的货载，签发自己的提单或者其他运输单证，向托运人收取运费，通过国际船舶经营者完成国际海上货物运输，承担承运人责任的国际海上运输经营活动。"

（二）国际货运代理的性质

从国际货运代理的基本性质来看，其主要是接受委托人的委托，为货物的运输、转运、仓储、保险，以及与货物运输有关的各种业务提供服务的一个机构。国际货运代理是一种中间人性质的运输业者，它既代表货方，保护货方的利益，又协调承运人的承运工作，其本质就是货物中间人，在以发货人和收货人为一方，承运人为另一方的两者之间行事。国际货运代理的这种中间人性质在过去尤为突出。

从另一角度来看，国际货运代理系社会产业结构中的第三产业，是科学技术、国际贸易结构、国际运输方式发展的结果。在社会信息高度发展的背景下，信息不受任何行业、区域、国界的限制，只要掌握信息，便能提供委托人所需要的优质服务。传统的装卸公司、运输部门、仓储部门等也纷纷摆脱其局限性，转向或参与转运服务，并有效地利用其所拥有的设施和条件，从中获取附加价值或附加收益。目前，越来越多的国际货运代理通过建立运输组织，签发运输单证，并以承运人身份承担责任的方式，致力于拓展更广阔的业务范围。

（三）国际货运代理的作用

国际货运代理在促进本国和世界经济发展的过程中起着非常重要的作用。它不仅可以简化国际贸易程序，降低运输的总成本，而且通过给予国内承运人和保险人支持，可以实现外汇节省，并帮助改善外汇收支状况。国际货运代理在与其有关的机构（如港口当局、船务代理、海运经营人、空运经营人、卡车经营人、铁路经营人、保险人、银行等）的贸易活动中发挥着协调作用。国际货运代理对于客户，以及海关和其他与进出口贸易运输有关的机构而言，都是十分必要的。其作用表现在：

1. 组织协调作用

国际货运代理使用最现代化的通信设备及技术，推动国际贸易程序的简化。国际货运代理是运输的设计师，是门到门运输的组织者和协调者。

2. 开拓控制作用

国际货运代理不仅组织和协调运输，而且促进新运输方式的创造、新运输路线的开发、新运输费率的制定以及新产品的市场开拓。多年来，国际货运代理在世界各地的贸易中心建立了客户网和分支机构，因此它能够控制货物的全程运输。

3. 中间人作用

国际货运代理作为货物中间人，既可以以发货人或收货人的名义及时订舱，洽谈公平费率，并于适当的时候办理货物递交；又可以以委托人的名义与承运人结清运费，并向承运人提供有效的服务。

4. 顾问作用

国际货运代理是企业的顾问，它能在运费、包装、进出口业务必需的单证、金融、海关、领事要求等方面提供咨询，还能在国内外市场销售的可能性方面提出建议。

5. 提供专业化服务

国际货运代理提供的各种服务是专业化的。它具备复杂的进出口业务，海、陆、空运输，结算、集运、仓储、集装箱运输、危险品运输、保险等方面的专业知识；熟知经常变化的国内外海关手续、运费与运费回扣、港口与机场的业务流程、海空货物集装箱运输的组织以及出口货物的包装和装卸等业务；它还负责申请检验商品、代向国外客户收取款项。

6. 提供特殊服务

国际货运代理可以提供各种特殊项目的服务，例如：将小批量的货物集中成整组货物，这对从事出口贸易的客户很有意义。客户可以从这种特殊的服务中受益，尤其是对那些规模小，又没有出口及运输能力的企业而言，更是如此。

7. 费用及服务具有竞争力

国际货运代理监督运费在货物售价中的比重，向客户建议最快最省的运输方式。它可就关键的运价问题在多种运输方式和众多的承运人中间进行选择，挑选最具竞争力的企业进行承运。在这方面，它比货方和承运人做得更好。因为这不是一家海运公司所能做到的，承运人遵循的原则是利用其运输设备而谋取利润。

（四）国际货运代理的角色

1. 以纯粹代理人的身份揽货

纯粹代理人揽货的范围往往局限于某几家国际班轮运输经营者经营的某几条航线，或到某几个地区的货物。它不只是作为一家班轮公司的代理，也可以是几家班轮公司的代理，此时它无权签发自己的提单，只能签发由其所代理的班轮公司的提单。它所赚取的是班轮公司的佣金，而不是差价，当货物发生灭失或残损时，其所承担的责任也相对较小。

2. 以无船承运人的身份揽货

无船承运人可以以承运人的身份揽货并签发提单。尽管它自己不拥有船舶，不经营船舶，但对于实际承运人来说，它也是承运人，并要承担承运人的责任，同时也要履行承运人的权利和义务。企业要取得无船承运业务的经营资格，必须向国务院交通主管部门办理提单登记，并缴纳 80 万元人民币的保证金。取得了无船承运业务经营资格登记证的企业，可以与所有国际船舶运输经营者签订运价合同，而无船承运人可以在此运价基础上再自定运价，以赚取差价。因此，以无船承运人的身份揽货，不仅揽货的范围非常广，而且可以揽到货载后再与班轮公司洽谈运价。

三、国际货运代理企业的岗位设置

（一）销售岗位

在销售岗位上的货代业务员主要负责揽货，将公司的舱位销售出去，寻找客户、找到货源是其主要职责。他们是公司利润的主要来源，是推广公司产品、提升公司形象的核心力量。

（二）操作岗位

这是货代企业中工作最细致、最烦琐的岗位。操作人员的主要工作就是将客户的资料整理、核准，保证货物顺利、及时出运。其中最重要的几个环节就是订舱、核对报关资料、安排车队和核对提单。

1. 订舱

订舱是指操作人员根据客户需求，向实际承运人预订货物出运舱位，取得配舱回单。通俗地讲，就是在船或者飞机的舱位上取得自己货物的堆放空间。一般情况下，取得了配舱回单，只要货物能准时送到码头、机场，报关、查验等步骤不出问题就能在约定的时间出运了。然而在特殊情况下，尤其是在旺季，由于出口的货物比较多，实际承运人会根据自身的情况，拉下一部分已经订舱并且完成报关的货物放在下个航次再进行承载，这就是甩柜。

2. 核对报关资料

收到客户的报关资料时，操作人员需要检查、核准。操作人员要查看发票和装箱单上的数字是否与报关单一致，有时还需要帮忙填写报关单。如果资料有问题，就需要及时与客户联系，协调更改，从而使送去报关的资料清晰、明了，这样才能保证货物的报关效率。海关的工作人员每天需要审核很多资料，所以字迹不清晰的报关资料很容易被退单。

3. 安排车队

操作人员在收到报关资料的同时也要保证货物及时进仓，一般在货物进仓后，核对测量数据与客户提供的数据是否一致后才能报关。所以安排车队，与工厂协调好装货时间也是很重要的，但很多时候会出现车队都不能准时到达的情况。这就需要操作人员根据车队的情况来调整好双方的时间。通常可以把与工厂预约的时间提前1～2小时来跟车队预约，以避免车队误时。

4. 核对提单

这个环节关系到物权，所以至关重要。通常第一遍的提单都是根据客户委托书打印出来的，操作人员收到后首先需要与客户的委托书、报关时所提供的资料先行核对，把错误都改正过来；然后再发给客户核对，客户再次修改，回传后重新制作提单，修改制作完成之后再次与客户核对，直到最后的提单确认件上没有任何需要修改的地方为止。一旦正本提单出现错误，进行修改会产生费用，甚至会因货物被误运而造成重大损失。

（三）报关报检岗位

报关员是联系货代企业与海关的纽带，报关员需要取得报关资格证，才能以自己的名义递送资料进行货物的申报。报关员必须保证客户资料的准确、清晰，填制的单据无误。如果由于工作的疏忽，导致客户货物的报关产生问题，报关员一般会承担连带责任，被扣除一定的报关资格分值甚至取消报关资格。

（四）客户服务岗位

规模较小的货代企业由操作人员兼作客服，规模较大的货代企业会单独设立客服岗位。客服的工作是收集、整理已有的每一位客户的习惯、注意事项等，在每次单证操作前将这些细节问题提供给操作人员，避免其与客户反复沟通同样的问题，并且在出现一些操作问题时，能够很好地向客户解释并与其进行良好的沟通。

（五）跑单岗位

跑单是取送单证的一个环节，虽然现在有快递公司可以承担此项工作，但是货代企业的单证一般都是比较重要的，有实力的企业都会有跑单司机，毕竟中间环节越少，越能保障单证的安全。跑单司机主要面对两个环节的人员：一个是企业客户，一个是企业的报关员。跑单司机的工作一般都是在户外的，只有闲的时候才会在公司，所以又称为外勤人员。

四、班轮船期表

制定班轮船期表是班轮营运组织工作的一项重要内容。公司制定并公布班轮船期表有多方面的作用。首先，可以招揽航线途经港口的货载，这样既可以满足货主的需要，又能体现海运服务的质量；其次，有利于船舶、港口和货物的及时衔接，使船舶有可能在挂靠港口的短暂时间内获得尽可能高的工作效率；再次，有利于提高船公司航线经营的计划质量。班轮船期表的主要内容包括：航线、船名、航次编号，始发港、中途港、目的港的港名，到达和驶离各港的时间，以及其他有关的注意事项等。

知识
拓展

一、FIATA

FIATA 即国际货运代理协会联合会的法文简称（法文全称为 Federation Internationale des Associations de Transitaires et Assimiles，英文全称为 International Federation of Freight Forwarders Associations）。FIATA 由 16 个国家的国家级货运代理协会于 1926 年 5 月 31 日在奥地利首都维也纳成立，是一个非营利的、国际性的非政府货运代理行业组织，主要目的是维护全球货运代理人的利益，并促进货运代理行业的发展。

随着全球一体化进程的加速，国际货运代理业务的重要性将日渐突显。如今，越来越多的国际货物运输都是委托货运代理企业进行操作的，据 FIATA 统计，全世界70%～80%的集装箱运输货物由货运代理掌控，它们对国际贸易及世界经济的发展起着越来越重要的作用。

二、CIFA

为了协调货运代理行业发展中的全局问题，中国对外贸易经济合作部（现为商务部）早在 1994 年就作出了筹建中国货运代理协会（China International Freight Forwarders Association，CIFA）的决定，并于 2000 年 9 月 6 日正式成立了 CIFA 这一全国性的货运代理行业组织。2001 年 9 月，CIFA 成为 FIATA 的国家级会员。

三、2018 年全球船公司 20 强

2018 年全球 20 大船公司排名如表 1－1 所示。

四、世界主要的海运集装箱航线及港口

世界主要的海运集装箱航线包括：远东—北美航线，远东—南美、加勒比航线，欧洲-地中海航线，亚洲航线，非洲航线，澳新航线。中国货运代理企业尤其要注意以下主要地区航线及港口：

（一）远东—北美航线

美西线的主要港口有：LOS ANGELES 洛杉矶，SEATTLE 西雅图，LONG BEACH 长滩，OAKLAND 奥克兰。

美东线的主要港口有：HOUSTON 休斯敦，NEW YORK 纽约，SAVANNAH 萨凡纳，MIAMI 迈阿密。

美国内陆点的主要港口有：CHICAGO 芝加哥，NORFOLK 诺福克，WASHINGTON 华盛顿，PITTSBURGH 匹兹堡，KANSAS CITY 堪萨斯城。

表 1-1　　**2018 年全球船公司 20 强(截至 2018 年 5 月 1 日)**

排名	船公司	总计		自有		租赁			订单		
		箱数	艘数	箱数	艘数	箱数	艘数	比例	箱数	艘数	比例
1	马士基航运	4 102 764	750	2 227 677	308	1 875 087	442	45.7%	144 968	15	3.5%
2	地中海航运	3 258 088	516	1 100 770	195	2 157 318	321	66.2%	332 052	18	10.2%
3	达飞轮船	2 515 372	493	952 911	123	1 562 461	370	62.1%	277 552	20	11%
4	中远海运集运	1 958 106	354	599 039	86	1 359 067	268	69.4%	404 407	23	20.7%
5	赫伯罗特	1 613 354	228	1 047 266	112	566 088	116	35.1%	—	—	—
6	海洋网联船务	1 540 290	233	601 510	84	938 780	149	60.9%	125 766	9	8.2%
7	长荣海运	1 089 721	196	559 158	108	530 563	88	48.7%	479 404	44	44%
8	东方海外	694 597	100	534 639	59	159 958	41	23%	—	—	—
9	阳明海运	639 548	106	183 583	40	455 965	66	71.3%	70 000	5	10.9%
10	太平船务	427 624	135	275 183	114	152 441	21	35.6%	48 892	6	11.4%
11	以星航运	371 524	79	27 800	6	343 724	73	92.5%	—	—	—
12	现代商船	364 022	66	107 419	12	256 603	54	70.5%	398 020	22	109.3%
13	万海航运	256 616	99	174 424	73	83 192	26	32%	—	—	—
14	新加坡 X-Press Feeders Group	141 963	92	34 495	25	107 468	67	75.7%	—	—	—
15	高丽海运	133 844	62	60 236	29	73 608	33	55%	13 606	7	10.2%
16	中谷物流	126 182	97	75 245	30	50 937	67	20.3%	34 564	23	27.4%
17	安通控股(泉州安盛船务)	126 119	102	100 569	52	25 550	50	20.3%	34 564	23	27.4%
18	海丰国际	104 074	76	70 687	51	33 387	25	32.1%	15 666	10	15.1%
19	伊朗国际	96 383	46	46	—	—	—	—	58 000	4	60.2%
20	德翔海运	80 761	36	9 555	5	71 206	31	88.2%	5 616	4	7%

资料来源：http://www.sohu.com/a/230575626-227576.

加拿大线的主要港口有：VANCOUVER 温哥华、TORONTO 多伦多、MONTREAL 蒙特利尔。

墨西哥线的主要港口有：MANZANILLO 曼萨尼约、MEXICO CITY 墨西哥城。

（二）远东—南美、加勒比航线

南美西线的主要港口有：BUENAVENTURA 布埃纳文图拉、CALLAO 卡亚俄、GUAYAQUIL 瓜亚基尔、IQUIQUE 伊基克、VAL PARAISO 瓦尔帕莱索、SAN ANTONIO 圣安东尼奥。

南美东线的主要港口有：BUENOS AIRES 布宜诺斯艾利斯、MONTEVIDEO 蒙得维的亚、SANTOS 桑托斯、PARANAGUA 巴拉那瓜、RIO GRANDE 里奥格兰德、RIO DE JANEIRO 里约热内卢、ITAJAI 伊塔雅伊、ASUNCION 亚松森、PECÉM 佩森。

加勒比线的主要港口有：WILLEMSTAD 威廉斯塔德、BELIZE CITY 伯利兹城、PUERTO LIMON 利蒙港、HAVANA 哈瓦那、PORT AU PRINCE 太子港、KINGSTON 金斯顿、PANAMA CITY 巴拿马城。

（三）欧洲-地中海航线

欧洲基本港主要包括以下六个港口：HAMBURG 汉堡、ANTWERP 安特卫普、FELIXSTOWE 弗利克斯托、SOUTHAMPTON 南安普顿、ROTTERDAM 鹿特丹、LE HAVRE 勒阿弗尔。

欧洲内陆点的主要港口有：ZEEBRUGGE 泽布吕赫、BREMERHAVEN 不来梅港、MARSEILLES 马赛、PORTSMOUTH 朴次茅斯、DUBLIN 都柏林、FREDRIKSTAD 腓特烈斯塔、LISBON 里斯本、STOCKHOLM 斯德哥尔摩。

地东线的主要港口有：LIMASSOL 利马索尔、ALEXANDRIA 亚历山德里亚、DAMIETTA 达米埃塔、ASHDOD 阿什杜德、BEIRUT 贝鲁特。

地西线的主要港口有：BARCELONA 巴塞罗那、VALENCIA 瓦伦西亚、NAPLES 那不勒斯、LIVORNO 里窝那。

亚得里亚海线的主要港口有：RIJEKA 里耶卡、ANCONA 安科纳、KOPER 科佩尔、VENICE 威尼斯。

（四）亚洲航线

东南亚线的主要港口有：HONG KONG 香港、BELAWAN 勿拉湾、SURABAYA 泗水、PENANG 槟城、PORT KELANG 巴生港、CEBU 宿务、SINGAPORE 新加坡、HAIPHONG 海防、HOCHIMINH 胡志明市、MANILA 马尼拉、JAKARTA 雅加达。

印巴线的主要港口有：BOMBAY 孟买、CALCUTTA 加尔各答、COCHIN 科钦、COLOMBO 科伦坡、MADRAS 马德拉斯、KARACHI 卡拉奇、NHAVA SHEVA 那瓦西瓦、CHENNAI 钦奈、NEW DELHI 新德里。

中东线的主要港口有：ABU DHABI 阿布扎比、DUBAI 迪拜、UMM QASAR 乌姆盖斯尔、BANDAR ABBAS 阿巴斯港、KUWAIT 科威特、SALALAH 塞拉莱、DOHA 多哈、DAMMAN 达曼、RIYADH 利雅得。

日本关东线的主要港口有：NAGOYA名古屋、TOKYO东京、YOKOHAMA横滨。

日本关西线的主要港口有：KOBE神户、OSAKA大阪、MOJI门司。其他小型港口有：HAKATA博多、TOKUYAMA德山、TOMAKOMAI苫小牧、SHIMIZU清水、KAWASAKI川崎。

韩国线的主要港口有：BUSAN釜山、INCHON仁川、SEOUL首尔。

台湾线的主要港口有：KAOHSIUNG高雄、KEELUNG基隆、TAICHUNG台中。

（五）非洲航线

东非线的主要港口有：DJIBOUTI吉布提、MOMBASA蒙巴萨、MOGADISCIO摩加迪沙、DAR ES SALAAM达雷斯萨拉姆、NAIROBI内罗毕。

西非线的主要港口有：COTONOU科托努、ABIDJAN阿比让、APAPA阿帕帕、LAGOS拉格斯、MATADI马塔迪。

南非线的主要港口有：DURBAN德班、CAPE TOWN开普敦、MAPUTO马普托。

北非线的主要港口有：CASABLANCA卡萨布兰卡、ALGIERS阿尔及尔。

红海线的主要港口有：AQABA亚喀巴、JEDDAH吉达、PORT SUDAN苏丹港、HODEIDAH荷台达、SOKHNA苏科纳。

（六）澳新航线

澳大利亚线的主要港口有：ADELAIDE阿德莱德、BRISBANE布里斯班、FREMANTLE弗里曼特尔、MELBOURNE墨尔本、SYDNEY悉尼。

新西兰线的主要港口有：AUCKLAND奥克兰、WELLINGTON惠灵顿。

思考练习

1. 登录锦程物流网（专业的国际货运网站、物流行业门户网站）查询下月从宁波出发至美国东海岸主要港口的船期表。

2. 登录锦程物流网查询近期有整箱货要托运到美国西海岸的直客货主。

3. 利用网络查询100家潜在客户，包括外贸公司、工厂企业以及货代同行等，并收集其信息，包括公司名称、地址、联系人、电话、E-mail或者QQ号码、主营业务、主要目的国或目的港等。

模块二 备货报验

学习目标

1. 掌握检验检疫强制性标准、检验检疫的内容；

2. 熟练填制检验检疫证书、出境货物换证凭条和出入境检验检疫熏蒸/消毒证书。

工作任务

本模块包括三个典型的与备货报验相关的任务，分别是填制检验检疫证书、填制出境货物换证凭条和填制出入境检验检疫熏蒸/消毒证书。

实践操作

一、填制检验检疫证书

背景资料

根据合同检验货物数量是否符合要求，经检验，共有电子秤配件（台秤支架）150套/2 751千克和电子秤配件（传感器）20只/11千克，单价分别是USD 4 173.50、USD 58.00。检验结果：符合合同条款的规定。

根据资料填制的出入境检验检疫证书，如表1-2所示。

表1-2　　出入境检验检疫证书

<table>
<tr><td colspan="2">中华人民共和国出入境检验检疫
ENTRY-EXIT INSPECTION AND QUARANTINE OF THE PEOPLE'S REPUBLIC OF CHINA
检验证书——装运前检验　　编号 No.：
INSPECTION CERTIFICATE FOR PRE-SHIPMENT INSPECTION</td></tr>
<tr><td>申报金额：
Declared value：</td><td>4 231.50美元
USD 4,231.50</td></tr>
<tr><td>出口商名称及地址：
Name and address of the exporter：</td><td>浙江四方进出口有限公司
永康市永拖路99号
ZHEJIANG SIFANG IMP. & EXP. CO., LTD.
99 YONGTUO ROAD, YONGKANG ZHEJIANG PROVINCE, CHINA</td></tr>
<tr><td>进口商名称及地址：
Name and address of the importer：</td><td>AHRAM SCALE CO., LTD.
168 KING FAISAL STREET, GIZA, EGYPT</td></tr>
<tr><td>检验地点：
Site of inspection：</td><td>中国宁波
NINGBO, CHINA</td></tr>
</table>

产品标准： XFWA10W001 Product standard： XFWA10W001	检测方法标准：根据合同 Inspection method standard： ACCORDING CONTRACT
检验结果： 合格 Results of inspection： QUALIFIED	价格核实结果： 4 231.50 美元 Result of price verification： USD 4,231.50

数/重量及包装检验情况：

Findings on quantity and package inspection：

数/重量：电子秤配件（台秤支架），150 套/2 751 千克

电子秤配件（传感器），20 只/11 千克

QUANTITY/WEIGHT：ELECTRONIC SCALE PARTS，150 SET/2 751 KGS

ELECTRONIC SCALE PARTS，20 PCS/11 KGS

包装：纸箱，包装良好。

PACKING：PACKED IN CARTONS，PACKING SOUND.

品质检验情况：

检验结果符合销售合同（XFWA10W001）要求。

Findings on quality inspection：

INSPECTED WITH THE RESULT THAT THE QUALITY OF THE ABOVE GOODS MEETS THE REQUIREMENTS OF SALES CONTRACT（XFWA10W001）。

所附单证：＊＊＊ Documents attached：＊＊＊	备注：集装箱号：＊＊＊ Remarks：Container No.：＊＊＊	封号：＊＊＊ Seal No.：＊＊＊
检验机构盖章： Seal of inspection body：	检验员签名： Signature of the inspector：	签证日期：2017 年 6 月 15 日 Date of issue：JUN. 15，2017

附件

Attachment

序列号 Serial Number	商品名称 Description of Products	HS 编码 HS Code	原产地 Place of Origin	数量 Quantity	单位 Unit	包装方式和件数 Type and Number of Packages	单价 Unit Price	估价结果 Results of Price Verification
1	ELECTRONIC SCALE PARTS	8423900000	CHINA	150	SET	79 CARTONS	USD 4,173.50	USD 4,173.50
2	ELECTRONIC SCALE PARTS	8423900000	CHINA	20	PCS	1 CARTON	USD 58.00	USD 58.00

合计数量：150 套/20 只 Total quantity：150 SETS/20 PCS	合计估价结果：4 231.50 美元 Total amount of price verification：USD 4,231.50

二、填制出境货物换证凭条

背景资料

已知货物数（重）量 2 200 千克、包装件数 4 纸箱、金额 883 美元。

首先查阅木制工艺品的 HS 编码，然后根据背景资料，填制以下出境货物换证凭条（见表 1-3）。

表 1-3　出境货物换证凭条

转单号	330500210097454T6606		报检号	330500210105182	
报检单位	深圳市奇瑞尔贸易有限公司				
品　名	木制工艺品				
合同号	COS20100810		HS 编码	4421909090	
数（重）量	2 200 千克	包装件数	4 纸箱	金　额	883 美元
评定意见： 贵单位报检的该批货物，经我局检验检疫，已合格。请执此单到宁波局本部办理出境验证业务。本单有效期截止于 2017 年 09 月 03 日。 台州局本部 2017 年 08 月 13 日					

三、填制出入境检验检疫熏蒸/消毒证书

背景资料

货物标记及号码：Szivacsos ablaklehúzó fa nyéllel，32161，50 db，WIT kft。熏蒸处理方法：FUMIGATION。药剂及浓度：METHYL BROMIDE. 48g/m³。日期：2017 年 10 月 10 日。

根据背景资料填制的出入境检验检疫熏蒸/消毒证书，如表 1-4 所示。

表 1-4　　出入境检验检疫熏蒸/消毒证书

中华人民共和国出入境检验检疫

熏 蒸 / 消 毒 证 书

FUMIGATION/DISINFECTION CERTIFICATE

发货人名称及地址
Name and Address of Consignor NINGBO ZHONGRUI IMPORT & EXPORT CO.，LTD.
收货人名称及地址
Name and Address of Consignee ______
品名
Description of Goods WINDOW CLEANER
产地
Place of Origin CHINA
报检数量
Quantity Declared 160 CTN/2,880 KG
启动口岸
Place of Despatch NINGBO PORT
到达口岸
Port of Destination BUDAPEST，HUNGARY
运输工具
Means of Conveyance BY VESSEL

标记及号码
Mark & No.
Szivacsos
ablaklehúzó
fa nyéllel，32161，
50 db，WIT kft

杀虫和/或灭菌处理 DISINFESTATION AND/OR DISINFECTION TREATMENT
日期
Date Oct. 10，2017
药剂及浓度
Chemical and Concentration METHYL BROMIDE. 48g/m^3

处理方法
Treatment FUMIGATION
持续时间及温度
Duration and Temperature 24 hrs/31℃

附加声明 ADDITIONAL DECLARATION

签证地点 Place of Issue ______　签证日期 Date of Issue ______
公　章 Official Stamp
授权签字人 Authorized Officer ______　签　名 Signature ______

相关知识

一、进出口检验强制性标准

进出口检验强制性标准主要是对某些涉及安全、卫生方面的进出口商品规定了限制性的检验标准，以保障人体健康和人身、财产的安全。凡根据强制性标准检验评定为不合格的出口商品，即使符合外贸合同约定的质量条款，或者国外收货人有愿购证明，也不准放行出口。根据强制性标准检验评定为不合格的进口商品也不准进口，经检验出证后供有关单位办理退货、索赔。

在我国，进出口商品必须执行强制性标准的，均由国家法律法规明文规定，由各地出入境检验检疫机构严格执行。遇有特殊情况，必须及时上报国家出入境检验检疫局。

输入动植物（或产品）和其他检疫物需要调离海关监管区的，货主或者其代理人应当向入境口岸的出入境检验检疫机构报检，海关凭入境口岸出入境检验检疫机构签发的入境货物调离通知单验放，货物运达指运地时，货主或者其代理人凭入境货物调离通知单通知有关口岸出入境检验检疫机构。属于转关货物的，货主或者其代理人应当在入境时向入境口岸出入境检验检疫机构申报；运达指运地时，应当向指运地口岸出入境检验检疫机构报检。

二、进出口商品的法定检验

进出口商品的法定检验是国家出入境检验检疫部门根据国家法律法规规定，对规定的进出口商品或有关的检验检疫事项实施强制性的检验检疫，未经检验检疫或经检验检疫不符合法律法规规定要求的，不准输入输出。

法定检验的目的是保证进出口商品、动植物（或产品）及其运输设备的安全、卫生状况符合我国有关法律法规和国际上的有关规定；防止次劣危害的商品、动植物（或产品）以及危害人类和环境的病虫害和传染病源的输入或输出，保障生产建设安全和人类健康。国家出入境检验检疫部门对进出口商品实施法定检验的范围包括：

（1）列入国家出入境检验检疫部门实施法定检验种类表内的进出口商品；

（2）《中华人民共和国食品卫生法》规定，进出口食品由国家进出口商品检验部门进行卫生监督检验；

（3）危险货物的包装容器、危险货物运输设备和工具的安全技术条件的性能和使用鉴定；

（4）装运易腐烂变质食品的船舱、货仓、车厢和集装箱；

（5）国家其他有关法律法规规定须经出入境检验检疫机构检验的进出口商品、物品、动植物等。

三、进出口商品检验的具体内容

进出口商品检验包括品质检验、重量或数量检验、包装检验、安全性能检验、卫生检验等，其中一部分属于强制检验的就是法定检验，例如安全性能检验等。

（一）品质检验

品质检验亦称质量检验，是指运用各种检验手段，包括感官检验、化学检验、仪器分析、物理测试、微生物学检验等，对进出口商品的品质、规格、等级等进行检验，确定其是否符合外贸合同（包括成交样品）、标准等规定。

品质检验的范围很广，大体上包括外观质量检验与内在质量检验两个方面。外观质量检验主要是对商品的外形、结构、花样、色泽、气味、触感、疵点、表面加工质量、表面缺陷等的检验；内在质量检验一般指对商品的有效成分的种类含量、有害物质的限量、商品的化学成分、物理性能、机械性能、工艺质量、使用效果等的检验。根据外形、尺寸、大小、造型、式样、定量、密度、包装类型等的不同，同一种商品会有各种不同的规格。有的商品用等级来表示质量的高低，通常用等级的顺序来区别。

（二）重量或数量检验

以数量交接计价的进出口商品，收发货人应当申报数量检验项目。对数量有明确要求或者需以件数推算全批重量的进出口商品，在申报重量检验项目的同时，收发货人应当申报数量检验项目。根据货物物理性质的不同，检验方法有：（1）衡器鉴重；（2）水尺计重；（3）容器计重，包括船舱计重、岸罐计重、槽罐计重3种方式；（4）流量计重；（5）其他相关的检验项目。

（三）包装检验

包装检验是根据外贸合同、标准规定和其他有关规定，对进出口商品的外包装、内包装以及包装标志进行检验。先要核对外包装上的商品包装标志（标记、号码等）是否与进出口贸易合同相符。进口商品主要检验外包装是否完好无损，包装材料、包装方式和衬垫物等是否符合合同规定要求，对外包装破损的商品则要确认其是否由于包装不良所引起。出口商品的包装检验，可分为危险货物包装检验和一般货物包装检验，除包装材料和包装方法必须符合外贸合同、标准规定外，还应检验商品内外包装是否牢固、完整、干燥、清洁，是否符合运输和保护商品质量、数量的要求。出入境检验检疫机构对进出口商品的包装检验，一般在抽样现场进行，或在衡器计重的同时进行。

（四）安全性能检验

安全性能检验是根据国家规定和外贸合同、标准规定以及进出口国的法律法规要求，对进出口商品有关安全性能方面的项目进行的检验，如易燃、易爆、易触电、易受毒害、易受伤害等，以保证生产使用和生命财产的安全。目前，除进出口船舶及主要船用设备材料、锅炉、压力容器的安全监督检验，根据国家规定由国家有关专业部门负责监督检查外，其他进出口商品涉及安全性能方面的项目，由出入境检验检疫机构根据外贸合同规定和国内外的有关规定与要求进行，以维护人身安全，确保财产免遭侵害。

（五）卫生检验

卫生检验主要是检验进出口食品是否符合人类食用卫生条件，以保障人民健康和维护国家信誉。《中华人民共和国食品卫生法》第 30 条规定："进口的食品、食品添加剂、食品容器、包装材料和食品用工具及设备，必须符合国家卫生标准和卫生管理办法的规定。进口前款所列产品，由口岸进口食品卫生监督检验机构进行卫生监督、检验。检验合格的，方准进口，海关凭检验合格证书放行。进口单位在申报检验时，应当提供输出国（地区）所使用的农药、添加剂、熏蒸剂等有关资料和检验报告。"第 31 条规定："出口食品由国家进出口商品检验部门进行卫生监督、检验。海关凭国家进出口商品检验部门出具的证书放行。"

四、商检证书

商检证书是各种进出口商品检验证书、鉴定证书和其他证明书的统称，是对外贸易有关各方履行契约义务、处理索赔争议和仲裁、诉讼举证时具有法律依据的有效证件，也是海关验放、征收关税和优惠减免关税的必要证明。商检证书的种类和用途主要有：

（1）品质检验证书。是出口商品交货结汇和进口商品结算索赔的有效凭证；法定检验商品的证书，是进出口商品报关、输出输入的合法凭证。商检机构签发的放行单和在报关单上加盖的放行章具有与商检证书同等的通关效力；签发的检验情况通知单也具有商检证书性质。

（2）重量或数量检验证书。是出口商品交货结汇、签发提单和进口商品结算索赔的有效凭证；出口商品的重量证书，也是国外报关征税和计算运费、装卸费用的凭证。

（3）兽医检验证书。是证明出口动物产品、食品经过检疫合格的证件，是对外交货、银行结汇和进口国通关输入的重要证件。适用于冻畜肉、冻禽、禽畜罐头、冻兔、皮张、毛类、绒类、猪鬃、肠衣等出口商品。

（4）卫生/健康证书。是证明可供人类食用的出口动物产品、食品等经过卫生检验或检疫合格的证件，是对外交货、银行结汇和通关验放的有效证件。适用于肠衣、罐头、冻鱼、冻虾、食品、蛋品、乳制品、蜂蜜等出口商品。

（5）消毒检验证书。是证明出口动物产品经过消毒处理，保证安全卫生的证件，是对外交货、银行结汇和国外通关验放的有效凭证。适用于猪鬃、马尾、皮张、山羊毛、羽毛、人发等出口商品。

（6）熏蒸证书。是用于证明出口粮谷、油籽、豆类、皮张等商品，以及包装用木材与植物性填充物等已经过熏蒸灭虫的证书。

（7）残损检验证书。是证明进口商品残损情况的证件。适用于进口商品发生残、短、渍、毁等情况；可作为收货人向发货人、承运人或保险人等有关责任方索赔的有效证明。

（8）积载鉴定证书。是证明船方和集装箱装货部门正确配载积载货物，以及履行运输契约义务的证件，可供货物交接或发生货损时处理争议之用。

（9）财产价值鉴定证书。是对外贸易关系人和司法、仲裁、验资等有关部门在索赔、理赔、评估或裁判时的重要依据。

（10）船舱检验证书。是证明承运出口商品的船舱清洁、密固、冷藏效能及其他技术条件是否符合保护承载商品的质量和数量完整与安全要求的证书。可作为承运人履行租船契约适载义务，对外贸易关系方进行货物交接和处理货损事故的依据。

（11）生丝品级及公量检验证书。是出口生丝的专用证书，其作用相当于品质检验证书和重量/数量检验证书。

（12）产地证明书。是出口商品在进口国通关输入和享受减免关税优惠待遇和证明商品产地的凭证。

（13）舱口检视证书、监视装/卸载证书、舱口封识证书、油温空距证书、集装箱监装/拆证书。可作为证明承运人履行契约义务，明确责任界限，便于处理货损货差责任事故的证明。

（14）价值证明书。可作为进口国管理外汇和征收关税的凭证。在发票上签盖商检机构的价值证明章，与价值证明书具有同等效力。

（15）货载衡量检验证书。是证明进出口商品的重量、体积吨位的证书，可作为计算运费和制定配载计划的依据。

（16）集装箱租箱交货检验证书、租船交船剩水/油重量鉴定证书。可作为契约双方明确履约责任和处理费用清算的凭证。

知识拓展

1983年6月，海关合作理事会（现名世界海关组织）主持制定了《商品名称及编码协调制度的国际公约》（International Convention for Harmonized Commodity Description and Coding System），简称《协调制度》（Harmonized System），缩写为HS。该制度是一部科学的、系统的国际贸易商品分类体系，采用八位编码，适用于税则、统计、生产、运输、贸易管制、检验检疫等多方面，目前全球贸易量90%以上使用这一目录，其已成为国际贸易领域的一种标准语言。HS编码涵盖了《海关合作理事会税则商品分类目录》（CCCN）和《国际贸易标准分类》（SITC）两大分类编码体系，是系统的、多用途的国际贸易商品分类体系。它除了用于海关税则和贸易统计外，对运输商品的计费、统计、计算机数据传递、国际贸易单证简化以及普遍优惠制税号的利用等方面，都提供了一套实用的国际贸易商品分类体系。

从1992年1月1日起，我国进出口税也开始采用HS编码，但是采用十位编码，前八位等效采用HS编码，后两位是我国子目，它是在HS分类原则和方法的基础上，根据我国进出口商品的实际情况延伸的两位编码。

同学们可以到相关国际贸易网站或者国际物流网站查询HS编码，例如合众外贸论坛（http：//bbs. tradeknow. com）或者锦程物流网（www. jctrans. com）等。

思考练习

背景资料

出口商名称及地址：宁波永发进出口有限公司（NINGBO YONGFA IMP. & EXP. CO.，LTD.），宁波市江东科技园区启新路55－1号（NO. 55－1，QIXIN ROAD，JIANGDONG TECHNICAL ZONE，NINGBO）。进口商名称及地址：M/S. AFMAN HOLDINGS PLC，P. O. BOX 5703，ADDIS ABABA，ETHIOPIA。产品标准：销售合同。合同号：AEC-AFM-0901。检验方法标准：GB/22530/2008。检验结果：合格（QUALIFIED）。数/重量及外包装检验情况：数/重量：空压机零件，共28个/8千克；半自动吹瓶机零件，共22个/3千克；注塑机零件，共12个/4千克（QUANTITY/WEIGHT：SPARES FOR YANSHENG AIR COMPRESSOR，TOTAL 28 PCS/8 KGS；SPARES FOR HZ880 SEMI-AUTO BLOWING MACHINE，TOTAL 22 PCS/3 KGS；SPARES FOR HMK1200-F5 INJECTION MACHINE，TOTAL 12 PCS/4 KGS）。包装：纸箱，包装良好（PACKING：PACKED IN CARTON PACKING SOUND）。品质检验情况：检验结果符合销售合同要求（INPECTED WITH THE RESULT THAT THE QUALITY OF THE ABOVE GOODS MEETS THE REQUIREMENTS OF SALES CONTRACT）。

商品共三个批次，其商品名称、HS编码、原产地、数量、单位、包装方式和件数、单价、估价结果分别是：（1）SPARES FOR YANSHENG AIR COMPRESSOR TYPE W-1/10-S、8477900000、CHINA、28、PCS、1 CARTON、USD 13.20、USD 369.60；（2）SPARES FOR HZ880 SEMI AUTO BLOWING MACHINE、8477900000、CHINA、22、PCS、1 CARTON、USD 54.55、USD 1 200.10；（3）SPARES FOR HMK1200-F5 INJECTION MACHINE、8477900000、CHINA、12、PCS、1 CARTON、USD 139.10、USD 1 669.20。签证日期：SEP. 8，2017。

根据给定资料填制以下出入境检验检疫证书（见表1－5），并计算合计数量和合计估价结果。

表1-5 出入境检验检疫证书（空白表）

<table>
<tr><td colspan="2">中华人民共和国出入境检验检疫
ENTRY-EXIT INSPECTION AND QUARANTINE OF THE PEOPLE'S REPUBLIC OF CHINA
检验证书——装运前检验 编号 No.：
INSPECTION CERTIFICATE FOR PRE-SHIPMENT INSPECTION</td></tr>
<tr><td colspan="2">申报金额：
Declared value：</td></tr>
<tr><td colspan="2">出口商名称及地址：
Name and address of the exporter：</td></tr>
<tr><td colspan="2">进口商名称及地址：
Name and address of the importer：</td></tr>
<tr><td colspan="2">检验地点：
Site of inspection：</td></tr>
<tr><td>产品标准：
Product standard：</td><td>检测方法标准：
Inspection method standard：</td></tr>
<tr><td>检验结果：
Results of inspection：</td><td>价格核实结果：
Result of price verification：</td></tr>
<tr><td colspan="2">数/重量及包装检验情况：
Findings on quantity and package inspection：
数/重量：
QUANTITY/WEIGHT：</td></tr>
<tr><td colspan="2">包装：
PACKING：</td></tr>
<tr><td colspan="2">品质检验情况：
Findings on quality inspection：</td></tr>
</table>

所附单证： Documents attached：	备注：集装箱号： Remarks：Container No.：	封号： Seal No.：
检验机构盖章： Seal of inspection body：	检验员签名： Signature of the inspector：	签证日期： Date of issue：

附件

Attachment

序列号 Serial Number	商品名称 Description of Products	HS 编码 HS Code	原产地 Place of Origin	数量 Quantity	单位 Unit	包装方式和件数 Type and Number of Packages	单价 Unit Price	估价结果 Results of Price Verification
1								
2								
3								
4								

合计数量： Total quantity：	合计估价结果： Total amount of price verification：

模块三　托运订舱

学习目标

1. 熟练掌握托运订舱的具体内容和步骤；
2. 熟悉托运十联单的流转程序；
3. 能熟练缮制托运单。

工作任务

本模块包括两个工作任务：缮制托运单和确认订舱。

实践操作

一、缮制托运单

背景资料

发货人：宁波海曙金科瑞进出口有限公司［GOLDENLUCK IMP. & EXP. (NINGBO HAISHU) CO., LTD.］，公司地址：ROOM A18，7/F.，LINGQIAO PLAZA，31 YAOHANG STREET，NINGBO，315000 CHINA。收货人（即通知人）：ARA BAKHTAR (A. B. C.)，公司地址：UNIT 306，GAMBERON COMPLEX，NORTH MOSA SADAR ST，BANDAR ABBAS，ARA－BAKHTAR CO.，电话：＋9821-8873＊＊＊＊，传真：＋9821-8851＊＊＊＊。装货港：NINGBO。卸货港：DAR ES SALAAM（达累斯萨拉姆），交货地点：LUSAKA，ZAMBIA（卢萨卡，赞比亚）。唛头：DESSINI。数量：4 179 CTNS。货物名：真空瓶（VACUUM FLASK）。包装类型：S/S。毛重：43 786 KGS。尺码：310.589 CBM。运费预付（FREIGHT PREPAID）。托运人装货、计数、密封（SHIPPER LOAD，COUNT & SEAL）：要求采用CY-CY集装箱交接，为4个40英尺高箱和1个40英尺普箱，4×40′HC＋1×40′GP CONTAINER。正本提单3份。

根据背景资料缮制的集装箱货物托运单如表1－6所示。

表 1-6　　　　**集装箱货物托运单**

Shipper（发货人） GOLDENLUCK IMP. & EXP. (NINGBO HAISHU) CO., LTD.	D/R No.（提单号）
Consignee（收货人） ARA BAKHTAR (A. B. C.)	集装箱货物托运单 货主留底 第一联
Notify Party（通知人） SAME AS CONSIGNEE	
Pre-carriage by（前程运输） Place of Receipt（收货地点）	

Ocean vessel（船名）	Voy. No.（航次）	Port of Loading（装货港） NINGBO
Port of Discharge（卸货港） DAR ES SALAAM	Place of Delivery（交货地点） LUSAKA，ZAMBIA	Final Destination for the Merchant's Reference（目的地）

Container No.（集装箱号）	Seal No.（封志号）Marks & No.（标记与号码）	No. of Containers or P'kgs（箱数或件数）	Kind of Packages; Description of Goods（包装种类与货名）	Gross Weight（毛重/千克）	Measurement（尺码/立方米）
	DESSINI	4 179 CTNS	S/S VACUUM FLASK	43 786 KGS	310. 589 CBM

Total Number of Containers or Packages (IN WORDS) 集装箱数或件数合计（大写）	

Freight & Charges（运费与附加费）	Revenue Tons（运费吨）	Rate（运费率）	Per（每）	Prepaid（运费预付）	Collect（到付）

Ex. Rate（汇率）	Prepaid at（预付地点）	Payable at（到付地点）	Place of Issue（签发地点）
	Total Prepaid（预付总额）	No. of Original B (S) /L（正本提单份数）	THREE

Service Type on Receiving	Service Type on Delivery	Reefer-Temperature Required（冷藏温度）	°F	°C
□-CY □-CFS □-DOOR	□-CY □-CFS □-DOOR			

Type of Goods（种类）	□ Ordinary（普通） □ Dangerous（危险品）	□ Reefer（冷藏） □ Auto（裸装车辆）	危险品	Class: Property: IMDG Code Page: UN No.:
	□ Liquid（液体） □ Bulk（散货）	□ Live Animal（活动物） □ ________		

可否转船	可否分批
装运时间	有效期
金　额	
制单日期	

二、确认订舱

（一）订舱的具体内容

（1）订舱人员对托运人提供的集装箱货物托运单和船公司的订舱确认书进行审核。审核内容包括：船名、航次、卸货港、目的港是否一致；托运人的公司名称、电话、联系人、运费支付方式是否正确；冷冻货物要求注明温度、通风的开度；超高、超宽货物要求注明准确的货物尺码，并取得船公司和码头的确认；危险品货物要求注明危险品级别、联合国危险品编码、国际危规编号，并取得船公司的确认，附海监局的危险品出口准运单。

（2）审核以上各项内容完整无误后可接受订舱，在托运单第五、第六、第七、第八联上盖单证章，将托运单第二联留下，其他各联退还托运人。

（3）根据托运单第二联输机并做“已输机”标识，在船舶开航前2天缮制预配清单，将预配清单电子数据（EDI）给码头，同时打印预配清单交船务部分送相关单位，并做好交接记录。如有配载空箱，同时应附一份空箱预配清单。空箱报关由箱管部负责。

（4）托运人提供装箱单，订舱人员将装箱单和第六联核对无误后，在托运单第六联上盖海关申报专用章，供托运人申报使用。在接受订舱后报关前，如托运人对托运单进行更改，需提供开航前更改通知书及新旧第六、第七、第八联和新的第二联，如更改箱型、箱量、卸货港需船公司的书面确认，在新的第六联盖海关申报专用章，在第七、第八联盖单证章，退还托运人。根据开航前更改通知书和新的第二联修改电脑记录并做“已输机”标识。

（5）在出口预配后，如有添载、更改（指箱型、箱量、卸货港等影响积载的项目）退载，应及时缮制添载单、更改单或退载单，发传真或邮件给码头、理货。

（6）根据预配清单、开航前更改通知书、添载单、更改单、退载单和海关码头配载室反馈的退载资料（盖申报章但未放行）等，缮制舱单和箱号单，在开航前交船务部门送相关单位，并做好交接记录。

（7）根据第七联和装箱单核对舱单和箱号单，在船舶开航后72小时内，将核对无误的舱单电子数据交给海关船管科。

（二）订舱的具体步骤

订舱是单证操作的最重要的环节之一。业务员在拿到客户的托运单时，一定要仔细地审单并进行系统录入。在第一个步骤尽量减少错误，能降低事后在操作中以及单证在提单确认时更改的频率。一旦订舱环节出现了错误或者疏漏，势必会对后面的操作带来严重的负面影响。公司在接到托运单后要第一时间交市场部批价，以确认合适的订舱公司，运费到付则可以直接由操作人员订舱。最佳订舱时间一般是在开船前10天或者7天（提前一个航次），太早了，船公司不会接受，太晚了，在旺季的时候往往订不到舱位。

订舱的具体步骤如下：

（1）由业务员或者客服人员接收客户出口委托书。

（2）与客户确认交货情况后到市场部确认船期、舱位、运价。

（3）业务员或客服在托运单后需附一份海运整柜操作记录卡，简称船卡，交由相应的人员操作。

（4）填制订舱委托书。包括以下内容：

1）发货人。

2）收货人。

3）通知方。

需要注意的是：以上三项应提供尽可能详细的公司名称、地址以及联系方式。

4）起运港：货物始发港口。

5）目的港：买卖合同规定的最后卸货港口。由于美国线也包括其他航线，因此会存在目的港与收货人地址不符的情况，船公司一般不予以接受 AMS（美国舱单系统）信息，提供一个与目的港相符的便可。另外，不符合英文拼写规则的，有的船公司也会拒绝订舱。

6）箱型、箱量（如是特种箱需注明）。

7）件数、毛重、尺码 。

8）运费条款（预付、到付、第三地付款）：日本线有时需注明 BAF（燃油附加费）、YAS（日元币值附加费）、EBS（紧急燃油附加费）等费用是否需要做预付，如不需要，默认为到付（前半程预付，后半程到付）；美国线需确认 BAF、DDC（目的港交货费）、AMS 等费用。

9）货名。

需要注意的是：第一，如系化工品，须向订舱代理或者船公司咨询需提供哪些资料，例如化学品安全技术说明书、货物运输条件鉴定书、非危保函、产品说明等；第二，如系危险品，须标明危险等级和有关的注意事项，冷冻箱须注明冷冻温度，挂衣箱注明挂衣箱的改装要求；第三，如有船公司要求，还须注明中文品名、HS 编码、税则号等。

10）需出运的具体船期、船公司、海运价格，以及客户的其他要求（比如目的港申请免费堆存或用箱、船龄使用年限等）。

如果是到付货物或者指定货物的订舱，流程都是一样的，只是不需要确认价格与舱位，只要直接与客户确认货到时间，让指定货代或者船公司与国外的目的港代理或者客户确认所允许的船期出运即可。指定船公司一般都需要提供船公司的到付协议号，有的要确认是与发货人还是收货人确立的约价，这些都须在订舱时一并提供给订舱点。

（5）以上内容确认无误后，在公司的订舱单上加盖订舱专用章，须提供订舱附件（如非危保函）、订舱协议号等，一并备齐去相应船公司或者订舱公司订舱，订舱步骤即初步完成。

需要特别注意的是，如客户紧急订舱，距离开航日只有几天的时间，在这种情况下，操作人员必须根据各家船公司的实际操作步骤和要求来判断能否顺利操作下去。订舱是第一步，但必须给后续操作留出足够的时间，才能确保整票货物的顺利出运。

相关知识

一、托运单和订舱委托书的概念

托运单（Booking Note），又称委托申请书，简称托单，是指由托运人根据买卖合同和信用证的有关内容向承运人或其代理人申请办理货物运输的书面凭证。承运人或其代理人对该单确认后，即表示已接受这一托运任务，承运人与托运人之间对货物运输的相互关系即告建立。

订舱委托书（Shipping Order）则是根据出口商的需求来填制的，出口货代公司依据客户的需求向上一级订舱代理出具委托货物的凭证。

二、托运单的内容

托运单一般一式十联，另加空白纸两联，各联内容及用途如下：

(1) 第一联：集装箱货物托运单（货主留底）(B/N)。

(2) 第二联：集装箱货物托运单（船代留底）。

(3) 第三联：运费通知①。

(4) 第四联：运费通知②。

(5) 第五联：场站收据（装货单）(S/O)，俗称配舱回单。

(6) 第五联副本：缴纳出口货物港务费申请书。

(7) 第六联：大副联（场站收据副本）。

(8) 第七联：场站收据（D/R）。

(9) 第八联：货代留底。

(10) 第九联：配舱回单①。

(11) 第十联：配舱回单②。

(12) 第十一、第十二联：白纸联。

以上一套共12联，船公司或其代理接受订舱后，在托运单上加填船名、航次及编号（此编号俗称关单号，与该批货物的提单号基本上保持一致），并在第五联装货单上盖章，表示确认订舱，然后将第二至第四联留存，第五联以下全部退还货代公司。货代公司将第五联、第五联副本、第六联、第七联共4联拆下，作为报关单证之用，第九或第十联交托运人（货主）做配舱回执，其余供内部各环节使用，如图1-1所示。

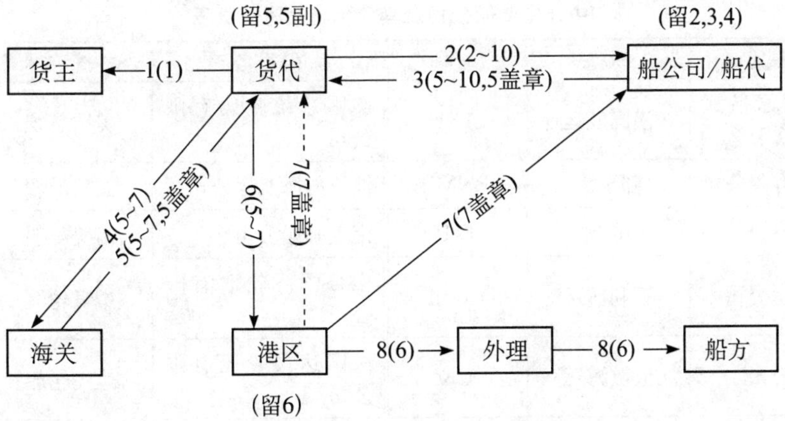

图 1-1 托运十联单的流转程序

托运单一套虽有 12 联之多，其核心单据是第五、第六、第七联。第五联是装货单，盖有船公司或其代理人的章，是船公司发给船上负责人和集装箱装卸作业区接受装货的指令，报关时海关查核后在此联盖放行章，船上大副凭以收货；第六联供港区配载，由港区留存；第七联俗称黄联（黄色纸张，便于辨认），在货物装上船后由船上大副签字（通常由集装箱码头堆场签章），退回船公司或其代理人，据以签发提单。然而在某些地区，托运单只有一式三联，例如：宁波某些企业的托运单就是三联单，相当于这里的第五、第六、第七联。

知识拓展

一、马士基电子订舱系统

马士基航运公司（MSK）的官方网站（www. maerskline. com）提供了一系列的电子订舱服务。货代企业必须首先登记注册为 MSK 的网上用户才可以登录马士基航运公司网站直接进行网上订舱。马士基航运公司还提供桌面系统订舱服务，客户无须上网，通过 E-mail 将订舱信息发送离线文件至订舱系统即可订舱。马士基航运公司可提供桌面订舱系统客户端软件，货代企业可以与该公司客户服务部联系软件安装事宜。

随着互联网应用的普及，以及船公司间竞争的升级，船公司需要为货代公司提供更便捷、更稳定的服务，未来必将会有越来越多的船公司提供网上订舱服务。

二、中外主要船公司及其简称与缩写

货代企业订舱需要找船公司，目前全球较大的船公司在我国基本都开展营运业务，因此尽量多了解船公司的信息，有利于我们找到合适的承运人。中外主要船公司及其简称与缩写如表 1-7 所示。

表1-7 中外主要船公司及其简称与缩写一览表

公司名	简称	缩写	公司名	简称	缩写
澳大利亚国家航运公司	澳国航运	ANL	美国总统轮船有限公司	美国总统	APL
邦拿美船务有限公司	邦拿美	BNML	波罗的海航运公司	波罗的海	BOL
中波轮船股份公司	中波	C-P	南美邮船公司	南美邮船	CLAN S. A.
智利国家航运公司	智利航运	CCNI	中日国际轮渡有限公司	中日轮渡	CHINJIF
天敬海运船公司	天敬海运	CK	法国达飞轮船有限公司	达飞轮船	CMACGM
京汉航运有限公司	京汉航运	CO-HE	中远集装箱运输有限公司	中远集运	COSCO
朝阳(商船）有限公司	朝阳商船	CYL	达贸国际轮船公司	达贸国际	DELIMAS
德国胜利航运公司	德国胜利	SENATOR	埃及国际船务公司	埃及船务	EIL
长荣海运股份有限公司	香港长荣	EMC	远东轮船公司	远东轮船	FESCO
金发船务有限公司	金发船务	GFNG	上海海华轮船公司	海华轮船	HASCO
浩洲船务公司	浩洲船务	HCSC	韩进海运（中国）有限公司	韩进海运	HJS
香港航运有限公司	香港海运	HKMSH	香港明华船务有限公司	香港明华	HKMW
德国赫伯罗特船务有限公司	赫伯罗特	HJSHA	现代商船株式会社	现代商船	HMM
上海海隆轮船有限公司	海隆轮船	HNT	金华航运有限公司	金华航运	JH
川崎汽船株式会社	川崎汽船	KLINE	高丽海运株式会社	高丽海运	KMTC
七星轮船有限公司	七星轮船	SSCL	上海育海航运公司	育海航运	SYH
上海中福轮船公司	中福轮船	SZFSC	墨西哥航运有限公司	墨西哥航运	TMM
上海天海货运有限公司	天海货运	TMSC	东航船务有限公司	东航船务	TOHO
宁波泛洋船务有限公司	宁波泛洋	TOS	阿拉伯联合国家轮船公司	阿拉伯轮船	UASC
万海航运股份有限公司	万海航运	WANHAI	伟航船务有限公司	伟航船务	WH
阳明海运股份有限公司	阳明公司	YML	以星轮船船务有限公司	以星轮船	ZIM
浙江远洋运输公司	浙江远洋	ZOSCO	联丰船务有限公司	联丰船务	LIFEN
立荣海运股份有限公司	立荣海运	UNIGLORY	环球船务有限公司	环球船务	UNIWD

续前表

公司名	简称	缩写	公司名	简称	缩写
泛洲海运株式会社	泛洲海运	PC	意大利邮船公司	意大利邮船	LT
马来西亚国际航运有限公司	马来西亚航运	MISC	商船三井株式会社	商船三井	MOL
地中海航运公司	地中海	MSC	马士基航运公司	马士基	MSK
民生神原海运有限公司	民生神原	MSKM	太古船务代理有限公司	太古船代	NGPL
铁行渣华船务有限公司	铁行渣华	P&O NEDLLOYD	新加坡海皇轮船有限公司	海皇轮船	NOL
北欧亚航运（中国）有限公司	北欧亚航运	NORASIA	宁波远洋运输公司	宁波远洋	NOSCO
南星海运株式会社	南星海运	NS	沙特阿拉伯国家航运公司	沙特航运	NSCSA
日本邮船株式会社	日本邮船	NYK	东方海外货柜航运有限公司	东方海外	OOCL
太平船务有限公司	太平船务	PIL	泛洋商船株式会社	泛洋商船	POBU
瑞克麦斯轮船公司	瑞克麦斯	RILI	美商海陆联运（中国）有限公司	美商海陆	S/L
南非国家轮船有限公司	南非轮船	SAF	东映海运株式会社	东映海运	SBL
上海国际轮渡有限公司	国际轮渡	SFCO	中海发展股份有限公司	中海发展	CSD
长锦商船株式会社	长锦商船	SINKO	上海市锦江航运有限公司	锦江船代	JINJIANG
中国对外贸易运输（集团）总公司	中外运	SINOTRANS	志晓船务有限公司	志晓船务	SSC

资料来源：http：//wenku. baidu. com/view/f99499250722192e4536f683. html.

思考练习

背景资料

发货人及地址：浙江电器进出口公司（ZHEJIANG ELECTRON I/E CORP.），杭州文三路 33 号（33 WENSAN ROAD HANGZHOU，ZHEJIANG，CHINA）。收货人凭指示。通知人及地址：多伦多全球电器公司（GLOBAL ELECTRON LTD.），336 SEA-

SHORE ROAD TORONTO，PA 19446 CANADA。信用证号码：ETN-CXLC06。开证银行：INDUSTRY BANK TORONTO。合同号码：CX-ETNSQ06。成交金额：USD 380 312.5。装运口岸：NINGBO。目的港：TORONTO。允许转船运输，也允许分批装运。信用证效期：JUN. 15，2017。装船期限：MAY 31，2017。运费预付，成交条件为 CIF TORONTO。公司联系人××（可用同学本人姓名，电话/传真 021-64042588，公司开户行 BANK OF CHINA，银行账号 1478523690）。货物名称分别是 Microwave machine 和 Washing machine，其标记唛码是 CX-ETNSQ06/GLOBAL ELECTRON/TORONTO/NO. 1－1 250，货号规格分别是 bxw－1061 和 pcv－1703，包装件数分别是 100 CTNS 和 50 CTNS，毛重分别是 4 000 KGS 和 4 500 KGS，净重分别是 3 800 KGS 和 4 000 KGS，数量分别是1 000 Dozs 和 250 Dozs，总尺码是 50 CBM，单价分别是 USD 248.97 和 USD 525.37，总价分别为 USD 248 970.00 和USD 131 342.50。

请根据以上信息缮制一份出口货物订舱委托书（见表 1－8）。

表 1－8　　出口货物订舱委托书

<table>
<tr><td colspan="2">公司编号：</td><td>日期：</td></tr>
<tr><td rowspan="4">1）发货人</td><td colspan="2">4）信用证号码</td></tr>
<tr><td colspan="2">5）开证银行</td></tr>
<tr><td>6）合同号码</td><td>7）成交金额</td></tr>
<tr><td>8）装运口岸</td><td>9）目的口岸</td></tr>
<tr><td rowspan="4">2）收货人</td><td>10）转船运输</td><td>11）分批装运</td></tr>
<tr><td>12）信用证有效期</td><td>13）装船期限</td></tr>
<tr><td>14）运费</td><td>15）成交条件</td></tr>
<tr><td>16）公司联系人</td><td>17）电话/传真</td></tr>
<tr><td rowspan="2">3）通知方</td><td>18）公司开户行</td><td>19）银行账号</td></tr>
<tr><td colspan="2">20）特别要求</td></tr>
<tr><td colspan="3">21）标记唛码　22）货号规格　23）包装件数　24）毛重　25）净重　26）数量　27）单价　28）总价</td></tr>
<tr><td colspan="3">29）总件数　30）总毛重　31）总净重　32）总尺码　33）总金额</td></tr>
<tr><td colspan="3">34）备注</td></tr>
</table>

模块四　做　箱

学习目标

1. 熟悉集装箱的类型、内外尺码，不同集装箱的使用场合；
2. 掌握集装箱装箱方案的设计技巧；
3. 熟悉集装箱交接方式、集装箱交接场所、装箱单的主要内容；
4. 能够熟练缮制装箱单。

工作任务

本模块的主要任务包括设计集装箱装箱方案和缮制集装箱装箱单。

实践操作

一、设计集装箱装箱方案

背景资料

某货代公司接到浙江慈溪祥发电器厂的一批小家电的出口货运任务，要求运到美国洛杉矶。商品全部采用纸箱包装，每个纸箱尺码为600毫米×400毫米×500毫米，重量为50千克。已知货物不可侧卧，且堆码层高限制为5层。纸箱数量有180个和560个两种情况。

（一）设计集装箱装箱方案时需考虑的因素

为避免发生装货过多或浪费空间的情况，托运人在货物装箱之前必须设计一个装箱方案，应考虑以下因素。

1. 尺寸

海运集装箱内径标准尺寸一般如下：20′GP×1的内径是5.9米×2.35米×2.38米；40′GP×1的内径为12.02米×2.35米×2.38米；40′HQ×1的内径为12.02米×2.35米×2.69米。但是有些集装箱的尺寸会偏小1厘米～2厘米，主要是由于在使用过程中发生碰撞而造成箱体有凹凸。因此，在计算实际装载量时，尺寸应相应地减小一点。各家船公司的集装箱规格都是一样标准的，集装箱的侧板厚度一般是2.0毫米或1.6毫米，底横梁厚度一般是4毫米或4.5毫米，顶板一般是2.0毫米。需要强调的是，标准集装箱（钢箱或称铁皮箱）的面板是呈波浪状的，一般所说的集装箱厚度是指板材的厚度，与计算内外径差而得出的集装箱厚度是两个不同的概念。集装箱的实际装载量不仅取决于货物包装的尺寸，而且取决于许多其他因素，如包装材料、装箱人员的能力和经验等。

2. 重量

除了货物的体积外，设计装箱方案时，还应将重量考虑在内。为了满足集装箱装载的要求，需要提前对货物进行计量。货物的计量包括货物的丈量和衡重。

（1）货物的丈量又称量尺，是指测量货物的外形尺寸并计算体积。货物的量尺体积是指货物外形最大处的长、宽、高的乘积。

（2）货物的衡重是指衡定货物的重量。货物的重量可分为净重、皮重和毛重，货物衡重应以毛重计算。在许多国家，公路和铁路运输允许的最大重量要小于集装箱的最大载重量。

3. 托盘的使用

一些国家通常使用托盘来提高货物处理效率。主要有两种木制托盘：欧式托盘（Euro Pallets）和标准托盘（Standard Pallets）。欧式托盘的尺寸是800毫米×1 200毫米，标准托盘的尺寸是1 000毫米×1 200毫米。一个20英尺的集装箱一层可以容纳11个欧式托盘或9～10个标准托盘；一个40英尺的集装箱一层可以容纳23～24个欧式托盘或20～21个标准托盘，如图1-2所示。木制托盘必须坚固到足以堆存三层货物。一方面，用纸箱包装的货物不能超出托盘的边缘；另一方面，与托盘接触面积小于90%、不贴合托盘边缘的纸箱在运输时会发生移动。在很多情况下，用衬垫板代替托盘可节省空间。也有一些货主为了在集装箱内装入更多货物而不使用托盘或衬垫板。

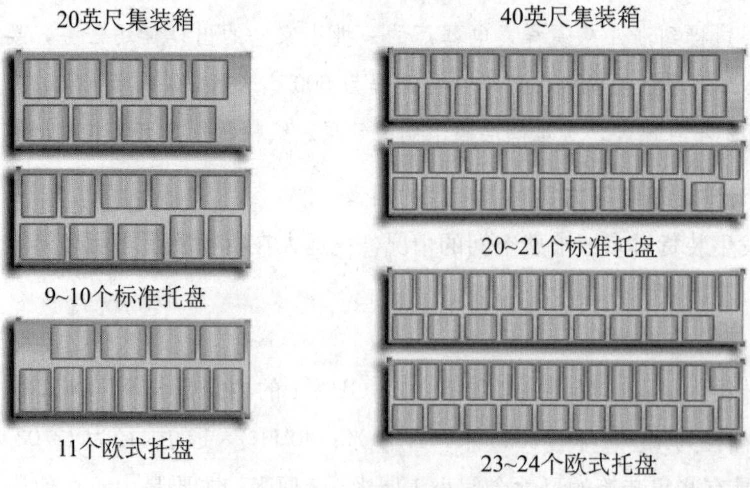

图1-2 托盘装箱示意图

(二) 集装箱装箱的注意事项

装箱人在装箱前应按规定认真检查箱体，发现集装箱不适合装运货物时，应拒绝装箱，并立即通知集装箱所有人。集装箱所有人需要重新提供适合货物装运的集装箱。

1. 一般货物装箱的注意事项

(1) 在货运站装箱时，不能随到随装，必须根据集装箱预配清单和事先设计的装箱方案进行装箱。

(2) 备妥必要的合格的隔垫物料及捆扎加固材料。

(3) 注意货盘的叉槽放置方向，不能弄错。

(4) 装箱时必须考虑方便拆箱卸货。

(5) 货物重心分布必须保持平衡，积载后的重心应尽量接近箱子的中心，以免装卸过程中发生倾斜和翻倒。

(6) 硬包装的货物，装箱时应当用垫料，以免冲压其他货物或碰坏箱子内壁。

(7) 袋装货最好不要与箱装货同装一箱，不能避免时须用衬垫板。

(8) 带有凸出、隆起或四边不规则包装的货物，如没用适当垫料，不能与其他货物装在一起。

(9) 湿货包括桶装或罐装液体货，应当用垫料，并装在底层。

(10) 不同种类的包装必须保持分票积载。例如：木夹板包装货与袋装货或纤维板箱装货物之间，如果没有保护性的隔垫，就不能装在一起。

(11) 海关监管或可能被查验的货物必须分出并装在箱门附近。

(12) 在任何情况下，都不能把货物直接固定在集装箱内部任何一个平面上，因为一旦在集装箱上钻孔，会破坏集装箱的水密性。

(13) 不要用不同包装的货物填塞集装箱的空位，除非这两种包装的货物是完全适合拼装的。

(14) 包装损坏的货物，即使损坏的表面是微小的，也不能装入箱内，必须将其修好才能装入箱内。

(15) 货物装完后，必须检查以确保没有一件货物处于松动状态，以防集装箱发生纵向或横向倾斜时造成货损。

集装箱装箱完毕后，应使用合适的方法进行固定、绑扎，并关闭箱门。如对货物加固材料系木材，且目的地是澳大利亚、新西兰等国家，则应在箱体外部明显地方贴上有关部门出具的木材经免疫处理证明。

2. 特殊货物装箱的注意事项

(1) 重大件。一般是指超重货、超高货、超宽货和超长货。

1) 超重货 (Over Weight Cargo)。由于集装箱运输和装卸过程中所使用的机械都是按国际标准化组织规定的标准最大总重来设计制造的，因此货物重量不能超过集装箱的最大总重。20英尺集装箱为20长吨（即20 320吨），40英尺集装箱为30长吨（即30 480吨），这一限度绝对不准超过。配重货时，应当注意使集装箱保持平衡，同时要考虑箱容的充分利用，尽可能搭配适当的轻货。装载时必须考虑集装箱底层的最大负荷量，可通过垫板来配置最大负荷量。要对照集装箱规范，绝对不能超过集装箱底层每平方英寸（或每平方米）的最大负荷量。虽然集装箱一般都会设计最大载重，但还必须考虑内陆运输及通过公路桥梁的载重限度。例如：澳大利亚各州对于超重量就有若干不同的规定，有的州规定公路上通行的集装箱的最大总重为20长吨，超过这一重量的集装箱，必须要用13吨的串联轴来运输。因此，实际上超过20长吨的40英尺集装箱，如果不采用特殊的底盘车，该州就不允许进行公路运输。美国有的州也有这种公路运输限制。

2）超高货（Over Height Cargo）。通常杂货集装箱的箱门的有效高度为2 100毫米左右（约6英尺11英寸），如果货物超过了这一高度，就称为超高货。超高货必须用开顶集装箱或框架集装箱装载。装载超高货时，对于在陆上运输通过桥洞、车站和码头的装卸作业以及船舶装载带来的诸多问题，必须引起特别关注。

3）超宽货（Over Width Cargo）。舱内集装箱与集装箱之间的横向间隙通常是120毫米～200毫米，其间距的大小要根据不同的船舶而定。如果所装的超宽货不超过上述范围，一般可以与普通集装箱一样装在舱内。为了防止货物横向移动，靠在相邻的集装箱上，而发生侧壁触破等事故，要对其进行充分的固定。当货物超过尺度而不能装载时，可直接装在舱口盖上，或者将几个框架集装箱拆去侧立柱，横向并列起来，确保层面面积，其装载方法与散件货相同。因此，能否装载超宽货是由集装箱和舱口的尺寸、舱盖的强度决定的。

4）超长货（Over Length Cargo）。超长货不能装在舱内，因为每一箱格都有横向构件，若必须装运时，只有装在甲板上，但甲板上有拉紧集装箱的交叉拉杆，因此限制了装载位置。超长货装在框架集装箱上时，其超长量限制在1英尺左右。

集装箱船舶需装载超重、超高、超宽、超长等非标准集装箱时，应在订舱前由托运人或承运人向港口提出申请，经确认后方可装运。

（2）危险货物。使用集装箱装载危险货物时，应以危险货物运输规则所列的性能作为配载的依据。各种性能不同的危险货物，不能同配一箱，而且箱内不能放一般货物，具体应做到以下几点：

1）集装箱有正确的标记、标志，并附集装箱装运危险货物装箱证明书；

2）集装箱清洁、干燥，适合装货；

3）货物符合《国际海运危险货物规则》（简称《国际危规》）的包装要求，有正确的标记、标志，并经国家规定的有关部门检验认可；

4）每票货物应附危险货物申报单；

5）与危险货物性质不相容的货物禁止同装一箱；

6）与普通货物混装时，危险货物不得装在一般货物的下面，而应装于箱门附近；

7）包件装箱正确，衬垫、加固合理；

8）装载后，应按《国际危规》要求，在集装箱外部每侧均张贴危险货物类别标志。

（3）冷冻、冷藏货。冷冻、冷藏货大致分为冷冻货和低温冷藏货两种。冷冻货是指在冻结状态下进行运输的货物，运输温度的范围一般在－20℃～－10℃。低温冷藏货是指在还未冻结或表面有一层薄薄的冻结层的状态下进行运输的货物，一般允许的温度调整范围在－1℃～16℃。货物要求低温运输主要是为了保持货物的鲜度。有时为了保持货物呼吸状态并防止箱内产生水滴，需要在箱内进行通风。使用冷冻、冷藏集装箱装载冷藏货应做到：

1）具有集装箱所有人出具的集装箱合格证书或文件；

2）集装箱冷藏设备的启动、运输、停止装置处于正常状态；

3）集装箱通风孔处于所要求的状态，泄水管保持畅通；

4）装箱前集装箱要经商检机构检验合格，并达到规定的温度，货物也要达到规定的装箱温度；

5）货物装箱时，不能堵塞冷气通道，天棚部分应留有空隙；

6）装载期间，冷藏装置停止运转；

7）冷冻货物最好不要混载，必须混载时，只有运输温度相同的货物才能装在一起，并要避免有恶臭、污染的货物混载；

8）装载完毕，尽快使制冷设备工作，以尽快达到运输要求的温度。

综上，在装箱时应注意以下几点：

（1）确保货物不超重，以保证集装箱装卸及海上运输的安全。箱内货物的重量分布要均衡，不能使局部负荷过轻或过重，以防止箱底变形及脱箱。

（2）货物在箱内要码放整齐，尽量不留空隙，以免货物在运输过程中相互碰撞，从而导致包装损坏。

（3）如需木料支撑及垫料分离时，要确保其清洁、干燥、无污染。装箱完毕后，箱内货物的件数、提单号、唛头等信息以外轮现货单为最终依据，货运站相关人员要将装箱情况及库存货数量等上报公司，以确保信息及数字准确无误。

二、缮制集装箱装箱单

（一）集装箱装箱单的含义及作用

集装箱装箱单（Container Load Plan）是详细记载集装箱内所装货物的名称、数量等内容的唯一单据。不论是由发货人自己装箱，还是由集装箱货运站负责装箱，负责装箱的人都要根据已装进集装箱内的货物缮制集装箱装箱单。在以集装箱为单位进行运输时，这是一张极其重要的单据。

集装箱装箱单的主要作用如下：

（1）作为发货人、集装箱货运站与码头堆场之间货物的交接单证；

（2）作为向船方通知集装箱内所装货物的明细表；

（3）单据上所记载的货物与集装箱的总重量是衡量船舶吃水量、稳定性的基本数据；

（4）它是在卸货地点办理集装箱保税运输时的单据之一；

（5）当发生货损时，它是处理索赔事故的原始单据之一；

（6）它是在卸货港集装箱货运站安排拆箱、理货时的单据之一。

（二）缮制集装箱装箱单的注意事项

现行集装箱装箱单一式五份，除码头、船代、发货仓库、理货各执一份外，余一份在船方手中作为查询依据。若不规范缮制，不仅有损各货主单位的对外形象，而且会影响船方在国外的交接（船代与船公司根据上栈收据签发提单）。集装箱装箱单缮制的注意事项如下：

（1）集装箱装箱单填制的每项内容一定要准确无误。特别是品名、件数、数量、重量等，一定要与实物一致。否则，一旦被国外海关查实，轻则将以走私货罚没，重则要追究刑事责任。在国内，一旦查实单货不符，轻则不能及时出口，重则追究责任、撤销装箱点等。

（2）装箱后，实际装箱数量、件数、毛重、尺寸等，与原规定发生溢缺时，除在随车的装箱单上更正外，必须以最快速度详告货主，以便其向其他有关单位申请更改手续。所装货物如品种不同，必须按箱子前部到箱门的先后顺序填写。

（3）关于打印或手写的规定。

1）必须用打印填写的栏目内容：危险品页码、联合国危险品编码、闪点、船名、航次、标准代码、装货港、卸货港、交货地、提单号、件数、包装、毛重（千克）、尺码、货名、唛头、冷藏箱允许温度、总件数、总货量、总尺码。

2）允许手书填写的栏目内容：集装箱号、封志号、装箱点详细名称、地址、电话、装箱日期、装箱人签名、集装箱皮重、货/箱总重。

3）允许在装箱单中用打字机或手写更改的栏目：件数与包装、毛重、尺寸、唛头、件号、总件数、总货重、总尺码。

（三）集装箱装箱单的缮制实例

背景资料

浙江电器进出口公司有一批货物出口到多伦多，分别是 Microwave machine 和 Washing machine，其标记唛码是 CX-ETNSQ06/ GLOBAL ELECTRON/TORONTO/NO. 1－1 250，货号规格分别是 bxw-1061 和 pcv-1703，包装件数分别是 100 CTNS 和 50 CTNS，

毛重分别是 4 000 KGS 和 4 500 KGS，净重分别是 3 800 KGS 和 4 000 KGS，数量分别是 1 000 Dozs 和 250 Dozs，总尺码是50 CBM，单价分别是 USD 248.97 和 USD 525.37，总价分别为 USD 248 970.00 和 USD 131 342.50。集装箱号为 APLU800567，集装箱规格为 40 英尺标箱，铅封号为 489654，提单号码为 APLU88122333，驾驶员××，驾驶车辆牌号为浙 BK1234，装箱人××，投诉装箱人电话为 0574－8812＊＊＊＊，传真为 0574－8812＊＊＊＊。

根据上述背景资料缮制完成的集装箱装箱单如表 1－9 所示。

表 1－9　　集装箱装箱单

<table>
<tr><td colspan="4" rowspan="3">宁波新盟国际船务有限公司
大榭外轮代理分公司
装箱单
CONTAINER LOAD PLAN</td><td colspan="3">第一联</td></tr>
<tr><td>集装箱号
APLU8005678</td><td colspan="2" rowspan="2">集装箱规格
Type of Container
□20 ☑40</td></tr>
<tr><td>铅封号
Seal No. 489654</td></tr>
<tr><td rowspan="2">船名
Ocean Vessel</td><td rowspan="2">航次
Voy. No.</td><td colspan="2" rowspan="2">装货港
Port of Loading</td><td colspan="3">中转港
Port of Transshipment</td></tr>
<tr><td colspan="3">卸货港
Port of Discharging</td></tr>
<tr><td>提单号码
B/L No.</td><td>标志和号码
Marks & Numbers</td><td>件数及包装种类
No. & Kind of Pkgs.</td><td>货名
Description of Goods</td><td>重量（千克）
Weight (Kg)</td><td>尺码（立方米）
Measurement (CBM)</td><td>备注
Remarks</td></tr>
<tr><td rowspan="2">APLU 88122333</td><td rowspan="2">CX-ETNS Q06/ GLOBAL ELECTR-ON/TORO-NTO/NO. 1 -1 250</td><td>1 000 Dozs
100 CTNS

250 Dozs
50 CTNS</td><td>Microwave machine bxw-1061
washing machine pcv-1703</td><td>4 000 KGS
(net 3 800 KGS)
4 500 KGS
(net 4 000 KGS)</td><td></td><td></td></tr>
<tr><td></td><td>总件数
Total Number of Packages

150 CTNS</td><td>总重量
Total Weight

8 500 KGS</td><td>总尺码
Total Measurement

50 CBM</td><td>冷藏温度
℃
℉</td></tr>
<tr><td colspan="2">驾驶员签收及车号

浙BK1234</td><td colspan="2">装箱人签名

××</td><td colspan="3">码头收箱签收和收箱日期</td></tr>
</table>

<table>
<tr><td>装箱人名称/地址/电话：

备注：如未按要求服务，请在装箱单上注明或投诉。
电话：0574-8812＊＊＊＊
传真：0574-8812＊＊＊＊</td><td>特殊要求：
1. 必须拉完好无损的集装箱到工厂。
2. 装箱后必须保证集装箱于当天晚上或第二天上午8点前进港。</td></tr>
</table>

相关知识

集装箱是进行国际货物运输最主要的载体，目前国际货物运输中除大宗散货、重大件货物外，基本上都采用集装箱运输，件杂货运输在国际班轮运输中已经越来越少见。因此，熟练掌握集装箱的种类、空间限制和载重能力限制，有助于我们充分利用集装箱的空间和载重能力，尽可能多快好省地设计装箱方案。

一、集装箱代码及特征

集装箱代码及特征如表1-10所示。

表1-10　　集装箱代码及特征

序号	1996年版标准代码	1984年版标准代码	特征（中文名）
1	G0	00	一端或两端有箱门（通用集装箱）
2	G1	10/11	货物的上方有透气罩（通用集装箱）
3	G2	01	一端或两端有箱门，并且在一侧或两侧设全开式箱门（通用集装箱）
4	G3	02	一端或两端有箱门，并且在一侧或两侧设局部箱门（通用集装箱）
5	V0	13	无机械排风装置，但在上、下两侧设有自然通风窗（通风式集装箱）
6	V2	15	箱内设有机械式通风装置（通风式集装箱）
7	V4	17	外置式机械通风装置（通风式集装箱）
8	B0	20	封闭式（无压干散货集装箱）
9	B1	23	气密式（无压干散货集装箱）
10	S0	25	牲畜集装箱
11	S1	26	汽车集装箱
12	S2	27	活鱼集装箱
13	R0	31	机械制冷（保温集装箱）

续前表

序号	1996 年版标准代码	1984 年版标准代码	特征（中文名）
14	R1	32	机械制冷/加热（保温集装箱）
15	R2	36	机械制冷（自备电源）（保温集装箱）
16	R3	37	机械制冷/加热（自备电源）（保温集装箱）
17	H0	40	外置式挂装制冷/加热装置［K=0.4W/（M2.K）］（保温集装箱）
18	H1	41	内置式挂装制冷/加热装置（保温集装箱）
19	H2	42	外置式挂装制冷/加热装置［K=0.7W/（M2.K）］（保温集装箱）
20	H5	45	隔热层［K=0.4W/（M2.K）］（隔热集装箱）
21	H6	46	隔热层［K=0.7W/（M2.K）］（隔热集装箱）
22	U0	50	一端或两端开口（敞顶式集装箱）
23	U1	51	一端或两端开口并有活动的上梁端（敞顶式集装箱）
24	U2	52	一端或两端以及一侧或两侧开口（敞顶式集装箱）
25	U3	53	一端或两端以及一侧或两侧开口并有活动的上梁端（敞顶式集装箱）
26	U4	54	一端或两端以及一侧部分开口和另一侧全部开口（敞顶式集装箱）
27	U5	55	全部敞顶，带固定的侧壁（无开门）（敞顶式集装箱）

二、集装箱的尺寸、内容积与箱数计算单位

（一）集装箱的外部尺寸

集装箱的外部尺寸是指包括集装箱永久性附件在内的集装箱外部最大的长、宽、高尺寸。它是确定集装箱能否在船舶、底盘车、货车、铁路之间进行换装的主要参数，是各运输部门必须掌握的一项重要技术资料。

（二）集装箱的内部尺寸

集装箱的内部尺寸是指集装箱内部的最大长、宽、高尺寸。高度为箱底板面至箱顶板最下面的距离，宽度为两内侧衬板之间的距离，长度为箱门内侧板至端壁内衬板之间的距离。它决定了集装箱内容积和箱内货物的最大尺寸。

（三）集装箱的内容积

集装箱的内容积是指按集装箱内部尺寸计算的装货容积。同一规格的集装箱，由于结构和制造材料的不同，其内容积会略有差异。集装箱的内容积是运输部门或其他装箱人员必须掌握的重要技术资料。

由于配载人员的经验以及货物的积载因素等原因，集装箱的内容积往往无法实现100%的利用率，一般平均利用率能达到85%。例如：宁波电子口岸编写的HY2008软件自动默认集装箱内容积利用率为85%，如果实际操作中利用率有变化，在系统中数据输入时可以进行修改。

各种类型集装箱的内部尺寸、门径、内部容量以及载重情况如表1-11、表1-12所示。

表 1-11　　　　普通集装箱尺寸

<table>
<tr><td colspan="3">钢制普通箱
规格：20英尺 × 8英尺 × 8英尺6英寸</td></tr>
<tr><td rowspan="3">内部尺寸（毫米）</td><td>长</td><td>5 898</td></tr>
<tr><td>宽</td><td>2 352</td></tr>
<tr><td>高</td><td>2 393</td></tr>
<tr><td rowspan="2">门径（毫米）</td><td>宽</td><td>2 340</td></tr>
<tr><td>高</td><td>2 280</td></tr>
<tr><td rowspan="3">重量（千克）</td><td>最大毛重</td><td>30 480</td></tr>
<tr><td>皮重</td><td>2 180</td></tr>
<tr><td>最大载重量</td><td>28 300</td></tr>
<tr><td>内部容量（立方米）</td><td colspan="2">33.2</td></tr>
<tr><td colspan="3">钢制普通箱
规格：40英尺×8英尺×8英尺6英寸</td></tr>
<tr><td rowspan="3">内部尺寸（毫米）</td><td>长</td><td>12 032</td></tr>
<tr><td>宽</td><td>2 352</td></tr>
<tr><td>高</td><td>2 393</td></tr>
<tr><td rowspan="2">门径（毫米）</td><td>宽</td><td>2 340</td></tr>
<tr><td>高</td><td>2 280</td></tr>
<tr><td rowspan="3">重量（千克）</td><td>最大毛重</td><td>30 480</td></tr>
<tr><td>皮重</td><td>3 650</td></tr>
<tr><td>最大载重量</td><td>26 830</td></tr>
<tr><td>内部容量（立方米）</td><td colspan="2">67.7</td></tr>
<tr><td colspan="3">钢制高箱
规格：40英尺×8英尺×9英尺6英寸</td></tr>
<tr><td rowspan="3">内部尺寸（毫米）</td><td>长</td><td>12 032</td></tr>
<tr><td>宽</td><td>2 352</td></tr>
<tr><td>高</td><td>2 698</td></tr>
<tr><td rowspan="2">门径（毫米）</td><td>宽</td><td>2 340</td></tr>
<tr><td>高</td><td>2 585</td></tr>
<tr><td rowspan="3">重量（千克）</td><td>最大毛重</td><td>30 480</td></tr>
<tr><td>皮重</td><td>3 830</td></tr>
<tr><td>最大载重量</td><td>26 650</td></tr>
<tr><td>内部容量（立方米）</td><td colspan="2">76.4</td></tr>
<tr><td colspan="3">钢制高箱
规格：45英尺 × 8英尺 × 9英尺6英寸</td></tr>
<tr><td rowspan="3">内部尺寸（毫米）</td><td>长</td><td>13 556</td></tr>
<tr><td>宽</td><td>2 352</td></tr>
<tr><td>高</td><td>2 698</td></tr>
<tr><td rowspan="2">门径（毫米）</td><td>宽</td><td>2 340</td></tr>
<tr><td>高</td><td>2 585</td></tr>
</table>

重量（千克）	最大毛重		30 480
	皮重		4 700
	最大载重量		25 780
内部容量（立方米）	86.0		

表 1-12　　特种集装箱尺寸

钢制冷冻箱 规格：40 英尺×8 英尺×9 英尺 6 英寸			
内部尺寸（毫米）	长		11 590
	宽		2 294
	高	名义	2 555
		可用	2 445
门径（毫米）	宽		2 290
	高		2 569
重量（千克）	最大毛重		30 480
	皮重		4 880
	最大载重量		25 600
内部容量（立方米）	名义		67.9
	可用		65.3
钢制冷冻箱 规格：40 英尺×8 英尺×8 英尺 6 英寸			
内部尺寸（毫米）	长		11 587
	宽		2 259
	高	名义	2 219
		可用	2 119
门径（毫米）	宽		2 283
	高		2 177
重量（千克）	最大毛重		32 000
	皮重		4 350
	最大载重量		27 650
内部容量（立方米）	名义		58.1
	可用		55.5
钢制冷冻箱 规格：20 英尺×8 英尺×8 英尺 6 英寸			
内部尺寸（毫米）	长		5 455
	宽		2 292
	高	名义	2 274
		可用	2 174
门径（毫米）	宽		2 232
	高		2 259
重量（千克）	最大毛重		30 480
	皮重		3 000
	最大载重量		27 480

内部容量（立方米）	名义	28.4
	可用	27.2
钢制开顶箱 规格：40英尺×8英尺×8英尺6英寸		
内部尺寸（毫米）	长	12 036
	宽	2 352
	高	2 248
门径（毫米）	宽	2 340
	高	2 280
重量（千克）	最大毛重	30 480
	最大载重量	26 680
内部容量（立方米）	65.9	

说明：以上数据仅供参考，实际数据以箱体为准。以上资料由宁波天航国际物流有限公司提供。

（四）集装箱箱数计算单位

集装箱箱数计算单位又称20英尺换算单位，是计算集装箱箱数的换算单位。目前国际上大部分企业都采用规格为20英尺和40英尺长的两种集装箱进行运输。为使集装箱箱数计算统一化，通常以20英尺集装箱作为一个计算单位，40英尺集装箱作为两个计算单位，以统一计算集装箱的营运量。

三、集装箱的租赁、装卸和交接

（一）集装箱的租赁

集装箱的租赁（Container Leasing）是指集装箱所有人将空箱租给使用人的一项业务。集装箱所有人为出租的一方，集装箱的使用人为承租的一方，一般是船公司或货主，双方签订租赁合同。由出租人提供合格的集装箱交由承租人在约定范围内使用。国际上有多种不同的集装箱租赁方式，概括起来有程租、期租、活期租用和航区内租赁等。

（二）集装箱的装卸

集装箱的装卸（Container Loading and Discharging）是指受承运人或其代理人的委托，受委托方在装卸区从事下列各项业务：整箱货运的交换、保管；设有集装箱货运站者，办理拼箱货的交接；安排集装箱船的靠泊，装卸集装箱，每航次编制配载图；办理有关货运单证的编签；编制并签验集装箱运载工具的出入及流转的有关单证；负责集装箱及运载工具、装卸工具的情况检查、维修，以及空箱的清扫、熏蒸等工作；空箱的收发、存贮和保管；安排空箱和重箱在堆场的堆码，以及编制场地分配计划；其他有关业务工作。

以上各项业务均需在装卸区进行。装卸区是集装箱运输中，箱或货装卸、交换、保管的具体经办部门，一般由专用码头、前沿、堆场、货运站、指挥塔、修理部门、大门和办公室组成。有时堆场或货运站等可延伸到市区内部5千米～15千米的中转站。下面重点介绍几种：

1. 集装箱前方堆场

集装箱前方堆场（Marshalling Yard）是指在集装箱码头前方，为加速船舶装卸作业，暂时堆放集装箱的场地。其作用是：当集装箱船到港前，有计划、有次序地按积载要求将出口集装箱整齐地集中堆放，卸船时将进口集装箱暂时堆放在码头前方，以加速船舶装卸作业。

2. 集装箱后方堆场

集装箱后方堆场（Container Yard，CY）是指集装箱重箱或空箱进行交接、保管和堆存的场所。在有些国家，集装箱堆场并不分前方堆场或后方堆场，而是统称为堆场。集装箱后方堆场是集装箱装卸区的组成部分，是集装箱运输场到场交接方式的整箱货办理交接的场所（实际上是在集装箱卸区大门口进行交接的）。

3. 空箱堆场

空箱堆场（Van Pool）是指专门办理空箱收集、保管、堆存或交接的场地，其在集装箱装卸区或转运站堆场不足时才予以设立。这种堆场不办理重箱或货物交接。它可以单独经营，也可以由集装箱装卸区在区外另设。在有些国家，经营这种空箱堆场须向航运公会声明。

4. 中转站或内陆转运站

中转站或内陆转运站（Container Depot or Inland Depot）是指海港以外的集装箱运输的中转站或集散地。其除了没有集装箱专用船的装卸作业外，其余均与集装箱装卸区的业务相同。中转站或内陆转运站的度量，包括集装箱装卸港的市区中转站、内陆城市、内河港口的内陆转运站。

5. 集装箱货运站

集装箱货运站（Container Freight Station，CFS）是指为拼箱货装箱和拆箱的船、货双方办理交接的场所。承运人在一个港口或内陆城市只能委托一个集装箱货运站的经营者，由它代表承运人办理以下主要业务：拼箱货的理货和交接；对货物外表检验，如有异状时，办理批注；拼箱货的配箱积载和装箱；进口拆箱货的拆箱和保管；代承运人加铅封并签发站收据；办理各项单证和编制等。

（三）集装箱的交接

集装箱的交接方式分为以下两种：

1. 根据集装箱货运方式分类

由于集装箱货运方式分为整箱和拼箱两种，因此在交接方式上分为以下四类：

（1）整箱交、整箱接（FCL/FCL）。货主在工厂或仓库把装满货后的整箱交给承运人，收货人在目的地同样以整箱接货。换言之，承运人以整箱为单位负责交接。货物的装箱和拆箱均由收、发货方负责。

（2）拼箱交、拆箱接（LCL/LCL）。货主将不足整箱的小票托运货物在集装箱货运站或内陆转运站交给承运人，由承运人负责拼箱和装箱，运到目的地货站或内陆转运站，由承运人负责拆箱，拆箱后，收货人凭单接货。货物的装箱和拆箱均由承运人负责。

（3）整箱交、拆箱接（FCL/LCL）。货主在工厂或仓库把装满货后的整箱交给承运人，在目的地货运站或内陆转运站由承运人负责拆箱后，各收货人凭单接货。

（4）拼箱交、整箱接（LCL/FCL）。货主将不足整箱的小票托运货物在集装箱货运站或内陆转运站交给承运人。承运人分类调整，把同一收货人的货集中拼装成整箱。运到目的地后，承运人以整箱交，收货人以整箱接。

上述各种交接方式中，以整箱交、整箱接的效果最好，也最能发挥集装箱的优越性。

2. 根据交接地点分类

贸易条件所规定的交接地点一般分为以下九种：

（1）门到门（DR-DR）。从发货人工厂或仓库至收货人工厂或仓库。

（2）门到场（DR-CY）。从发货人工厂或仓库至目的地或卸箱港的集装箱堆场。

（3）门到站（DR-CFS）。从发货人工厂或仓库至目的地或卸箱港的集装箱货运站。

（4）场到门（CY-DR）。从起运地或装箱港的集装箱堆场至收货人工厂或仓库。

（5）场到场（CY-CY）。从起运地或装箱港的堆场至目的地或卸箱港的集装箱堆场。

（6）场到站（CY-CFS）。从起运地或装箱港的集装箱堆场至目的地或卸箱港的集装箱货运站。

（7）站到门（CFS-DR）。从起运地或装箱港的集装箱货运站至收货人工厂或仓库。

（8）站到场（CFS-CY）。从起运地或装箱港的集装箱货运站至目的地或卸箱港的集装箱堆场。

（9）站到站（CFS-CFS）。从起运地或装箱港的集装箱货运站至目的地或卸箱港的集装箱货运站。

考虑到实际操作中，某些交接方式很少使用，常见的集装箱交接方式有以下四种：

（1）门到门。这种运输方式的特征是在整个运输过程中，完全是集装箱运输，并无货物运输，故适合整箱交、整箱接。

（2）门到场站。这种运输方式的特征是门到场站是集装箱运输，场站到门是货物运输，故适合整箱交、拆箱接。

（3）场站到门。这种运输方式的特征是门到场站是货物运输，场站到门是集装箱运输，故适合拼箱交、整箱接。

（4）场站到场站。这种运输方式的特征是除中间一段为集装箱运输外，两端的内陆运输均为货物运输，故适合拼箱交、拆箱接。

知识拓展

一、货物的积载因数

货物的积载因数（S/F）是指每一吨货物在正常堆装时实际所占的容积（包括货件之间正常空隙及必要的衬垫所占的空间），单位为立方米/吨或者立方英尺/吨。具体计算公式为：

不包括亏舱的货物积载因数＝货物体积/货物重量

包括亏舱的货物积载因数＝装载所用包装容积/所装载货物重量

＝（货堆体积＋装载无法利用的空间）/货堆重量

积载因数是船舶配载工作中十分重要的货物资料，用于计算一定重量的某种货物需占多少货舱容积，或一定的货舱容积能装载多少吨某种货物等。在运输中，货物正常堆积时的货堆体积包括货件之间必需的间隙及正当衬垫所占的空间。确切的数据应根据对货堆的实际丈量和计算得出。在实际工作中，常依据货主申报的货物毛重和估计尺寸，并考虑在货物堆装时有一定的货舱容积损失，经计算得出货物的积载因数。但由于估计尺寸较粗略，以及在不同区域装载时货舱容积损失的大小有所差别，因此得出的数据不准确。此外，某一货种的积载因数还由于货物种类、包装规格、包装方式、品质等级方面的不同而有所不同，所以在使用时要格外注意。例如：橡子仁在散装方式下积载因数是1.49，在袋装方式下积载因数是1.67。可到专业网站（如锦程物流网）查询并下载积载因数表。

在集装箱装箱过程中，能否最大化地利用集装箱的内容积，货物的积载因数至关重要。为了方便从业人员制定装箱计划，有效利用集装箱内容积，切实提高集装箱运输的经济效益，锦程物流网提供了942种货物的积载因数查询功能，查询网址为http://info.jctrans.com/gongju/jz.asp。

二、集装箱装柜软件——LoadExpert装柜专家

集装箱是现代重要的运输工具，在市场竞争日趋激烈的当今社会，如何在货物运输这一重要环节降低成本与费用，是进出口和运输等行业企业普遍关心的问题。事实上，集装箱的装箱问题在大多数企业中一直得不到很好的解决，它们往往是凭经验作业，易造成以下问题：空间利用率低，平均只有八成左右；计算耗时费力，难以得到优化方案；货物装柜超重，装载数量不准确；作业缺乏标准，货物摆放混乱；等等。

针对上述问题，LoadExpert装柜专家应运而生，它解决了集装箱装柜时的很多问题。例如：多种方式切合实际需求，详细设置满足装载规定，智能算法优化空间效率，直观操作展现装柜方案；同时节约运费，提高效率，规范作业，降低成本，是一个多快好省的集装箱装柜软件。

思考练习

1. 根据以下资料设计装箱方案。

背景资料

有A、B两种货物，均由纸箱包装，第一种货物纸箱尺寸为300毫米×400毫米×500毫米，单件重量15千克，共630件，可任意方向堆放；第二种货物纸箱尺寸为325毫米×456毫米×573毫米，单件重量25千克，共576件，只能采取立放正向或者立放横向方式堆放，不可侧放或者卧放。两种货物长宽高形变系数均为2%。采用中远（COSCO）集装

箱，内部尺寸为：20英尺集装箱，5 900毫米×2 340毫米×2 350毫米；40英尺集装箱，11 800毫米×2 340毫米×2 350毫米。

2. 根据以下资料缮制装箱单（见表1-13）。

背景资料

出口商：河北省进出口（集团）公司，HEBEI IMPORT & EXPORT (GROUP) CORPORATION。进口商：WAKAYAMA CO.，LTD.，地址为 NO. 777 KOOTO MAOCHU WAKAYAMA，JAPAN。起运港：秦皇岛港（QINHUANGDAO）。目的港：大阪港（OSAKA）。发票号码（INV. NO.）：HW06E282。发票日期：2017年9月27日。货物唛头：N/M。涉及三种商品，分别是女士全棉针织T恤衫（COTTON KNIT LADIES' T-SHIRT）、女士全棉针织马甲（COTTON KNIT LADIES' VEST）和涤纶围巾（POLY SCARF），包装分别是69 CTNS、93 CTNS和282 CTNS，毛重分别是2 472 KGS、3 456 KGS和6 846.44 KGS，净重分别是2 370 KGS、3 310 KGS和6 540 KGS，总体积为56.20 CBM。

表1-13　　装箱单

<table>
<tr><td colspan="6">河北省进出口（集团）公司
HEBEI IMPORT & EXPORT (GROUP) CORPORATION
PACKING LIST</td></tr>
<tr><td colspan="2" rowspan="3">SELLER</td><td colspan="2">INVOICE NO.</td><td colspan="2">INVOICE DATE</td></tr>
<tr><td colspan="2">FROM</td><td colspan="2">TO</td></tr>
<tr><td colspan="2"></td><td colspan="2"></td></tr>
<tr><td colspan="2">BUYER</td><td colspan="4">MARKS & NOS.</td></tr>
<tr><td>CINS</td><td>Description & Specification</td><td>Packages</td><td>Gross Wt.
(KGS)</td><td>Net Wt.
(KGS)</td><td>Measurement
(MP)</td></tr>
<tr><td></td><td></td><td></td><td></td><td></td><td></td></tr>
<tr><td colspan="6">ISSUED BY
SIGNATURE</td></tr>
</table>

模块五　代理报关

学习目标

1. 熟悉报关的范围、期限、所需单证及程序；

2. 熟练填制报关单。

工作任务

本模块的主要任务包括两个，即熟悉报关程序和填制报关单。

实践操作

报关是指进出口货物的收货人、发货人、进出境运输工具负责人、进出境物品所有人或者其代理人向海关办理货物、物品或运输工具进出境手续及相关海关事务的过程，包括向海关申报、交验单据证件，并接受海关的监管和检查等。报关是履行海关进出境手续的必要环节之一。

一、熟悉报关程序

报关工作的全部程序分为进出口货物的申报、查验、放行三个阶段，具体如下：

（一）进出口货物的申报

进出口货物的收、发货人或者其代理人，在货物进出口时，应在海关规定的期限内，按海关规定的格式填制进出口货物报关单，随附有关的货运、商业单据，同时提供批准货物进出口的证件，向海关申报。报关时，需交验的主要单证有以下几种：

1. 进口货物报关单

进口货物报关单一般一式两份（有的海关要求三份）。报关单填报项目要准确、齐全、字迹清楚，不能用铅笔；报关单内各栏目，凡海关规定有统计代号的，以及税则号列及税率一项，由报关员用红笔填写；每份报关单限填报四项货物；如发现填报有误或其他情况需变更填报内容的，应主动、及时向海关递交更改单。

2. 出口货物报关单

出口货物报关单一般一式两份（有的海关要求三份）。填单要求与进口货物报关单基本相同。如因填报有误或需变更填报内容而未主动、及时更改的，出口报关后发生退关情况，报关单位应在三天内向海关办理更正手续。

3. 随报关单交验的货运、商业单据

任何进出口货物通过海关都必须在向海关递交已填好的报关单的同时，交验有关的货运、商业单据，接受海关审核诸种单证是否一致，并由海关审核后加盖印章，作为提取或发运货物的凭证。随报关单同时交验的货运、商业单据有：海运进口提货单，海运出口装货单（需报关单位盖章），陆（空）运运单，货物的发票（其份数比报关单少一份，需报关单位盖章），货物的装箱单（其份数与发票相等，需报关单位盖章）等。需要说明的是，如海关认为必要，报关单位还应交验贸易合同、订货卡片、产地证明等。另外，按规定享受减、免税或免验的货物，应在向海关申请并已办妥手续后，随报关单交验有关证明文件。

4. 进出口货物许可证

进出口货物许可证制度是对进出口贸易进行管理的一种行政保护手段。我国与世界上大多数国家一样，也采用这一制度对进出口货物、物品实行全面管理。进出口货物的收、发货人或其代理人必须向海关交验进出口货物许可证的商品并不固定，而是由国家主管部门随时调整公布。凡按国家规定应申领进出口货物许可证的商品，报关时都必须交验由对外贸易管理部门签发的进出口货物许可证，并经海关查验合格无误后予以放行。但我国对外经济贸易合作部所属的进出口公司、经国务院批准经营进出口业务的各部委所属的工贸公司、各省（直辖市、自治区）所属的进出口公司，在批准的经营范围内进出口商品，视为已取得许可，免领进出口货物许可证，只凭报关单即可向海关申报；只有在经营进出口经营范围以外的商品时才需要交验许可证。

5. 入境货物通关单或出境货物通关单

海关要求报关单位出具这两种单证，一方面是监督法定检验商品是否已经接受法定的商检机构检验，另一方面是取得进出口商品征税、免税、减税的依据。根据《中华人民共和国进出口商品检验法》以及《商检机构实施检验的进出口商品种类表》（简称《种类表》）的规定，凡列入《种类表》的法定检验的进出口商品，均应在报关前向商品检验机构报验。报关时，海关凭商检机构签发的入境货物通关单和出境货物通关单对进口货物报关单上加盖的印章验收。

除上述单证外，对国家规定的其他进出口管制货物，报关单位也必须向海关提交由国家主管部门签发的特定的进出口货物批准单证，由海关查验合格无误后再予以放行。例如：药品检验，文物出口鉴定，金银及其制品的管理，珍贵、稀有野生动物的管理，进出口射击运动、狩猎用枪支弹药和民用爆破物品的管理，进出口音像制品的管理等，均属此列。

（二）进出口货物的查验

除海关总署特准查验的，进出口货物都应接受海关查验。对进出口货物进行查验的目的是核对报关单证所报内容与实际到货是否相符，有无错报、漏报、瞒报、伪报等情况，审查货物的进出口是否合法。海关应在规定的时间和场所查验货物。如有特殊理由，事先报经海关同意，海关可以派人员在规定的时间和场所以外查验。申请人应提供往返交通工具和住宿并支付费用。

海关查验货物时，要求货物的收、发货人或其代理人必须到场，并按海关的要求负责办理货物的搬移、拆装箱和查验货物的包装等工作。海关认为必要时，可以进行开验、复验或者提取货样，货物保管人应当到场作为见证人。

查验货物时，由于海关关员的责任造成被查货物损坏的，海关应按规定赔偿当事人的直接经济损失。赔偿办法为：由海关关员如实填写《中华人民共和国海关查验货物、物品损坏报告书》（一式两份），查验关员和当事人双方签字，各留一份。双方共同商定货物的受损程度或修理费用（必要时，可凭公证机构出具的鉴定证明确定），以海关审定的完税价格为基数，确定赔偿金额。赔偿金额确定后，由海关填发《中华人民共和国海关损坏货物、物品赔偿通知单》（简称《通知单》），当事人自收到《通知单》之日起，三个月内凭单向海关领取赔款或将银行账号通知海关划拨，逾期海关不再赔偿。赔款一律用人民币支付。

（三）进出口货物的放行

海关对进出口货物的报关，经过审核报关单据、查验实际货物，并依法办理征收货物税费手续或减免税手续后，在有关单据上签盖放行章，货物的所有人或其代理人才能提取或装运货物。此时，海关对进出口货物的监管才算结束。另外，进出口货物因各种原因需海关特殊处理的，可向海关申请担保放行。海关对担保的范围和方式均有明确的规定。

二、填制报关单

背景资料

2017年8月28日，深圳市电子进出口有限公司收到了一份STATE BANK OF GERMANY，HAMBURG，GERMANY于2016年11月26日开来的信用证，购买汽车喇叭，信用证号码为GSN118488LY，金额为USD 51 331.50，CIF BREMEN条件，出口：

汽车喇叭	PY－1009A	6 720对	RMB 25.00/对	RMB 168 000.00
	PY－6960A	1 705对	RMB 136.00/对	RMB 231 880.00
			TOTAL	RMB 399 880.00

深圳市电子进出口有限公司于2017年10月9日向深圳蛇口海关（关区代码5439）申报出口，将货装上了船名为深圳海、航次为661的海轮运送出海，B/L NO.：SSAB01－001，NW：5.065MT，GW：5.966MT，唛头N/M，2×20′ FCL：SZWY7891012/7891013，核销单编号：448899662，海关计量单位：对/个，运费为USD 3 000.00，保费费率为0.69%。商品编码为8518.2100。

根据上述资料填制完成的报关单如表1－14所示。

表1－14　　中华人民共和国海关出口货物报关单

预录入编号　　　　海关编号

<table>
<tr><td colspan="4">收发货人</td><td colspan="4">出境口岸</td><td colspan="4">备案号</td><td colspan="4">出境日期</td><td colspan="4">申报日期</td></tr>
<tr><td colspan="4">生产销售单位</td><td colspan="4">监管方式</td><td colspan="4">贸易国（地区）</td><td colspan="4">运抵国（地区）</td><td colspan="4">境内货源地</td></tr>
<tr><td colspan="5">申报单位</td><td colspan="5">运输方式</td><td colspan="5">运输工具名称</td><td colspan="5">提运单号</td></tr>
<tr><td colspan="4">批准文号</td><td colspan="4">成交方式</td><td colspan="4">运费</td><td colspan="4">保费</td><td colspan="4">杂费</td></tr>
<tr><td colspan="5">件数</td><td colspan="5">毛重（千克）</td><td colspan="5">净重（千克）</td><td colspan="5">随附单据</td></tr>
<tr><td colspan="20">标记唛码及备注</td></tr>
<tr><td colspan="2">项号</td><td colspan="2">商品编号</td><td colspan="3">商品名称、规格型号</td><td colspan="2">数量及单位</td><td colspan="3">最终目的地国（地区）</td><td colspan="2">单价</td><td colspan="2">总价</td><td colspan="2">币制</td><td colspan="2">征免</td></tr>
<tr><td colspan="20"></td></tr>
<tr><td colspan="20">特殊关系确认：　　价格影响确认：　　支付特许权使用费确认：</td></tr>
<tr><td colspan="6">录入员　　录入单位</td><td colspan="7">兹声明对以上内容承担如实申报，依法纳税之法律责任</td><td colspan="7">海关单批注及签章</td></tr>
<tr><td colspan="13">报关人员
申报单位（签章）</td><td colspan="7">审核日期</td></tr>
</table>

相关知识

一、报关的范围

报关涉及的对象可分为出入境的运输工具、货物和物品两大类。由于性质不同，其报关程序各异。运输工具如船舶、飞机等通常应由船长、机长签署到达、离境报关单，交验载货清单、空运单、海运单等单证向海关申报，作为海关对装卸货物和上下旅客实施监管的依据。而货物和物品则应由收、发货人或其代理人，按照货物的贸易性质或物品的类别，填写报关单，并随附有关的法定单证及商业和运输单证报关。如属于保税货物，应按保税货物方式进行申报，海关对其应办事项及监管办法与其他贸易方式的货物有所区别。

二、报关的期限

进出口货物的报关期限在《中华人民共和国海关法》中有明确的规定，而且出口货物报关期限与进口货物报关期限是不同的，具体为：

出口货物的发货人或其代理人除海关特许外，应当在装货的 24 小时以前向海关申报。这一规定是为了在装货前给海关以充足的查验货物的时间，以保证海关工作的正常进行。如果没有在这一规定的期限之前向海关申报，海关可以拒绝接受通关申报，这样出口货物就得不到海关的查验、征税和放行，无法装货运输，从而影响运输单据的取得，甚至导致延迟装运、违反合同。因此，出口货物的发货人或其代理人应该及早地向海关办理申报手续，做到准时装运。

进口货物的收货人或其代理人应当自载运该货物的运输工具申报进境之日起 14 天内向海关办理进口货物的通关申报手续。这一规定是为了加快口岸疏运，促使进口货物早日投入使用，减少差错，防止舞弊。如果未在法定的 14 天内向海关办理申报手续，海关将征收滞报金。滞报金的起收日期为运输工具申报进境之日起的第 15 天；转关运输货物为货物运抵指运地之日起的第 15 天；邮运进口货物为收到邮局通知之日起的第 15 天。截止日期为海关申报之日。滞报金的每日征收率为进口货物完税价格的 0.5‰，起征点为人民币 50 元，不足 50 元的免收。滞报金的计算公式为：

$$滞报金总额=进口货物完税价格 \times 滞报天数 \times 0.5‰$$

进口货物的收货人自运输工具申报进境之日起超过 3 个月未向海关申报的，其进口货物由海关提取变卖处理。所得价款在扣除运输、装卸、存储等费用和税款后，尚有余款的，自货物变卖之日起一年内经收货人申请，予以发还；逾期无人申请的，上缴国库。确属误卸或者溢卸的进境货物除外。

知识
拓展

为了报关时操作方便，国家有关部门特规定了很多报关代码。下面介绍常见的海关贸易性质码（见表1-15）。

表1-15　　常见的海关贸易性质码

性质码	名称	性质码	名称
10	一般贸易	22	对外承包工程出口货物
11	国家间、国际组织无偿援助和赠送的物资	23	租赁贸易
12	华侨、港澳台同胞、外籍华人捐赠的物资	25	外商投资企业作为投资进口的设备、物品
13	补偿贸易	27	出料加工贸易
14	来料加工装配贸易	30	易货贸易
15	进料加工贸易	31	免税外汇商品
16	寄售代销贸易	33	保税仓库进出境货物
19	边境小额贸易（边民互市除外）	39	其他
20	来料加工装配进口的设备		

新版报关单修改项目摘要：

（1）相关单位变更：申报单位、收发货人（原经营单位）、消费使用单位/生产销售单位（原货主单位）的18位统一社会信用代码录入框。

（2）报关单商品项数的上限由20项增加到50项。

（3）删除批准文号、用途、生产厂家、税费征收情况等。

（4）新增“特殊关系确认”“价格影响确认”“支付特许权使用费确认”“贸易国（地区）”“原产国（地区）”（出口）“最终目的国（地区）”（进口）等。

（5）把经营单位改成收发货人、收货单位改成消费使用单位、发货单位改成生产销售单位、报关员改成报关人员等20多处新的表述方式及格式。

思考
练习

请同学们上网查询并了解海关商品单位码、海关关别码、海关币别码、报关备案号代码、报关经营单位编码、报关条件代码、报关监管方式及代码、征免性质代码、结汇方式代码、进口货物优惠贸易协定代码、运输方式代码等。

模块六　提单确认

学习目标

1. 熟练掌握提单的定义、作用以及分类；
2. 能熟练处理提单发放的几种情形；
3. 能填写提单内容确认书；
4. 能根据不同情况和要求签订各类保函等。

工作任务

本模块主要包括三大任务，第一是熟悉提单的发放形式，第二是填制提单确认书，第三是签订保函。

实践操作

一、提单的发放形式

在国际货运代理操作实务中，除正常的提单发放外，还有一些常见的不正常提单发放形式，例如电放提单、预借提单、倒签提单，以及分拆提单、合并提单和异地放单等各项操作。船公司没有义务为货主提供这些非正常服务，但是在货主请求下也可能答应。然而，这些操作可能会给船公司带来各种风险，为了有效规避这些风险，船公司会要求货主提供相应的保函，并保证如果有因这些操作导致被相关利益方索赔，货主需要承担一切责任。作为货主与船公司的中间人，货代企业需要为客户代理好各项事务，首先必须了解客户所需求的提单发放形式，主要包括：

（1）电放提单。需客户提供正本电放保函（留底），后出具公司保函到船公司电放。

（2）预借提单（如可行）。需客户提供正本预借保函（留底），后出具公司保函到船公司预借。

（3）倒签提单（如可行）。需客户提供正本倒签保函（留底），后出具公司保函到船公司倒签。此种情况下，多半是签发 HOUSE B/L（分提单）。

（4）分拆提单。应等船开以后3～4天（候舱单送达海关，以保证退税），再将一票关单拆成多票关单。

（5）合并提单。应等船开以后3～4天（候舱单送达海关，以保证退税），再将多票关单合成一票关单。

（6）异地放单。须经船公司同意，并取得货主保函和异地接单联系人的电话、传真、公司名、地址等资料方可放单。货代企业需要依据原始资料，就提单签发的要求传真给货主确认，并根据回传确立提单正确内容。

二、填制提单确认书

船公司会在签发提单前要求货主对提单内容进行确认，并在确认书上签名盖章。例如：已知一票货物，目的港为MOJI，船名为SKY BLUE，航次为610E，箱型、箱量为40′GP×1，提单号码为CKCOSBNMFC610003，OCEAN FREIGHT为预付，BAF、YAS、EBS和CY CHARGE均为到付。

根据以上资料填制的提单确认书如表1-16所示。

表1-16 提单确认书

确 认 书

贵司定于我司的货物信息，请予以核对并在收到确认书当日回传。如有更改，务必在船开以前出具更改单，否则一切后果自行承担！

船名/航次	SKY BLUE / 610E	箱型、箱量	40′GP×1
提单号码	CKCOSBNMFC610003	目的港	MOJI
OCEAN FREIGHT	预付		
BAF	到付	CY CHARGE	到付
YAS	到付		
EBS	到付		

日期：__________ 确认人签名及签章：__________

PPD：FOR PREPAID

CLT：FOR COLLECT

三、签订保函

（一）签订电放保函

背景资料

宁波翔达电器有限公司出口一批货物，收货人为MOTOWORKS AUSTRALIA PTY

LTD.。因故不能凭正本提单提货，宁波翔达电器有限公司决定将全套提单交还给承运人，并通过其货代公司宁波天航国际物流有限公司向承运人长荣海运请求电放。船名为EMC HARMONY，航次为V. 134s，提单号为EGLV20122333，目的港为墨尔本。

根据以上资料签订的电放保函如表1-17所示。

表1-17　　电放保函

电放保函

发货人（Shipper）：宁波翔达电器有限公司
收货人（Consignee）：MOTOWORKS AUSTRALIA PTY LTD.
船名航次（Vessel/Voyage）：EMC HARMONY/V. 134s
提单号码（B/L NO.）：EGLV20122333
起运港（Port of Loading）：宁波港
目的港（Port of Delivery）：墨尔本

兹本公司装一批货物经由贵公司（代理）承运，现为争取时效，我公司将此票货物的正本提单（全套）交还贵公司，并请贵公司准予以电放方式处理，货物将由上述收货人提领。本公司完全同意提单所示内容，若由此发生纠纷而致使贵公司以及船东遭受任何损害或支付任何费用（包括诉讼费用及律师费用），本公司愿无条件负担一切损害赔偿责任并偿还支付之费用及其利息。

此致

Evergreen Line（长荣海运股份有限公司，意大利海运股份有限公司，长荣海运英国有限公司，长荣香港有限公司，长荣海运新加坡公司）

立保函人（货主）：宁波翔达电器有限公司
（请盖公司及负责人章）
地　　址：
电　　话：
负 责 人：
日　　期：　　年　　月　　日

立保函人（货代）：宁波天航国际物流有限公司
（请盖公司及负责人章）
地　　址：
电　　话：
负 责 人：
日　　期：　　年　　月　　日

（二）签订分拆提单保函

背景资料

宁波翔达电器有限公司出口一批货物到澳大利亚，船名为EMC HARMONY，航次为V. 134s，提单号EGLV20122888。请将其分拆为三套提单，提单号分别是：

EGLV20122888A、EGLV20122888B、EGLV20122888C。件数、毛重、体积分别是100 CTNS、10 000 KGS、25 CBM，200 CTNS、20 000 KGS、50 CBM与300 CTNS、30 000 KGS、75 CBM。

根据以上资料签订的分拆提单保函如表1-18所示。

表1-18 分拆提单保函

分拆提单保函

船名/航次	EMC HARMONY/V. 134s
提单号码	EGLV20122888

分拆后各提单的详细数据

A单	箱号/封号	件数（单位）	毛重	体积
1	EMCU82123254/565645	100 CTNS	10 000 KGS	25 CBM
2				
3				
4				

B单	箱号/封号	件数（单位）	毛重	体积
1	EMCU82123255/565646	200 CTNS	20 000 KGS	50 CBM
2				
3				
4				

C单	箱号/封号	件数（单位）	毛重	体积
1	EMCU82123256/565647	300 CTNS	30 000 KGS	75 CBM
2				
3				
4				

D单	箱号/封号	件数（单位）	毛重	体积
1				
2				
3				

请按以上数据出单，若数据与出口舱单不符，由本公司自行至海关更改出口舱单，由此发生纠纷而导致贵公司遭受任何损害或支付任何费用（包括诉讼费及律师费），皆由本公司无条件承担一切损害赔偿责任并偿还支付之费用及利息。

此致

Evergreen Line（长荣海运股份有限公司，意大利海运股份有限公司，长荣海运英国有限公司，长荣香港有限公司，长荣海运新加坡公司）

	立保函人 宁波翔达电器有限公司 电 话________ (请盖公司及负责人章) ____年____月____日 联络人________
备注：(1) 为避免信息错误而无法联络到贵司，请告知贵司联系电话和负责人；(2) 若内容有更改，请在提单号后注明 AMEND，并在更正部分加注下划线，以免误认为重复发送，遗漏更改。	

(三) 签订合并提单保函

背景资料

宁波翔达电器有限公司出口三批货物到澳大利亚，收货人均为 MOTOWORKS AUSTRALIA PTY LTD.，船名为 EMC HARMONY，航次为 V. 134s，提单号分别是 EGLV20122331、EGLV20122332、EGLV20122333，合并后提单号为 EGLV20122888，箱号/封号以及件数、毛重、体积自拟。

根据上述资料签订的合并提单保函如表 1－19 所示。

表 1－19 合并提单保函

合并提单保函

船名/航次	EMC HARMONY/V. 134s		
序号	被合并提单号码	序号	被合并提单号码
1	EGLV20122331	11	EGLV
2	EGLV20122332	12	EGLV
3	EGLV20122333	13	EGLV
4	EGLV	14	EGLV
5	EGLV	15	EGLV
6	EGLV	16	EGLV
7	EGLV	17	EGLV
8	EGLV	18	EGLV
9	EGLV	19	EGLV
10	EGLV	20	EGLV

合并后提单号码及详细数据	EGLV20122888		
箱号/封号	件数（单位）	毛重	体积
EMCU82123254/565645	300 CTNS	60 000 KGS	150 CBM
TOTAL 总数	300 CTNS	60 000 KGS	150 CBM
唛头/品名合并后资料，请以提单确认为准！			

请按以上数据出单，若数据与出口舱单不符，由本公司自行至海关更改出口舱单，由此发生纠纷而导致贵公司遭受任何损害或支付任何费用（包括诉讼费及律师费），皆由本公司无条件承担一切损害赔偿责任并偿还支付之费用及利息。

此致

Evergreen Line（长荣海运股份有限公司，意大利海运股份有限公司，长荣海运英国有限公司，长荣香港有限公司，长荣海运新加坡公司）

立保函人 宁波翔达电器有限公司　电　话______________

（请盖公司及负责人章）

_____年_____月_____日　　联络人______________

备注：（1）为避免信息错误而无法联络到贵司，请告知贵司联系电话和联络人；（2）若内容有更改，请在提单号后注明 AMEND，并在更正部分加注下划线，以免误认为重复发送，遗漏更改；（3）美加线 AMS/ACI 子母单，请在合并提单号栏注明报×出×，如报 4 出 1（提单 1 笔，国外舱单 4 笔）。

除了以上讲的几种，第三地放单/付费保函、套柜保函、倒签提单保函和海运单保函的签订详见本模块的思考练习。

相关知识

一、提单的功能与分类

（一）提单的功能

提单（Bill of Lading）是国际海上货物运输中最重要的单证之一。《中华人民共和国海商法》规定："提单，是指用以证明海上货物运输合同和货物已经由承运人接收或者装船，以及承运人保证据以交付货物的单证。提单中载明的向记名人交付货物，或者按照指示人的指示交付货物，或者向提单持有人交付货物的条款，构成承运人据以交付货物的保证。"因此，提单所具有的货物收据、物权凭证和运输合同的证明的功能是由法律所赋予的。

1. 提单是一张货物收据

承运人接管货物后签发的收货待运提单具有明显的货物收据的功能。当货物装船后，承运人根据收货单或场站收据签发的已装船提单虽然不是货物的原始收据，但却是根据货物的原始收据签发的，所以具有货物收据的功能。提单作为货物收据，不仅能证明收到货物的种类、数量、标志、外表状况，而且能证明收到货物的时间（货物装船的时间），同时承运人也将按提单记载在目的港交付货物。

关于提单作为货物收据的证据效力问题，《中华人民共和国海商法》有关条款规定："除依照本法第七十五条的规定作出保留外，承运人或者代其签发提单的人签发的提单，是承运人已经按照提单所载状况收到货物或者货物已经装船的初步证据；承运人向善意受让提单的包括收货人在内的第三人提出与提单所载状况不同的证据，不予承认。"因此，对托运人而言，提单只是承运人依据托运人所列提单内容收到货物的初步证据，只要承运人能充分举证证明确实没有收到货物，或者收到的货物数量或外表状况与提单上记载的情况不一致，则仍可否定提单的证据效力。但是，对于包括收货人在内的第三者而言，提单具有最终证据的效力，因为第三者是在相信提单记载内容前提下接受提单的，即使提单上的记载有误，其争议也应由承运人和托运人解决。

2. 提单是一张物权凭证

提单是承运人保证凭以交付货物和可以转让（记名提单除外）的物权凭证。对于托运人以外的第三者，他们是根据提单的物权凭证的功能，在目的港以提单相交换来提取货物的。因为按照航运习惯和法规，谁占有提单，谁就占有了该提单上所记载的货物，谁就有向承运人要求交付货物的请求权。另外，提单可以不经承运人的同意而转让的规定体现了提单的可转让性，确立了提单的物权凭证的功能。提单的转让就意味着提单所记载的货物占有权的转让，也意味着提单所代表的货物的转让。当然，提单中规定的权利和义务也随着提单的转让而转移，如果货物在运输过程中遭受灭失或损坏，提单受让人也只能向承运人提出赔偿要求，而且能否得到赔偿，还取决于有关海上货物运输的国际公约、法律和提单条款的规定。

3. 提单是运输合同的证明

提单是海上货物运输合同成立的证明。因为托运人在订舱时，就已经与承运人对货物运输合同中的主要项目，如船名、航线、装卸港口、货物、运费及其他有关货运条件达成协议，并在提单签发之前就已进行了有关货运活动。但是，当提单转让给第三者后，提单就构成了运输合同。

虽然提单条款是承运人单方面拟订的，而且签发的提单上也只有承运人单方面的签字，然而提单与一般合同不同。因此，如果在签发提单之前，承运人与托运人之间另有与提单条款不同的约定时，双方应以提单签发之前的约定为准。如果在签发提单之前双方没有任何约定，托运人在接受提单时又未提出任何异议，这时就可将提单条款推定为合同条款的内容，从而约束承运人和托运人。

（二）提单的分类

随着国际贸易和海上运输的发展，提单的种类也越来越多。具体如下：

1. 按货物是否已装船划分

（1）已装船提单（On Board B/L or Shipped B/L）。是指整票货物已全部装进船舱或装在舱面甲板上后，承运人才签发的提单。提单是买方凭以提货的依据，为了确保能在目的地提货，一般都要求卖方提供已装船提单，以证明货物确已装船。同时，使用已装船提单对买卖双方的责任划分均有利，具体来讲，在FOB、CIF、CFR价格条件下，货物装船是承运人“钩至钩”责任的起点，如果承运人在装船过程中发现问题，可以在提单上加一批注以修改托运人申报货物的内容，只有在货物表面状况与托运人的申报一致时，承运人方才注明“已装船”文句，因此，“已装船”是卖方按照合同交货的标志。货物装船后，承运人才对提单上描述的货物负责，承担货物在运输中的灭失和损坏之责，因此对买方来说，减少了收货的风险。故双方都愿意在信用证中规定提单上有“已装船”字样。由于信用证中一般均要求提供已装船提单，银行也因此只接受表明货已装船或已装具名船只的提单。

表示货已装船或已装具名船只的方法有两种。一种是由提单上印就的“货已装船”或“货已装具名船只”字样表示。在这种情况下，提单出单日就是装船日或发货日。另一种是由提单上加批的词语证明货已装具名船只。批注必须表明货已装船的日期，这一日期即发货日期。如果提单表明预期船只，也就是货物有可能装上这只船，提单上的“已装船”批注除了要表明货已装船外，还要注明货实际已装的船只的船名。即使货实际所装的船只就是当初预期要装的船只，这一说明也不能省略。

（2）收货待运提单（Received for Shipment B/L）。简称待运提单，是在托运人已将货物交给承运人，承运人已接管等待装船的货物后，向托运人签发的提单。有时船公司因船期问题，指定仓库预收货物，根据仓库收据签发收妥待运提单，准备交由日后到港船只装运。特别是随着集装箱运输的发展，因集装箱船公司大都在内陆收货站收货，而收货站是不能签发已装船提单的。通常此种待运提单上记载“received for shipment in apparent good order and condition...”等文句，表示签发提单时，承运人仅将货物收管，准备不久后装船，而实际当时还未装船。由于这些货物尚未装船，因此提单上并未载明装运船舶的船名和装运日期。有时提单上虽有船名，也多属拟装船名，该船能否如期到达将货运出，船公司并不负责。进口商一般不欢迎这种提单，因为进口商付款后取得的提单对货物能否及时装船并没有确切的保证，万一货物不能顺利装船，进口商无货可提。所以信用证项下银行一般不愿意接受这种提单。

收货待运提单虽表示货物尚未装船，但如在签发待运提单后，货物已经装载于船只上，则承运人可在待运提单上加注“已装船”字样，注明船名和装运日期并由承运人签署，这时待运提单便转化为已装船提单。在此种情况下，货物的装运日期是加注的装船日期，而不是待运提单的出单日期。也有承运人在待运提单上加注“I certify the goods described herein are loaded on board the vessel named herein at the port specified in the bill of lading on or before the date of this endorsement dated...”等文句，并加签署，使这张待运提单具有已装船提单的效力。

如果受益人提交的是待运提单，银行将审查是否转化为已装船提单，也就是查看是否有“已装船”批注。这一项是银行审单的重点。如果信用证要求“已装船”提单而提单内无“已装船”说明或批注，银行不会接受。

2. 按对货物的外表状况是否有不良批注划分

（1）清洁提单（Clean B/L）。是指货物装船时，货物的外表状况良好，对提单上所记载的表面状况良好“in apparent good order and condition”没有作相反的批注，或其他有碍结汇的文句或批注的提单，出口商（卖方）向银行办理结汇时，都规定必须提交这种清洁提单。

（2）不清洁提单（Unclean B/L or Foul B/L）。是指承运人在提单上加注了有关货物及包装状况不良或存在缺陷等批注的提单。承运人签发提单给托运人，要对托运人、收货人或其他提单持有人承担提单上所载的责任。提单上记载了“received（shipped ）from the shipper herein named in apparent good order and condition，unless otherwise noted in this B/L...”字句，表示除非另有说明，否则即表明货物表面状况良好。承运人应在目的地交付提单上记载的外观良好的货物给收货人。如果货物在目的地显示其状况不良，承运人可能要负责任。因此，承运人在接管货物时，如果发现货物或包装污染、潮湿、破包等，即应在提单上批注，以明确其责任。批注就是对“表面状况良好”提出的异议，而“表面状况良好”是说明凭目力所及的范围，货物是在表面上外观良好的情况下装运的，但这并不说明没有质量问题。例如：批注了“两包破”（TWO BAGS TORN）或“10 箱货物短装”（TEN CASES SHORT-SHIP）等，即表示这些情况在装运时即已发生，不应由承运人负责。有了这些批注，则构成不清洁提单。但以下情况除外：按照班轮条款规定，托运人的责任到货物吊至船舷为止，货物过了船舷后发生损坏，如果是由装卸不慎造成的，责任应在船方而不是托运人。在这种情况下，提单上不作任何批注。

并非所有有关货物的批注都构成不清洁提单。例如：承运人对于提单上所列货物的数量、质量、价值或特性并不负责，即使托运人在提单上声明了内容、价值、重量、尺寸、标记、质量、数量等，承运人也可视作不详。这些声明并不构成不清洁提单。承运人对因包装性质（如装入纸袋、塑料袋内的货物）而引起损失或损坏予以保留的条款（即免责条款），也不作为声明货物有缺陷的依据，不构成不清洁提单。如果大副收据所列货物唛头、件数、重量等内容与提单所申报的不符，应根据大副收据对提单进行更正，这种更正过的提单应该说不构成不清洁提单，但可能遇到刁难、挑剔的客户，也会以不清洁提单为由而拒付。

海运提单上常见的批注类型有：

1）对货物与包装状况的批注。如：ONE BAG BROKEN（一包破）；ONE BALE OF RUBBER STAINED BY WATER（一包橡胶水渍）；ALL TIMBER LOADED WET（全部木材装船水湿）；ONE CARTON NO. 23 MIDDEW STAINED（第 23 号纸箱有霉迹）；TWO BOXES CRASHED，CONTENTS EXPOSED（两箱打碎，货物暴露）；THREE

STEEL TUBES BENT（三条钢管弯曲）；DAMAGED BY VERMINS（RATS）（有虫或被鼠咬）；TWO DRUNS，NOS. 3，5，BADLY DENTED N/R FOR CONDITION OF CONTENTS（第3、第5两桶严重碰凹，船方对其内容不负责）。

2）对附加费用的说明。如：PORT EXPENSES AT DESTINATION TO BE BORNE BY THE CONSIGNEE（目的港费用由收货人负担）。

3）免责批注。如：N/R FOR PUTREFACTION（船方不负货物腐烂之责）；N/R FOR NUMBER OF PIECES CAUSED BY BONDLES OFF（散捆后船方对件数不负责）；SAID TO CONTAIN…（内容据称）。

4）对运输方式的说明。如：SHIP MAY DISCHARGE THE GOODS AT THE NEAREST PORT IF UNABLE TO REACH THE DESTINATION（如不能进入目的港，船方可将货物在就近港口卸下）。

5）未明确表示货物与包装不良的批注。如：SECOND-HAND CASES（用过的箱子）；USED DRUMS（旧桶）。

6）对货物数量的批注。如：SHORT SHIPPED ONE JAR（少装一坛）；SHUT OUT FIVE CASES（少装五箱）。

在上述六类批注中，第一类批注无疑是不清洁提单。第二类批注是说明费用的，除非信用证有相反规定，银行都会接受这种提单。第三、第四类批注实际上是承运人在认为有需要时重申其权利和责任的说明，一般提单条款中已有类似说明，提单上加注这些内容，对收货人权益并无影响。第五类批注并没有明确表明货物与包装的缺陷。所以有第二、第三、第四、第五类批注的都不属于不清洁提单。第六类批注则说明货物数量的缺少。货物在装船时由于损坏等原因，出口商一时又不能补齐货物，承运人就在提单上加这类批注。提单上有这类批注时，托运人均按实际出运数来缮制发票、收取货款，对收货人来说仍是货真价实，不会吃亏。所以一般来说，进口商可以接受这类单据。但是也有例外，例如：我国某港货物在夜间装船，不慎货物落海一件，因船即将离港，来不及更换提单，船长在签单时注明“SHUT-OUT ONE PACKAGE”（退关一件），结果进口商以提单是不清洁提单为由提出拒付货款，最后几经交涉，降价后才付款。所以谨慎起见，在这种情况下，出口商还是尽可能更换提单，以防对方拒付。

3. 按提单中收货人栏的填写方式划分

（1）记名提单（Straight B/L）。是指在提单上的收货人栏中具体写明收货人名称的提单。有以下几种记名方式：Consigned to A Co.，Ltd.；Deliver to A Co.，Ltd.；Onto A Co.，Ltd.。记名提单上所记载的货物只能由提单上特定的收货人提取。记名提单不能背书转让，从而避免了在转让过程中可能带来的风险，但也失去了其代表货物可转让流通的便利，因为一些国家的惯例是记名提单的收货人可以不凭正本提单而仅凭到货通知上的背书和收货人的身份证明即可提货，这样银行如垫款却不能掌握货权，风险太大，因此银行不愿意接受这种提单作为议付的单证。这类提单在实践中使用较少，一般仅在贵重物品、展品、援外物资及不需要转让的货物的运输时采用。

(2) 指示提单 (Order B/L)。是在提单上的收货人栏中有“Order”(凭指示)字样的提单。实践中常见的可转让提单是指示提单。指示提单必须经过背书转让，可以是空白背书，也可以是记名背书。指示提单有四种抬头：

1) 凭银行指示。即海运提单收货人栏填写为“To the order of ... Bank”。

2) 凭收货人指示。即海运提单收货人栏填写为“To the order of A. B. C. Co., Ltd.”。

3) 凭发货人指示。即提单收货人栏填写为“To the order of shipper”，并由托运人在提单背面空白背书。这种提单亦可根据信用证的规定而作成记名背书。托运人也可不作背书，在这种情况下则只有托运人可以提货，即卖方保留货物所有权。

4) 不记名指示。即海运提单收货人栏填写为“To the order”，并由托运人在提单背面作空白背书，亦可根据信用证的规定而作成记名背书。

前两种抬头对应的是记名指示提单。第一种提单称为银行指示提单，当开证银行为了防止进口商无力偿还贷款时，就会在信用证中规定提单抬头做成凭银行指示。对于这种银行指示提单，从理论上说，托运人本可以不加背书，但因为提单是一种可以转让的凭证，在实际操作中，议付行往往都要求托运人先作空白背书。如规定以议付行的指定人为抬头，则应由议付行背书转让给开证行，才能凭以向承运人提货；如规定以开证行的指定人为抬头，则还应由开证行背书。银行指示提单，即应按银行指示交货。一般在进口商付款后，银行在提单上背书，然后将提单转交给进口商。这种提单可作为向银行贷款的抵押。第二种提单称为收货人指示提单，A. B. C. 公司作为收货人，可以收单后自行提货，也可以背书转让。收货人指示提单对银行不利，因为若开证银行遇到买方拒绝付款，想自行提货处理，需先请收货人背书转让提单，这对银行是一种风险，所以开证行一般不愿意信用证规定提单做成这种收货人指示抬头。

后两种抬头对应的是空白抬头提单。空白抬头提单在托运人(即卖方)未指定收货人或受益人之前，货物所有权仍属于卖方。一般卖方都在空白抬头提单背面作空白背书，将提单转让给银行，银行即取得货物所有权。若信用证规定为“Endorsed in blank”或“Blank endorsed”，都是空白背书的意思，发货人只需在提单背面签章，无须做任何记载。实践中最常用的就是这种空白抬头和空白背书的提单。空白抬头提单也可以根据信用证要求而作记名背书，如果信用证规定是“Endorsed to... Co., Ltd.”或“Endorsed on favor of...Co., Ltd.”都表示背书给某公司。发货人须在提单背书注明“Please deliver to...Co., Ltd.”或“Please deliver to...Bank”或类似文句再签章。对于托运人指示提单，托运人还可以不背书，在这种情况下则只有托运人可以提货，即卖方保留货物所有权。

(3) 不记名提单 (Open B/L or Blank B/L)。是指在提单上收货人栏内只填写“提单持有人”或将这一栏空出，不填写任何名称的提单。这种提单不需要任何背书手续即可转让或提取货物，极为简便。虽然不记名提单的转让或提货手续极为简便，但如果发生提单被窃或遗失，然后再转入善意的第三者手中时，极易引起纠纷。所以在信用证结算方式下，较少使用这种海运提单。有些国家明文规定不准使用这种不记名提单。

4. 按不同的运输方式划分

（1）直达提单（Direct B/L）。是指由承运人签发的，货物从装货港装船后，中途不经过换船直接运至卸货港的提单。

（2）转船提单（Transshipment B/L or Through B/L）。是指货物在起运港装船后，船舶不直接驶往货物目的港，需要在其他中途港口换船转运往目的港的情况下承运人所签发的提单。

（3）多式联运提单（Combined Transport B/L）。这种提单在美国称为 Intermodal Transport B/L，在其他地区也称为 Multimodal Transport B/L，是指须经过不同运输方式完成全程运输所签发的提单。这种提单主要用于集装箱多式联运，即全程运输由干线集装箱船、支线集装箱船、航空、铁路、公路、内河等不同运输工具协同完成时所签发的提单。

多式联运提单主要是由承担海运区段运输任务的承运人签发，但是如果贸易双方同意，并在信用证中明确规定，也可由其他运输区段的承运人签发，甚至可由只经营集装箱货运中的揽货、装箱、拆箱、内陆运输及内陆站或中转站业务，而不经营船舶营运的联运经营人或无船公共承运人签发。

5. 按提单内容的繁简划分

（1）全式提单（Long Form B/L）。是指详细列有承运人与托运人之间的权利和义务等条款的提单。由于条款繁多，全式提单又称繁式提单。在实际业务中所使用的，大都是这种提单。

（2）简式提单（Short Form B/L）。是指提单上印明“简式”字样，而背面并没有列明承运人和托运人的权利和义务的条款，只注明以承运人全式提单所列条款为准的提单。

由于这种提单中没有列明承运人的权利和义务、责任和免责等条款，在一定程度上影响了其流通性，因此有些信用证明确规定不接受这种提单。但是，如果信用证中没有明确规定不接受这种提单，银行一般都接受这种提单予以议付结汇。在这种情况下，提单上一般均加列“本提单货物的收受、保管、运输和运费等事项，均按本公司全式提单的正面和背面的铅印、手写、印章和打字等书面的条款和例外条款办理，该全式提单存本公司、分支机构或代理人处，可供托运人随时查阅”等字样。

6. 按签发提单的时间划分

（1）倒签提单（Anti-dated B/L）。是指承运人或其代理人应托运人的要求，在货物装船完毕后，以早于该票货物实际装船完毕的日期作为提单签发日期的提单。因为这是托运人为了使提单上记载的签发日期符合信用证关于装运期的规定，以便能结汇，承运人应托运人要求而倒填日期签发的提单，所以称为倒签提单。

承运人签发倒签提单的做法掩盖了提单签发时的真实情况，因此需承担由此而引起的风险责任。特别是当市场上货价下跌时，收货人可以伪造提单为由拒绝收货，并向法院起诉要求赔偿。因此，承运人不能签发这种提单。然而，为了贸易的需要，根据一般商业习惯，在一定条件下（比如该票货物已全部装船完毕，且倒签的日期与实际装船完毕的日期间隔不长），在取得了托运人保证承担由此而引起的一切责任的保函后，承运人还是可能同意签发倒签提单的。

（2）顺签提单（Post-date B/L）。是指货物装船完毕后，承运人或其代理人应托运人的要求，以晚于该票货物实际装船完毕的日期作为提单签发日期的提单，这是为了符合有关合同关于装运期的规定，应托运人要求而顺填日期签发的提单，所以称为顺签提单。承运人签发顺签提单的做法同样掩盖了提单签发时的真实情况，也需要承担由此而引起的风险责任。

（3）预借提单（Advanced B/L）。是指在信用证所规定的结汇期（信用证的有效期）即将届满，而货物尚未装船或尚未装船完毕的情况下，托运人为了能及时结汇而要求承运人提前签发的已装船清洁提单，即托运人为了能及时结汇而从承运人那里借用的已装船清洁提单。

当托运人未能及时备妥货物或船期延误，船舶不能按时到港接受货载，因而估计货物装船完毕的时间可能要超过信用证规定的结汇期时，根据一般商业习惯，托运人可能采用从承运人那里借出提单用以结汇的办法。承运人可能会同意签发这种提单。当承运人签发这种提单时，不仅同样掩盖了提单签发时的真实情况，而且还将面临承担比签发倒签提单更大的风险责任。一方面是因为货物尚未装船而签发提单后，即货物未经大副检验而签发清洁提单，有可能增加承运人的货损赔偿责任；另一方面签发提单后，可能会因种种原因而改变原定的装运船舶，或发生货物灭失、损坏以及退关的情况，这样就会很容易使收货人掌握预借提单的事实，以欺诈为由拒绝收货，并向承运人提出赔偿要求，甚至向法院起诉。更何况，不少国家的法律规定和判例表明，在签发预借提单的情况下，承运人不但要承担货损的赔偿责任，而且还会丧失享受责任限制和援用免责条款的权利。即使该票货物是因免责事项的原因而受损的，承运人也必须承担全部的赔偿责任。

7. 其他各种特殊的提单

（1）舱面货提单（On Deck B/L）。俗称甲板货提单，是指将货物积载于船舶露天甲板承运，并在提单上注明“装于舱面”字样的提单。货物积载于舱面运输时，遭受灭失或损坏的可能性很大，除商业习惯允许装于舱面的货物（如木材），法律或有关法规规定必须装于舱面的货物（如某些危险品），以及承运人与托运人之间经协商同意装于舱面的货物外，承运人或船长不得随意将其他任何货物积载于舱面承运。如果承运人擅自将货物装于舱面，一旦遭受灭失或损坏，不但要承担赔偿责任，而且将失去享受赔偿责任限制的权利。但是，如果签发的是承运人、托运人双方协商同意的，注有“装于舱面”字样的舱面货提单，而且实际上也是将货物积载于舱面，那么只要货物的灭失或损坏不是承运人的故意行为造成的，承运人仍可免责。

（2）包裹提单（Parcel Receipt B/L）。是指为以包裹形式托运的货物签发的提单。它是承运人根据贸易上的特殊需要而设定的一种提单形式，只适用于小批量货物或行李以及无商业价值的礼品和样品。对于这种提单，承运人一般都对货物的重量、体积和价值等方面规定了限制条件。例如：重量不得超过45千克（或100磅），体积不超过0.15立方米（或5立方英尺），价值在10英镑以下。对于包裹提单的货物收取较低的运费，小量样品甚至可免费运送。这种提单不能转让，对货物的灭失，承运人也不承担赔偿责任。

（3）最低运费提单（Minimum B/L）。是指对每一提单上的货物按起码收费标准收取运费所签发的提单。如果托运人托运的货物批量过少，按其数量计算的运费额低于运价表规定的起码收费标准时，承运人均按起码收费标准收取运费，为这批货物所签发的提单就是最低运费提单，也可称为起码收费提单。

（4）并提单（Omnibus B/L）。是指根据托运人的要求，将同一船舶装运的同一装货港、卸货港、收货人的两批或两批以上相同或不同的货物合并签发的一套提单。托运人为了节省运费，常会要求承运人将本应属于最低运费提单的货物与其他另行签发提单的货物合并在一起只签发一套提单。

（5）分提单（Separate B/L）。是指承运人依照托运人的要求，将本来属于同一装货单上，标志、货种、等级均相同的同一批货物分开而签发的多套提单。只有标志、货种、等级均相同的同一批货物才能签发分提单，否则会因须在卸货港进行理货、分标志作业而使承运人增加理货、分标志费用的负担。

（6）交换提单（Switch B/L）。是指在直达运输的条件下，根据托运人的要求，承运人承诺在某一约定的中途港凭在起运港签发的提单换发以该中途港为起运港，但仍以原托运人为托运人的提单，并注明“在中途港收回本提单，另换发以该中途港为起运港的提单”或“Switch B/L”字样的提单。

当贸易合同规定以某一特定港口为装货港，而作为托运人的卖方因备货原因，不得不在这一特定港口以外的其他港口装货时，为了符合贸易合同关于装货港的要求，常采用这种变通的办法，要求承运人签发交换提单。签发交换提单的货物在中途港并不换装，只不过由承运人在中途港的代理人收回原在起运港签发的提单，另签以该中途港为起运港的提单而已。

（7）过期提单（Stale B/L）。是指出口商在装船后延滞很久才交到银行议付的提单。按《国际海事委员会海运单统一规则》的规定：“如信用证无特殊规定，银行将拒收在运输单据签发日期后超过21天才提交的单据。在任何情况下，交单不得晚于信用证到期日。”

二、套柜

（一）套柜的含义与作用

套柜是指客户利用已提未装的集装箱或进口箱拆空的集装箱装运出口货物。由于某些原因，柜子以新的提单号进场，需以旧的设备交接单去换新的设备交接单，并且出具套柜保函。套柜一般就是人家拆了柜子，还有货可以装回来，所以需要一份新的设备交接单、进场联。套柜可以节省很多运输成本，如减少拖车费。

（二）套柜的操作方法

收回原 EIR（集装箱设备交接单）进场三联，客户凭船东确认及排载第五联重新生成一份 EIR，并填入要套的柜号，将新的 EIR 进场联交给客户，应注意的是套柜并不产生提卸箱费。套柜需要凭船东确认后的套柜保函收取套柜操作费。

知识拓展

一、保函的法律效力

关于保函的法律效力，《统一提单的若干法律规定的国际公约》（简称《海牙规则》）和《修改统一提单若干法律规定的国际公约议定书》（简称《维斯比规则》）都未作出规定。考虑到保函在海运业务中的实际意义和保护无辜的第三方的需要，《联合国海上货物运输公约》（简称《汉堡规则》）第一次对保函的法律效力作出了明确的规定。《汉堡规则》第 17 条规定，保函是承运人与托运人之间的协议，不得对抗第三方，承运人与托运人之间的保函，只是在无欺骗第三方意图时才有效；如发现有意欺骗第三方，则承运人在赔偿第三方时不得享受责任限制，且保函也无效。一般在两种情况下，托运人须提供保函：

（1）当托运人与承运人之间就货物数量、重量或包装问题上存在分歧时。对于这种情况下的保函，各国法律一般都采取认可的态度。这是一种为了使货物及时出口的变通做法，对收货人不存在隐瞒事实的问题。

（2）托运人为了某种个人目的，要求承运人在提单上记入与实际货物情况不一致的内容，承运人为了保护自己的利益而要求托运人出具保函，凭保函签发清洁提单（包括要求承运人签发倒签提单和预借提单）。对于这种情况下的保函，在法律上是无效的。因为这种保函实际上是在共同欺骗无辜的第三者。

二、电放

（一）电放的含义

电放（Telex Release）是指海上货物承运人或者其装货港代理在收到货物时应该签发

提单而未签发提单，根据托运人要求在装货港收回提单或不签发正本提单，以电传形式通知卸货港代理将货物交付给提单收货人或者托运人指定的收货人的一种方式。

（二）电放的法律原理

在承运人签发提单的情况下，当收回提单时即可交付货物（或签发提单）。由于承运人收回提单的地点是在交付货物（卸货港）以外（通常是在装货港），视其为特殊情况，因此收回全套正本提单。然而，目前有关的国际公约、各国的法律（如《中华人民共和国海商法》）和法规中均无“电放”的定义。

（三）电放的风险

电放操作很简单，只要托运人填了电放申请传真给船公司即可，但是申请上明确写明了托运人必须放弃领取提单的权利，即使托运人已经领取提单，也必须把全套提单交回船公司之后再填写电放申请。由于电放后，发货人将不再掌握货权（提单是物权凭证），因此在办理电放前，一定要确认发货人能够安全收款，否则极易造成钱货两空的问题。

（四）常见的几种电放情形

1. 不出任何提单（包括货代提单和船东提单）

在办理提单电放时，要先与船公司联系，通知其提单需要电放。这样船公司就可以通过电报指示目的港的代理机构凭传真件提货。电放手续最好在未出具提单前办理，这样船公司不用出具正本提单；如果已经出具正本提单，则需要将全套的正本提单交回船公司，然后船公司才会办理电放提单的手续。当同意电放后，承运人出具电放信或将电放号给托运人，托运人将电放信或电放号给收货人。另外，办理电放时，船公司会要求发货人出具一份保函（船公司或货代均有其固定的格式），保证电放造成的一切问题与其无关。电放时需要另交100元～200元的电放费。此种情况多见于目的港在东南亚地区时，因为电放快而提单流转（邮寄）慢（船比提单先到卸货港）。

2. 对船东提单电放，使用货代的代理，签发正本货代提单

对船东提单电放意味着以电放信代替船东提单（当然不可能签给船东正本提单）。货代给其客户签发正本货代提单，货代提单上的托运人填客户名，收货人填目的港客户名（即真正的收货人）。承运人给货代的船东提单副本（或备忘录）上，托运人填货代名，收货人填货代的目的港代理。

上述操作也可这样处理：货代与其客户对好单后，将客户回传给货代的货代提单上的托运人一栏，将客户名改为货代名，将收货人栏由真正的收货人改为货代的目的港代理，其他内容不动，改完以上两栏后将此单传给承运人。

以上操作中，在货代传给承运人的单子上，货代自己成了托运人，电放信流转程序为：承运人→货代→货代的目的港代理→承运人（货代的目的港代理交出电放信或报出电

放号后，即从承运人处取得提货单)。货代提单流程为：货代→客户（起运港）→客户（目的港）→货代的目的港代理（或目的港客户）交出货代提单从货代的代理处取得提货单。若为到付运费，必须嘱咐目的港代理收齐运费后才能放货。在此种情况下，除要给代理一笔代理费外，还需支付船公司电放费（约15美元）。

3. 对货代提单电放签发正本船东提单使用货代的代理

船东提单流程：承运人→货代→货代的目的港代理。货代的代理凭正本MB/L（船东提单）换取提货单。电放信流程：货代→客户（起运港）→ 客户（目的港）→货代的目的港代理，目的港客户凭电放信（或电放号）从货代的目的港代理处换得提货单。

4. 双电放

不签正本货代提单与MB/L，承运人将其制定的电放号告知货代→货代的目的港代理→承运人，货代将其制定的另一电放号告知托运人→收货人→货代的目的港代理。

三、海运单

海运单是除提单外常用的另一种发货人和承运人之间货物运输的凭证。海运单是承运人收到由其照管的货物的收据，也是货物运输合同的证明。但是与提单不同，海运单不是物权凭证，因此不具有流通功能。海运单使用时应注意的问题包括：使用海运单则不再签发提单；通常只签发一份正本海运单；承运人应将货物交付给海运单上记载的收货人，但在交货前则听从托运人的指示；收货人必须证明自己是海运单上记载的收货人。

思考练习

1. 互联网应用越来越普及，电子数据交换从技术上已经成熟，标准也逐步统一，电子数据交换技术的广泛使用只是时间问题。从这种意义上来说，电子提单是未来提单发展的趋势。请同学们上网查阅电子提单的特点与主要优点，并说明为什么电子提单目前尚不能普及，它存在哪些问题尚未解决，导致其还不能普及使用。

2. 根据以下资料签订第三地放单/付费保函（见表1-20）。

背景资料

宁波翔达电器有限公司出口一批货物，需要在香港放单并付费。船名：EMC HARMONY。航次：V. 134s。订舱货代：宁波天航国际物流有限公司。提单号：EGLV20122333。

表 1-20　　第三地放单/付费保函

第三地放单/付费保函

船名/航次：________________

提单号码：________________

兹本公司装一批货经由贵公司承运，现因贸易需要，请在______发单，______付费。
当地领单人的具体联系方式如下：

公司名称：________________

地　　址：________________

电话/传真：________________

联 络 人：________________

本公司完全同意提单所示内容，若由此发生纠纷而导致贵公司遭受任何损害或支付任何费用（包括诉讼费及律师费用），皆由本公司无条件负担一切损害赔偿责任并偿还支付之费用及利息。

　　此致

Evergreen Line（长荣海运股份有限公司，意大利海运股份有限公司，长荣海运英国有限公司，长荣香港有限公司，长荣海运新加坡公司）

1. 立保函人：________________
（发货人）（请盖公司及负责人章）
______年______月______日
电　话________________
联络人________________

2. 立保函人：________________
（订舱货代）（请盖公司及负责人章）
______年______月______日
电　话________________
联络人________________

3. 根据以下资料签订套柜保函（套用箱申请书）（见表 1-21）。

背景资料

有一票货物，请求套柜。申请套柜的箱号：EISU1234567。原提单号：EGLV88122331。原订舱号：DC825456。船名：SAN FRANCISCO EXPRESS。航次：V. 325。原卸货港/目的港：宁波港。新提单号：EGLV20122331。新订舱号：DC821111。新船名航次：EMC TOKYO。航次：V. 868。新卸货港/目的港：LOS ANGELES。套柜申请人：宁波翔达电器有限公司。

表 1-21　　　　　　　　　　　　套柜保函

致：Evergreen Line（长荣海运股份有限公司，意大利海运股份有限公司，长荣海运英国有限公司，长荣香港有限公司，长荣海运新加坡公司）

编号：____________________

套柜保函

我司原配（或进口）船名/航次：____________________
原装货港：____________________
原目的港：____________________
提 单 号：____________________
现套用至船名/航次：____________________
现装货港：____________________
现目的港：____________________
提 单 号：____________________
箱　　号：____________________
现申请套用，望予以批准，谢谢合作！
备注：____________________

客户盖章确认：

日　　期：　　年　　月　　日

船东确认：　　年　　月　　日

4. 根据以下资料签订倒签提单保函（见表 1-22）。

背景资料

托运人：浙江省进出口（集团）公司，ZHEJIANG IMPORT & EXPORT (GROUP) CORPORATION。承运人：天敬海运株式会社。代理人：宁波天航国际物流有限公司。船名/航次：ELBMASTER/V. 1011E。提单号：CKCOELNISC0110××（此处××使用本人学号）。装货港：宁波港。货物品名：女士全棉针织 T 恤衫（COTTON KNIT LADIES' T-SHIRT）。数量：410 CTNS。唛头：N/M。集装箱号：BURU6680108。信用证装船期：2017 年 9 月 10 日—2017 年 9 月 25 日。实际装船日期：2017 年 9 月 27 日。

表 1-22 倒签提单保函

倒签提单保函

致：

船名/航次：____________________

提单号码：____________________

目 的 港：____________________

箱型/号：____________________

开 船 日：____________________

我司所配贵司的上述货物，因没有按照信用证要求装船导致不能正常银行结汇，故我司请求贵司按照我司要求予以倒签，倒签至（日期）__________。

我司承担由此请求导致的一切后果和责任，该保函中的担保人和保证人，将承担连带责任。

发货人或货主签章　　　　　　　　　　货运代理人签章

_____年_____月_____日　　　　　　　_____年_____月_____日

备注：1. 本保函正本有效；2. 本担保内容需用打字字体填写；3. 必须加盖公章；4. 本保函只适用于提单上同一发货人。

5. 根据以下资料签订海运单保函（见表1-23）。

背景资料

浙江慈溪宏发国际贸易有限公司长期有货物需要经东方海外货柜航运有限公司（Orient Overseas Container Line Ltd.）船舶运输至法国。为了提高货运操作效率、简化货运有关手续，经船公司、货主以及货主的国际货运代理人宁波天航国际物流有限公司协商，决定订立一份海运单保函。

表 1-23 海运单保函

海运单保函

致：

SHIPPER：

CNEE：（如无需对收货人做限定，可不填写本栏或删除本栏）

鉴于贵我两司存在长期的业务关系，我司兹就我司和/或我司委托的货运代理人和/或我司作为货运代理人于_____年_____月_____日至_____年_____月_____日期间向贵司托运的所有货物（下称“所有托运货物”）向贵司统一出具本海运单保函，以简化手续，提高效率。我司在此向贵司申请，要求就该货物签发海运单，并同意贵司仅凭相关身份证明即可将该货物放给海运单上记载的收货人，因此产生的一切风险、责任和损失将由我司承担，包括但不限于：

（1）我司赔偿并承担贵司以及贵司雇员或代理因此承担的一切责任和遭受的一切损失。

（2）如贵司因此被卷入诉讼、仲裁或者其他司法程序，我司负责提供充分、及时的法律费用，其中包括律师费、司法费用、差旅费以及其他相关费用。

（3）如贵司的船舶或者其他财产因此遭受扣押、滞留、查封、冻结或类似行为，或者受到此种威胁，我司保证及时为贵司提供所需的担保金或者其他形式的有效担保，以保障贵司的权益不受损害。此外，不论前述扣押、滞留等行为是否合理，我司都保证承担贵司因此遭受的任何损失以及相关费用。

（4）我司在收到贵司的损失及费用清单后30天内，保证偿清贵司所有损失和费用。

（5）本保函应根据中国有关法律进行解释，任何与本保函有关的纠纷均应提交中华人民共和国有管辖权的海事法院解决。

发货人签字（公司盖章）______________________________

货运代理人盖章（FORWARDER'S STAMP）____________________

日期（DATE）：______年______月______日

联系电话（TEL）：____________

传　　真（FAX）：____________

模块七　费用结算

学习目标

1. 掌握班轮运费的计算步骤和计算方法；
2. 熟悉班轮运费的构成和计算标准；
3. 熟悉海运运价的基本形式和港口杂费的收取情况；
4. 掌握FOB（以宁波为例）出口货物卖方应支付费用；
5. 掌握班轮拼箱与整箱运费计算方法。

工作任务

本模块的主要任务包括掌握FOB（以宁波为例）出口货物卖方应支付哪些费用；掌握

班轮拼箱与整箱运费计算方法。

实践
操作

一、整箱班轮运费核算

（一）基本费率

基本费率（Basic Rate）是指每一计费单位（如1运费吨）货物收取的基本运费。基本费率有等级费率、货种费率、从价费率、特殊费率和均一费率之分。班轮运费是由基本运费和附加费两部分组成。

（二）附加费

为了保持在一定时期内基本费率的稳定，又能正确反映出各港口的各种货物的航运成本，班轮公司在基本费率之外，又规定了各种费用。

二、杂货班轮运费的计算单位

（1）按货物重量（Weight）计算，以“W”表示。如1吨（1 000千克）、1长吨（1 016千克)或1短吨（907.2千克）为一个计算单位，也称重量吨。

（2）按货物尺码或体积（Measurement）计算，以“M”表示。如1立方米（约合35.314 7立方英尺）或40立方英尺为一个计算单位，也称尺码吨或容积吨。

（3）按货物重量或尺码，选择其中收取运费较高者计算运费，以“W/M”表示。

（4）按货物FOB价收取一定的百分比作为运费，称为从价运费，以“AD VALOREM”或“ad. val.”表示。这原是拉丁文，按英文是按照价值的意思（即According to Value）。

（5）按货物重量、尺码或价值，选择其中一种收费较高者计算运费，用“W/M or ad. val.”表示。

（6）按货物重量或尺码选择其高者，再加上从价运费计算，以“W/M plus ad. val.”表示。

（7）按每件为一单位计收，如活牲畜和活动物，按“每头”（Per Head）计收；车辆有时按“每辆”（Per Unit）计收；起码运费按“每提单”（Per B/L）计收。

（8）临时议定的价格（Open Rate）。由承、托运双方临时议定的价格收取运费。一般多用于低价货物。

根据一般费率表的规定：不同的商品如混装在一个包装内（集装箱除外），则全部货物按其中收费高的商品计收运费。同一种货物因包装不同而计费标准不同，但托运时如未申明具体包装形式，全部货物均要按运价高的包装计收运费。同一提单内有两种以上不同计价标准的货物，托运时如未分列货名和数量时，计价标准和运价全部要按高者计算。这是在包装和托运时应该注意的。此外，对无商业价值的样品，凡体积不超过 0.2 立方米，重量不超过 50 千克时，可要求船方免费运送。班轮费率表中还有起码运费的规定：每张提单的最低运费，根据不同地区、是否转船等情况决定。

三、美欧主要航线运价组成

（一）美国航线运价组成

1. 美西航线一般运价构成

O/F+BAF+IFC+PSS+ACC+ISPS+IPIR+AMS

2. 美东航线一般运价构成

O/F+BAF+PSS+PCF+ISPS+RIPIR+AMS

一般而言，远东——北美东向报（Offer）一个全包价，内容含：O/F（=O/FRT=Ocean Freight）+FAF（=BAF）+DDC，全包价为三项之和，于美当地不另向客户（目的港客户）额外征收 DDC。

注意：作为货代在向同行拿价钱（询价）时，或者出口商（厂）向货代询价时，若货量不大却得到的价钱较低，则需反复追问其报价中是否已包含 DDC 与 FAF 两项。因有些人报价时仅报 O/F（纯海运费），而后于美国再向收货人（Consignee）收取 DDC。

（二）欧洲航线运价组成

O/F+BAF+CAF+PSS（旺季时会加）

四、班轮运费核算

（一）FOB（以宁波为例）出口拼箱货，卖方所应支付相关费用

（1）某票货 FOB 宁波到 VALENCIA SPAIN，体积 3.6 CBM，毛重 3 125.00 KGS/净重 2 625.00 KGS，不锈钢制品，LOCAL CHARGE 如表 1-24 所示：

表 1-24　LOCAL CHARGE 一览表①

	CHARGE	PRINT CHARGE	CURR	QTY	PRICE	TOTAL	AMOUNT (RMB)
□1	BKGFEE——定舱费 RMB 550/63×3.6	BKGFEE——定舱费	RMB 1.0	1.0	32.0/SHPT	RMB 32.00	32.00
□2	CUSCL——报关费	CUSCL——报关费	RMB 1.0	1.0	100.0/SETS	RMB 100.0	100.00
□3	MFE——舱单费	MFE——舱单费	RMB 1.0	1.0	10.0/SETS	RMB 10.0	10.0
□4	DOC——单证费	DOC——单证费	RMB 10.0	1.0	200.0/BL	RMB 200.00	200.00
□5	THC——码头操作费 RMB 1 150/63×3.6	THC——码头操作费	RMB 1.0	1.0	66.0/SHPT	RMB 66.00	66.00
□6	STG——场装费 RMB 1 300/63×3.6	STG——场装费	RMB 10.0	1.0	75.0/SHPT	RMB 75.00	75.00

续前表

	CHARGE	PRINT CHARGE	CURR	QTY	PRICE	TOTAL	AMOUNT (RMB)
□7	PORT——码头附加费 RMB 100/63×3.6	PORT——码头附加费	RMB 1.0	1.0	6.0/SHPT	RMB 6.00	6.00
□8	DEMUR——码头堆存费 RMB 120/63×3.6	DEMUR——码头堆存费	RMB 1.0	1.0	7.0/SHPT	RMB 7.00	7.00
□9	CINP——海关验货费 RMB 1 910/63×3.6	CINP——海关验货费	RMB 1.0	1.0	110.0/SHPT	RMB 110.00	110.00
□10	COV——改船费 RMB 150/63×3.6	COV——改船费	RMB 1.0	1.0	9.0/SHPT	RMB 9.00	9.00
□11	DTN——海运滞柜费 MSKU8369705，27日进港，免9天：175×4/63×3.6＋175×3＋450×4	DTN——海运滞柜费	RMB 1.0	1.0	2 365.0/SHPT	RMB 2 365.00	2 365.00
□12	AMEND——改单费 删单重报	AMEND——改单费	RMB 1.0	1.0	200.0/BL	RMB 200.00	200.00

分析：因为是FOB货物，货物越过船舷的费用由买方承担，越过船舷前的费用（简称LOCAL CHARGE）由卖方承担，该票货物第11条为滞箱费，之所以有如此高昂的滞箱费，因为出口被查验，导致时间延误。以宁波为例，大多数货物是FOB货物，卖方需要负担越过船舷前的所有人民币费用，运费及进口相关税费由买方承担。

（2）某票货FOB宁波到TORONTO，CANADA，体积15.734 CBM，毛重1 183.84 KG/净重942.24，塑料制品，卖方需要支付的LOCAL CHARGE如表1-25所示：

表1-25　　LOCAL CHARGE一览表②

POL：Ningbo		Place of Receipt：Ningbo		Vessel/Voyage：COSCO FELITXSTOWE/0098E		
POD：Prince Rupert		Place of Delivery：Toronto		SHPR：D		
ETD：30-Jun-2013		ETA：12-Jul-2013		CNEE：A		
Item　Description of Charges	**Qty**	**UOM**	**Curr**	**Unit Price**	**ROE**	**Total（CNY）**
SUM CFS Receiving Charge 6%VAT	15.734	M³	CNY	65.00	1.00000	1,022.71 61.36
SUM Courier Document Delivery	1.000	DOC	CNY	50.00	1.00000	50.00
SUM Customs Declaration	1.000	DOC	CNY	150.00	1.00000	150.00
SUM EDI fee	1.000	DOC	CNY	10.00	1.00000	10.00
SUM FFC/Brokerage-Origin	15.734	M³	CNY	4.50	1.00000	70.80
SUM Port Security Charge	15.734	M³	CNY	1.00	1.00000	15.73
SUM Terminal Handing Charge-Origin	15.734	M³	CNY	29.00	1.00000	456.29
SUM Documentation Fee-Origin	1.000	DOC	CNY	200.00	1.00000	200.00
SUM Port Construction	15.734	M³	CNY	3.00	1.00000	47.20
SUM AMS Declaration Fee	0.560	DOC	CNY	220.00	1.00000	123.20

Item	Description of Charges	Qty	UOM	Curr	Unit Price	ROE	Total（CNY）
SUM	Handling Charge	1.000	DOC	CNY	30.00	1.00000	30.00
SUM	Information Management	0.560	DOC	CNY	250.00	1.00000	140.00
SUM	Data Logger Surcharge	15.734	M^3	CNY	1.00	1.00000	15.73
SUM	Water Feedering	15.734	M^3	CNY	0.50	1.00000	7.87
SUM	Storage-CY	0.570	DAY	CNY	48.00	1.00000	27.36
SUM	Inland Haulage Export	0.570	M^3	CNY	307.00	1.00000	174.99
17	10+2 Management Fee	1.000	DOC	CNY	70.00	1.00000	70.00
18	Electronic Cargo Release Service	0.560	DOC	CNY	100.00	1.00000	56.00

Total Packages：302 PAC　**Weight**：1,183.84 kg　**Volume**：15.734 M^3　**Units**：7,248 UN

No.	Container ID	Size/Type	Service
1	TTNU3532598	20 Feet/DRY	CFS/CY

Total Amount Due

Condition	Rate	Base Value	Total（CNY）
Net value			2,667.88
6%VAT	6.00%	1,022.71	61.36
Amount Due			**2,729.24**

分析：此票货物为FOB宁波出口拼箱货，其中6%为税费。此项下的所有费用均由卖方支付。

（二）拼箱运费计算

【例1】 某客户从宁波到ROTTERDAM的拼箱，体积为9 CBM，重量为4 MT（注：该票货物重量/体积小于1，算轻货，计费重量体积计算）。运价为－USD 72/RT（注：运费为－72/运吨）。

解：运费计算如下：

－USD 72/RT×9＝－USD 648

船期：4截1开COSCO，1截5开OOCL

航程预计天数：28天

目的港收费：鹿特丹

（1）Un-/Re-loading 拆箱费　　Eur 82.5 per 1.000 kgs（＝minimum）

　　　　　　　　　　　　　　Eur 32.5 per 1.000 m^3

82.5/TON 或 32.5/m^3 哪个多按哪个算，MIN 82.5

（2）LCL 码头费　　Eur 23.5 w/m（＝minimum）

（3）ISF 检验费　　Eur 22.5 w/m（minimum ＝ Eur 98.5）

（4）D/O Fee 换单费　　Eur 90 per Bill of Lading

（5）	Admin Fee 管理费	Eur 15 per Bill of Lading
（6）	Eco-Tax 附加费	Eur 12.5 per Bill of Lading
（7）	ISPC 检查费	Eur 4.00 per Bill of Lading
（8）	Gas Measuring and/or degassing charges 排气管费	Eur 4.5 w/m（minimum = Eur 12.0）
（9）	E.R.S. 汇率调整费	Eur 9.00 w/m（=minimum）

分析：在宁波市场，某些拼箱货代为了揽货，到某些港口的运费为零运费甚至负运费，但是会增加目的港的一些收费。所以此票货物的应付费用为：

−USD 648+EUR 32.5×9+EUR 23.5×9+EUR 22.5×9+EUR 90+EUR 15+EUR 12.5+EUR 4+EUR 4.5×9+EUR 9×9=−USD 648+EUR 949.5

可以按照实时汇率进行换算。

【例 2】 某客户从宁波到科隆坡（COLOMBO）的拼箱，体积为 2 CBM，重量为 3 MT（注：此票货物重量/体积大于 1，所以算重货，计费重量按照实际重量计算）。

解： 运价：USD 52/RT×3=USD 156

船期：3 截 6 开，5 截 3 开

航程预计天数：13 天

目的港收费：COLOMBO

D/O Fee（文件费）：USD 51/BL

所以，费用为 USD 156+USD 51=USD 207。

（三）整箱运费计算

【例 3】 宁波出：一个 40 尺高柜从宁波到 TUNIS。工厂在新昌。码头在四期，提箱也在四期，核算所有费用如下：

海运费 USD 4 800 加增值税 6.83%，共计 USD 5 127.84。

内陆费用：订舱费 420 元，THC 1 150 元，EDI 10 元，文件费 450 元，箱单费 50 元，电子装箱单 10 元，拖车费用 1 800 元+四五期费用 350 元，条形码 15 元，报关费 100 元，人民币增值税为（420+1 150+450+50+10+10+15）×0.068 3=143.77 元。

【例 4】 上海出：一个 20 尺小箱从上海洋山港到西班牙 VALENCIA，工厂在苏州，核算所有费用如下：

海运费 USD 1 800+ENS USD 25，加增值税 6.83%，共计 USD 1 949.64。

内陆费用：订舱费 300 元，THC 770 元，EDI 10 元，文件费 450 元，箱单费 50 元，拖车费用 1 200 元+500 元（洋山港费），人民币增值税为（300+770+10+450+50）×0.068 3=107.91 元。

注：现在货代一般报给客户的整箱货的海运费都是 ALL IN 价（即全价），含运费及所有附加费用。

相关知识

一、海运运价的基本形式

(一) 均一费率

均一费率（Freight for All Kinds Rates，FAK）是指对所有货物均收取统一的运价。其基本原则是集装箱内装运什么货物与应收的运费无关。换句话说，所有相同航程的货物征收相同的费率，而不管其价值如何。它实际上是承运人将预计的总成本分摊到每个所要运送的集装箱上所得出的基本的平均费率。

这种运价形式从理论上讲是合乎逻辑的，因为船舶装运的以及在港口装卸的都是集装箱而非货物，且集装箱占用的舱容和体积也是一样的。但是，采用这种运价形式，对低价值商品的运输会产生负面影响，因为低费率货物再也难以从高费率货物那里获得补偿。这对于低费率商品的货主来说可能难以接受。例如：集装箱班轮公司对托运瓶装水和瓶装酒的货主统一收取同样的运价，尽管瓶装酒的货主对此并不在意，但瓶装水的货主则会拒绝接受这种状况，最终船公司被迫对这两种货物分别收取不同的运价。因此，在目前大多数情况下，均一费率实际上还是将货物分为5～7个费率等级。

(二) 包箱费率

包箱费率（Commodity Box Rates，CBR），或称货物包箱费率，是为适应海运集装箱化和多式联运发展的需要而出现的一种运价形式。这种运价形式根据不同的商品和不同的箱型规定了不同的包干费率，即将各项费率的计算单位由按“吨”（重量吨或体积吨）简化为按“箱”计。对于承运人来说，这种费率简化了计算，同时也减少了相关的管理费用。

按不同货物等级制定的包箱费率，集装箱运输等级的划分与件杂货运输的等级分类相同（1～20级）。集装箱货物的费率级别大致可分为4组，例如：1～7级、8～10级、11～15级和16～20级，但也有仅分3个费率等级的。采用这种集装箱费率的有中远集团第六号运价表的中国—澳大利亚航线、中国—新西兰航线、中国—波斯湾航线、中国—地中海航线、中国—东非航线等。

(三) 运量折扣费率

运量折扣费率（Time-Volume Rates or Time-Volume Contracts，TVC）是为适应集装箱运输发展需要而出现的又一种运价形式。它实际上是根据托运货物的数量给予托运人一定的费率折扣，即托运货物的数量越大，支付的运费率就越低。当然，这种费率可以是一种均一费率，也可以是某一特定商品等级费率。由于这种运量激励方式是根据托运货物数量确定运量折扣费率的，因而大的货主通常可以从中受益。

二、港口杂费

表1－26至表1－33是国内八大港口的口岸杂费。

表1－26　　大连口岸杂费

费用名称	费用金额
港杂费	150～180/20′GP，200～250/40′GP
场地装箱费	RMB 380/20′，RMB 750/40′（含燃油附加费）
THC	RMB 750/20′GP，RMB 1 100/40′GP，RMB 1 100/40′HQ
报关费	RMB 255/票（另加外理、场装费 RMB 75/20′GP，RMB 115/40′GP，外拖 RMB 20/柜）
商检代理费	RMB 100
文件费	RMB 300
CIC	RMB 600/20′GP，RMB 1 200/40′GP，RMB 1 200/40′HQ（台湾航线）
EBS	RMB 1500/20′GP，RMB 3 000/40′GP，RMB 3 000/40′HQ（台湾航线）
EBS	USD 150/20′GP，USD 300/40 GP，USD 300/40′HQ（东南亚航线）
CIC	USD 150/20′GP，USD 300/40′GP，USD 300/40′HQ（东南亚航线）
DTS	RMB 200/20′GP，RMB 300/40′GP，RMB 300/40′HQ（近洋航线收取）
PSS	RMB 300/20′GP，RMB 600/40′GP，RMB 600/40′HQ（平泽航线收取）
GBF	USD 100/20′GP，USD 200/40′GP，USD 200/40′HQ （日本航线收取，可预付，可到付）
港口设施保安费	RMB 20/20′，RMB 30/40′
注：电放费、改单费等费用根据船公司不同有所不同，需现场确认；个别船公司收取订舱费	

表1－27　　天津口岸杂费

费用名称	费用金额
港杂费	RMB 185/20′GP，RMB 310/40′GP，RMB 310/40′HQ
装箱费	RMB 550/20′，RMB 850/40′
THC	RMB 780/20′GP，RMB 1 100/40′GP，RMB 1 100/40′HQ
报关费	RMB 135/票
商检代理费	RMB 100
单证费	RMB 400/票（MSK，SAF，MCC），其他船东 RMB 350/票
舱单传输费	RMB 100/票
安保费	RMB 20/20′GP，RMB 30/40′GP/40′HQ
运抵报告费	RMB 300/20′GP，RMB 400/40′GP，RMB 400/40HQ
铅封费	RMB 30/20′GP，RMB 40/40′GP，RMB 40/40′HQ （OOCL、宏海、达飞、阳明、MOL 收取此费用）
设备管理费	RMB 50/20′GP，RMB 50/40′GP/40′HQ（MSK/SAF/MCC 收取此费用）
注：电放费、改单费等费用根据船公司不同有所不同，需现场确认	

表 1-28　　青岛口岸杂费

费用名称	20′GP	40′GP	40′HQ	20′RF	40′RF	40′RH
场站费	RMB 200	RMB 400	RMB 400	RMB 200	RMB 400	RMB 400
港杂费	不同船公司收费不同，具体和口岸操作确认					
单证费	RMB 300～RMB 350/票					
THC	RMB 750	RMB 1 100	RMB 1 100	RMB 850	RMB 1 250	RMB 1 250
制冷费				RMB 300	RMB 560	RMB 560
				5 天以内，每超 1 天＋RMB 80/20′＋RMB 120/40′		
报关费	RMB 150/票					
商检费	RMB 100/票					
场站装箱	（人工）RMB 300/20′ RMB 400/40′（机械）RMB 300/20′ RMB 400/40′					
港口设施保安费	RMB 20/20′，RMB 30/40′					
注：场站加收以下费用，包括签封费 RMB 10/箱、信息费 RMB 5/箱、安全费 RMB 20/箱						

表 1-29　　上海口岸杂费

费用名称	费用金额
订舱费	RMB 250/RMB 350
港保费	RMB 20/RMB 30
报关费	RMB 100/票
商检换证凭单	RMB 100/BL
仓库内箱费	RMB 500/RMB 800（洋山港 RMB 900/RMB 1 500）
单证费	RMB 350/票
THC	RMB 760/RMB 1 100
封子费	RMB 50/CONTAINER
电放费	RMB 300/票
注：以上费用仅做参考，各船公司收费有所不同以实际为准，请提前确认	

表 1-30　　宁波口岸杂费

费用名称	费用金额	
	普柜	冻柜
订舱费	RMB 290/420，MSK 和 SAF RMB 350/450	RMB 350/20′GP
港口设施保安费	RMB 20/30	
报关费	RMB 100/票	
商检费	RMB 100/票	
装箱费	RMB 550/850	
单证费	RMB 20/40	
文件费	RMB 350	
THC	按照 RMB 750/1 100 报价（具体船东价格不一，单票确认）	
验箱费		
换单费	RMB 100/票	
箱单费	MSK 箱单费 50/柜（不同船公司收费不同，具体和口岸操作确认）	

续前表

费用名称	费用金额	
	普柜	冻柜
电子装箱费	RMB 10/柜	
EDI	RMB 10/票	
条形码	RMB 10/15	
注：拖车费、码头提进费可根据码头不同情况，单票确认		

表1-31　厦门口岸杂费

费用名称	费用金额
订舱费	RMB 80/票
报关费	RMB 135/票
商检费	RMB 100/票
装箱费	岛内 RMB 850/1 250/1 250 岛外 RMB 750/1 200/1 200
THC	不同船公司收费不同，具体和口岸操作确认，一般为 RMB 750/20′GP，RMB 1 100/40′GP/40′HQ
港口设施保安费	RMB 20/20′，RMB 30/40′
铅封费	RMB 10/封（与船公司有关）
边检费	RMB 2/20′GP，RMB 4/40′GP/40′HQ
检验检疫	RMB 4/20′GP，RMB 8/40′GP/40′HQ
单证费	RMB 350/票（不同船公司收费不同）
数据传输费	RMB 2/票
换证（商检）	RMB 63/票
电放费	RMB 350/票（不同船公司收费不同）
注：电放费、改单费等费用根据船公司不同有所不同，需现场确认	

表1-32　深圳口岸杂费

费用名称	费用金额
DOC（文件费）	RMB 350 或 USD 50
港口建设费	RMB 100/20′GP，RMB 150/40′GP/40′HQ
港口安保费	RMB 20/20′GP，RMB 30/40′GP/40′HQ
装箱费（蛇口）	RMB 750/20′GP，RMB 1 000/40′GP，RMB 1 050/40′HQ，RMB 1 250/45′
装箱费（盐田）	RMB 800/20′GP，RMB 1 050/40′GP/40′HQ，RMB 1 200/45′
THC/ORC	不同船公司收费不同，具体和口岸操作确认
报关费（一票一柜）	RMB 250/票（一票多柜，首柜 RMB 250，续柜 RMB 100）
商检换单费	RMB 150
注：电放费、改单费等费用根据船公司不同有所不同，需现场确认	

表 1-33　**广州口岸杂费**

<table>
<tr><th rowspan="2">码头名称</th><th colspan="3">外拖码头费</th><th rowspan="2">报关费</th><th rowspan="2">文件费</th><th>广州南沙（新港）跟深圳码头一样不收外拖码头费</th></tr>
<tr><th>20′GP</th><th>40′GP</th><th>40′HQ</th><th>RMB 125 或 USD 15</th></tr>
<tr><td>旧港乌冲</td><td>RMB 350</td><td>RMB 450</td><td>RMB 450</td><td>RMB 250（国转）
RMB 370（内河转）</td><td>报关费</td><td>（一般贸易）RMB 260/SET，（三资、来料加工）RMB 202/SET</td></tr>
<tr><td>旧港大码头</td><td>RMB 350</td><td>RMB 450</td><td>RMB 450</td><td>RMB 250（国转）
RMB 370（内河转）</td><td>转关费</td><td>RMB 100/每个关封</td></tr>
<tr><td>旧港嘉利</td><td>RMB 350</td><td>RMB 450</td><td>RMB 450</td><td>RMB 250（国转）
RMB 370（内河转）</td><td>商植检换证</td><td>RMB 80/票</td></tr>
<tr><td>旧港永业</td><td>RMB 400</td><td>RMB 500</td><td>RMB 630</td><td>RMB 250（国转）
RMB 370（内河转）</td><td>码头内装包干费</td><td>RMB 800/1 200（包一票报关费，各船公司收费有少许差别）</td></tr>
<tr><td>新港集司</td><td>RMB 400</td><td>RMB 500</td><td>RMB 500</td><td>RMB 250（国转）
RMB 370（内河转）</td><td></td><td></td></tr>
<tr><td>新港全通</td><td>RMB 350</td><td>RMB 450</td><td>RMB 450</td><td>RMB 250（国转）
RMB 370（内河转）</td><td></td><td></td></tr>
<tr><td>新港东江</td><td>RMB 400</td><td>RMB 500</td><td>RMB 500</td><td>RMB 250（国转）
RMB 370（内河转）</td><td></td><td></td></tr>
<tr><td colspan="7">广州黄埔各码头内装码头费大概都在 RMB 880/1 250，其中较低的建翔、嘉利码头内装费用可以做到 RMB 600/1 000，超 1 000 件货加收 30%的费用，商检换证 RMB 100，熏蒸证 RMB 250，做熏蒸 RMB 500/700，转关费 RMB 100。广州码头港建 RMB 64/96/96，DOC RMB 350，THC、ORC 各船东不尽相同，航线不同价钱也不一样，请与口岸工作人员确认。</td></tr>
</table>

知识拓展

所有航线共有附加费如表 1-34 所示。

表 1-34　**所有航线共有附加费**

英文	中文
Cargo Rehandling	仓库重新操作（含倒柜）费
Gate Move-Truck	进（出）港口拖卡费
Lift On-Off-Empty	预提箱

续前表

英文	中文
Management Fee	管理费
Placarding-Labelling	贴标签
Storage-CY	整柜仓储
Additional Item Charges	额外费用
Additional Operational Expenses	额外操作费用
Administration Fee	异地放单费
Basic Ocean Freight	海运费
Bill of Lading Amendment Fee	船公司改单费
Booking Amendment Fee	更改订舱费
Cargo Insurance Premium	货物保险费
Carrier Security Charge	船东安全费
Certificate of Origin	原产地证明
CFS Receiving Charge	散货仓库收货费
Change of Destination	改港费
Change of Vessel	改船费
Container Nomination Service Fee	空柜指定费
Container Shifting Charge	港区改配移箱费
Courier Document Delivery	文件处理费
Customs Clearance	清关费
Customs Clearance Administration Fee	清关服务费
Customs Declaration	报关费
Customs Declaration Administration Fee	报关管理费
Customs Fine	海关罚款
Customs Inspection	海关查验费
Dangerous Cargo Surcharge	危险货物附加费
Data Logger Surcharge	出口信息服务费
EDI Fee	电子信息费
Electronic Cargo Release	电放服务费
Equipment Management Fee	集装箱设备管理费
Export Licence	出口单证
Export Service Charge	出口操作费
Inland Haulage Export	出口内陆拖车费
Inland Haulage Import	进口内陆拖车费
Inspection Empty Containers	集装箱空箱查验费
Label Scanning	扫描标签
Late Payment Fee	迟付款利息
Port Security Charge	港口设施保安费
Seal Charge	铅封费
Shanghai Port Surcharge	上海港附加费
Termingal Handling Charge-Destination	目的港码头操作费
Terminal Handling Charge-Origin	起运港码头操作费

续前表

英文	中文
Transport Document Amendment Fee	转运改单费
Trucking Overnight Surcharge	拖车压夜费
Container Stripping	集装箱拆箱费
Container Packing	集装箱装箱费
Container Weighing	过磅费
Documentation Fee-Origin	起运港文件费
Fumigation Fee	熏蒸费
Late Documentation Fee	迟交文件费
Late Gate Fee	加急费
Lift On Lift Off	场站操作费（堆场吊上吊下）
Overweight Charge	超重柜附加费
Wharfage	场站操作费
MODS Fee	送仓货物系统处理费
VIP Incentives	送仓货物 VIP 折扣
Cargo Management	货物管理费
CY Monitoring	整箱管理费
Profit Share	利润分享
Packing / Repacking outer Carton	换箱
Port Charge	港口费
Port Construction	港口建设费
Port Entry	港口进入费
Supply Chain Security Fee	供应链安全管理费
ACI Amendment Fee	补料更改
ACI Declaration Fee	补料提交
Additional Port Surcharge	额外码头附加费
AMS Amendment Fee	美国舱单更改费
AMS Declaration Fee	美国舱单申报费
Arbitrary/Transportation Additional	送仓货物运输服务费
Cargo Sorting Charge	分票/理货
CBL Issuance Fee	船东提单签单费
CFS Overtime Receiving Charge	仓库超时收货费
CFS Storage	仓库储存费
Customs EDI Fee	出口转关/关封
Divert in Transit	送仓货物转关费
Document Scanning Fee	文件扫描
FCR Issuance Fee	签单费用
FCR Reissuance Fee	重新签单费用
Gate Pass (Port)	入闸费
Handling Charge	操作费
Information Management	船东提单签单费
Label Printing	标签打印
Late Booking Submission	晚订舱费
Late Delivery/ Receiving Charge	迟交付费

续前表

英文	中文
Palletization	打托盘
Pick and Pack	分捡费
Silica Gel	硅胶
Slip Sheeting	薄型托盘
Registration Fee	登记费
Remarking	重新写唛头费
Equipment Interchange Receipt Fee	设备交接单费
Snake Loading Surcharge	蛇形装箱
Dead Freight	亏舱费
Fuel Adjustment Factor	燃油调节费
LCL Service Charge	散货服务费
Penalty Fee	滞纳金
GOH Receiving Charge	挂衣收货费
IEL-Other	其他操作费
LSS-Other	其他增值服务
Space Rental	场地租金
Late Shipping Instruction	滞单费
Carrier Agent Booking Fee	订舱代理费
Commodity Inspection & Quarantine Fee	商检换单费
Carton Unloading Charge	送仓货物卸车费
10+2 Management Fee	美国10+2安全规则管理费
10+2 Amendment Fee	美国10+2安全规则信息更改费
Surveyor Charge	公证费
HBL Issuance Fee	物流提单费
Bunker Adjustment Factor	燃油附加费
Documentation Fee — Destination	目的港文件费
Currency Adjustment Factor	货币调节费
War Risk Surcharge	战争险附加费
Drayage Export	出口拖车费
Special Transportation Fee	附加运输费
Cancellation Fee	取消费
Customs Tax/VAT-P/T	增值税
Waiting Time	拖车等待费
CFS add charges	散货附加费（挂衣额外费用）
Vendor Compliant Program	供应商合规管理费
Chassis Usage	车架使用费
Additional Item Charge	额外费用
Road Transport Fee	高速公路费

续前表

英文	中文
Warehouse Handling	仓库操作费
Stop-off Charge	中途停留费
ENS Declaration Fee	欧洲舱单申报费
ENS Amendment Fee	欧洲舱单更改费
Cargo Claims	货物理赔
Government Agency Inspection	政府职能部门检验费
Demurrage Equipment Charge	集装箱逾期费
Detention Equip. Charge/Merchants Haulage	集装箱滞留费
Money Transfer Fee	手续费
Wrapping	包装费
Documentation Management	文件管理费
Booking Commission	佣金
Rebate	回扣
FFC/Brokerage-Origin	订舱代理费
Drayage Import	进口拖车费
Customs Transfer fee	转关费
Handling Out	退仓费
Weight Trimming	更改毛重费
3rd Party Administration Fee	第三方费用代收代付管理费
Forwarder Commission-Origin	订舱代理费

思考练习

1. 试分析：FOB 宁波出口，买方应付的费用有哪些？卖方应付的费用有哪些？请一一列举所有的人民币费用。如起运港发生货物的查验，相关的查验费、滞箱费、倒箱费都应由哪一方承担？如目的港发生，应由哪一方承担？

2. 有些货代业务员在揽货接单的时候故意报一个很低的价格，先把顾客稳住，实际运输过程中，不断向顾客提出需要征收各种附加费。你认为这种报价方式是否可行？为什么？

3. 一些班轮公司在同一条航线上经营，为了获得巨额利润，共享共同制定的价格，共同抵御可能的外来经营者，他们组成了班轮公会。班轮公会又分为闭锁公会和开放公会。请同学们上网查询闭锁公会在维持垄断地位、获得超额利润方面有哪些措施。

模块八　提单签发

学习目标

1. 熟练缮制提单，填制改港保函、提单内容更改保函、提货单等单据；
2. 熟悉提单的正面条款和背面条款的内容；
3. 能正确处理有关提单签发、更正与补发，以及正本提单丢失等各项业务。

工作任务

本模块的主要任务包括根据给定资料缮制提单，填制改港保函、提单内容更改保函、加载申请保函、AMS/ACI申报信息表、目的港免费用箱申请和提货单。

实践操作

一、缮制提单

（一）提单各栏含义及其填法

提单的定义、功能及分类在模块六的相关知识部分已作详细介绍，本模块主要介绍提单的内容和缮制。提单并无固定格式，各大船公司都有自己印制的提单，常见栏目包括：

（1）SHIPPER（托运人）。也就是信用证受益人，即买卖合同的卖方。但是根据《UCP600》第31条的规定："只要信用证无相反规定，银行也接受以信用证受益人以外的第三方为发货人。"

（2）CONSIGNEE（收货人）。这是提单中比较重要的一栏，应严格按照信用证规定填制。因其直接关系到提单能否转让以及提单项下物权的归属问题。提单收货人按信用证的规定有多种填法，模块六的相关知识部分已作介绍，此处不再重复。

（3）BILL OF LADING NO.（提单号码）。按配舱回单上的D/R号码（场站收据编号）填写。

（4）NOTIFY PARTY（通知人）。与信用证的规定一致，如信用证提单条款中规定："...Bill of Lading...notify applicant"，则提单通知人栏中要打上开证申请人的详细名称和地址。

（5）PLACE OF RECEIPT（收货地）。填船公司或承运人的收货地。

（6）OCEAN VESSEL（船名）和 VOYAGE NO.（航次）。按配舱回单上的船名和航次填写。

（7）PORT OF LOADING（装货港）和 PORT OF DISCHARGE（卸货港）。要与信用证的规定一致。

（8）PLACE OF DELIVERY（交货地）。填船公司或承运人的交货地。

（9）MKS. & NOS. / CONT. NOS. ［标志及号码（唛头）］。与商业发票上的唛头一致。

（10）NO. of PKGS.（货物包装及件数）。按货物装船的实际情况填写总外包装件数。

（11）DESCRIPTION OF PACKAGES AND GOODS（货物描述）。只要填上货物的总名称即可。

（12）GROSS WEIGHT（货物毛重）和 MEASUREMENT(尺码)。同装箱单上货物的总毛重、总尺码一致。

（13）PLACE AND DATE OF ISSUE（签发的地点和签发日期）。如果提单上已预先印就“已装船”字样的称为已装船提单。已装船提单的签发日期视为装运日期。

（14）FREIGHT PREPAID（运费预付）和 FREIGHT COLLECT（运费到付）。提单按信用证规定加注的运费条款，注意与所用贸易术语的一致性。

（15）NUMBER OF ORIGINAL B（S）L（正本提单的份数）。

（16）TOTAL NUMBER OF CONTAINERS OF PACKAGES（IN WORDS）［集装箱数或件数合计（大写）］。注意此栏的内容与“NO. OF PKGS.”一致。

（17）DATE（装船批注的日期）和 BY（由谁签署）。如果提单上没有预先印就“已装船”字样的，则必须在提单上加注装船批注（ON BOARD NOTATION），装船批注中所显示的日期视为货物的装运日期。提单必须由承运人或其代理人签字才能生效。

（二）缮制提单实例

背景资料

托运人：DOKALA FASHION CO.，LTD.，18 – 3，EAST OF DONGFANG BLDG.，BINWANG RD.，YIWU，ZHEJIANG，CHINA。收货人：TO ORDER。通知人：NISU INTERNATIONAL B. V.，SPACELAB 132438 MR AMERSFOORT，THE NETHERLANDS.，TEL：0031 – 33 – 4614662/4658353，FAX：0031 – 33 – 4613017。目的港：ANTWERP。标志及号码（唛头）：N/M。提单号：COSU88122331。货物名称（1）：NECKLACE，BRACELET，EARRING，BELT，SCARF，STICKER PAPER；件数：460 CTNS；毛重：6 800 KGS；体积：59 CBM；货柜数量：1×40′HC；标志及号码（唛头）：N/M。货物名称（2）：BELT；件数：119 CTNS；毛重：3 207 KGS；体积：8.2 CBM。合计件数 579 CTNS，合计毛重 10 007 KGS，合计体积 67.200 CBM。提单份数：3/3。运费预付。

根据以上资料缮制的提单如表 1 – 35 所示。

表 1-35　　　　　　　　　　　　　　　**提单**

<table>
<tr><td colspan="2">SHIPPER
DOKALA FASHION CO., LTD., 18-3, EAST OF DONGFANG BLDG., BINWANG RD., YIWU, ZHEJIANG, CHINA</td><td rowspan="6">BILL OF LADING NO.: COSU88122331

COSCO
中国远洋运输（集团）总公司
CHINA OCEAN SHIPPING (GROUP) CO.

ORIGINAL
Combined Transport BILL OF LADING</td></tr>
<tr><td colspan="2">CONSIGNEE
TO ORDER</td></tr>
<tr><td colspan="2">NOTIFY PARTY
NISU INTERNATIONAL B.V., SPACELAB 132438 MR AMERSFOORT, THE NETHERLANDS, TEL: 0031-33-4614662/4658353, FAX: 0031-33-4613017</td></tr>
<tr><td>PLACE OF RECEIPT</td><td>OCEAN VESSEL</td></tr>
<tr><td>VOYAGE NO.</td><td>PORT OF LOADING</td></tr>
<tr><td>PORT OF DISCHARGE
ANTWERP</td><td>PLACE OF DELIVERY</td></tr>
</table>

MKS. & NOS/ CONT. NOS	NO. OF PKGS.	DESCRIPTION OF PACKAGES AND GOODS	GROSS WEIGHT	MEASUREMENT
N/M	460 CTNS	NECKLACE, BRACELET, EARRING, BELT, SCARF, STICKER PAPER	6,800 KGS	59 CBM
N/M	119 CTNS	BELT	3,207 KGS	8.2 CBM

TOTAL NUMBER OF CONTAINERS OR PACKAGES (IN WORDS)　　　1×40'HC

FREIGHT& CHARGES	REVENUE TONS	RATE	PER	PREPAID	COLLECT

PREPAID AT	PAYABLE AT CC	PLACE AND DATE OF ISSUE
TOTALS PREPAID	NUMBER OF ORIGINAL B (S) L 3/3	中国外轮代理公司 宁波分公司 CHINA OCEAN SHIPPING AGENCY, NINGBO BRANCH 李玉春 FOR THE CARRIER NAMED ABOVE
DATE	BY	

二、填制改港保函

背景资料

托运人宁波翔达电器有限公司有一票货物，提单号为 COSU88122331，船名/航次为 YELLER RIVER/V. 2356，原打算在 ANTWERP 卸货，收货人要求改为 LIVERPOOL 卸货。

根据以上资料填制的改港保函如表 1－36 所示。

表 1－36　改港保函

改 港 保 函

船名/航次：YELLER RIVER/V. 2356
提单号码 ：COSU88122331
由于收货人更换收货地点（原因），现我司要求由原中转港/目的港：ANTWERP 更改为现中转港/目的港：LIVERPOOL，我司承诺支付由此产生的所有费用/罚金，并承担由此引起的一切责任，请贵司协助予以办理。

托运人：宁波翔达电器有限公司　负责人：________

货代公司：宁波天航国际物流有限公司　负责人：________
（请盖公司及负责人章）

日　期：
经办人：
地　址：
电　话：

三、填制提单内容更改保函

背景资料

宁波翔达电器有限公司因故需将提单中的件数由原来的 300 CTNS 改为 280 CTNS。

根据以上资料填制的提单内容更改保函如表1-37所示。

表1-37 提单内容更改保函

CKLINE

提单内容更改保函

致：天敬海运株式会社宁波办事处

船名/航次：SKY LOVE/V. 829E
提单号：CKCOSLNMFC829091
因客户需要，需将我司所配货物的提单内容作如下更改：

原单据内容：SHPR/CNEE/NOTIFY 等（需注明何项要求更改）

货物数量 300 CTNS

现更正为：SHPR/CNEE/NOTIFY 等（需注明何项要求更改）

货物数量 280 CTNS

如有件数/毛重/体积等数据更改，我司负责更改海关舱单数据与提单一致，若由此产生的一切后果及费用，皆有我司负责承担，该保函中的担保人和保证人将承担连带责任。

提单发货人签章　　　　　　　　　　　　　　　　货运代理人签章

____年____月____日　　　　　　　　　　　　　　____年____月____日

备注：1. 本保函正本有效。2. 本担保内容须用打字字体填写。

四、填制加载申请保函

背景资料

宁波翔达电器有限公司申请加载，有关信息如下：船名/航次（VSL./VOY.）：ELBMASTER/V.1011E。提单号（B/L NO.）：CKCOELNISC011006。目的港：ANTWERP。箱型/号（CNTR NO.）：BURU6680108。

根据以上资料填制的加载申请保函如表1-38所示。

表1-38 加载申请保函

CKLINE

加载申请保函

致：天敬海运株式会社宁波办事处
船名/航次 ELBMASTER/V. 1011E
提单号码 CKCOELNISCO110066
目 的 港 ANTWERP
箱 型 / 号 BURU6680108

因无法在规定时间报关放行，特请求贵司准予以上货柜进行加载。 我司承担由此请求导致的一切后果和责任，该保函中的担保人和保证人将承担连带责任。 发货人或货主签章　　　　　　货运代理人签章 ____年____月____日　　　　　____年____月____日 备注：1. 本担保内容须用打字字体填写。2. 必须加盖公章。

五、填制 AMS/ACI 申报信息表

背景资料

见本模块中“缮制提单”部分的背景资料。

根据以上资料填制的 AMS/ACI 申报信息表如表 1-39 所示。

表 1-39　　AMS/ACI 申报信息表

* * 为避免 AMS/ACI 信息错误而无法联络到贵司，请告知贵司联系电话和负责人。

电话：	负责人：

AMS/ACI 申报信息表（EVERGREEN LINE）

船名/航次	YELLER RIVER/V. 2356
提单号码	COSU88122331

箱号/封号	件数（单位）	毛重	立方数
COSU56542561/54842	460 CTNS	6 800 KGS	59 CBM
COSU56542561/54842	119 CTNS	3 207 KGS	8.2 CBM
TOTAL	579 CTNS	10 007 KGS	67.2 CBM

- 非自行申报舱单之客户，皆需提供下述资料，包括 THROUGH 美国/加拿大之货载。
- 美加货载，收货人/通知人详细地址中必须包括城市名/州名/邮政区号。
- 若真实收发货人与正本提单内容一致时，请勿重复提供下述栏位。

真实发货人（详细地址）	DOKALA FASHION CO., LTD., 18-3, EAST OF DONGFANG BLDG., BINWANG RD., YIWU, ZHEJIANG, CHINA
真实收货人（详细地址）	NISU INTERNATIONAL B. V., SPACELAB 132438 MR AMERSFOORT, THE NETHERLANDS, TEL: 0031-33-4614662/4658353, FAX: 0031-33-4613017
真实通知人（1）（详细地址）	NISU INTERNATIONAL B. V., SPACELAB 132438 MR AMERSFOORT, THE NETHERLANDS, TEL: 0031-33-4614662/4658353, FAX: 0031-33-4613017
真实通知人（2）（详细地址）	

详细品名（必须能清楚知道货物的形状特征）	此栏内容不会显示在提单上。若需显示，请在提单上确认注明。
	NECKLACE，BRACELET，EARRING，BELT，SCARF，STICKER PAPER 579 CTNS

说明：请将此表格发送至指定E-mail接收邮箱。

AMS/ACI申报资料提供截止日：实际船到前2.5个工作日，提单确认须在此日期前提供。

AMS/ACI附件格式提供重要注意事项：

1. 本公司自动转档系统仅能接受.TXT/.XLS/.DOC/.TIF/.PDF后缀之附件。
2. 请使用此表格作为附件，其他形式之附件将导致自动转档遗漏，特别是.XLS文档。
3. WORD文档请采用整页模式，勿用大纲等其他预览模式。
4. 所有信息请标注在此表格中，勿填写在邮件内，以免内容转档时遗漏。
5. 同一邮件中之不同附件，请取不同文件名，文件名须使用纯英文，以免附件转档时遗漏。
6. 邮件勿使用背景图案，并取消发送时自动带出.JPG/.GIF文档，以免附件转档时遗漏。
7. 若AMS/ACI有更改，务必在提单号后注明“AMEND”，并在更正内容下加注下划线，以免误认为重复发送，遗漏更改（请不要用颜色或粗体标注）。
8. 若需合并提单请填写合并保函或申报子母单，请在此表提单号后注明报×出×，如：报4出1（提单1笔，国外舱单4笔）。

六、填制目的港免费用箱申请

背景资料

宁波翔达贸易有限公司申请目的港免费用箱14天。有关信息如下：船名/航次（VSL./VOY.）：ELBMASTER/V.1011E。提单号（B/L NO.）：CKCOELNISC011006。目的港：ANTWERP。箱型/号（CNTR NO.）：BURU6680108。品名：BELT。发货人：宁波翔达贸易有限公司。收货人：NISU INTERNATIONAL B.V.，SPACELAB 132438 MR AMERSFOORT，THE NETHERLANDS。申请理由：目的港清关及运输。

根据以上资料填制的目的港免费用箱申请如表1-40所示。

表1-40　　目的港免费用箱申请

CKLINE

目的港免费用箱申请

致：天敬海运株式会社宁波办事处

船名/航次　ELBMASTER/V.1011E

提单号码　CKCOELNISC011006

目 的 港　ANTWERP

箱 型 / 号	BURU 6680108
品　　名	BELT
发 货 人	宁波翔达贸易有限公司
收 货 人	NISU INTERNATIONAL B. V.，SPACELAB 132438 MR AMERSFOORT，THE NETHERLANDS
TEL NO.	FAX NO.
申请理由	目的港清关及运输
申请期限	
预计到港日	
发货人或货主签章	货运代理人签章
____年____月____日	____年____月____日
备注：1. 本担保内容须用打字字体填写。2. 必须加盖公章。	

七、填制提货单

背景资料

收货人：宁波中远集装箱船务代理有限公司。通知方：同收货人，即听从宁波 MATSUDA 公司指示（SAME AS CONSIGNEE，TO ORDER OF NINGBO MATSUDA）。船名：UMEKO。航次：0084W。起运港：神户。目的港：宁波。提单号：COSU7200700773。交付条款：CFS-CFS。到达日期：MAR 23，2017。货名：MATERIAL OF SWITCH。集装箱号：CBHU00164290。铅封号：101462。集装箱数：1×20′。件数：10 PACKAGES。重量：232.00 KG。体积：4.03 CBM。标志：CF20130GF QMCOM PSW0300 C/NO. 1－10。其余空白。

根据以上资料缮制的提货单见表 1－41。

表 1－41　　提货单

宁波中远集装箱船务代理有限公司 COSCO NINGBO CONTAINER SHIPPING AGENCY CO.，LTD. **提 货 单** DELIVERY ORDER		
____地区、场、站 收货人/通知方：		____年____月____日

船名 UMEKO	航次 0084W	起运港 神户	目的港 宁波
提单号 COSU7200700773	交付条款 CFS-CFS	海运费 到付	合同号
卸货地点	到达日期 MAR. 23，2017	进库场日期	第一程运输
货　　名	MATERIAL OF SWITCH	集装箱号/铅封号	
集装箱数	1×20′	CBHU00164290	101462
件　　数	10 PACKAGES		
重　　量	232.00 KG		
体　　积	4.03 CBM		
标　志			
CF20130GF QMCOM PSW0300 C/NO. 1－10			
请核对放货 宁波中远集装箱船务代理有限公司 凡属法定检验、检疫的进口商品，必须向有关监督机构申报。			
收货人章		海关章	

相关知识

一、提单的正面内容

本模块主要介绍集装箱提单的相关内容，其正面内容需要记载有关货物运输的事项，通常主要包括必须记载的事项和正面条款两个部分。

（一）必须记载的事项

此项是针对一般记载事项而言的，其判断的原则在于所记载的内容是否影响货物的安全和当事人双方的利益。就必须记载的事项而言，虽然各船公司的集装箱提单的记载内容并不完全一样，但从目前在国际航运界比较有影响的一些提单来看，通常必须记载的内容主要有以下几项：

（1）联运经营人的姓名、地址；

（2）发货人的姓名、地址；

(3) 接收和交付货物的日期、地点；

(4) 识别货物的标志；

(5) 有关货物的详细情况（件数、重量和尺码等）；

(6) 货物的外表状况；

(7) 正本提单的签发份数；

(8) 提单的签发日期、地点；

(9) 提单的签发人等。

集装箱提单一般都应注明上述各项内容，如果缺少其中一项或两项并不影响货物运输和当事人各方之间的利益，则集装箱提单仍然有效。同时，除按规定的内容填制外，双方还可根据实际需要和要求，在不违背提单签发国有关法律规定的条件下，加注其他项目内容，例如：有关特种货物的装置说明，对所收到的货物批注说明，以及不同运输方式下各承运人之间的临时洽商批注等。

集装箱提单所记载的内容，通常由托运人、承运人或其代理人根据托运人所提供的有关托运文件填制。但是，当承运人接收货物时，货物托运人应视为已向承运人保证，其在集装箱提单中所提供的货物种类、标志、件数、重量和数量均准确无误。如系危险货物，还应说明其危险特性。

如果货物的丢失、损害是由于货物托运人提供的内容不准确或不当所致，货物托运人或发货人应对承运人负责，即使其已将集装箱提单转让于他人也不例外。而且承运人取得了这种赔偿权利后，并不限制其根据运输合同对发货人以外的其他任何人应负的赔偿责任。如果货物的丢失、损害是由于承运人意图诈骗，在提单上列入有关货物的不实资料或漏列有关内容，则该承运人无权享受提单规定的赔偿责任限制，而应按实际损失赔偿。

(二) 正面条款

与传统运输方式下签发的已装船提单不同，集装箱运输下的货运提单是以码头收据换取的，是一张收货待运提单。所以，在大多数情况下，承运人根据发货人的要求，在提单上填注具体的装船日期和船名后，该收货待运提单也具有与已装船提单一样的性质和作用。

因此，在现行的集装箱提单的正面，除记载有关运输的事项外，常列有一些属于承运人声明性质的条款，以说明货物在使用集装箱运输下所签发的提单性质和作用，这类条款被称为正面条款（Face Clause），通常由确认条款、承诺条款和签署条款组成，具体如下：

1. 确认条款

这是承运人表示在集装箱外表状况良好的条件下接收集装箱，并同意承担按照提单上所列条款，将集装箱从起运地运往交货地，将货物交给收货人的责任条款。该条款表明，负责集装箱运输的人在货物外表状况良好的条件下接收货物的托运后，签发给货物托运人的提单是一张收货待运提单。这是由集装箱运输的特点所决定的。因为负责集装箱运输的人接收货物的地点有时不在装船港，而是在集装箱码头堆场、集装箱货运站乃至发货人的仓库，而货物托运人凭货物接收人签署的场站收据即可换取提单。

这类提单的正面一般都设有装船备忘录（On Board Notation）一栏，等货物实际装船完毕后，即在该栏内填制具体的装船日期、船名。随后，该收货待运提单便可作为已装船提单使用了。这种做法既符合海关规则和有关运输法规的规定，也符合《UCP600》的有关规定。

关于这项条款，中国远洋运输（集团）总公司（以下简称中远）联运提单是这样表述的："兹收到外表状况和条件良好（另有说明者除外）的下述总数集装箱或其他包件、单位的货物，依据本提单所列条款和条件，从收货地运往交货地。"

2. 承诺条款

这是承运人承认提单是运输合同成立的证明，承诺按照提单条款的规定承担义务和享受权利，而且也要求托运人承诺接受该提单条款制约的条款。由于提单是承运人单方面拟订的，而该条款则表明托运人接受提单，也就是承诺接受提单条款的制约，因此这类条款也称代拟条款。承诺条款并非集装箱提单中特有的条款，普通船提单中也有类似的规定。

关于这类条款，中远联运提单是这样表述的："提取货物必须交出经背书的一份提单，以便换取货物或提货单。当提单持有人或其代表向承运人提交经背书的正本提单时，依照正本提单条款的条件而产生的权利和义务，在不损害普通法或成文法中约束货方的任何规定的条件下，将使正本提单持有人和承运人之间在各方面受其制约，犹如正本提单所证明的契约是在提单持有人和承运人之间签订的。"

3. 签署条款

这是承运人表明提单由谁签发，以及签发正本提单的份数和各份正本提单具有相同效力的条款。在普通船提单上一般都列有船长签署的规定，尽管实际上提单并非由船长签发。但是，现行的联运提单或集装箱提单一般都列入船公司的名称，并且不论提单由谁签发，都仅是代表承运人（FOR THE CARRIER）签字，或者仅以代理人身份（AS AGENTS ONLY）签字。同时，在副本提单上应注明"不可转让"字样。

关于这类条款，中远联运提单是这样表述的："兹证明，下述份数均属同一内容和日期的正本提单业经签字，其中一份完成提货之后，其余各份即告失效。"

二、提单的背面条款

集装箱提单的背面条款，除传统海运提单具有的条款外，还包括为适应集装箱运输需要而修改或增列的条款，主要条款如下：

（一）集装箱运输下的货物

在普通船提单上一般都有这样类似的规定："'货物'包括货品、制品、商品和任何种类的物件，活的动、植物和在运输合同上载明装载甲板上且已装载的货物除外。"这类货物一旦发生丢失、损害，承运人不负赔偿责任，如发生共同海损，只有分摊的义务，没有补偿的权利。

由于集装箱船舶构造的特殊性及其应有的营运经济性，因此要求有相当数量的集装箱装载于甲板上运输。例如：在全集装箱船载货航行过程中，约有30%的集装箱须积载于舱面。然而在实际业务中，承运人很难事先确定哪些集装箱载于舱面，而与托运人事先就将集装箱载于舱面的问题达成协议。所以，在集装箱提单上一般都有如下规定：

（1）提单上记载有“装载舱面运输”字样的提单，仍视为清洁提单；

（2）航行途中发生共同海损，可得到补偿；

（3）承运人有权将集装箱装载舱面运输，这种装载应视同为装载舱内运输，事先不必通知托运人；

（4）装载舱面运输的集装箱在航行途中发生丢失、损害，承运人可免责，除非承运人有过失。

（二）集装箱运输下承运人的责任期限

在集装箱运输条件下，承运人除了在装船港的集装箱码头堆场接收货物外，有时接收地点是离港口较远的内陆货运站，以及发货人的工厂或仓库。这样，普通船提单中对承运人所规定的责任期限则失效。因此，集装箱提单中有关承运人责任期限的条款，一般都规定为从收到货物时起到交付货物时止以替代普通船提单下的钩至钩原则。

（三）集装箱运输下承运人的赔偿责任限制

承运人的赔偿责任限制是指承运人对每一件或每一货损单位负责赔偿的最高限额。对此，各国的法律和承运人的提单上都有明确规定，有的按照《海牙规则》，有的按照国内法。

然而，有关承运人的赔偿责任限制，在集装箱运输中实行时面临的最大问题是赔偿责任限额的计费单位应如何确定。通常解决的办法是：如系拼箱货，承运人的赔偿责任限制则与普通船提单一样，按件或单位数负责赔偿。但在整箱货运输下，承运人收到的仅仅是一个外表状况良好、铅封完整的集装箱，至于集装箱内装载什么货、多少件数，承运人只能从有关单证上知悉。显然，如果以一个集装箱作为一个计费单位，而不考虑内装件数，按《海牙规则》规定的每单位不超过100英镑的责任限制，对于集装箱来说未免过低。为此，《维斯比规则》作了修改，对集装箱、托盘或类似的装运工具作了如下的规定：“如在提单中已载明这种装运工具内的货物件数或单位数的，则按所载明的货物件数或单位数赔偿；否则，这种装运工具及其所内装的货物则作为一件或一个单位赔偿。如果集装箱、托盘或类似的装运工具为货主所有，赔偿时也作为一件。”

将货主自有的集装箱、托盘或类似的装运工具作为一件赔偿，这是因为集装箱提单对货物的定义内包括：“货物是指从货物托运人手中接收的货物，包括不是由承运人或代表承运人提供的任何集装箱，‘集装箱’包括任何集装箱、拖车、集装油罐、平板、托盘或类似的装运工具。”

（四）制约托运人的责任条款

在集装箱运输中，承运人为了最大限度地避免产生一系列《海牙规则》所无法解释的问题，常在提单上设有一些制约托运人的责任条款，具体如下：

1. 不知条款

不知是指承运人接收的对象是集装箱，对有关集装箱内所装货物的状况和货物详细情况，一概不知。在国际航运业务中，无论是集装箱提单，还是普通船提单，提单条款中均有类似的不知条款内容。例如：日本邮船公司的集装箱提单中规定："如货物件数是由发货人或其代理人装箱并加铅封，该集装箱又为本公司接收运输的，则本提单正面所列的内容（有关货物的重量、尺码、件数、号码、数量等）本公司均不知悉。"从表面来看，提单中的不知条款有助于保护承运人的利益，但其保护的范围受到一定的限制。如果货主能够举证说明承运人明知货物详情且又拟订不知条款的，承运人仍不能免责。

2. 铅封完整交货条款

铅封完整交货是指承运人在铅封完整下接货，并在铅封完整下交货，承运人一旦这样做了，业已认为承运人完成运输任务，并解除其责任。当然，这一条款的规定仅适用于整箱货的交接。从中也可看出，集装箱运输下整箱货的交接，系以铅封是否完整来确定承运人责任的。如果货物受损人欲提出损害赔偿要求，则应首先举证说明承运人的过失。

3. 货物检查权条款

货物检查权是指承运人有权，但没有义务在任何时候将集装箱开箱检验，核对其所装载的货物。经过检查，如发现所装载的货物全部或一部分不适合运输，承运人有权对该部分货物放弃运输，或者由托运人支付合理的附加费来完成这部分货物的运输，或者存放在岸上或具有遮蔽的露天场所，这种存放业已认为按提单交货，即承运人的责任已告终止。

集装箱提单上订有货物检查权条款，是为了承运人对集装箱内装载的货物有怀疑或积载不正常时启封检查。承运人在行使这一权利时，无须事先得到托运人的同意。当然，在一般情况下，对由货主装载的集装箱启封检查时，原则上还是应征得货主同意，其费用由货主负担。

4. 海关启封检查条款

海关启封检查是指根据《国际集装箱海关公约》的规定，海关有权检查集装箱。在由海关拆开铅封，开箱检验，再重新施加铅封的情况下，承运人不必对因此而发生的货物灭失、损坏和其他后果承担责任。因此，一般的集装箱提单都有这样的规定："如果集装箱的启封由海关当局因为检查集装箱内容而打开，且重新封印，由此而造成、引起的任何货物丢失、损坏，以及其他后果，本公司概不负责。"在实际业务中，尽管拟有这样的规定，但承运人对这种情况还是应做好记录，并保留证据，以便免除责任。

5. 发货人对货物内容正确性负责条款

发货人对货物内容正确性负责是指货主要向承运人保证集装箱和箱内货物的装载适合于运输的要求。集装箱提单所记载的内容，通常由发货人填写，特别是货物在由发货人自行负责装箱的情况下，发货人应保证由于下述原因对承运人造成的损害负赔偿责任：

（1）由于发货人自己积载、装箱不当；

（2）集装箱内货物不适合装箱、运输；

（3）集装箱内的货物包装不牢固；

（4）装载前未对集装箱做合理的检验；

（5）运输途中承运人无法控制的原因；

（6）发货人应保证申述的内容正确、完整；

（7）对第三者造成的生命、财产负责；

（8）对由于自己搬运、装卸造成的损害等。

（五）危险品运输条款

与传统的海运方式承运危险货物的要求一样，在集装箱运输中，当货主托运危险货物时也应保证做到以下几点：

（1）提供危险货物的详细情况；

（2）提供运输时应注意的事项和预防危险的措施；

（3）满足有关危险货物的运输、保管和装卸方面的特殊要求；

（4）货物的包装外表应有清晰、永久性的标志。

除此之外，应按规定在集装箱的外表涂刷或粘贴有关危险货物的标志，并且应提供任何适用的法律、规章，以及承运人所要求的文件和证明。

此外，集装箱提单一般都有这样的规定："承运人、船长或其代理人对于事先不知性质而装载的具有易燃、易爆以及其他危险性的货物，可在卸货前的任何时候、任何地点将其卸上岸，将其销毁或消除其危害性而不予赔偿。该货物的所有人对于因装运该货物所引起的直接或间接的一切损害和费用负责。"

如果承运人了解货物的性质，并同意装船，但在运输过程中可能会对船舶和其他货物造成危害时，也同样可以在任何地点将货物卸上岸，或者将其销毁，消除危害性而不负任何责任。

（六）承运人的运价本

由于集装箱运输的特点，特别是涉及集装箱运输术语、具体交接办法、计费方法、货物禁运规定以及交货方式等诸多内容，在提单中无法一一列举说明，因此需另编写运价本予以补充。在国际航运业务中，各船公司一般均将运价本的主要条款装订成册，必要时对外提供，以弥补提单条款规定的不足。为此，在提单条款中也应作相应的规定，并明确当运价本的规定与提单条款的规定有冲突时，应以何者为准。一般说来，集装箱提单中有关承运人的运价本是提单的组成部分，当运价本与提单发生矛盾时，应以提单为准。

（七）运费与留置权条款

1. 运费条款

运费是指承运人对货物安全运输，并在指定目的港交付货物后，货主支付给承运人的酬金。也就是说，在一定条件下，承运人收取运费的条件是以是否交货来确定的。然而，在实际运输业务中，提单上都订有“下列运费由托运人在提单签发时支付，不论何种原因，从收到货物时已全部赚得运费”的条款。

提单中的这一规定主要是对预付运费而言的。虽然提单中一般均规定预付运费概不退还，但下列情况下预付运费仍应归还：

（1）承运人未能提供适航船舶在合理时间内开航；

（2）货物系由于免责条款以外的原因造成的丢失；

（3）货物在运输之前丢失或收回。

一般来说，与承运人订立运输合同的人应是运费支付方。例如：FOB条件下的买方或CFR和CIF条件下的卖方。但在某种情况下，既没规定又未注明运费支付方时，则应按下列原则办理：

（1）货物托运人首先应支付运费。因为它是与承运人订立运输合同的当事人，即使在提单转让的情况下，也不得解除支付运费的责任。但在货物装船时，承运人业已知道该货物托运人是其代理人，则可免除这一责任。

（2）通常收货人没有支付运费的义务，因为它不是订立运输合同的当事人。但如果货物托运人已将提单转让给收货人，而且收货人已取得货物所有权时，收货人就有支付运费的义务。

（3）在交货之前，如提单已背书转让给其他人，即提单持有人，在货物托运人没有支付运费的情况下，提单持有人有责任支付运费。

（4）如果货物托运人故意谎报货物的数量、重量、价值，造成承运人运费收入减少，承运人则可收取罚款。

2. 行使留置权时应注意的问题

如果运费支付方没有支付运费，承运人在交货之前有可能对货物行使留置权。现行的国际货运公约对留置权未作任何规定，这是因为留置权应按民法或其他普通法，以及船、货双方达成的协议行使，但在行使留置权时应注意以下问题：

（1）在货物交付之前有效。

（2）只能对同一航程属于同一收货人的货物行使留置权，也就是说，不得对不同航程、不同运输合同的货物行使留置权。

（3）承运人同意交付货物后收取运费，留置权即告丧失。也就是说，只能在承运人对货物有控制权的情况下行使留置权。

(八) 索赔与诉讼

简单地说，索赔是指受损方向责任方提出的赔偿要求。索赔通知则是收货人在接收货物后，就货物的短少、残损向承运人提出的书面通知，这是货损索赔的程序之一。

与传统的海运提单一样，集装箱提单也对收货人用书面提交货物灭失和损坏通知的时间，即这一书面通知的证据效力，以及诉讼时效作出了规定。不过，考虑到集装箱运输的特点，对于提交货物灭失或损坏通知的时间，一般都作了延长规定，对于诉讼时效的期限也作了修改。例如：在中远联运提单中，对索赔的时间和方法作了如下规定：

(1) 如货物损坏明显，由收货人在收货时当场提出；

(2) 如在收货时未当场提出，从提货之日起 7 天内提出；

(3) 如承运人的责任期限是从装船至卸船，诉讼从收到货物 9 个月内提起，否则承运人解除一切责任；

(4) 如承运人的责任期限是从装船港码头或紧邻该码头至卸船港码头或紧邻该码头，诉讼从收到货物一年内提起，否则承运人解除一切责任；

(5) 在货物全部发生丢失时，自该货物发生丢失时起的 2 个月内提起诉讼，否则承运人解除一切责任。

三、提单的签发、更正与补发

提单的签发、更正与补发是承运人的重要业务内容。而对托运人、发货人、收货人、提单持有人和货物所有人而言，提单的背书转让也是其完成商品交易、收受货款、办理结汇的重要业务内容之一。

(一) 提单的签发

提单内所记载的事项是否正确无误，不仅直接关系承运人的经济利益，而且影响船公司的信誉。为了使所签发的提单字迹清晰、整洁、内容完整、无错无漏，要求承运人、其代理人或船长在签发前，必须对提单的各个关系人的名称，货物的名称、包装、标志、数量和外表状况等各项内容的必要记载事项进行认真仔细的核对、审查，及时纠正记载不正确的内容，把可能出现的差错消灭在签发提单之前。提单必须经过签署手续才能生效，它是根据货物装船后大副签署的收货单签发的。

1. 提单签发人

有权签发提单的人只有承运人本人、船长和经承运人授权的代理人。按照《中华人民共和国海商法》第 42 条对有关用语的解释："承运人是指本人或者委托他人以本人名义与托运人订立海上货物运输合同的人。"因此，作为海上货物运输合同的当事人的一方并承担货物运输责任，当然有权签发提单。

各国有关海上货物运输的法律都规定船长是承运人的法定代理人。因此不必经过承运人的授权，船长就有权签发提单，而且与承运人本人签发的提单具有同等法律效力。《中华人民共和国海商法》第72条明确规定：“提单由载货船舶的船长签发的，视为代表承运人签发。”

在当今的国际航运中，特别是班轮运输中，常由承运人的代理人签发提单。但由承运人的代理人签发提单必须经承运人的委托授权。未经授权，代理人无权签发提单。

2. 提单的签发日期

提单的签发日期应与提单上所列货物实际装船完毕的日期，即与收货单的签发日期一致。这是因为：

（1）在国际贸易中，买卖双方对货物的装运期限事先都有约定，并且都把签发提单的日期视为货物装船的日期，也就是卖方向买方交货的日期。如果提单签发日期早于或晚于货物装船完毕的日期，就有可能构成对第三者的欺诈行为，从而引起收货人拒绝提货，并进而提出索赔要求。

（2）只有将货物装船后，才能辨别所装货物外表状况是否良好，件数是否与申报的数字一致。如果货物尚未装船就签发已装船提单，所签发的提单又是清洁提单，就可能会加重承运人的责任。

3. 提单的份数

提单有正本提单和副本提单之分。副本提单只用于日常业务，不具有法律效力。为了防止提单遗失、被窃或在转递过程中发生意外事故造成灭失，各国海商法和航运习惯都允许签发数份正本提单，并且各份正本提单都具有同等效力，但以其中任意一份提货后，其余各份自动失效。签发正本提单的份数都应分别记载于所签发的各份正本提单上，通常都在提单上列有“承运人或其代理人已签署本提单一式×份，其中一份经完成提货手续后，其余各份自行失效”的文句。

在提单上注明签发正本提单份数可以使提单的合法受让人了解全套正本提单的份数，防止流失在外而引起的纠纷，保护提单受让人的利益。同时也因信用证通常都规定必须以全套正本提单向银行办理结汇，而且在变更卸货港提取货物时，必须提交全套正本提单。在提单上注明正本提单的份数后，就可使接受提单结汇的银行或在变更卸货港交付货物的船公司的代理人，了解用以办理结汇或提取货物的提单是否齐全。

（二）提单的更正与补发

关于提单的更正和遗失补发问题，《中华人民共和国海商法》没有这方面的规定。然而，一方面，更正或补发提单的要求可能出于商业需要，不能置之不理；另一方面，提单本身的作用和价值又令人不敢确信能否轻易对其所记载的内容随意改动，或者另外签发新的提单而不承担法律责任。

1. 提单的更正

在实际业务中，提单通常是在托运人办妥托运手续后、货物装船前，在缮制有关货运单证的同时缮制的。在货物装船后，这种事先缮制的提单，可能与实际装载情况不符而需要更正或重新缮制。此外，货物装船后，承运人或其代理人签署提单前，也可能因托运人申报材料的错误或信用证要求的条件有所变更，以及其他原因，而由托运人提出更正提单内容的要求。在这种情况下，承运人或其代理人通常都会同意托运人提出的更正提单内容的合理要求，重新缮制提单。

如果货物已经装船，而且已经签署了提单后托运人才提出更正的要求，这时承运人或其代理人就要考虑各方面的关系后，才能决定是否同意更正。如更正的内容不涉及主要问题，在不妨碍其他提单利害关系人利益的前提下，可同意更正。相反，如更正的内容涉及其他提单关系人的利益或影响承运人的交货条件，就需要征得有关方的同意，才能更正并收回原签提单。至于因更正提单内容而引起的损失和费用，则应由提出更正要求的托运人负担。如果提出更正要求时，船舶已开航，还应立即电告船长对随船的舱单等货运单证作相应的更改。

2. 提单的补发

如果提单遗失，托运人要求补发，应视不同情况分别予以处理。如果正本提单结汇后，在寄送途中遗失，收货人可在目的港凭副本提单和具有信用的保证书，如银行出具的保证书提取货物。在这种情况下，除须依照一定的法定程序将提单声明作废外，无须另行补发提单。

如果提单在结汇前遗失，应由托运人提供书面担保，经承运人同意后补签新提单并另行编号。同时还要把有关情况转告承运人在目的港的代理人，声明前签提单作废，以免发生意外纠纷。

3. 凭保函签发清洁提单

凭保函签发清洁提单是一种在大副已将货物的外表状况批注于收货单上的情况下，托运人为了不影响向银行结汇货款，而向承运人提交的一份以承担因签发清洁提单而发生的一切责任为内容的保函；是一种要求承运人在签发提单时，不将收货单上的大副批注内容转移到提单上，而由承运人签发不带有任何批注的提单，使托运人能以清洁提单向银行顺利结汇的变通做法。

这是商业习惯允许的变通做法。其原因不仅在于这样做能使托运人以清洁提单顺利结汇，而且可以使货运程序顺利流转。实践证明，为了不因一些经常出现但估计损失不会很大的有关货物的外表状况和数量的争议，而影响货运程序的正常进行，由托运人出具保函承担可能发生的责任，将争议留待日后解决的做法是可行的。

但是，根据保函签发提单毕竟违反单证的“表示不得虚假”的原则。承托人根据保函签发清洁提单，难免不被认为是与托运人共谋的欺诈行为，而且许多国家的法律规定严禁这种行为。所以，接受保函签发清洁提单，对承运人是有一定风险的。因此，承运人对托运人提出的凭保函签发清洁提单的要求须特别审慎。

4. 提单的背书转让

背书是指转让人在提单的背面写明受让人或不写明受让人，并签名的转让手续。按照背书的方法区分，背书有记名背书、指示背书和空白背书等方式。

（1）记名背书。是背书人（转让人）在提单背面写明被背书人（受让人）的姓名，并由背书人签名的背书形式。

（2）指示背书。是背书人在提单背面并不写明特定受让人，而写明“××指示”字样，并由背书人签名的背书形式。

（3）空白背书。是指在提单背书中不记载任何受让人，只由背书人签名的背书形式。

在承运人签发的提单是指示提单的条件下，只要经过背书都可以转让。如果所签发的提单是托运人指示提单，则应以托运人为第一背书人；如果是记名指示提单或选择指示提单，则第一背书人应是提单中指名的指示人。

需要注意的是，不记名提单不需背书即可转让。转让时，只需转让提单，而无须背书。虽然记名提单一般是不能转让的。但是，如果经过一定的法律手续而允许转让，应以提单正面指明的收货人为第一背书人。采用指示背书的背书形式时，必须连续背书才能连续转让。而采用空白背书形式时，无须连续背书即可转让。

四、正本提单丢失的处理

（一）正本提单丢失的后果

装船单据在快递中丢失，往往会导致收货人在目的港无法凭正本提单提货。实践中一般是由收货人凭副本提单提货，或由承运人补签一套新提单供收货人（即进口商）提货及结汇使用，或由出口商授权承运人电放。但在上述三种情况下，承运人通常均要求收货人在当地媒体声明遗失提单作废，并要求出口商与其开户行联合提供担保，担保时间为1～6年。银行出具担保一般均要求出口商交付保证金，保证金一般为承运货物价值的150%，将巨额资金压3～6年不动，对出口商将产生巨大压力；若提单被第三人非善意取得，出口商将面临钱货两空的局面。

（二）正本提单丢失的情况分析

正本提单的丢失主要有以下几种情况：

（1）在出口商控制下丢失；

（2）出口商将单据送交开证行后，在开证行丢失；

（3）开证行将单据交由快递公司后丢失；

（4）快递公司送达议付行后丢失；

（5）议付行送交收货人后丢失。

在第（1）和第（5）两种情况下，应分别由出口商和进口商自负其责；在第（2）和第（4）两种情况下，则应由开证行或议付行负责；在第（3）种情况下，依现行有效的邮政法规，邮政部门仅承担十分有限的责任。在 CIF、CFR 和 FOB 条件下，卖方均须自负费用，毫不迟延地向买方提供运输单据。据此推论，单据丢失的风险一般应由卖方承担。承运人为确保自身的权益要求收货人在无正本提单的情况下担保提货，且要求银行提供担保。

（三）正本提单丢失的解决措施

为了免于资金滞压，可以采用以下措施：

（1）及时通知有关船公司及其代理。在此种情况下，船公司及其代理负有谨慎处理的义务，不能再仅凭提单持有人持有正本提单即放行货物，而应要求提货人提供充分的证据，证明其取得提单是善意的。例如：背书是否连续，是否符合要求，是否支付了合理对价。承运人也可以通过法定程序将提单项下货物提存，解除对货物的责任。

（2）及时向法院申请公示催告。这样不仅可以确保提单项下权益不受侵犯，而且可以解决保证金长期滞压的问题。因为一旦法院决定受理公示催告，在该期间转让票据权利的行为均属无效。公示催告程序的法律费用较低，律师费也较低。国外应当也有此种程序，催告期满（一般为 60 天）即可申请法院作出除权判决。

（3）一般而言，单据丢失不应影响压港，因为收货人有义务收货并不能据此拒绝卸货；承运人同样不能以收货人无正本提单为由拒绝卸货，尽管其有权拒绝放行货物。

（4）邮政快递公司应负何种责任，目前的法规赋予其几近免责的待遇；是否可以通过投保邮政快递风险保险来转嫁损失，目前保险公司似乎尚未开展此项业务。

（5）银行出具保函只要保函措辞具体、全面，一般不会有风险。涉及大额保函时，最好请法律顾问把关，因为实践中确实有不少银行保函无效的先例。

知识拓展

一、海运提单概述

根据提单的法律效力是否涉及除海运外的其他运输方式，海运提单分为单式海运提单和多式联运提单。单式海运提单是港对港提单，其装货地和卸货地即装货港和卸货港。多式联运提单是多式联运经营人出具的除海运外，还涉及公路运输、铁路运输等其他运输方式的提单。

国际多式联运（International Multimodal Transport）简称多式联运，是在集装箱运输的基础上产生和发展起来的，是指按照多式联运合同，以至少两种不同的运输方式，由多式联运经营人将货物从一国境内的接管地点运至另一国境内指定交付地点的货物运输。国际多式联运适用于水路、公路、铁路和航空等多种运输方式。在国际贸易中，由于85％～90％的货物是通过海运完成的，因此海运在国际多式联运中占据主导地位。

二、海运提单的缮制要求

根据《UCP600》及银行审单标准，正确缮制海运提单（单式）有如下要求：

(1) 整套正本提单注有张数，是否按信用证条款交呈。

(2) 海运提单（单式）正面是否打明承运人（CARRIER）的全名及“CARRIER”一词以表明其身份。

(3) 如海运提单（单式）正面已作如上表示，在承运人自己签署提单时，签署处无须再打明“CARRIER”一词及其全名。例如：提单正面已打明（或印明）承运人全名为XYZ LINE及“CARRIER”一词以表明其身份，在提单签署处（一般在提单的右下角）经由XYZ LINE及其负责人签章即可。如提单正面未作如（2）表示，且由运输行（FORWARDER）签署提单时，则在签署处必须打明签署人的身份。如ABC FORWARDING CO. as agents for XYZ LINE，the carrier或ABC FORWARDING Co. on behalf of XYZ LINE the carrier。如提单正面已作如（2）表示，但由运输行签署提单时，则在签署处必须打明签署人的身份，如ABC FORWARDING CO. as agents for the carrier或as agents for/on behalf of the carrier。

(4) 海运提单（单式）有印就“已装船”（Shipped in apparent good order and condition on board...）字样的，无须加“装船批注”（On board notation）；有印就“收妥待运”（Received in apparent good order and condition for shipment...）字样的，则必须再加“装船批注”并加上装船日期。

(5) 海运提单（单式）印有“intended vessel”“intended port of loading”“intended port of discharge”或其他“intended...”等不肯定的描述字样的，则必须加注“装船批注”，其中须把实际装货的船名、装货港口、卸货港口等项目打明，即使和预期的船名和装卸港口并无变动，也须重复打出。

(6) 在海运提单（单式）运输方式下，只需在装货港（Port of Loading）、海轮名（Ocean Vessel）及卸货港（Port of Discharge）三栏内正确填写。如在中途转船，转船港的港名不能打在卸货港栏内。需要时，只可在提单的货物栏打明“在××（转船港）转船”（With Transshipment at...）。

(7) 港口（Port）和地点（Place）是不同的概念。有些提单印有收货地点（Place of Receipt/Taking in Charge）和交货地点/最后目的地（Place of Delivery/Final Destination）等栏目，供提单用作多式联运或联合运输的运输单据时用。单式海运时不能填注，否则会造成对运输方式的误解。

(8) 有些海运提单上的前期运输由（Precarriage By）栏也为多式联运方式所专用，不能作为转船提单时打明第一程海轮名称的栏目。只有做多式联运运输单据时，方在该栏内注明铁路（Rail）、卡车（Truck）、空运（Air）或江河（River）等运输方式。

(9) 海运提单（单式）的收货人栏（Consigned to 或 Consignee）须按信用证要求说明。例如：信用证规定提单做成“made out to order”，则打“order”字样；规定做成“made out to order of the applicant（申请开证人）”，则打“order of...（申请人全名）”；规定做成“made out to order of the issuing bank”，则打“order of...Bank（开证行全名）”。如信用证规定提单直接做成以买主（即申请人）或开证行为抬头，则不可再加“order of”字样。

(10) 海运提单（单式）不能有不清洁批注（Unclean Clause），即对所承载的该批货物及其包装情况有缺陷现象的批注。

(11) 除非信用证许可，海运提单（单式）不能注有“Subject Charter Party”（租船契约提单）字样。

(12) 海运提单（单式）上关于货物的描述必须与商业发票上的货物描述一致。如提单上货物用统称表示时，该统称须与信用证中货物描述一致，且与其他单据有共通联结特征，例如唛头等。

(13) 海运提单（单式）上的通知人（Notify Party）一栏须注有符合信用证规定的名称、地址、电话号码等。

(14) 海运提单（单式）上有关运费的批注须符合信用证和《UCP600》第 33 条的规定。

(15) 海运提单（单式）上的任何涂改、更正须加具提单签发者的签章。

(16) 海运提单（单式）必须由受益人及装货人背书。

思考练习

1. 提单是由承运人签发的，但是无船承运人也以承运人的名义签发提单。实际承运人签发的又叫船东提单（Master B/L），无船承运人签发的是货代提单（House B/L）。请上网查阅船东提单和货代提单的相关权利和义务有什么异同。

2. 请根据以下资料填制集装箱提单（见表 1-42）。

背景资料

托运人：YOKA LA FASHION CO.，LTD。收货人、地址及电话：SHOPPERS DRUG MART INC.，243 CONSUMERS ROAD，TORONTO（NORTH YORK），ONTARIO M2J 4W8，TEL：415-563-2131，FAX：415-563-2131。通知人、地址及电话：DALMER INTERNATIONAL INC.，102-3256 RIVER ROAD VANCOUVER，B.C. V6X 1X5，ATTN：JEFF HUYNH，TEL：415-563-3380，FAX：415-563-8104。提单号：COSU88122331。目的港：VANCOUVER。标志及号码（唛头）：SHOP-

PERS DRUG MART。货物名称：SCARF，BELT，WALLET，BODY JEWELRY，WATCH，HAIR ACCESSORIES。件数：300 CTNS。毛重：3 000 KGS。体积：28 CBM。提单份数：3份。运费预付。

表1-42　　　　集装箱提单

<table>
<tr><td colspan="2">SHIPPER</td><td rowspan="6">BILL OF LADING NO.：
COSCO
中国远洋运输（集团）总公司
CHINA OCEAN SHIPPING（GROUP）CO.

ORIGINAL
Combined Transport BILL OF LADING</td></tr>
<tr><td colspan="2">CONSIGNEE</td></tr>
<tr><td colspan="2">NOTIFY PARTY</td></tr>
<tr><td>PLACE OF RECEIPT</td><td>OCEAN VESSEL</td></tr>
<tr><td>VOYAGE NO.</td><td>PORT OF LOADING</td></tr>
<tr><td>PORT OF DISCHARGE</td><td>PLACE OF DELIVERY</td></tr>
</table>

<table>
<tr><td>MKS. & NOS/
CONT. NOS</td><td>NO. OF
PKGS.</td><td>DESCRIPTION OF
PACKAGES AND GOODS</td><td>GROSS
WEIGHT</td><td>MEASUREMENT</td></tr>
<tr><td colspan="5">
TOTAL NUMBER OF CONTAINERS
OR PACKAGES（IN WORDS）</td></tr>
</table>

<table>
<tr><td>FREIGHT&
CHARGES</td><td>REVENUE TONS</td><td>RATE</td><td>PER</td><td>PREPAID</td><td>COLLECT</td></tr>
</table>

<table>
<tr><td>PREPAID AT</td><td>PAYABLE AT</td><td>PLACE AND DATE OF ISSUE</td></tr>
<tr><td>TOTALS PREPAID</td><td>NUMBER OF ORIGINAL B（S）L</td><td rowspan="2">中国外轮代理公司
宁波分公司

CHINA OCEAN SHIPPING
AGENCY，NINGBO BRANCH
李玉春
FOR THE CARRIER
NAMED ABOVE</td></tr>
<tr><td>DATE</td><td>BY</td></tr>
</table>

模块九　索赔与理赔

学习目标

1. 掌握索赔和理赔案例的分析步骤；
2. 熟悉处理货运事故和纠纷时所适用的法律规定与规则；
3. 掌握权益转让书的缮制要点；
4. 熟悉货运事故的种类及责任划分。

工作任务

本模块主要包括两个任务：第一，用有关法律法规、国际公约和国际惯例来分析国际货运过程中出现的索赔与理赔案例；第二，缮制权益转让书。

实践操作

一、分析索赔与理赔案例

（一）索赔与理赔案例的分析步骤

在国际海运中，索赔与理赔是比较常见的。专业的国际货运代理企业应当能熟练处理常见的索赔与理赔，这样才能在实际操作中少犯错误或不犯错误，以减少自身损失。同时，在实际操作中应提醒客户，使其正确处理国际货物运输中的每一个流程，尽可能帮助客户减少损失。

分析索赔与理赔的案例时，一般有四个步骤。（1）是什么。在分析之初作一个基本判断。（2）为什么。根据有关法律法规、国际公约或国际惯例深入分析。（3）怎么办。就案例的具体情况拿出处理意见。（4）有什么启示。尽量将案例涉及的事项横向延伸到一般情况，或者纵向延伸到还会有什么更糟糕情况发生以及如何预防等。

（二）索赔与理赔案例及评析

1. 集装箱装箱案例

背景资料

某货代公司接受货主委托，安排一批茶叶海运出口。货代公司在提取了船公司提供的集装箱并装箱后，将整箱货交给船公司。同时，货主自行办理了货物运输保险。收货人在目的港拆箱提货时发现集装箱内异味浓重，经查明该集装箱前一航次所载货物为精萘，致使茶叶受精萘污染。请问：(1) 收货人可以向谁索赔？为什么？(2) 最终应由谁对茶叶受污染事故承担赔偿责任？

资料来源：根据全国国际货运代理从业资格考试试题改编。

［评析］

(1) 可向保险人或承运人索赔。根据保险合同，在保险人承保期间和责任范围内，保险人应承担赔付责任。根据运输合同，承运人应提供适载的COC（商品符合合同证明书），由于COC存在问题，承运人应承担赔偿责任。

(2) 由于承运人没有提供适载的COC，而货代在提空箱时没有履行其义务，即检查箱子的义务，并且在目的港拆箱时异味还很浓重，因此，承运人和货代应按各自过失比例承担赔偿责任，如承运人承担60%，货代承担40%的责任。

2. 提单背书法律效力案例

背景资料

2016年10月12日，某外贸公司（以下称外贸公司）作为买方与美国某公司（以下称美国公司）签订1 000吨大豆销售合同，付款条件为FOB纽约价，信用证付款。装运期为2016年12月，包装为新麻袋。

2016年10月20日，外贸公司与某食品加工公司（以下称加工公司）签订委托加工协议，双方约定外贸公司委托加工公司加工大豆1 000吨，加工公司加工后返还成品。2016年12月19日货物装船，某保险公司（以下称保险公司）出具涉案货物运输保险单，被保险人为外贸公司，承保期间为纽约至中国上海，险别为一切险，同日外贸公司支付保费。

2016年12月20日，某船公司（以下称船公司）签发754062853号提单，提单记载：托运人为SAGACI公司（以下称S公司），收货人凭指示，通知人为外贸公司和加工公司，装货港纽约，卸货港中国上海，货物为15 400包大豆，总重1 000吨。该提单后经多方背书（背书人依次为托运人S公司、销售合同卖方C公司、外贸公司和加工公司），最后由加工公司持提单提货。

2017年1月21日，涉案货物进口报关，报关单记载的经营单位为外贸公司，收货单位为加工公司，货物用途为加工返销。因发现货物水湿变质现象，货主申请商检并向保险公司索赔。同年12月29日，保险公司理赔后向船公司发出索赔通知。

2017年2月15日，中国进出口商品检验总公司（以下称中国商检）出具检验证书，证明商检工作人员2017年1月25日到达检验地点浙江省绍兴市库场，发现集装箱铅封号、箱号与提单一致，箱体无破损，但有渗水，箱内顶部有大量凝结水，干燥剂全部潮湿，衬垫货物的纸板浸湿，箱门处麻袋腐蚀破损，上层货物发霉程度较轻，底层货物进水并发霉结块，上述损失共计105 835美元，损失原因基本判定为集装箱在海运途中遭海水浸泡所致。

2017年4月8日，外贸公司收到保险公司赔付后出具赔款收据及权益转让书，证明收到涉案货物保险赔款人民币 1 157 824.01 元，并同意将已取得赔款部分保险标的的一切权益转让给保险公司。保险公司 2017 年 12 月 26 日就上述货物损失在海事法院向船公司提起诉讼。

资料来源：改编自 http://www.zssl.net/art/artwm.asp? id=2156。

[评析]

以上案例中的提单为指示提单。指示提单的背书即意味着运输合同权利和义务的转让。涉案货物在目的港交付前，提单已由外贸公司背书转让给加工公司，加工公司作为提单持有人向承运人提货。提单所证明的运输合同的权利和义务已经转让，外贸公司与加工公司之间的委托加工和代为提货的关系不能对抗包括承运人和保险人在内的第三人。外贸公司已经不是提单的合法持有人，其以提单所证明的运输合同为依据要求船公司承担货损赔偿没有法律依据，故保险公司不能向船公司主张货损赔偿。

提单主要分为三类，即记名提单、指示提单和不记名提单。记名提单不可转让，指示提单经背书（分为记名背书和空白背书）可转让，不记名提单无须背书即可转让。如果提单已经由托运人作了空白背书，其后则不必再作背书即可转让；换言之，托运人对提单进行空白背书后，其后的受让人再作背书，实乃节外生枝。

这个案件足以让贸易公司吸取教训，不了解提单的性质和背书的实质作用，盲目进行连续背书，这种画蛇添足的措施不但无法保护自身权益，反而极易授人以权柄，招致麻烦或损失。

在国际贸易买卖合同中如约定采用信用证支付方式，惯例上银行在信用证条款中都要求托运人对指示提单作空白背书，因为指示提单一经空白背书就成为不记名提单，可以自由转让。这样一旦出现开证申请人资信力下降不能交款赎单的情况，银行可以行使质押权处置提单项下的货物，以维护自己的权益。

3. 单独海损与共同海损案例

背景资料

我国 A 公司与某国 B 公司于 10 月 20 日签订购买 52 500 吨化肥的 CFR 合同。A 公司开出信用证规定，装船期限为次年 1 月 1 日至 1 月 10 日，由于 B 公司租来运货的“顺风号”轮在开往某外国港口途中遇到飓风，结果装至 1 月 20 日才完成。承运人在取得 B 公司出具的保函的情况下签发了与信用证条款一致的提单。“顺风号”轮于 1 月 21 日驶离装运港。A 公司为这批货物投保了水渍险。1 月 30 日“顺风号”轮途经巴拿马运河时起火，造成部分化肥烧毁。

船长在命令救火过程中又造成部分化肥湿毁。由于船在装货港口的延迟，使该船到达目的地时正遇上了化肥价格下跌。A 公司在出售余下的化肥时价格不得不大幅度下降，给 A 公司造成很大损失。请根据上述事例，回答以下问题：

(1) 途中烧毁的化肥损失属什么损失，应由谁承担？为什么？

(2) 途中湿毁的化肥损失属什么损失，应由谁承担？为什么？

(3) A 公司可否向承运人追偿由于化肥价格下跌造成的损失？为什么？

资料来源：根据全国国际货运代理从业资格考试试题改编。

[评析]

（1）属单独海损，应由保险公司承担损失。途中烧毁的化肥属于单独海损，依CFR术语，风险由A公司即买方承担；而A公司购买了水渍险，赔偿范围包含单独海损，因此由保险公司承担。

（2）属共同海损，应由A公司与船公司分别承担。因船舶和货物遭到了共同危险，船长为了共同安全，有意又合理地造成了化肥的湿毁。

（3）可以。因为承运人迟延装船，又倒签提单，须对迟延交付负责。

4. 倒签提单案例

背景资料

我国某出口公司先后与伦敦B公司和瑞士S公司签订两个出售农产品合同，共计3 500吨，价值8.275万英镑。装运期为当年12月至次年1月。但由于原定的装货船舶出故障，只能改装另一艘外轮，致使货物到2月11日才装船完毕。在我公司的请求下，外轮代理公司将提单的日期改为1月31日，货物到达鹿特丹港后，买方对装货日期提出异议，要求我公司提供1月份装船证明。我公司坚持提单是正常的，无须提供证明。

结果买方聘请律师上货船查阅船长的航行日志，证明提单日期是伪造的，立即凭律师拍摄的证据，向当地法院控告并由法院发出通知扣留该船。经过4个月的协商，最后我方赔款2.09万英镑，买方方肯撤回上诉而结案。

资料来源：http：//www. edu24ol. com/web _ news/html/2008－1/2008129103449653. html.

[评析]

以上案例涉及倒签提单。倒签提单是一种违法行为，一旦被识破，产生的后果是非常严重的。但是在国际贸易中，倒签提单的情况还是相当普遍的。尤其是当延期时间不多的情况下，还是有许多出口商会铤而走险。一旦出现倒签的日子较长的情况，就容易引起买方怀疑，买方可以通过查阅船长的航行日志或者班轮时刻表等途径加以识破。

5. 凭保函签发清洁提单案

背景资料

2017年4月，我国T公司向荷兰M公司出售一批纸箱装货物，以FOB条件成交，目的港为鹿特丹港，由M公司租用H远洋运输公司的货轮承运该批货物。同年5月15日，该合同货物在青岛港装船。当船方接收货物时，发现其中有28箱货外表有不同程度的破碎，于是大副在收货单上批注“该货有28箱货外表破碎”。当船方签发提单，欲将该批注转提单时，卖方T公司反复向船方解释说买方是老客户，不会因一点包装问题提出索赔，要求船方不要转注收货单上的批注，同时向船方出具了下列保函：“若收货人因包装破碎货物受损为由向承运人索赔时，由我方承担责任。”船方接受了上述保函，签发了清洁提单。该货船起航后不久，接到买方M公司的指示，要求其将卸货港改为法国的马赛港，收货人变更为法国的F公司。经过一个多月的航行载货船到达马赛港，船舶卸货时，收货人F公司发现该批货物有40多箱包装严重破碎，内部货物不同程度受损，于是以货物与清洁提单不符为由，向承运人提出索赔。后经裁定，向F公司赔偿20多万美元。此后，承运人凭保函向卖方T公司要求偿还该20多万美元的损失，但T公司以装船时仅有28箱包破碎为由，拒绝偿还其他的十几箱的损失。于是承运人与卖方之间又发生了争执。

资料来源：姚新超：《从一案例看凭保函换取清洁提单的风险与弊端》，载《对外经贸实务》。

［评析］

这是一起典型的托运人（卖方）与承运人一起隐瞒装船货物不清洁的事实，承运人凭保函签发清洁提单的案件。承运人提单上对货物的不良包装加以批注，从而导致丧失了公约或法律赋予的可能免除责任的权利，同时承运人也没有履行其应尽的义务，对本该加批注的不作任何批注。这不仅对收货人造成了损害，使受蒙蔽的买方付款赎回不清洁货物，同时也给承运人带来了风险。卖方在货物装船时就提供了一部分包装破碎的货物，这本身就是一种违约行为。不仅如此，卖方还同承运人一起隐瞒事实真相，从而构成对买方的欺骗。如果买方获悉这一真相，不仅可以起诉承运人，而且可以卖方严重违约甚至以欺诈为由提出撤销买卖合同，要求退回货款，同时要求卖方赔偿损失。因此，以保函换清洁提单的做法实不可取。

二、缮制权益转让书

（一）权益转让书概述

权益转让是指收货人根据货物保险合同从保险公司得到赔偿后，将自己的索赔权利转让给保险公司，由保险公司出面向事故责任人或其代理人提出索赔的行为。

权益转让的证明文件就是权益转让书（Letter of Subrogation）。它表明收货人已将索赔权益转让给保险公司。保险公司根据权益转让书取得向事故责任人提出索赔的索赔权，以及以收货人名义向法院提出索赔诉讼的权利。具体如下：（1）转让给保险人；（2）授权保险人可以以收货人的名义向有关政府、企业、公司或个人提出认为合理的赔偿要求或法律诉讼；（3）保证随时提供进行索赔和诉讼所需要的单证和文件。这也约定了被保险人保证向保险人提供索赔中所需各种单证、文件的保证书的义务。在权益转让的情况下，通常正本由收货人将权益转让书交给保险公司。同时，必须将其副本交给事故责任人或其代理人备查。

（二）权益转让书缮制实例

背景资料

宁波翔达进出口有限公司从美国供应商A公司进口大豆，在宁波北仑港提货后发现有10包计1 000千克被雨水淋湿，经检验认定损失为8 000元人民币，中国平安财产保险股份有限公司（以下简称平安公司）根据事先与宁波翔达进出口有限公司签订的号码为ZGPANB201005112563的保险单，决定赔偿宁波翔达进出口有限公司8 000元人民币，宁波翔达签订权益转让书给平安公司，平安公司可以凭该权益转让书向负有实际责任的海运承运人索赔。

根据以上资料缮制的权益转让书如表1－43所示。

表 1-43　　权益转让书

中国平安财产保险股份有限公司
PING AN PROPERTY & CASUALTY INSURANCE COMPANY OF CHINA,LTD.

赔款收据及权益转让书
RECEIPT AND SUBROGATION FORM

保险单号码：ZGPANB201005112563
保 险 金 额：＊＊＊＊＊＊＊＊
赔　案　号：＊＊＊＊＊＊＊＊

致：中国平安财产保险股份有限公司＿宁波＿分公司

关于上述保险单项下所承保的位于＿宁波北仑港＿（地点）的＿大豆＿（财产）于＿2017＿年＿11＿月＿10＿日发生＿雨水淋湿致损＿（事故）索赔一案，贵公司支付的赔款＿人民币捌仟圆整＿（大写）＿￥8 000.00＿（小写）已收到。立书人同意接受上述赔款，并不再就本次事故提出任何的索赔。

鉴于收到该款，立书人同意将已取得的上述赔款部分保险标的的一切权益转让给贵公司，并同意贵公司以贵公司或立书人的名义向责任方追偿或诉讼，立书人并将提供一切必要的协助，以利贵公司实现该项权益。

立书人：＿＿＿＿＿＿＿＿
（签章）
日　期：＿＿年＿＿月＿＿日

相关知识

国际航运的时间、空间跨度都比较大，涉及的部门、作业环节众多，使用的文件、单证繁杂，运输过程中的环境条件复杂多变。因此，货损、货差事故在所难免，且经常发生。涉及国际海上货物运输的双方，即承运人与托运人或货主，船舶所有人与承租人，尽管在签约合同时取得了一致，但在出现纠纷之后，出于各自的利益会对运输合同中的条款、约定拥有不同的解释和理解，更由于海运欺诈等违法行为的存在，使得海事纠纷多式多样，层出不穷。

而处理这些事故和纠纷又涉及国际、国内的大量法律规定、规则、公约等。这些规定、规则、公约繁多，因国家或地区、运输合同形式、纠纷性质的不同，又会有不同的适用法律规定或规则。这些均增加了海上货运事故调查以及纠纷处理的难度。处理海上货运事故及纠纷是一项十分重要的工作，其基础是对这些事故及纠纷有一个正确的事实把握和适用法律的准确使用，应根据国际、国内法律规定，贸易合同、运输合同以及国际惯例正确处理。

一、货运事故的种类及责任划分

（一）货运事故的种类

货损、货差均属货运事故。可根据货物的损失程度、货运事故的性质和使货运事故产生的责任人等进行划分，具体如下：

（1）根据货物的损失程度，分为全部损失（Total Loss）和部分损失（Partial Loss）。

（2）根据货运事故的性质，分为货差（Carry Error）和货损（Damage to Cargo）。

（3）根据使货运事故产生的责任人，分为承运人的责任事故、托运人的责任事故、第三者的责任事故（如港方的责任、集装箱货运站的责任等）、不可抗力造成的事故等。

无论事故是因何种物理原因造成的，在理赔时最终要将事故归类于以上这些事故种类。

（二）货运事故的责任划分

货运事故可能发生在货物运输过程中的任何环节。而发现货损、货差，则往往是在最终目的地收货人收货时或收货后。当然，有时货物在船舶运输过程中发生货运事故时，也会被及时发现。

货运事故发生后，第一发现人具有报告的责任。如在船舶运输途中发生时，船长有责任发表海事声明（Note of Sea Protest）。而当收货人提货时，发现所提取的货物数量不足，或货物外表状况、品质与提单上记载的情况或贸易合同的记载不符时，则应根据提单条款的规定，将货损或货差的事实，以书面的形式通知承运人或承运人在卸货港的代理人。即使货损或货差不明显，也必须在提取货物后的规定时间内，向承运人或其代理人通报事故情况，作为以后理赔、索赔的意向要求。

无论日后如何索赔、理赔，记录和保留有关事故的原始记录十分重要。提单、收货单、过驳清单、卸货报告、货物溢短单、货物残损单、装箱单、积载图等货运单证均是处理货运事故和明确责任方的依据。货运单证上的批注是区分或确定货运事故责任方的原始依据。单证上的批注，既证明了承运人对货物的负责程度，也直接影响着货主的利益，如能否持提单结汇，能否提出索赔等。各方关系人为保护自己的利益并划清责任，应妥善保管这些书面文件。

对于发生的货运事故，如果收货人与承运人不能对事故的性质和损坏程度取得一致，则应在彼此同意的条件下，双方共同指定检验人对所有应检验的项目进行检验，检验人签发的检验报告是日后确定货运责任的重要依据。

二、索赔

索赔是指货主对因货运事故造成的损失向承运人或船舶所有人提出赔偿要求的行为。

（一）提出索赔的原则和条件

1. 提出索赔的原则

任何一件诉讼都是从索赔开始的，索赔应坚持实事求是、有根有据、合情合理、注重实效的原则。根据货损、货差的不同原因，被索赔的对象也不同。

（1）属于以下原因的，由收货人凭有关机构出具的鉴定证书向托运人提出索赔：1）原装货物数量不足；2）货物的品质与合同规定不符；3）包装不牢致使货物受损；4）未在合同规定的装运期内交货。

（2）属于以下原因的，由收货人或其他有权提出索赔的人凭有关机构出具的鉴定资料向承运人提出索赔：1）在卸货港交付的货物数量少于提单中所记载的货物数量；2）收货人持正本清洁提单提取货物时，发现货物发生残损、缺少，且系承运人的过失；3）货物的灭失或损害是由于承运人免责范围以外的责任所致。

（3）属于以下原因的，由受损方凭有关证书、文件向保险公司提出索赔，之后，保险公司可根据实际情况，在取得代位求偿权后，向有关责任人索赔：1）承保责任范围内，承运人应予赔偿的损失；2）承保责任范围内，由于自然灾害或意外事故等使货物遭受损害。

2. 提出索赔的条件

一项合理的索赔必须具备下列条件：

（1）索赔人要有正当提赔权。提出货物索赔的人原则上是货物所有人，或提单上记载的收货人或合法的提单持有人。但是，根据收货人提出的权益转让书，也可以由有代位求偿权的货运代理人或其他有关当事人提出索赔。货物的保险人也可以是货运事故的索赔人。

（2）责任方必须负有实际赔偿责任。索赔方提出的索赔应属于承运人免责范围之外的，或属保险人承保责任内的货损。

（3）赔偿的金额必须是合理的。合理的赔偿金额是以货损实际程度为基础的。但在实践中，责任人往往受赔偿责任限额的保护。

（4）在规定的期限内提出索赔。索赔必须在规定的期限，即索赔时效内提出。否则，索赔人提出的索赔在时效过后难以得到赔偿。

（二）索赔的一般程序

1. 发出索赔通知

关于发出索赔通知的时限，《中华人民共和国海商法》第81条第1款规定：“承运人向收货人交付货物时，收货人未将货物灭失或者损坏的情况书面通知承运人的，此项交付视为承运人已经按照运输单证的记载交付以及货物状况良好的初步证据。”第81条第2款规定：“货物灭失或者损坏的情况非显而易见的，在货物交付的次日起连续七日内，集装箱货物交付的次日起连续十五日内，收货人未提交书面通知的，适用前款规定。”

《海牙规则》则规定："根据运输契约有权收货的人，除非在卸货港将货物灭失和损害的一般情况，于货物被移交他监督之前或者当时（如果灭失或损害不明显，则在 3 天之内），已用书面通知承运人或其代理人，这种移交便应作为承运人已经按照提单规定交付货物的证据。"

另外，在货物交付时，收货人已经会同承运人对货物进行了联合检查或检验的，无须就所查明的灭失或者损坏的情况提交书面通知。

2. 提交索赔申请书或索赔清单

这是索赔人向赔偿人正式要求赔偿的书面文件。索赔申请书或索赔清单没有统一的格式和内容要求，主要内容应包括：(1) 索赔人的名称和地址；(2) 船名、抵达卸货港日期、装船港及接货地点名称；(3) 货物名称、提单号等有关情况；(4) 短卸或残损情况、数量；(5) 索赔日期、索赔金额、索赔理由。

3. 提起诉讼

法律对涉及索赔的诉讼案件规定了诉讼时效。因此，无论是否向货损事故的责任人提出了索赔，在无望解决问题的前提下，索赔人应在规定的诉讼时效期满之前提起诉讼。否则，就失去了起诉的权利，往往也失去了索赔的权利和经济利益。

《海牙规则》和《维斯比规则》关于诉讼时效，规定期限为一年。《中华人民共和国海商法》第 257 条规定："就海上货物运输向承运人要求赔偿的请求权，时效期间为一年，自承运人交付或者应当交付货物之日起计算。"

（三）索赔权利的保全措施

索赔权利的保全措施是指为了保证索赔得以实现，需要通过一定的法律程序采取措施，使得货运事故责任人对仲裁机构的裁决或法院的判决的执行履行责任。索赔人采取的保全措施主要有提供担保和扣船两种：

1. 提供担保

提供担保是指使货运事故责任人对执行仲裁机构的裁决或法院的判决提供的担保。主要有现金担保和保函担保两种形式：现金担保是由货运事故责任人提供给索赔人一定数额的现金，并以这笔现金作为保证支付赔偿金的担保；保函担保是使用书面文件的担保形式，保函可由银行出具，也可由事故责任人的保赔行业协会等出具。

2. 扣船

扣船是指在货运事故的责任比较明确地判定属于承运人，又不能得到可靠的担保时，索赔人或对货物保险的保险公司，可以按照法律程序向法院提出扣船请求，并由法院核准执行扣船。扣船的目的是通过对船舶的临时扣押，保证获得承运人对承运人责任的货损、货差赔偿的担保。这样可避免货损、货差赔偿得不到执行的风险。在承运人按照要求提供保证承担赔偿责任的担保后，应立即释放被扣船舶。

（四）索赔单证

主要索赔单证包括：(1) 提单正本；(2) 卸货港理货单或货物溢短单、残损单等卸货单证；(3) 重理单；(4) 货物残损检验报告；(5) 商业发票；(6) 装箱单；(7) 修理单；(8) 有关的文件证明索赔的起因和索赔数目的计算依据；(9) 权益转让证书。

除了以上所述单证外，其他能够证明货运事故的原因、损失程度、索赔金额、责任所在的单证都应提供。总之，索赔单证必须齐全、准确，内容衔接一致，不能自相矛盾。

三、共同海损

共同海损是指运载货物的船舶在航运途中遭受自然灾害或意外事故，威胁到船方、货方等各方的共同安全，船方为了维护船舶和所有货物的共同安全或为了续航，而有意识地、合理地采取抢救措施所造成的某种特殊牺牲或支出的额外费用。共同海损是船方为解除或减轻风险而人为造成的损失，因此共同海损损失应由受益各方按照受益比例分摊。若船方宣布共同海损，情况较复杂。

（一）共同海损的理算规则

目前，国际航运界和保险商比较广泛地采用《1974年约克·安特卫普规则》。在我国进行共同海损理算的依据是1975年公布的《中国国际贸易促进委员会共同海损理算暂行规则》(以下简称《北京理算规则》)。现在，中国租船公司的绝大部分租船合同和中国远洋运输公司的提单均规定，共同海损在我国按《北京理算规则》理算和解决，而其他班轮和对方派船的提单中绝大部分仍规定共同海损按《1974年约克·安特卫普规则》办理理算。

（二）共同海损案件成立的条件

构成共同海损应具备下列条件：

(1) 危险必须同时危及船舶和货物的共同安全，且导致共同海损的危险必须真实存在或不可避免；

(2) 措施必须是人为的，为解除船、货的共同危险而合理采取的、有效的措施；

(3) 损失必须是共同海损的直接的后果；

(4) 费用或牺牲的支出必须是特殊的。

例如：载货船舶在航行中发生火灾，为了安全引海水入舱灭火，致使全部货物遭受水浸。无火烧或烟熏痕迹的货物，但其损失仍应列为共同海损。凡有烧、熏痕迹的货物损失不是共同海损行为的直接后果，不能算作共同海损。

（三）共同海损牺牲和费用的分摊

共同海损牺牲和费用主要应由船方、货方和运费方三个受益方按受益比例分摊。分摊的共同海损应该是实际遭受的合理损失，而且未损方和受损方均须按比例分摊，否则有失公平分摊原则。确定共同海损的损失额后，应先计算各方的分摊价值，然后再据以计算各项的分摊额。

共同海损理算是航运中一种特殊的损失补偿办法，它与保险中的损失赔偿不同，但进出口货物运输保险对于共同海损都是承保的，被保险人在共同海损中的牺牲和承担的分摊额，均可向保险人要求赔偿。

（四）共同海损的处理程序

我国租轮承运进口货物时，发生共同海损，船方一般通知中国外运股份有限公司，要求在卸货前办理担保提货手续，中国外运股份有限公司则要及时通知保险公司，让其及时办理这一手续，同时还要通知租船公司在卸货港的办事处，以使其协助保险公司办理担保提货手续，如按《北京理算规则》理算，还要通知中国国际贸易促进委员会（以下简称贸促会）。

我国租轮承运出口货物发生共同海损时，船方一般直接通知卸货港代理。若船方通知中国租船公司，则中国租船公司应及时转告有关保险公司、贸促会（如租船合同规定共同海损按《北京理算规则》理算）和卸货港代理等。

宣布共同海损的外轮到港卸货时，中国租船公司港口机构应协助保险公司和其他有关单位对共同海损进行初步审核。如条件不具备而不能构成共同海损，保险公司在中国租船公司协助下，当场取得确凿证据后，向船方交涉，拒绝出具担保，否则保险公司应及时提供共同海损担保书，货主或其代理则填写货物价值单（包括货价、运费和保险费）签章后交保险公司转达船东，使之能顺利进行卸货和收货人提货。

知识拓展

一、《海牙规则》

《海牙规则》(Hague Rules)，全称为《统一提单的若干法律规定的国际公约》(International Convention for the Unification of Certain Rules of Law Relating to Bills of Lading)，于1924年8月25日在比利时召开的由26国代表出席的外交会议上制定，1931年6月2日起生效。我国未加入该公约，但如同很多非缔约国一样，目前在提单运输方面，我国也参照这一公约的规定，制定了《中华人民共和国海商法》有关承运人责任基础的规范，规定了国际海上货物运输承托双方的权利和义务。

《海牙规则》共16条，其主要内容包括：(1) 明确规定了承运人的最低限度的义务，即提供适航船舶和妥善管理货物；(2) 承运人的货物运输责任期间是从货物装上船起至卸完船为止；(3) 实行不完全过失责任制，关于承运人免责的规定共有17项；(4) 赔偿责任限制，即承运人对货物的灭失或损坏的赔偿责任，在任何情况下每件或每单位不得超过100英镑，但托运人交货前已就该项货物的性质和价值提出声明，并已在提单上注明的则不在此限；(5) 运输合同无效条款；(6) 托运人的义务和责任；(7) 索赔和诉讼时效；(8)《海牙规则》的适用范围。

二、《维斯比规则》

《维斯比规则》(Visby Rules)，全称为《修改统一提单若干法律规定的国际公约议定书》(Protocol to Amend the International Convention for the Unification of Certain Rules of Law Relating to Bills of Lading)，是《海牙规则》的修改版。国际海事委员会（CMI）于1963年在斯德哥尔摩召开了第二届会议讨论了修改草案后，于1968年在布鲁塞尔外交会议通过，于1977年6月23日起生效。

《维斯比规则》共17条，其主要内容包括：（1）明确善意受让提单人的法律地位；（2）延长诉讼时效；（3）提高赔偿限额及制定双重限额；（4）规定侵权行为的诉讼承运人的雇佣人的法律地位。

如上所述，《维斯比规则》对《海牙规则》作了一些有益的修改，使之在一定程度上有利于承运双方利益的均衡，并适应集装箱运输的发展的新要求。但是，对船长、船员的航海和管理船舶过失免责的规定丝毫没有触动，因此发展中国家仍迫切要求对《海牙规则》进行根本性的修改。

三、《汉堡规则》

《汉堡规则》(Hamburg Rules)，全称为《联合国海上货物运输公约》(United Nations Convention the Carriage of Goods by Sea)，是联合国贸易法律委员会于1976年5月草拟的，于1978年3月6日至31日在汉堡召开的联合国海上货物运输公约外交会议审议通过的，于1992年11月生效。

《汉堡规则》共分7个部分34条，是一项完整的国际海上货物运输公约。其主要内容包括：（1）推行完全过失责任制；（2）承运人的责任期间，从装船至卸船改为从港口到港口；（3）规定了延期交付责任；（4）规定了火灾的处理程序；（5）规定了赔偿责任限额；（6）规定了保函的法律效力。

思考练习

运用相关知识分析以下4个案例。

案例1

未在规定时间检验货物而失去索赔权案例

2017年1月20日，香港甲公司和中国乙公司签订合同，双方约定乙公司向甲公司购买韩国生产的手机零配件，并就价格问题达成一致意见。合同的总金额为8万美元，最迟不应晚于2月10日发运。甲公司对产品的质量保证期为货物到达目的地后12个月。2月

7 日，甲公司向乙公司提供合同规定的产品。

2 月 20 日，货到后乙公司请检验公司进行了检验，出具了检验证明。2017 年 3 月 25 日，乙公司在使用过程中，发现部分产品有质量问题，致函甲公司，要求换货，如不能换货，则要求退货，并要求甲公司承担有关费用损失。甲公司回函称，乙公司在货物入库前已详细检查、核对，且已投入使用，因而拒绝赔偿。

由于乙公司对合同项下的货物的品质存在异议，2017 年 4 月 2 日，即在收货 13 个月后，自行将合同项下的货物送交中国商品检验机构检验。检验机构出具的检验证书证明，该批货物有 5 项存在缺陷，发货前已存在，系制造不良所致。4 月 5 日，乙公司据此提起仲裁，要求甲公司赔偿 5 万美元。甲公司认为，乙公司不能证明第二次送检的产品系交货时的产品，且第二次商检的时间已经超过索赔有效期，商检证书不能发挥效力。

资料来源：http：//www. 71096. com/Information/InformationContent. aspx? id=911930.

问题：你认为乙公司拥有索赔权吗?

案例 2

共同海损案例

“明西奥”轮装载着散装亚麻子，驶向美国的纽约港。不幸在南美飓风的冷风区内搁浅被迫抛锚。当时，船长发现船板有断裂危险，一旦船体裂缝漏水，亚麻子受膨胀有可能把船板胀裂，所以船长决定迅速脱浅。于是，该船先后 4 次动用主机，超负荷全速开车后退，终于脱浅成功。抵达纽约港后，对船体进行全面检修，发现主机和舵机受损严重，经过理算，要求货方承担 6 451 英镑的费用。

问题：货主对该项费用发生异议，拒绝付款。你认为应该怎么办?

案例 3

延期装运案例

有份 CIF 合同，出售矿砂 5 000 吨，合同舶装运条款规定：“CIF Hamburg，2017 年 2 月：由一船或数船装运。”买方于 2 月 15 日装运了 3 100 吨，余数又在 3 月 1 日装上另一艘轮船。当卖方凭单据向买方要求付款时，买方以第二批货物延期装运为由，拒绝接受全部单据，并拒付全部货款，卖方提出异议，认为买方无权拒收全部货物。

问题：你认为该如何处理?

案例 4

FCA 下卖方的装货义务案例

新加坡卢记商业有限公司（以下简称 A 公司）与中国腾飞商贸公司（以下简称 C 公司）订立 CIP（上海）合同，销售白糖 500 吨，由 A 公司向保险公司投保以合同标的价格加 10%为保险金额的一切险（包括仓至仓条款）。为联系货源，A 公司与马来西亚扎拜股份有限公司（以下简称B公司）订立FCA合同，购买500吨白糖，合同约定提货地为B公司所在地。

2016年7月3日，A公司派代理人到B公司所在地提货，B公司已将白糖装箱完毕并放置在临时敞篷中，A公司代理人由于人手不够，要求B公司帮助装货，B公司认为依国际惯例，货物已交A公司代理人照管，自己已履行完应尽的合同项下的义务，故拒绝帮助装货。A公司代理人无奈返回，3日后A公司再次组织人手到B公司所在地提走货物。

但是，在货物堆放的3天里，因遇湿热台风天气，货物部分受损，造成10%的脏包。A公司将货物悉数交与承运人，承运人发现存在10%的脏包，欲出具不清洁提单。A公司为了取得清洁提单以便顺利结汇，便出具保函，许诺承担承运人因签发清洁提单而产生的一切责任。承运人遂出具了清洁提单，A公司得以顺利结汇，提单和保险单转移至C公司手中。7月21日，货到上海港，C公司检验出10%的脏包，遂申请上海海事法院扣留承运人的船舶并要求追究其签发不清洁提单的责任。

当日货物被卸下，港口管理部门将货物存放在其所属的仓库中，C公司开始委托他人办理排港、报关和提货的手续，从7月21日起至7月24日，已陆续将300吨白糖灌包运往客户所在地。7月24日晚，港口遭遇特大海潮，未提走的200吨白糖受到浸泡，全部损失。C公司向保险公司办理理赔手续时被保险公司拒绝，理由是C公司已将提单转让，且港口仓库就是C公司在目的港的最后仓库，故保险责任已终止。

问题：你如何看待该案件中的各种损失？

项目二

租船运输操作

项目概述

租船运输是大宗散货运输常用的方式。尤其对于货主企业来说，航次租船运输和定期租船运输更为常见。当然，实际操作中还有将航次租船与定期租船两种运输方式结合起来使用的情况。本项目主要讲解航次租船运输操作和定期租船运输操作的主要方法，包括如何通过互联网搜寻合适的待租船舶，如何签订航次租船合同或定期租船合同，以及怎样理解船舶出租人与承租人的权利和义务等。

教学目标

通过航次租船合同和定期租船合同的主要条款的学习，能顺利签订航次租船合同确认书和定期租船合同；能通过国内主要船舶网络搜寻可供租用的适合的船舶；能正确处理船舶所有人（出租人）和承租人之间的权利和义务关系。

重点难点

【重点】

航次租船合同纠纷案例分析；航次租船合同的主要条款；通过互联网搜寻适合的船舶；定期租船合同纠纷案例分析；定期租船合同的主要条款。

【难点】

航次租船合同和定期租船合同的纠纷处理。

模块一　航次租船操作

学习
目标

1. 能通过船舶租赁销售网站搜寻适合的船舶，签订航次租船合同确认书；
2. 能对航次租船合同纠纷案例进行正确分析，理清各方利益关系；
3. 熟悉航次租船合同的主要条款以及相关法律法规的解释。

工作
任务

本模块包括三个工作任务：通过网络搜寻适合的船舶，签订航次租船合同确认书，分析航次租船合同纠纷案例。

实践
操作

一、通过网络搜寻适合的船舶

通过天天船舶网（www. ttship. com）或者其他船舶租赁销售网站搜索船舶出租和求租信息，并寻找适合的船舶。请同学们查找10条供出租用的散货船，尽可能收集该船舶的船名、船旗国、建造时间、船级、登记船东、总吨、净吨、载重吨、夏季干舷、总长、型宽、散装舱容、包装舱容等船舶的基本信息。

二、签订航次租船合同确认书

详见本模块思考练习。

三、分析航次租船合同纠纷案例

背景资料

原告天津X航运有限责任公司诉被告天津市滨海新区
某船务有限公司航次租船合同纠纷案

[原告诉称及被告答辩]

原告天津X航运有限责任公司诉称：2014年2月6日，原告与被告签订航次租船合同，原告租用被告的“新朋泰1”轮从天津港运钢材至上海港11区码头。合同约定的受载期是2014年2月12日正负一天，但被告没有严格履行义务，而是在合同约定的最后解约日2天才到达装货。为此原告多支付货物存栈费1 103.33元人民币。被告所属船舶装货时，未能尽承运人谨慎装载、积载所承运的货物，导致货物实际积载位置与积载图不一致。造成船到卸货港错交、提货不着、疏港接货车辆待时、错误发货车船回运等损失计33 192元人民币。又因被告向法院起诉索要毫无事实根据的所谓滞期费，并申请法院查封了原告的银行账户，导致原告无法对外付款，而被追罚逾期付款滞纳金。截至2014年3月30日，按合同计算，原告应被追罚滞纳金计11 238.63元人民币。为此请求判令被告赔偿原告因被告不履行合同义务而给原告造成的损失33 192元人民币；因被告超额无理申请法院查封原告银行账户，导致原告不能及时对外付款而被追加延期付款滞纳金损失（计算至2014年3月30日滞纳金为11 238.63元人民币）；被告赔偿因其逾期提供船舶，而使原告多支付的装港存栈费1 103.33元人民币和承担全部诉讼费。

被告天津市滨海新区某船务有限公司辩称：原被告约定的船舶受载期是2014年2月12日正负2天，但在船舶接近受载期时，原告公司经理包某打电话给被告称天津外运码头船多，要求船晚到几天。在这种情况下，“新朋泰1”轮在回天津途中装载了海沙运回天津，并于2月16日将海沙卸完。在合同中双方约定，合同订立当日交付定金，但直到2月9日原告才将定金交给被告，所以应认定原告违约在先。

根据合同约定，涉案货物港航交接，船上理清件数，但船到卸货港，却要求被告将货物直接卸给货主。而且货物装港时，没有识别标志。因此在卸货时发生错装错发，责任并不在被告。船上大副在货运记录上签字是被迫所为。由此造成的损失，被告没有过错，不应承担责任。

[争议焦点]

本案争议焦点：原告是否有损失；损失的具体数额；原告的损失与被告是否有关。

[法院查明的事实]

法院经审理查明：2014年2月6日原告与被告签订航次租船合同。双方约定：原告租用被告所属“新朋泰1”轮运输钢材。启运港塘沽，到达港上海11区，受载期2014年2月12日正负2天，装船期限2天，卸船期限2天，滞期费18 000元/天，合同签订日托运人向承运人交纳定金50 000元。原告实际交付定金日为2月9日。2014年2月16日“新朋泰1”轮抵达天津港，2月18日装货完毕驶离天津港。2月21日抵上海港。2月23日04:15时开始卸货，2月27日02:30时卸货完毕。在卸货过程中由于货物实际积载位置与积载图不一致，导致69捆货物被错发，港口待时36小时。被告在本院受理的（2014）津海法商初字第335号案件中，作为原告对天津X航运有限责任公司提起诉讼，起诉前申请本院冻结了天津X航运有限责任公司存款12万元人民币。

[法院的认定]

原告和被告所签航次租船合同有效，双方均应按照合同全面履行各自义务。合同约定的受载期是2014年2月12日正负2天，被告船舶最晚应于2月14日抵达塘沽港。被告称原告包某曾打电话告知天津新河码头船多，“新朋泰1”轮晚到几天，该事实虽无直接证据证明，但从原告晚于约定的时间交付定金，被告已经接受的事实，可以证明双方对船舶推迟2天到达和被告2月9日交付定金均无异议。因此，原告要求被告承担多交纳的4天的存栈费的请求不予支持。

根据沿海货物运输管理相关规定，托运人应对托运的货物制作标识，以防止交错货物。本案原告未制作标识，但在将货物交付给被告时，被告未提出异议，应认为被告同意原告对货物不做标识。按货物实际积载位置，制作积载图是大副的工作职责。在装货时如果装卸工人没有按积载图装卸货物，大副有责任指导或修改积载图。但本案大副在货物运抵目的港后，找不到货物所放准确位置，导致货物错发、港口卸货待时，对由此产生的损失，被告应承担赔偿责任。被告对原告提供的上海港国际集装箱货运有限公司的码头装卸滞期费20 000元发票虽有疑义，但未提供充分的相反证据，因此被告应赔偿原告此项费用。但原告提供的因错发货物产生额外费用的发票，不能证明是运输涉案货物而产生的，没有完成举证责任，因此该项损失的请求不予支持。

法院（2014）津海法商初字第335号案，诉讼前依法冻结了本案原告12万元人民币存款，原告没有证据证明，天津市滨海新区某船务有限公司的申请是错误的，而且也无证据证明其公司流动资金仅有12万元人民币。因此，原告未支付与其他公司所签订合同的款项与本院诉前财产保全措施没有因果关系，其要求被告支付延期付款滞纳金的请求不予支持。

[判决结果]

根据《中华人民共和国合同法》第107条之规定，法院作出如下判决：

1. 被告天津市滨海新区某船务有限公司赔偿原告天津X航运有限责任公司码头装卸滞期费20 000元人民币。

2. 驳回被告天津市滨海新区某船务有限公司其他诉讼请求。

本案诉讼费1 832元人民币，原告承担1 026元人民币，被告承担806元人民币。

本案判决后原被告均未上诉。

资料来源：改编自“找法网”，http：//china. findlaw. cn/hshs/zcht/qlyw/676. html。

[评析]

本案的关键问题是卸货港发生的错误交付货物是哪一方的过错。根据《国内水路货物运输规则》的规定，托运人在托运货物时应制作标识，这是托运人的义务，目的是防止卸货港卸货时发生错误交货的现象。本案原告在装货港将货物交给承运人即被告时应对托运的货物制作标识，但原告没有制作，在这种情况下被告有权拒绝运输原告托运的货物。但本案被告既未拒绝承运货物，又未要求托运人制作标识，由此导致卸货港卸货时发生混乱，因此造成的损失被告应承担赔偿责任。

相关知识

一、租船运输及其方式

（一）租船运输及其特点

租船运输（Shipping by Chartering）是国际贸易运输中一种重要的船舶经营方式。在此种方式下，船东（或二船东）向租船人之间提供的不是运输劳务，而是船舶的使用权。船东和租船人之间所进行的租船业务是对外贸易的一种商业行为，也叫无形贸易。租船通常在租船市场上进行，船东（Ship Owner）、租船人（Charterer）、船舶经纪人（Ship Broker）聚集在一起，互通情报，提供船舶和货源，进行租船活动。

在租船市场上，大宗交易常常是通过船舶经纪人进行的。他们拥有广泛的业务联系渠道，能向船方提供咨询消息并向租船人提供船源情况，促使双方选择适当的洽谈对象。一旦交易成功，船舶经纪人就可取得一定的报酬。船舶经纪人除促成船舶租赁业务外，还代办船舶买卖、船舶代理等业务，其主要作用是为委托人提供最合适、最有利的生意，提供关于市场行情、当事人资信及答复委托人的咨询，为当事人双方斡旋并解决困难。租船运输具有如下特点：

（1）属不定期船，没有固定的航线、装卸港及航期。

（2）没有固定的运价。

（3）租船运输中的提单不是一个独立的文件。船方出具的一般是只有正面内容的简式提单，并注明“All Terms and Conditions as per Charter Party”或“Freight Payable as per Charter Party”。这种提单要受租船契约的约束，银行不乐意接受这类提单，除非信用证另有规定。

（4）租船运输中的船舶港口使用费、装卸费及船期延误是按租船合同规定划分及计算的，而班轮运输中船舶中的一切正常营运支出均由船方负担。

（5）租船主要是用于国际贸易中大宗货物的运输。

（二）租船运输方式

1. 程租

程租（Voyage Charter）是船舶所有人按双方事先议定的运价与条件向租船人提供船舶全部或部分舱位，在指定的港口之间进行一个或多个航次运输指定货物的租船业务。又可分为如下几种：

（1）单航次租船（Single Voyage Charter）。是指只租一个航次的租船方式。船舶所有人负责将指定货物由一个港口运往另一个港口，货物运到目的港卸货完毕后，合同即告终止。

（2）来回航次租船（Round Voyage Charter）。是指洽租往返航次的租船方式。一艘船舶在完成一个单航次后，紧接着在上一航次的卸货港（或其附近港口）装货，驶返原装货港（或其附近港口）卸货，货物卸毕，合同即告终止。

（3）连续航次租船（Consecutive Voyage Charter）。是指洽租连续完成几个单航次或几个往返航次的租船方式。在这种方式下，同一艘船舶，在同一方向、同一航线上，连续完成规定的两个或两个以上的单航次，合同才告结束。

（4）包运合同（Contract of Affreightment，COA）。又称大合同，是指只确定承运货物的数量及完成期限，不具体规定航次数和船舶艘数的一种租船方式。

2. 期租

期租（Time Charter）是船舶所有人把船舶出租给承租人使用一定时期的租船方式，在这一期限内，承运人可以利用船舶的运载能力来安排货运。租期内的船舶燃料费、港口费用以及拖轮费用等营运费用都由租船人负担，船东只负责船舶的维修、保险，配备船员和供给船员的给养，支付其他固定费用等。期租船的租金在租期内不变，支付方法一般按船舶夏季载重线时的载重吨每吨每月若干货币单位计算，每30天（或每日每月）或每半月预付一次。

3. 光船租船

光船租船（Demise or Bareboat Charter）是一种比较特殊的租船方式，也是按一定的期限租船，但与期租不同的是，船东不提供船员，光一条船交租船人使用，由租船人自行配备船员，并负责船舶的经营管理和航行等各项事宜。在租赁期间，租船人实际上对船舶有着支配权和占有权。

二、航次租船合同简介

（一）航次租船合同范本

1. 统一杂货租船合同

统一杂货租船合同（Uniform General Charter）简称金康（GENCON）合同，是波罗的海国际航运公会的前身波罗的海白海航运公会于1922年制定，经英国航运公会采用的合同。该合同几经修订，当前租船市场上选用的就是1994年修订后的。1994年修订时，在合同条款上作了较大的修订，将原来的17项条款增列为19项。这个租船合同范本是20世纪20年代为了适应当时国际贸易快速发展，货物种类大量增加的需要而制定的。它是一个不分货种和航线，适用范围比较广泛的航次租船合同的标准格式。

2. 其他航次租船合同

实践中还有威尔士煤炭租船合同（Chamber of Shipping Walsh Coal Charter Party）、美国威尔士煤炭合同（Americanized Walsh Coal Charter）和普尔煤炭航次租船合同（Coal Voyage

Charter）等煤炭运输租船合同；北美谷物航次租船合同（North American Grain Charter Party）、澳大利亚谷物租船合同（Australian Grain Charter Party）和太平洋沿岸谷物租船合同（Pacific Coast Grain Charter Party）等谷物运输租船合同；古巴食糖租船合同（Cuba Sugar Charter Party）、北美化肥航次租船合同（North American Fertilizer Charter Party）、波罗的海木材船租船合同（NVBAL TWOOD）等货物运输租船合同。

（二）航次租船合同条款的分类

租船合同中所列的条款众多。根据条款的不同作用基本上可分为三类。这是基于某一条款违反后，受损害一方可能得到补偿的程度来分的。

1. 条件条款

条件条款（Condition Clause）是指合同中那些履行与否与实现合同的商业目的有着密切关系的条款。如果合同中未列入这些条款，或虽被列入但未履行，或一方擅自取消，就会使合同双方协议的商业目的无法实现。受害方有权拒绝履行合同中规定的义务，甚至取消合同，并可提出赔偿要求。

2. 保证条款

保证条款（Warranty Clause）是指合同中次要的、非本质性的条款，对履行合同不产生决定性影响。即使合同的一方违背了这些条款，也不至于影响合同的商业目的的实现；受害方只能提出赔偿要求，而不能以此取消合同条款或拒绝履行合同中的义务。保证条款的确定要视合同的条款、双方的意图及法院或仲裁的判决或裁决而定。例如：港口的安全性、船速及燃油消耗、船舶的维修保养等一般都属于保证条款。

3. 中间性条款

中间性条款（Intermediate Clause or Innominate Clause）是指介于条件条款和保证条款之间的合同条款。合同当事人一方违反这种条款时，受害方究竟是按违背条件条款处理，还是按违背了保证条款处理，要视违约程度和后果而定。例如：关于船舶适航保证的条款中一般规定船舶在到达装货港时应适航，如果船舶有严重的适航缺陷，承租人有权解除合同并要求赔偿，但是，如果船舶仅存在轻微的适航缺陷，承租人就只能要求赔偿，而无须解除合同。因此，这里所说的适航保证，只不过是船舶所有人对使船舶适航做出的保证，并不可以理解为就是保证条款。

三、航次租船合同主要条款的解读

航次租船合同的内容主要包括船舶所有人和承租人的名称、船名、船籍、载货重量、容积、货名、装货港、目的港、受载期限、运费、滞期费、速遣费以及其他有关事项。

（一）船舶说明条款

1. 陈述

陈述（Representation）是指由船舶所有人在租船合同中做出的有关船舶实际情况的说

明。船舶所有人必须保证陈述内容的正确性，如果陈述与事实不符，即为错误陈述，简称误述（Misrepresentation）。对于构成合同条款的误述，可以依据《中华人民共和国民法通则》《中华人民共和国合同法》等法律规定进行处理。

2. 船名

选择什么样的船舶完成航次租船合同所规定的运输任务，是双方当事人，特别是承租人极其关心的问题。目前，对于一般具体船舶的确定，通常有三种办法提供给当事人：

（1）指定船舶（Named Vessel）。实际上就是在航次租船合同中，指定一艘特定的船舶，如“M/V Magritte”。一旦在合同中确定了船舶，就必须由该艘船舶执行合同规定的航次运输任务，船舶所有人无权擅自以其他船舶替代。

（2）代船条款（Substitute Clause）。在实际中，为能顺利地履行合同以及避免因原指定船舶一旦发生意外事故而解除合同，通常在指定船名的情况下，在航次租船合同中加入代替船条款，如“M/V Magritte or Substitute at Owner's Option”，赋予船舶所有人选择权。替代船必须在船级、船型、位置等方面与原定船舶相符。替代船一经选定，必须立即通知承租人。且一经指定，就不能再做更改，即不能进行二次替代。如果指定的替代船由于某种原因不能履行合同，则承租人可以解除合同。

（3）船舶待指定（Vessel to be Named）。是指因某些原因致使无法在航次租船合同中确定船舶时，经双方当事人约定在开始履行航次租船合同前的适当时间内，由船舶所有人指定具体船舶，并将船名通知承租人。

3. 船籍

船籍（Nationality of Vessel）。是指船舶所属的国籍或船旗。除非合同另有约定，船舶所有人不得在合同履行期间擅自变更船舶国籍或更换船旗，否则对于承租人构成违约行为。

4. 船级

船级（Classification of Vessel）是船舶检验机关认定的船舶技术状态的指标。合同中记载所要求的船级主要意味着保证船舶的适航性能。

5. 船舶吨位

船舶吨位（Tonnage）是船舶规范资料之一，除表示船舶的大小与装载货物的数量关系外，也是港口费用、运河通行费、代理费、吨税等征收的基本参数，所以租船合同中要记载船舶的登记吨和载重吨。

（1）登记吨（Registered Tonnage）。是按船舶容积折算的吨位，故又称容积吨，有总登记吨（Gross Registered Tonnage，GRT）和净登记吨（Net Registered Tonnage，NRT）之分，简称总吨和净吨。通常是按照《1969年国际船舶吨位丈量公约》的规定进行测量的。船舶的容量性质主要有包装舱容（Bale Capacity）和散装舱容（Grain Capacity）。

（2）载重吨（Deadweight Tonnage）。又称载货能力，表明船舶实际装载货物的能力。合同中载明的数字是指实际可装载的最大货物数量，不包括船舶燃料、物料、淡水、备用品、船舶常数等。这个载重量是航次租船中计算运费的基础。

装货前，船长根据本船的实际装货能力及港口吃水限制等，在一定范围内选择船舶能够装载货物的实际数量，并以书面的形式向承租人宣载。宣载书一般包括：船舶名称、船舶的载重吨、货物载重量、燃料数量、淡水数量、船舶常数、船长签名、宣载日期。如果宣载后，货主不能提供合同中约定的货物数量，除非合同另有明文规定或属于承租人免责范围，承租人必须承担亏舱损失。

6. 船舶动态

船舶动态（Vessel's Position）是指订立合同时船舶所处的位置或状态。因为它直接影响船舶能否按期抵达预定的装货港，而承租人也要按照有关船舶位置或状态的说明，在船舶到港前备货和安排货物装运的准备，所以，必须在租船合同中正确地记载船舶的位置。

7. 受载期

受载期（Laydays）是船舶在租船合同规定的日期内到达约定的装货港，并做好装货准备的期限。合同中一般订有解约条款，即船舶未能遵守受载期约定，承租人有权解除合同。解约条款规定的日期称为解约日（Cancelling Date）。LAYCAN是受载期与解约日的英文缩写。

（二）装卸条款

装卸条款主要包括装卸费用的分担、吊货机械的使用及风险划分、装卸工人造成损害的责任承担等方面内容。具体如下：

1. 装卸港口或地点

在航次租船运输中，装卸港口或地点通常由承租人指定或选择，航次租船合同中也将具体港口名称予以记载。目前，国际上约定装卸港的方式有以下几种：

（1）明确指定具体的装货港和卸货港。

（2）规定某个特定的装卸泊位或地点。

（3）由承租人选择装货港和卸货港。

航次租船合同中对于装卸港口的规定，一般还有附近港条款。该条款包括两方面的含义：

（1）当原定港口变得不安全时，承租人应当指定或重新指定临近的港口。

（2）若承租人不指定或不重新指定时，出租人有权且只能将货物卸于临近地点。当港口不安全是由于暂时的障碍造成时，船东不能依此条款将货物卸掉，必须等待至障碍消除，当然以合理等待时间为准。

2. 安全港及安全泊位的条款

为了保证船舶进、出港口和在港内装卸作业的安全，承租人所指定的港口或泊位都必须是能使船舶安全进出并进行装卸货物的安全港和安全泊位，表现在自然条件、港口设施、装卸货物和政治局势方面的安全等。

3. 装卸费用

关于装卸费用及风险如何分担的问题，完全依据合同条款的具体约定。常见的约定方法有：

（1）班轮条款（Liner Terms）。又称泊位条款，是指承租人把货物交到船边船舶的吊钩下，船方负责把货物装进舱内，并整理好；卸货时，船方负责把货物从舱内卸到船边，由承租人或收货人提货。责任和费用的划分以船边为界，是船舶所有人负责雇用装卸工人，并负担货物的装卸费用的条款。

（2）舱内收货条款（Free In）。简称FI条款，是指船舶所有人在装货港只负责在舱内收货，装货费用由承租人负担，而在卸货港所发生的费用则由船舶所有人负担。

（3）舱内交货条款（Free Out）。简称FO条款，是指在装货港由船舶所有人支付装货费，在卸货港船舶所有人只负责舱内交付货物，而卸货费则由承租人负担。

（4）舱内收交货条款（Free In and Out）。简称FIO条款，又称船舶出租人不负担装卸费条款，是指船舶所有人只负责在舱内收、交货物，在装卸两港由承租人雇用装卸工人，并承担装卸费用。

（5）舱内收交货和堆舱、平舱条款（Free In and Out，Stowed and Trimmed）。简称FIOST条款，其与班轮条款相反，船舶所有人不负担有关装卸的所有费用，装卸费、平舱费和堆舱费全部由承租人负担。按此含义，装运重大件货物时，绑扎所需的绑扎材料费用也应由承租人负担，为明确起见，在合同中注明“FIOST，Lashed”。若船舶所有人还不承担垫舱费用，则加注“FIOST，Dunnages”。

（三）滞期与速遣条款

1. 装卸时间的起算

在航次租船合同中，滞期时间与速遣时间是通过实际使用的装卸时间与合同允许可用的装卸时间相比较而计算出来的。如果实际使用的装卸时间减去可用的装卸时间，计算出来为正值，则是滞期时间；如果为负值，即为速遣时间。在装卸准备就绪通知书（Notice of Readiness，N/R）递交并被有效接受后，装卸时间开始起算。装卸准备就绪必须具备如下条件：

（1）船舶必须已抵达租船合同中指定的港口或泊位。

（2）船舶已在各方面做好装货或卸货准备。

（3）装卸准备就绪通知书已递交并被接受。

常见的装卸时间的起算条款有“等泊损失的时间计入装卸时间”（time loss in waiting

for berth to count as loading/discharging time, or as laytime),“不论靠泊与否”(whether in berth or not, WIBON),“到达即可靠泊”(reachable on arrival or always accessible)等。

2. 装卸时间的计算和止算

在航次租船合同中,一般并没有规定装卸时间的止算时间,但是习惯上都以货物装完或卸完的时间作为装卸时间的止算时间。计算装卸时间时所依据的主要要素有:装卸时间事实记录、合同规定的允许使用时间、装卸作业实际使用时间、合同规定的装卸时间例外条款、合同规定的装卸时间计算方法。

在航次租船合同中,关于装货和卸货时间的计算,主要有三种约定的方法,作为滞期费或速遣费的核算基础。

(1)装卸共用时间(All Purposes)。是一种表明装货港和卸货港的装卸时间可以计算的一种用语。以这种用语表明的装卸时间,只要装卸两港实际使用的总时间未超过合同规定的合计时间,可不算滞期时间。但如果在装货港已将装卸两港合计的允许使用时间用完,则在装货港已进入滞期,按照“一旦滞期,永远滞期”的原则,当船舶抵达卸货港后,立即连续计算滞期时间。

(2)可调剂使用装卸时间(Reversible Laytime)。又称装卸时间抵算,是指承租人有权选择将约定的装货时间和卸货时间加在一起计算。是一种可以用卸货港的允许使用时间调剂,或抵算发生在装货港的速遣或滞期时间的一种装卸时间计算方法。

(3)装卸时间平均计算(Average Laytime)。又称装卸时间均算,是指分别计算装货时间和卸货时间,用一个作业中节省的时间抵消另一个作业中超过的时间。

装卸时间平均计算与可调剂使用装卸时间的区别主要在于两者在卸货港进入滞期的时间可能不同。按前者计算卸货港的卸货时间时,允许使用时间不受装货港实际使用装货时间长短的影响。而按后者计算卸货时间时,允许使用时间的长短取决于装货港的实际时间的长短,如果装货港的实际装货时间过长,相应地就会减少卸货港的允许使用时间。在这种情况下,按可调剂使用装卸时间计算的卸货时间就会比按装卸时间平均计算计算出的卸货时间提前进入滞期。

3. 滞期费

滞期费(Demurrage Money)是指因不是出租人的责任所造成的,超过装卸时间的船舶迟延而付给出租人的约定金额。滞期不适用装卸时间的除外规定。如果承租人所用的实际装卸时间超过了合同规定的允许使用时间,超过部分的时间为滞期时间(Demurrage Time),进入滞期的船舶称为滞期船舶(Vessel on Demurrage)。对此,承租人必须向船舶所有人支付滞期费,以补偿船舶所有人因船舶发生滞期而遭受的损失。滞期费的计算公式如下:

滞期费=滞期时间×约定的滞期费率

租船合同中常使用一些具有明确含义的术语来表明滞期时间的计算，例如：滞期时间连续计算和滞期时间非连续计算。滞期费的含义本身已表明滞期时间是连续计算的，无须再订明滞期时间连续计算这一术语。但是，如果合同双方同意按滞期时间非连续计算的话，则必须在合同中订明，否则只能按一旦滞期、永远滞期的方式连续计算。

4. 延滞损失

延滞损失（Damage for Detention）又称为滞留损失、滞期损失、超滞期等，是指船舶滞留在港口而应赔偿给出租人的一种非补偿性损失，包括因延误而产生的燃料费、港口使用费等营运费用，延滞造成的出租人可能丧失的既得利益等。延滞损失不是当事双方事先约定的，或者不能完全预见到，而是由于承租人的过失或者其他原因造成船舶延误而产生的损失，应按船舶的实际损失赔偿。

5. 速遣费

承租人所用的实际装卸时间少于合同规定的允许使用时间，节省部分的时间即为速遣时间。对此，承租人有权向船舶所有人主张速遣费（Dispatch Money）。根据国际航运惯例，速遣费通常是滞期费的一半，除非合同另有明确规定。速遣费的计算公式如下：

速遣费＝速遣时间×约定的速遣费率

速遣时间的计算包括节省全部时间和节省全部工作时间两种，以明确是否扣除星期日、节假日及不良天气停止工作的时间。当合同中没有明确约定采用哪一种来计算速遣时间时，通常是按节省全部工作时间计算。

（四）货物条款

货物的航次运输需求是由承租人提出的，所以承租人享有货物选择权。对合同的货物条款所确定的货物的种类及数量，承租人则又必须按合同约定提供货物，即必须承担合同规定的提供货物的义务。

1. 货物的种类

租船合同中记载的特定货物则称为契约货物（Contractual Cargo），而除此之外的其他任何货物均为非契约货物（Non-contractual Cargo）。船舶抵达装货港后，承租人只能提供契约货物，否则船长有权拒绝装船，船舶所有人还可因承租人的违约行为而要求赔偿损失。

2. 货物的数量

承租人有义务按合同确定的数量范围，对船舶提供满载货物（Full and Complete Cargo）。满载货物是指船长宣载以后船舶所能实际装运的最大限度的货物数量，而不是物理意义上的船舶满载。因此，如果承租人不能提供船方所要求的满载货物，则被认为是违约行为。承租人应负担亏舱费，除非船舶不符合合同规定的条件，或合同中原指定的船舶已灭失、承租人破产致使无能力履行合同。

（五）运费条款

航次租船的运费按所装运货物的数量计收时，租船合同中标明运费率。包干运输时，按包干运费支付。包干运输是指按提供的船舶，商订一笔整船运费，不论实际装货多少，一律照付。但出租方必须保证船舶的载重量和装货容积。

1. 按运费率计算运费

当按运费率计算运费时，在合同中应确定计算运费的货物运费吨标准。特别是以重量为标准时，既可约定为装货数量，也可约定为卸货数量。装货数量是指由发货人在装货港提供并记入提单，经船长核定后签字的货量，即提单货量，通常租船合同规定的载货量多为提单货量。卸货数量是由收货人在卸货港对货物称重后确定的货量。由于这种计量方式由收货人或承租人负担称重费用，因此，租船合同一般规定承租方选择按卸货量计付运费。金康合同（1994 年版）规定按货物的卸货量计算运费。

2. 按运费的支付时间计算运费

按运费的支付时间分，运费的支付方法有预付和到付两种。在实际租船业务中，预付运费已成为习惯的做法，但是，合同当事人在洽订租船合同时仍需就此约定，并在合同中写明。预付运费的预付时间有三种：

（1）装货完毕时支付（Payable on Completion of Loading）。

（2）签发提单时支付（Payable on Signing of B/L）。

（3）装货完毕后若干天后支付（Payable in Certain Days after Shipment）。

运费支付时间一般是指船东收到运费的日期，而不是承租人付出的日期。运费到付时，一般也有三种情况：

（1）船舶到达卸货港时支付（Payable on Arrival to Destination）。

（2）卸货完毕时支付（Payable on Completion of Discharging）。

（3）交付货物后支付（Payable after Delivery of Cargo）。

运费到付时，船舶所有人必须将货物运送到合同规定或承租人选择的卸货港，才有权取得该项运费。如果在运输途中货物灭失，或因发生海损事故在中途卸下货物，除非由船舶所有人安排将货物继续运抵目的港，否则，船舶所有人就丧失了取得该项运费的权利。如果在承运过程中部分货物发生灭失，运费应按比例扣除。到付运费时，若货物有损坏，通常还是要支付运费，属于船方责任的，收货人可以索赔。

在航次租船合同中，除要订明运费的支付方式外，还要订明支付的币种、方法以及收益人和银行账户。

（六）出租人的责任与免责条款

金康合同（1994 年版）第 2 条规定：“出租人对货物灭失、损坏或迟延交付的责任限于造成灭失、损坏或延迟的原因是由于出租人或其经理人本人未尽谨慎处理使船舶各方面适航，并保证适当配备船员、装备船舶和配备供应品，或由于出租人或其经理人本人的行为或不履行职责。”

“出租人对由于其他任何原因造成的货物灭失、损坏或延迟，即使是由于船长、船员或出租人雇用的其他船上或岸上的人员的疏忽或不履行职责（如无本条规定，出租人应对其行为负责），或是由于船舶在装货或开航当时或其他任何时候不适航所造成的，亦概不负责。”

根据《中华人民共和国海商法》第94条的规定，只有关于承运人提供适航船舶的义务和不得进行不合理绕航的义务的规定，强制适用于航次租船合同，而其他权利、义务的规定允许当事双方协商。这样，金康合同关于“出租人对装货或开航时或任何其他情况下产生的不适航不负责”的规定，与我国海商法第94条和第47条相抵触，因而是无效条款。

（七）绕航条款

金康合同（1994年版）第3条规定：“船舶有权为任何目的以任何顺序挂靠任何港口，有无引航员在船均可航行，在任何情况下拖带或救助他船，亦可为拯救人命或财产而绕航。”因此，绕航条款又称自由条款或绕航自由条款。实际上，各国通常对此作了限制性解释，认为船舶只能挂靠合同规定的或通常习惯航线上通常挂靠的港口，并且一般只能以地理顺序挂靠，除合理绕航外，不允许擅自偏离航线。

（八）代理人条款

此条款主要是约定由船舶出租人委托船舶代理人，还是由承租人委托船舶代理人代办船舶在港业务。船舶出租人和承租人为了维护各自的利益，都争取自己取得指定船舶代理人的权利。比如金康合同（1994年版）就规定：“在任何情况下，由船舶所有人指定自己在装货港和卸货港的代理人。”由于一些大的国际贸易商在装货港或卸货港有自己的分支机构或相对稳定的代理人，或出租人因对装货港或卸货港不了解等，而在租船合同中约定由承租人指定船舶代理人。

（九）留置权条款

留置权条款也称责任中止条款或责任中止及留置权条款。其含义是：出租人有权因运费、亏舱费、滞期费的未支付、共同海损分摊、货物的安全等原因，拥有对货物的扣留乃至拍卖的权利。

（十）共同海损和新杰森条款

共同海损和新杰森条款（General Average and New Jason Clause）约定的是共同海损应在什么地方，选用什么规则进行理算。

（十一）赔偿条款

赔偿条款（Indemnity Clause）是指在合同中，除免责事项外，因未履行或部分履行合同，违约一方对另一方的损失给予赔偿限额的规定。租船合同一般都规定，不论开航前或开航后，对受损一方所蒙受损害的赔偿额以运费额为其最高限额。

知识
拓展

一、翻译合同英文范本

请学有余力的同学仔细阅读以下航次租船合同的英文范本（见表 2-1），并将其翻译成中文。注意该合同的主要条款。

表 2-1　　航次租船合同英文范本

FIXTURE NOTE

THIS FIXTURE NOTE WITH FOLLOWING TERMS AND CONDITIONS IS THIS DAY 3 January 2017 MUTUALLY AGREED BY AND BETWEEN THE UNDERSIGNED PARTIES.

1. VSL & PARTICULARS：MV RICH SPRING.
   DWT/DWCC 4030/3750 MT BLT 2005. FLAG KIRIBATI. DRAFT 5.9M LOA/B/D：87.45/13.5/7.25M G/B CAPA 5254/5032 CBM 2H/2H H'SIZE：NO.1：19.9M/9.1M；NO.2：24.1M/9.1M GRT/NRT 2396/1416 SPEED：10.5 KT STL BTM GEARLESS SD P&I COVERED.
2. CGO & QTY：MIN 3 500 MT CLAY IN BULK 5% MORE CHARTER'S OPTION.
3. L/D PORT：1SBP ZHUHAI，CHINA/1SBP INCHON，S. KOREA.
4. LAYCAN：25TH/JAN - 31TH/JAN，2017.
5. L/D RATE：CQD/CQD.
6. FRT RATE ：USD 20.00/MT ON FIOST BSS 1/1.
7. PAYMENT OF FRT：FULL FRT TO BE PAID TO OWR'S NOMI-BANK ACCT W/I 3 BANKING DAYS ACOL，S/R B/L (S). BUT ALWAYS BBB.
8. DETENTION：IF VSL DELAY AT LOAD/DIS PORT BY THE REASON OF FAILURE OF CGO A/O CGO DOCUMENTS READINESS，CHTRS SHUD PAY DEMURRANGE A/O DETENTION USD 3,500.00 PDPRATA.
9. L/S/D，SEPARATION IF ANY TBF CHTR'S ARRG&ACCT.
10. LIGHTERAGE/LIGHTENING IF ANY TBF CHTR'S ACCT BENDS.
11. OWNER'S AGENTS AT BENDS.
12. TALLY ON DOCK/SHIPSIDE TBF CHTR'S/OWR'S ACCT BENDS.
13. TAXES/DUES ON CGO/VSL TBF CHTR'S/OWR'S ACCT BENDS.
14. SHORE CRANE CHARGE IF ANY TBF CHTR ACCT BENDS.
15. OWR AGREE TO ISSUE CLEAN B/L WITH SHIPPER'S LOI IN CASE ANY REMARKS ON MATE'S RECEIPT.
16. G-A A/O ANY OTHER DISPUTE ARISED UNDER THIS FIXTURE NOTE，ARBITRATION WILL BE IN HONGKONG ENGLISH LAW APPLIED.
17. OTHERS AS PER GENCON 94' REVISED C/P.

END

FOR AND ON BEHALF OF CHTR.	FOR AND ON BEHALF OF OWR.
____________________	____________________
____________________	____________________

二、与速遣或滞期时间计算有关的常用术语

（1）允许使用时间（Laytime Allowed）。合同中规定的可用于装卸货物的具体时间。

（2）实际使用时间（Laytime Used）。船舶在装货港或卸货港用于货物装卸的实际时间。

（3）节省时间（Time Saved）。合同规定的允许使用时间内完成货物装卸后所剩余的时间。

（4）节省全部时间（All Time Saved）。从装货或卸货完毕时起，至合同规定的允许使用装卸时间终止时止，包括所有除外时间在内的时间。即包括节假日、星期天、坏天气日在内的全部节省时间。有1日算1日，不到1日按比例计算。

（5）节省全部工作时间（All Working Time Saved）。是指从装货或卸货完毕时起，至合同规定的允许使用装卸时间终止时止的期间，不包括除外时间在内的时间。不包括节假日、星期天和坏天气日，有1日算1日，不到1日按比例计算。

（6）滞期时间（Time on Demurrage）。在合同规定的允许使用时间内未完成装卸作业，所用装卸货物的实际时间超过允许使用时间，使船舶发生滞期直至货物装卸完毕的时间。

（7）滞期时间连续计算（Demurrage Runs Continuously）。又称一旦滞期，永远滞期，是指发生滞期后，连续计算的滞期时间，包括节假日、星期天和坏天气日，有1日算1日，不到1日按比例计算。

（8）滞期时间非连续计算（Demurrage Runs Uncontinuously）。又称按同样日，是指计算滞期的“日”的含义与计算装卸时间的“日”的含义相同。如果计算装卸时间使用的是晴天工作日，即不包括节假日、星期日和坏天气日，则计算滞期时间的“日”中也不包括上述时间。滞期时间是断续计算的。

思考练习

1. 查阅《中华人民共和国海商法》，思考船舶出租人和承租人各有哪些基本的权利与义务。

2. 根据如表2-2所示的具体内容，查阅积载因数并计算所需舱容。同时，结合你在本模块“实践操作”中所查询到的船舶出租和求租信息，填制如表2-3所示的航次租船合同确认书。

表 2-2　　具体运输任务

序号	货物名称	货物数量（吨）	出发港口	目的港口	包装形式
1	硝酸铵化肥	500	宁波	厦门	BULK
2	新闻纸	400	宁波	南京	ROD
3	玉米	2 500	大连	宁波	BULK
4	钢管	1 200	宁波	南京	BUNDLE
5	钢板	2 000	宁波	深圳	BUNDLE
6	角钢	1 320	宁波	防城港	BUNDLE
7	玉米	1 500	大连	宁波	BGD
8	焦炭（大颗粒）	3 000	秦皇岛	上海	BULK
9	烟煤（大颗粒）	2 500	秦皇岛	上海	BULK
10	球石	400	武汉	太仓	BAG

表 2-3　　航次租船合同确认书

航次租船合同确认书

________年________月________日

出租人________________________________

（地址：____

传真：________________电话：________________）

承租人________________________________

（地址：____

传真：________________电话：________________）

双方同意按下列条款和条件履行本确认书：

第一条　承运船舶的规范

船　　名：________________________船 旗 国：________________________

建造时间：________________________

船　　级：________________________登记船东：________________________

总吨/净吨/载重吨：______________/______________/______________吨

夏季干舷：________米　　　　　　　　总长/型宽：________米/________米

散装舱容/包装舱容：________立方米/________立方米

舱/舱口：________/________　吊杆：________　二层甲板：________

［可根据需要增加项目］____

____

第二条　货物和数量［使用√标明选择（A）或（B）］

［　］(A) ______吨______［袋装或散装］货物__________，增加或减少______%，由______［出租人或承租人］选择。

［　］(B) ______立方米货物______________________，增加或减少______%，由______［承租人或出租人］选择。

第三条　受载期

______年______月______日/______年______月______日。

第四条　装货/卸货港［使用√标明选择（A）或（B）］

［　］(A) 在__________/__________的______个安全港口。

［　］(B) 在__________港/__________港的______个安全泊位。

第五条　装货/卸货率［使用√标明选择（A）或（B）或（C）］

［　］（A）每晴天工作日______吨/______吨，星期日、节假日除外，除非已经使用（PWWD SHEX UU）。

［　］（B）每晴天工作日______吨/______吨，星期日、节假日除外，即使已经使用（PWWD SHEX EIU）。

［　］(C) 在__________［装货港或卸货港］按港口习惯快速装/卸货（CQD）。

第六条　装卸时间的计算［使用√标明选择（A）或（B）］

［　］(A) 装货时间与卸货时间分别计算。

［　］(B) 装货时间与卸货时间合并计算。

第七条　运费率［使用√标明选择（A）或（B）或（C）或（D）］

［　］(A) 包干运费______，出租人不负担装卸、堆舱及平舱费。

［　］(B) 每______［净或毛］吨______，出租人不负担装卸、堆舱及平舱费。

［　］(C) 每______［净或毛］吨______，出租人不负担装货费，卸货费按班轮条件。

［　］(D) 每______［净或毛］立方米______，出租人不负担装卸、堆舱及平舱费。

第八条　运费的支付［使用√标明选择（A）或（B）或（C）］

［　］(A) 运费应于装货结束后______个银行工作日内支付。

［　］(B) 运费应于装货结束后______个银行工作日内支付，但最迟应在开舱卸货以前。按照以上(A) 或 (B) 已收取或应收取的运费，在货物装上船后即为出租人所赚取；不论船舶/货物灭失与否，承租人必须支付，无须返还，不得扣减。

［　］(C) 运费应于卸货结束后______个银行工作日内支付。

第九条　滞期费/速遣费

滞期费/速遣费为每天______/______，不足一天按比例计算，于卸货结束后______天内结算，但出租人如有留置货物的权利，不受本条规定的影响。

第十条　税费/规费/费用

船舶/运费的税费/规费/费用由出租人负担，不论其计算方法如何。货物的税费/规费/费用由承租人负担，不论其计算方法如何。

第十一条　代理［使用√标明选择（A）或（B）］

［　］(A) 装卸港均为出租人的代理。

［　］(B) 装货港为出租人的代理，卸货港为承租人的代理。

第十二条 佣金［使用√标明选择（A）或（B）］

［ ］(A) 运费、亏舱费和滞期费的佣金包括洽租佣金合计________%。

［ ］(B) 运费、亏舱费和滞期费佣金合计________%，另加________%付给________。

第十三条 法律和仲裁

本确认书适用中国法律并根据中国法律解释，自签订之日起租船合同成立。本确认书产生的或与本确认书有关的任何争议均应提交中国海事仲裁委员会在北京仲裁。仲裁裁决是终局的，对当事人均有约束力。

第十四条 金康租船合同［使用√标明选择（A）或（B）］

［ ］(A) 其他条款和条件按 1994 年金康租船合同，但第 2 条除外。

［ ］(B) 其他条款和条件按 1976 年金康租船合同，但第________条除外。

第十五条 特别条款

____

____

____

____

____

____

出租人签字　　　　　　　　　　　　　　　　　　　　承租人签字

模块二 定期租船操作

学习目标

1. 能通过网络搜寻适合的船舶，签订定期租船合同；
2. 能对定期租船合同纠纷案例进行正确分析，理清各方利益关系；
3. 熟悉定期租船合同的主要条款及相关法律法规的解释。

工作任务

本模块包括两个工作任务：第一，签订定期租船合同；第二，分析定期租船合同纠纷案例。

实践
操作

一、签订定期租船合同

背景资料

宁波小港电厂需要租用一条载重量1 000吨左右的船舶用于运输电煤。请登录相关网站查询愿意出租船舶用于定期租船的船东，并模拟签订一份定期租船合同（见表2-4）。

表2-4　　中外定期租船合同

中外定期租船合同

承租人：______________________________

地　址：__________ 邮政编码：__________电　话：__________

出租人：______________________________

地　址：__________ 邮政编码：__________电　话：__________

第一条　租约代号

现有规范如附表（略）所描述的摩托/蒸汽船________号的船东__________（__________）与租船人__________相互达成协议如下：

第二条　船舶规范

船东保证，在交船之日以及在这个租期内，本船应与附表规范相符，如有不符，租金应予以降低，足以赔偿租船人由此受到的损失。

第三条　船舶状况

船东保证，在交船之日以及在整个租期内，本船应紧密、坚实、牢固，处于良好工作状态，在各方面适于货运，船壳、机器、设备处于充分有效状态，并按规定人数配齐合格的船长、船员和水手。

第四条　租期

船东供租，租船人承担本船________日历月（确切租期由租船人选择），从本船交付之日起租。

第五条　航行范围

本船在伦敦保险人学会保证条款范围内（但不包括__________），本船能经常安全浮起（但同样大的船舶照例安全搁底的地点可以不浮起）的安全港口、锚地或地点，进行合法贸易。在船东保险人承保的情况下，租船人可派船在许可以外的地区进行贸易，也可随意派船到船东需要支付兵险附加保费的地区进行贸易。不论哪种情况，船壳、机器附加保费由租船人负担，但该附加费不得超过按照伦敦保险人最低费率的最少险别所征收的保费，其保险条件不得扩大学会按期保险条款（1/10/1970）的标准格式或学会兵险条款（1/7/1976）的标准格式，但不包括封锁和围困险。租船人在收到有关凭证保单附本时将附加保费付还船东。如附加保费有回扣，应退还租船人，船壳、机器保额定为__________，保费即按此计算，但如保单记载的船壳、机器保额与上列金额不符，则取较小的金额计算。

如本船航行中受阻，租船人有解除租约的选择权。

除非首先得到租船人的同意，船东不得以任何理由或任何目的派船停靠台湾港口。

第六条 禁装货载

本船用来载运合法货物，但不包括__________（租船人）有权按照政府间海事协商组织的规则或任何主管当局适用的条例，如运输危险品。

第七条 交船港

本船在__________（租船人）指定的、本船能经常安全浮起，随时可供使用的泊位，在办公时间内交给租船人使用，交船时货舱须打扫干净，适于在装船接收货物。

第八条 交船日期

本船不得在__________之前交付，如本船在__________17 点之前没有准备就绪交付，租船人有随时解除本租约的选择权，但不得迟于本船准备就绪之日。

第九条 交船通知

船东给租船人__________天预计交船日通知及__________天确定交船日通知。

第十条 货物检验

租船人在交、还船港代表双方在委任验船师检验交、还船时的货舱和确定船上存油，交船检验算船东时间，还船检验算租方时间。验船师费由船东和租船人均等分担。在测定船上存油前，本船前后吃水要调平或者船首尾吃水差不超过 6 英尺。

第十一条 船东供应项目

船水供应及/或支付有关船长、船员、和水手的全部食品、工资、领事费以及其他费用，供应及/或支付甲板、房舱、机舱及其他必需的全部用品，供应及/或支付全部润滑油和淡水，支付各项船舶保险及入干坞、修船等其他保养费。

第十二条 起货机

船东给全部双杆吊及/或转盘吊提供起重装置和设备，达到格式表所规定的起重能力，并提供装卸货物实际使用的一切绳索、滑轮吊缆、吊货索具及滑轮。如本船备有重吊，船东给重吊提供必要的起重装置（参见第十五条）。

船东按需要提供甲板水手开关舱，在船到达装卸泊位或地点之前把起货机装置就绪，并提供甲板及/或舷梯，配备每舱绞车工及/或转盘吊工一人，按需要昼夜操作。如港方或工会规章制止水手开关舱或操纵绞车及/或转盘吊，则租船人雇岸上工人代替并支付费用。

第十三条 照明

船东用船上灯光和群光灯提供充分的照明，使各舱口和货舱同时作业。

第十四条 清舱

如租船人需要，并为当地规章所许可，船东应提供水手清舱并清除垫料，以适于装运下航次货物。租船人付给船东或水手清舱费定额每次最多__________。

第十五条 租船人供应项目

租船人供应及/或支付（除非为船东的事务而发生或在船东造成的时间损失内发生，不论是否停租）主机和辅机用的全部油料（为了补偿船上人员生活用油，每日历月定额__________可在支付租金中扣除，不足一月者，按比例扣减）、港口费、强制引水、舢板、拖船、领事费（但按第八条属于船东支付者除外）、运河、码头及其他捐税（但属于国际或本地船东或海员所征收者除外）和费用，包括任何外国市政税和国税，还支付交船港和还船港的一切码头、港口和吨税（在交船前或还船后发生的除外）、代理、佣金等费用，并且安排和支付装载、平舱、码垛（包括垫料，但船东允许租船人使用船上已有的垫料）、卸载、过磅和理货、上船执行职务的官员和人员的伙食以及其他各项费用。

第十六条 燃料

租船人接收交船时船上所存全部油料，并按每吨燃油__________和每吨柴油__________付款。船东接收还船时船上所存全部油料，并按租船人现行加油合同的还船港油价付款，如还船港没有合同油价，则按邻近主要加油港的合同油价支付。本船交付时存燃油不少于__________吨，不多于__________吨，柴油不少于__________吨，不多于__________吨，本船退还时存燃油不少于__________吨，不多于__________吨，柴油不少于__________吨，不多于__________吨。

租船人可在交船前加油，占用的时间不计租金。租船人有使用船东加油合同的选择权，在租期内，如船东和租船人双方在航次的主要加油港都不能安排加油，则租船人有权解除本租约。

第十七条　租率

从本船交付之时（格林尼治时间）起至还给船东之时（格林尼治时间）止，租船人按本船夏季干舷载重__________吨，2 240磅为1吨。每吨每日历月的租率__________支付现金，不足1月者，按比例支付。

第一期租金应在交船后7个银行营业日内，以后各期租金应在到期后7个银行营业日内，以现款在__________给__________预付半月（但最后一期，租金预付到经租船人合理估算足以完成最后一个航次所需的时间），该项租金除了扣除本租约已具体规定的项目外，还扣除租船人及其代理人应得的回扣和佣金，有关实际停租或估计停租期间的任何款项或费用，还扣除经租船人合理估算，在上述期间内所发生的费用以及根据本租约，租船人对船东的索赔款项。如付款到期之日，本船停租，则租金余额应在本船起租后7个银行营业日内支付。租船人还有权在最后整月租金中扣除预计代船东执付的港口使用费或开支以及还船时船上存油的估计金额，以上付款，还船后多退少补。

如未履行支付租金，船东有权撤船，不给租船人使用，但这并不损害船东根据本租约在其他方面对租船人具有的索赔权。

第十八条　还船

本船应于租约期满时，按交付给租船人时大体相同的良好状态（自然损耗或由于第二条列举的原因所造成的船舶灭失除外），在租船人选择的安全、没有冰冻的港口______ 退还。

租船人有卸毕还船的选择权，给船东或水手支付包干费最多________以代替清舱，清除垫料。

第十九条　还船通知

租船人给船东不少于10天的预计还船港口和日期的通知。

第二十条　最后航次

如本船被指令的航次将超过租期时，租船人要使用本船完成该航次，但如市价高于租约规定的租率，则对于超过租期的时间按市价支付。

第二十一条　货位

除保留适当足够的部位供船长、船员、水手使用及存放船具、属具、家具、食品与船用品外，本船所有空间和运力，如有客舱，也包括在内，均归租船人使用。

第二十二条　甲板货

租船人有权按照通常海运惯例，在甲板及/或舱口部分装满货物，费用自理，并承担风险。装载甲板货应受到船舶稳定性和适航性的限制。航行中，船长与水手对甲板货应妥善照料并拉紧捆索。

第二十三条　租船人代表

租船人有权派代表1至2人上船押运并考察航次尽快运行情况。将免费为其提供房间并供应与船长相同标准的伙食，费用由租船人负责。

第二十四条　证件

船东保证持有并随船携带必要的证件，以符合所靠挂港口的安全卫生规定和当前要求。船东保证，本船起货机及其他一切设备符合本船靠挂港口的规定，还保证本船随时持有现行有效证件。如船东未能使其符合上述规定或未持有上述证件以致岸上人员不能作业，则由此损失的时间应停租，由此产生的额外费用由船东负担。

租船人有权免费使用船上的绞车、吊杆包括重吊及/或转盘吊至其最大起重能力，起货机应保持完好工作状态，便于即时使用，但租船人打算使用重吊时仍应给予足够时间的通知。

第二十五条 熏舱

在租期内，船东提供有效的熏蒸灭鼠证书或免疫证书。由于载货或根据租船人指示而靠挂港需要熏蒸，均由租船人负担，其他原因的熏蒸由船东负担。

第二十六条 停租

(A) 如时间损失是由于下述原因造成：(1) 人员或船用品不足；(2) 船壳、机器或设备损坏；(3) 船舶或货物遇到海损事故（包括碰撞或搁浅）造成延误；(4) 修船、进干船坞或保持本船效能所采取的其他必要措施；(5) 未持有或未随船携带货运需要的有效证件或其他船舶文件，包括有效的巴拿马和苏伊士运河丈量证件；(6) 船长、船员或水手的罢工、拒航、违抗命令或失职；(7) 任何当局因船东、船长、船员或水手受到控告或违章对本船实行挽留或干预（但租船人的疏忽行为或不轨行为所引起者除外）；(8) 船东违反租约而停工；(9) 由于本条指示所提到的任何原因或任何目的（恶劣天气除外）或由于伤病船员上岸治疗而使本船绕航、折返或靠挂非租船人所指示的其他港口；(10) 本租约另有规定的停租项目或其他任何原因，以致妨碍本船有效运行或使本船不能给租船人使用。

(B) 如装卸货物所需的绞车转盘吊或其他设备损坏或不堪使用，或绞车转盘吊动力不足，则开工不足的时间应按所需作业的绞车及/或转盘吊的数目比例计算时间损失，如上述原因使装完或卸完整船的时间推迟，则开工不足的时间应相应地全部停租。如租船人要求继续作业，则船东支付岸上设备费用以代替绞车/转盘吊，租船人仍应支付全部租金。但如岸上转盘吊数目不够，则租金应按岸上可供使用的转盘吊数比例支付。

(C) 由于上述原因引起的额外费用，包括装卸工人待时费，如有罚款也包括在内，均由船东负担，并计入租金内扣除。

(D) 租船人有将任何停租时间加在租期内的选择权。

(E) 如本租约所说的原因使本船延误达 6 周以上，租船人有解除租约的选择权。

第二十七条 航速索赔

根据本租约第一条，如本船航速减低及/或耗油增多则由此造成的时间损失和多耗用燃料费用和，应从租金中扣除。

第二十八条 征用

在租期内，如本船被船籍国政府征用，则租金应从征用之时停止。凡预付而不应得的租金以及征用时船上存油金额应退还租船人。如征用期超过 1 个月，租船人有解除租约的选择权。

第二十九条 干坞

从上次油漆船底算起，不超过 10 个月，本船应在船东和租船人双方同意的方便地点和时间，至少进干坞一次（清洗、油漆船底）。

第三十条 船长责任和提单

船长和水手应尽快完成所有航次并提供惯常的协助。在航次、代理或其他安排方面，船长应听从租船人的指示。船长本人或经租船人要求授权租船人或其代理人按照大副或理货收据签发提供的任何提单。

第三十一条 指示和航海日志

完整、正确的航海日志供租船人或其代理人查阅。甲板、机房日志应用英文填写，最迟应于每航次完毕时交给租船人或其代理人，如未照办，则以租船人提出的数据为准。对此船东无权申诉。

如租船人有理由对船长、船员或轮机长的行为不满，船东在接到不满的情节后，应立即调查，如情节属实，船东应予以撤换，不得拖延。

装卸工人和理货员由租船人安排并作为船东的雇员，接受船长的指示和指导。租船人对雇用的装卸工人的疏忽、过失行为或判断错误不负责任，对引水员、拖船或装卸工人的疏忽、装载不合理或装载不良造成船舶灭失，也不负责。

第三十二条 垫款

如需要，租船人或其代理人可垫支船长必要的款项，供船方在港的日常开支，收取 2.5%借款手续费，此项垫款应从租金中扣还。但租船人或其代理人认为必要时可拒绝垫支。

第三十三条　冰封

本船不得派往或进入冰封的地点，或本船到达之时，由于冰情，即将撤去或可能撤去灯塔、灯船、航标和浮标的地点，本船也不得派往或进入因冰情有危险，使本船不能顺利到达或在装卸完毕后不能驶出的地点。本船没有破冰航行的义务，但如需要，可尾随破冰船航行。

第三十四条　船舶灭失

如本船灭失，租金在灭失之日停止；如本船失踪，租金在本船最后一次报告之日正午停止，凡预付而不应得的租金应退还租船人。

第三十五条　加班

如需要，本船昼夜作业（周六、周日和其他假日包括在内）。除非停租，租船人按每日历月定额__________付给船东，作为船员和水手的加班费，不足1月按比例计付。

第三十六条　留置权

为了索回本租约下的赔偿，船东有权留置属于定期租船人的货物和转租运费以及提单运费。为了索回预付而不应得的款项，索回因船东违约而造成的损失，租船人有权留置船舶。

第三十七条　救助

救助其他船舶所得的报酬，扣除船长与水手应得的部分与各项法定费用和其他开支，包括按约对救助损失时间所付的租金和损坏的修复和燃料的消耗等项后，由船东与租船人均等分享。救助人命和救助财产无效所遭受的时间损失和费用（不包括本船的灭失），由船东和租船人均等分担。

第三十八条　转租

租船人有转租本船的选择权，但原租船人对船东仍负有履行本船约的全部责任。

第三十九条　走私

船东对其雇员的不法行为和犯罪行为，如走私、偷盗、行窃等后果负责，由此造成的船期延误应予停租。

第四十条　退保费

由于本船在港时间达30天以上并照付了租金，船东因此从保险公司得到的退费应给予租船人（一经从保险公司收到，如数退给租船人，否则从末次租金中扣回估计的金额）。

第四十一条　战争

如船旗国卷入战争、敌对行动或军事行动，船东和租船人双方均可解除本租约，本船将在目的港或在租船人选择的安全、开放的港口，于卸完货物后还给船东。

第四十二条　《海牙规则》

船东或其经理人作为承运人，按照1924年8月25日在布鲁塞尔签订的《海牙规则》第3款和第4款的规定（但第3款第6节、第4款第5节除外），对本租约名下所载运的货物，根据船长签发的提单或根据第20条由船长授权经租船人或其代理人所签发的提单负责短少、灭失或残损。

第四十三条　互有过失碰撞及兵险条款

双方互有过失碰撞条款和航运公会兵险1条和2条是本租约的组成部分，本租约名下出具的提单均应载有此项条款。

第四十四条　共同海损

共同海损按照________理算规则和清算。

第四十五条　仲裁

本租约发生的一切争执在________提交仲裁。仲裁的裁决是终局的，对双方均有约束力。

第四十六条　佣金

船东应按本租约所付租金______%的回扣付给租船人、百分之______%的经纪佣金付给________。如任何一方违约以致租金没有全部支付，则责任方应赔偿经纪人的佣金损失。双方同意解除本租约时，由船东赔偿经纪人的佣金损失，在此情况下，佣金不超过为期1年的租金计算的数额。

第四十七条 其他

本合同于________年________月________日在________经双方授权的代表签字后生效。

承租人：____________________ 出租人：____________________
代表人：____________________ 代表人：____________________
电 话：__________传 真：__________ 电 话：__________传 真：__________

二、分析定期租船合同纠纷案例

以下是一宗典型的定期租船合同纠纷，涉及燃油索赔、绕航索赔、航速索赔，以及出租人利用船舶卸货和停泊时间办理船舶证书，应否扣除租金等问题，基本将常见的定期租船合同纠纷都涵盖在内。

背景资料

船东：深圳远航海运事业有限公司（以下简称远航公司）。

租船人：香港长兴船务有限公司（以下简称长兴公司）。

2016年9月17日，远航公司（“宁达”轮船东）与长兴公司（租船人）签订了一份定期租船合同。约定：

（1）远航公司将“宁达”轮租给长兴公司使用，租期为6个月，租金每天6 400美元。

（2）该轮可根据保险业公会保证条款进行合法的世界范围的航行，在天气良好的情况下，航速可达约12节。海上航速约12节时，每天耗油约：工业燃油30吨，轻油2吨。在港不作业时每天约2吨轻油，在港作业时每天3吨～3.5吨轻油，冬季载重量34 316吨，不包括淡水的物料常量170吨。发生事故或出现故障延误了时间，或因本船船员生病或发生事故而绕航时，租金停付，发生的一切费用，包括所消耗的燃料，均由船东负责。

（3）船东有义务提交和保证本船、船员以及相关的任何物品的最新完整证书，不管这些证书是在本租船合同生效之前或生效之后需要。若船东未能履行规定，所损失的时间与一切额外费用均由船东负责，租船人可将其从租金中扣除。本合同发生的纠纷，应在伦敦提交仲裁。

履行合同的过程

9月18日17:00，远航公司将“宁达”轮在釜山港（PUSAN）交给长兴公司使用，并按长兴公司的指示开往新加坡（SINGAPORE）。

22日，长兴公司指示“宁达”轮缓速航行，船长将航速调整为9.8节。

23日，长兴公司指示恢复正常航速。

29日15:00，该轮抵达新加坡。

10月2日抵潘江装货，16日15:00开往巴拉旺（BELAWAN），船长选择航行经巽他海峡（SELAT SUNDA）、格拉萨海峡（SELAT GELASA）、新加坡海峡这一航线，并发电报告知长兴公司，“宁达”轮预计20日7:00抵达巴拉旺。

19日8:00，船长接到远航公司的电报，要求“宁达”轮于当天下午前赶到巴拉旺，否则，须等候一个星期才能靠泊。船长当即回电答复，“宁达”轮离巴拉旺还有254海里，不可能于当天下午赶到。

20日8:00，“宁达”轮抵巴拉旺，23日靠码头装货。

28日23:10，起航开往洛里昂（LORIENT）。

29日，船长发电预告“宁达”轮于11月4日7:00抵苏伊士运河。

11月2日，长兴公司发报向船长询问若改航好望角，预抵得班堡的时间及存油。同日，船长复电称“因船无备件，风浪又大，希仍安排苏伊士运河”。

5日，长兴公司电告船长：“鉴于你所告的船舶状况，定仍走苏伊士运河。”

26日23:00，“宁达”轮抵达洛里昂。

12月1日6:00，开始卸货。

6日，离洛里昂往汉堡。

9日，长兴公司在汉堡的代理向长兴公司发报报告该轮动态，并告知“船长正在着急地等待下一航次命令”。

11日，长兴公司指示其汉堡代理将“宁达”轮移泊到锚地。同日长兴公司的代理复电称：“（1）将船移泊到锚地并不可行，船须移到空泊位，因德国劳氏船级社的验船师要测试二氧化碳灭火系统和所有灭火系统，同时将于13日上船重检，这在锚地并不可行。（2）目前有大浪，深水锚地没有遮蔽，引航员须在整个锚泊时间留在船上，这笔费用与留在空泊位相当。”同日，船长也发报要求长兴公司“请告下航次任务”。

16日7:40，远航公司又发报告知长兴公司：“‘宁达’轮15日17:50离开汉堡码头移到外锚地，无法抛锚，等待命令。”在汉堡卸货和停泊期间，远航公司申请德国劳氏船级社对“宁达”轮有关证书进行了年检或签证。同日22:25，长兴公司将内容为“‘宁达’轮立即开文茨皮尔斯（VENSPILS）装化肥约33 000吨”的电报交XSQ电台拍发。

17日17:06，“宁达”轮收到该电报并起航往文茨皮尔斯。

21日，“宁达”轮抵达文茨皮尔斯，装化肥32 408吨。

2017年1月2日，“宁达”轮船长报存油不足，将影响开航，要求安排加轻油。为此，该轮在装完货后移泊等待加轻油，用了0.7天时间。因该港无所需轻油，船长发报要求加挂休达港加轻油。从1月18日15:30至20日2:05，加油时间为1.44天。

1月4日，“宁达”轮在文茨皮尔斯开航时船上存燃油1 129吨，轻油44吨，润滑油61.5吨，存淡水125吨，长兴公司承运的这批货物的运价为27.50美元／吨，卸货港有巴西古当（PASIR GUDANG）、布莱（PRAI）和巴生（KELANG）。每增加一个卸港则增加运费0.3美元/吨。

1月15日16:30，“宁达”轮驶往巴西古当途中，因两名船员受伤，绕航往拉古伦那送伤员就医。

16 日 3:45，回到原航线的相应位置上。影响航行 11 小时 15 分。

20 日，在休达港（CUEDA）外，“宁达”轮因主机故障于当天 21:50 停航修理。

23 日 16:10，主机修复续航。

2 月 19 日，“宁达”轮到达巴西古当卸货。

25 日，抵布莱港卸货。

3 月 3 日，抵巴生港卸货。

11 日，全部货物卸完，“宁达”轮交还给远航公司。

还船后的争议

第二航次结束后，经北京全球气象导航技术有限公司（以下简称气象导航公司）评估，该轮平均航速为 10.77 节、天气因素－0.48 节、海流影响－0.14 节、其他因素－0.61节，性能航速 12 节。其中，其他因素是指除风、浪、涌、流条件对船舶航行造成的影响外，由于机械故障、人为减速等因素造成的影响。性能航速是指船舶在航行中执行的航速或船舶在申请报告中的航速。“宁达”轮航速达到 11.39 节。

经远航公司与长兴公司双方核实，长兴公司仍扣留租金 291 550.65 美元。

3 月 14 日，远航公司向海事法院提起诉讼，请求判令长兴公司立即支付所拖欠的租金。

长兴公司辩称：远航公司与长兴公司于 9 月 17 日签订租船合同，租用“宁达”轮，9 月 18 日起租，次年 3 月 11 日还船给船东。在租用期间，由于“宁达”轮航速、耗油等技术指标未能达到合同要求，没有足够备件等，致使租家遭受损失。具体损失如下：

(1) 多耗油损失。具体如下：

第一航次共用 84 天，其中在港作业 26 天，航行及在港非作业 58 天。合同约定在港作业每天耗轻油 3.5 吨，航行及在港非作业时每天耗轻油 2.0 吨。航次应用轻油 207 吨，但实际耗轻油 227 吨，多耗 20 吨，价值 3 900 美元。

12 月 11 日至 1 月 21 日多耗油 48 吨，合计 9 360 美元。由于该轮多耗油，长兴公司被迫安排临时加油，损失船期 0.7 天及其他费用，合计 17 782.69 美元。

(2) 因该轮不能走好望角，造成额外损失。第一航次从印度尼西亚到欧洲，长兴公司要求走好望角，但船长电告因无备件，要求走苏伊士运河，使长兴公司产生额外费用 73 467.44美元。

(3) 因该轮未达到合同规定航速造成的损失。第一航次从釜山到新加坡多航行了两天，长兴公司损失 18 380 美元。从第一装港潘江驶往第二装港巴拉旺，多航行了 0.7 天，并造成长兴公司已安排好的泊位被他船占用，等泊 3 天，共造成损失 28 161 美元。经气象导航公司评估，第二航次该轮航速只达到 11.39 节，多航行了两天，损失 18 380 美元。

(4) 第一航次到达汉堡时因船长申请船舶证书检验，造成船期及其他损失 40 174.34 美元。

（5）延误开航造成的损失。长兴公司于2017年12月16日北京时间22:25发电报指使船长开航往文莰皮尔斯装货，但该轮直到次日17:06才收听到该报，延误0.78天，造成船期损失5 296.20美元。

（6）少装货造成的损失。第二航次该轮在文莰皮尔斯装货，离港时存油水1 298吨，合同列明该轮常数为170吨，冬季载重量34 316吨，可装货32 848吨，但实际只装了32 408吨，少装440吨，使长兴公司损失运费12 364美元。

（7）绕航送受伤船员的损失。第二航次该轮绕航送两名伤员到拉古伦那就医，绕航0.6天，停航0.2天，按合同规定应扣除租金及其他费用6 872美元。

（8）船机故障造成的损失。第二航次该轮因故障修理了3.9天，应扣除租金和燃油费24 376.10美元。

以上损失抵扣租金后，远航公司还应付给长兴公司5 199.57美元。

资料来源：改编自 http：//www.lawtime.cn/zhishi/haishang/hscbzuyonght/hscbzyhtdczcht/20061207 47236.html。

［评析］

1. 燃油索赔

关于燃油索赔问题，租船合同中约定的每天的船舶燃油大约消耗量是“宁达”轮船舶技术规范中记明的，其中轻油消耗量仅是船舶辅机的耗油量。对船舶做机动航行时主机使用燃油的消耗量没有约定。在船舶操纵中，柴油机船只有在定速航行时主机才能使用重油，而在需要做机动航行时，还必须使用轻油（如船舶航行于狭水道、内河、运河，船舶进出港口、锚地、离靠码头，船舶雾航、在大风浪中航行、在锚泊中动主机抗风等，主机都必须使用轻油）。

由于在定期租船合同中，燃油是由租船人承担，依照航运习惯，在这种情况下，若主机使用了轻油，使得轻油消耗量超过了合同订明的轻油日常耗量，只要是合理的，也应由租船人承担。倘若在特殊情况下，柴油超过了上述耗量，只要是合理的，租船人亦不能据此而要船东对超出的数量负责。

在租船合同的履行过程中，船长在船位报、离港报、到港报、航次报告等多种电报中，都应将存油耗油情况向租船人报告。在这种情况下，船长是否有义务及时提醒租船人燃油不足呢？在定期租船合同中，给船舶加油属于租船人的责任，船舶的营运调度是由租船人负责，船舶下一航次驶往什么地方是由租船人决定的。船舶储存燃油的多少直接影响装货的数量。存油多，装货量就相应减少；存油少，则装货量就可相应增多。因此，船舶储备多少燃油应由租船人根据营运情况、船舶的行程来决定。依据船舶报告的存油、耗油的情况，在适当的时机安排燃油补给，应该属于租船人的权利和义务，而无须船长另行提醒。即使船舶耗油确实超出合同的约定，租船人可以索赔多耗燃油造成的损失，但租船人仍应根据船舶报告的存油和耗油情况及时安排加油。未能及时安排燃油补给而导致损失，实为租船人未恪尽职责之过。

2. 绕航索赔

“宁达”轮第一航次从巴拉旺到洛里昂，因“宁达”轮船长称“因船舶无备件，风浪又大，希仍安排苏伊士运河”，长兴公司鉴于所告知船舶状况，为顾及船舶、货物和人员的安全，才决定仍走苏伊士运河，是善意履行合同的行为，“宁达”轮违背了其根据保险业公会保证条款进行世界范围航行的承诺。因此，造成“宁达”轮走苏伊士运河航线比走好望角航线多产生费用 73 467.44 美元的损失，该项损失应由远航公司赔偿。

“宁达”轮可以根据保险业公会保证条款进行世界范围内航行。然而，船舶具备在世界范围内航行的性能，不等于要随时做好环球航行的准备。船舶适航不是绝对的，而是相对的，是相对于船舶将要进行的预定航程而言的。

长兴公司发报向船长询问若改航好望角，预抵得班堡的时间及存油。该电报只是询问，而不是明确指示。同日，船长复电称“因船无备件，风浪又大，希仍安排苏伊士运河”。“宁达”轮经过权威的劳氏船级社的检验，取得可以进行世界范围内航行的全套有效证书。因此，船长所称“船无备件”，不是指影响船舶性能的备件，而是指一般性的，即根据航程需要而配备的备件。而且，船长的复电只是就船舶和航线的状况提出建议，并没有船舶不适于走好望角航线的意思表示。这时，租船人长兴公司如确实需要船舶改航好望角航线，就应该向船长询问缺乏什么备件，能否在途中补充。从巴拉旺开往好望角，途中经过许多大大小小的港口，现代通信技术与交通条件都高度发达，即使缺少必要的备件，也随时可以在航行途中临时挂靠港口补充。长兴公司没有询问，也没有给机会让“宁达”轮为改变航线做必要的准备，就做出“鉴于你所告的船舶状况，定仍走苏伊士运河”的指示。长兴公司的这一指示，如果不是故意给船东设置陷阱，就是其自己履行合同的过失。因为不改航好望角，仍走苏伊士运河，是其自己决定的。如果确因走苏伊士运河而使其遭受损失，也应由其自行承担。远航公司没有违约，不应承担责任。

3. 航速索赔

租船合同中对航速的约定是“在天气良好的情况下，航速可达约 12 节”。按航运惯例，“宁达”轮航速可按 11.5 节计算。根据气象导航公司对第二航次的评估结果，“宁达”轮的航速为 11.39 节，显然没有达到合同中约定的航速。

关于航速的计算及索赔是定期租船合同中最为复杂的问题。租船合同约定“宁达”轮的航速为：“在天气良好的情况下，航速可达大约 12 节。”这“大约”一词，一般是指如果航速误差在 5%之内，就被认为已符合合同的约定。

通过气象导航公司的评估计算航速并不是普遍或首选的方法。经气象导航公司对“宁达”轮第二航次的评估，认定该轮的航速达到 11.39 节，与 11.4 节相比，差 0.01 节，与 11.5 节相比，差 0.11 节。严格来说，就是差 0.01 节，也可以认为是违约。但考虑到相对的“宁达”轮实际航速11.39节，只是气象导航公司的评估，而没有其他证据，也许评估本身的误差就不止0.11节，在这种情况下，认为该轮违反航速约定，还是认为其没有违约，则见仁见智了。

4. 出租人利用船舶卸货和停泊时间办理船舶证书检验，造成船期延误及其他损失

“宁达”轮抵达汉堡港后，因长兴公司不下达下一航次命令，远航公司利用船舶正好到达其船级社总部所在地卸货的机会，申请办理了六项证书的年检，并在长兴公司发出航次命令前两天完成，即未耽误船舶开航，更未造成长兴公司任何损失。

关于远航公司利用“宁达”轮在汉堡港等待下个航次命令的时间办理证书年检，应否扣除租金的问题讨论如下：定期租船合同的主要特征是船舶的使用权属于租船人，由租船人负责船舶调度，出租人负责配备和管理船长及船员，负责船舶航行和内部惯例事务。出租人进行船员调配、船舶内部事务管理，必然需要时间。但通常只要不影响租船人使用船舶，就不构成违约，租船人不能停租，也不能把费用转嫁给出租人。例如：出租人利用船舶靠港卸货或者待命期间的方便，调换船员、加水，补给伙食、物料等，只要不影响租船人使用船舶，租船人就不能因此而扣除租金。租船人不能因为船舶在港卸货期间，出租人利用两天时间补给伙食、物料，就扣除两天的租金。同样道理，出租人利用船舶在港卸货和待命的时间，办理船舶证书年检、签证，只要不影响租船人使用船舶，也不应该认为租船人违约，不能扣除租金。但因检验的需要，船舶移到空泊位产生的费用，远航公司应予赔偿。

相关知识

一、定期租船合同的格式

定期租船合同（Time Charter Party）是以租船期限为基础，详细记载租船双方当事人的权利和义务及各项洽租条件的运输契约。定期租船运输是通过签订定期租船合同来实现的。

（一）土产格式

土产格式（Produce Form）是美国纽约土产交易所（New York Produce Exchange）制定的定期租船合同的标准格式。这一标准格式得到波罗的海国际航运公会及美国国家船舶经纪人和代理人协会联合会的推荐，现行使用的是1993年修订版，代码为“NYPE 93”。由于其内容较全面，而且规定比较公平，因此得到了较广泛的使用。

（二）波尔的姆格式

标准定期租船合同（Uniform Time Charter Party）又简称为波尔的姆格式（Baltime Form）。该标准定期租船合同格式由波罗的海国际航运公会于1909年制定，并由英国航

运公会认可。现行使用的是1974年修订版。

波尔的姆格式和土产格式的主要区别在于两者的条款内容各有侧重。一般来说，波尔的姆格式侧重于船舶所有人的利益，这是国际航运界所公认的。至于土产格式，虽然有人认为其侧重于承租人的利益，但是也有不少人认为其较波尔的姆格式更公平一些，并没有过于偏袒承租人的利益。因此，在航运市场不够景气的时候，使用得较多的反而是土产格式。

二、定期租船合同的主要条款

（一）定期租船合同中的陈述

在定期租船运输方式下，承租人负责指挥、调度和管理船舶。因此，船舶所有人有义务向承租人提供符合合同要求的船舶。在定期租船合同中，有关船名、船籍、船舶吨位、船舶所处的位置等涉及船舶的有关事项，基本上与航次租船合同相同，所不同的是航速与燃料消耗两项。如果船舶的实际情况与合同中的船舶事项不符，承租人有权对船舶所有人提出损害赔偿要求，在某些情况下甚至有权取消合同。

（二）出租人或承租人提供的条件

1. 出租人提供的条件

出租人应负责船上的供应品、船员工资、船舶及其他备件的保险费，并使船舶和设备处于充分有效（使用）状态。

2. 承租人提供的条件

承租人应支付引水费用，但引航员并不是承租人的雇佣人员，所以对于引水员的疏忽造成的船舶损害或产生的责任，仍由出租人自己承担。承租人应提供燃油并支付费用，这也是承租人的一项基本义务，也是在实践中最容易产生争议的地方。

（三）租期条款

定期租船的租期从交船时开始到还船时结束，这之间的时间构成了租期。定期租船合同中的租期约定可以规定为一段时间，例如：（1）租期为××个月，如12个月、24个月等；（2）租期大约××个月，如大约12个月等；（3）租期为××月到××月的必要时间以便完成航次，如 the period necessary to perform the voyage such as ×× to ×× months。在这几种情况下，法律上都通常默认应包括一个合理的宽限期。租期也可约定一个范围，租期为××个月，由承租人选择，如6 months，10 days more or less at the charters option；租期不超过××个月，不低于××个月，如 not more than 18 months，not less than 12 months。这两种情况下不能再超出宽限期。

（四）交船条款

交船（Delivery）是指船舶所有人在合同约定的时间及地点，将合同中指定的船舶交给承租人使用的行为。在实际交船之前，船舶所有人应事先通知承租人预期交船日期及确切交船日期，以便让承租人做好接船准备和安排船舶货运任务。如果船舶所有人没有在合同约定的时间内进行交船，承租人有权取消合同并提出损害赔偿。具体包括：

（1）交船日期。对交船日期的规定通常有几种方式：1）特定日期；2）从××日至××日；3）不早于××日或不晚于××日。

（2）交船地点。交付船舶的地点主要根据合同来确定。实践中交船地点通常较具体，常用的交船地点条款有：1）在可抵达的泊位交船（at the reachable berth）；2）到达引航站交船（on arrival pilot station）；3）引航员登轮交船（on taking inward pilot）。

（3）交船条件。交付的船舶应具备的条件、是否符合合同规定、是否需要检验等是承租人尤为关注的问题，也是期租合同中的一个主要条款。

作为交船条件之一，合同中还往往订有一项燃料条款（Bunker Clause）。该条款规定，承租人应在交船地点接受船上剩余燃油，并按当地的市场价格进行结算后支付给船舶所有人。为保证船舶所有人在接受船舶时能充分利用船舶的载重量，以及防止船舶所有人利用不同地区的差额油价从中获利，NYPE 46（纽约土产格式，1946年版）第3条规定了交、还船时，船上应剩余燃油的最高限和最低限，合同一般都对其予以限制。关于交、还船燃油价格如何确定的问题，除了常见的按当时当地的市场价格计算之外，还可以：1）按合同双方约定的价格计算。但如果期租合同的期限较长，会因通货膨胀的原因，使双方在合同中约定的价格与实际价格相差甚远，因而这种方法比较适合于短期期租合同。2）按最近的主要加油港的价格计算，但最近的主要加油港的含义很难界定。3）按最后几次船舶实际加油的发票价格平均计算，这种方法比较理想。出、承租双方可以根据实际情况选择其中的一种方法。

（五）还船条款

还船（Redelivery）是指租船人在合同约定的租期届满时，将船舶还给船舶所有人的行为。在实际还船之前，承租人应事先向船舶所有人发出通知。具体内容包括：

（1）还船日期。还船与交船一样，通常合同中都对还船的日期、地点、条件等加以明确规定。原则上，承租人应在租期届满时还船。但是，如前所述，合同中对租期通常只确定一个大约期限，因此，承租人可以在合同约定的租期届满前或后进行还船。这主要取决于租船人使用船舶进行最后一个航次的结束时间。具体如下：1）延迟还船，又称超期还船。根据最后一个航次是合法履行还是非法履行，其法律后果是不同的。2）提前还船，当实际还船日期早于合同规定的应还船日期时，会构成提前还船。根据英美法，一方面出租人必须接受提前交还的船舶，并采取合理措施安排船舶继续营运，以便减少损失；另一方面，出租人可对承租人提前还船而产生的净营运损失提出赔偿请求。

（2）还船地点。与交付船舶相似，还船地点一般规定为某一特定港口或地点，如引航员离船地点，或者规定某一范围内的某港口或地点由承租人选择。为便于调配船舶，实践中常采用后者。

（3）还船条件。租船人还船时，船舶所有人必须接受船上的剩油，并按当地的市场油价结算后支付给租船人。船舶应保持与交船时同样的良好状态，正常磨损除外。船舶若有损坏，租船人应在还船之前将其修复。否则，租船人不仅要负责船舶的修理费，而且必须赔偿船舶所有人在修船期间所遭受的一切经济损失。为了履行还船手续和分清责任，可请验船师对还船时的船舶进行检验，并根据验船师所出具的检验报告填制还船证书。经双方当事人或其代表签署的还船证书作为还船的凭证，其记载的内容大致与交船证书相同。

（六）租金支付条款

租金支付（Payment of Hire）的方式包括：

（1）现金支付。同时满足以下条件称为现金支付：1）一旦支付，不能撤回或收回；2）使出租人无条件地立即使用租金。银行转账单、银行汇票、银行支付单等都可视为现金方式支付。如果承租人是以类似现金的上述方式支付租金的话，其支付时间的确定是以出租人的银行收到这些票据的时间作为承租人支付租金的时间，而不是以承租人的银行出具上述票据的时间为准。

（2）不做扣减。是指承租人不得随意扣减租金，除非法律或合同规定可以扣减的以下几种情况：1）预先停租，指在约定支付租金日之前，已经出现了停租事实，可在支付下一期租金时扣减；2）预垫款，指应船长的请求，承租人为出租人预垫的应由出租人承担的营运费用；3）船速及燃油索赔，因船体、船机、设备的缺陷、损坏而造成的船速索赔及燃料消耗量索赔；4）船上生活用燃油。

（3）预付。是指租金应在支付日之前或当天支付，不得晚于支付日支付的行为。

（七）撤船条款

撤船（Withdrawal of Vessel）是指船舶所有人可在事先不给租船人任何抗议的情况下，将船舶从租船人那里撤出，除非租船人在整个租期内根据合同的规定按期准时预付租金或租船人事先提供银行担保或担保金。当然这并不损害船舶所有人对租船人可能提出的任何其他索赔。这就是有利于船舶所有人的撤船选择权。因此，船舶所有人一旦决定撤回船舶，就意味着船舶所有人因租船人没有履行准时支付租金的绝对义务而解除合同，从通知租船人撤船时起，合同即告终止。

（八）停租条款

停租（Off-hire）是指在租期内，因约定的原因，船舶在租期的某段时间不能有效地供租船人使用时，承租人停止使用船舶并中断支付租金的行为。

（1）停租的条件。NYPE 46 第 15 条规定以下情况出现时可以停租：1）人员或物料不足；2）火灾；3）船壳、机器或设备的损害或故障；4）搁浅；5）船货产生的海损事故而引起的延误；6）为检查或油漆船底而人为干坞；7）任何其他阻止船舶处于充分工作状态而造成利用船舶的时间损失期间，租金停付。

凡对合同没有订明的停租原因，租船人必须继续履行支付租金的义务。在实际操作中，如果租船人准备停租，必须事先向船舶所有人发出停租声明。由于租金一般都是预付的，因此，对停租期间的租金应从下次支付的租金中予以扣除。

（2）停租的恢复。停租恢复后对停租时间的计算有两种计算方法，即净时间损失原则和期间停租原则。净时间损失原则又称纯时间损失原则，即仅对停租原因造成的净时间损失期间停租。期间停租原则是指只要船舶一旦恢复充分有效的工作状态，就应恢复支付租金。

（3）停租期间承租人的义务及赔偿。停租期间承租人有不支付租金的权利，但需履行支付燃油、负责安排货运等其他合同义务，除非合同另有明确规定。如果出租人违约造成停租，承租人有权就预先支付的停租阶段期间租金、提供的燃油或其他利益损失向出租人索赔，即停租并不影响承租人的索赔权。

（九）转租条款

期租合同中大多规定承租人有权转租船舶，但转租合同对原合同中的出租人不发生任何合同效力，即转租承租人不能依据原合同或转租合同向原出租人索赔；反之，原出租人也不能依据原合同或转租合同向转租承租人主张权利。合同不能赋予权利或强加义务给一个非合同当事人，原出租人与转租承租人之间没有直接的租船合同关系。

在转租情况下，如果原出租人签发了提单，且原出租人和转租承租人均为提单的当事方，二者之间即存在提单的合同关系，相互之间可以依据提单进行索赔。承租人有权转租，但应在转租时及时通知出租人有关转租事宜，转租之前可不必征得出租人的书面同意，除非合同另有约定。

知识拓展

参阅《中华人民共和国海商法》，认真研读其中对定期租船的相关规定。

思考练习

请上网查阅航次期租的概念并分析航次期租与航次租船、定期租船相比，有哪些优势。

项目三

航空货运操作

项目概述

航空货物运输是重要的国际货物运输方式，虽然总量不大，但是由于一般运输对象都是价值相对较高、需求比较紧急或者特别重要的物料，因此航空货运从货物本身来看，其作用举足轻重。随着航空运输规模的不断扩大，航空货运业也越发壮大。货代企业从业人员必须熟练掌握航空货运的相关操作。

作为货代企业从业人员，需要正确询问货主关于货物的基本信息及运输要求，熟悉航空货运托运书的缮制，能正确核算航空货运基本运费，能正确填制航空货运分运单，能正确处理航空货运中出现的不正常运输等情况。

教学目标

通过本项目的学习，要求学生熟练掌握正确缮制航空货运托运书、核算航空货运基本运费的各项技能，并能够初步判断航空运输各利益方的基本权利与义务，熟练而正确地处理航空货运中出现的不正常运输情况。

重点难点

【重点】

缮制航空货运托运书；核算航空货运基本运费；填制航空货运分运单。

【难点】

根据航空运输各利益方的基本权利与义务，熟练而正确地处理航空货运中出现的不正常运输情况。

模块一　办理航空货物托运

学习目标

1. 掌握航空货运业务流程；
2. 能够进行国际时间换算并计算飞机飞行时间；
3. 熟练缮制航空货运托运单。

工作任务

本模块包括三个工作任务：第一，解读航空货运业务流程；第二，国际时间换算；第三，缮制航空货运托运单。

实践操作

一、解读航空货运业务流程

航空货运业务包括出口业务和进口业务两个方面。航空货运出口业务主要包含以下20个环节：(1) 市场销售→(2) 委托运输→(3) 审核单证→(4) 预配舱→(5) 预订舱→(6) 接受单证→(7) 填制货运单→(8) 接受货物→(9) 标记和标签→(10) 配舱→(11) 订舱→(12) 出口报关→(13) 出仓单→(14) 提板箱→(15) 货物装箱装板→(16) 签单→(17) 交接发运→(18) 航班跟踪→(19) 信息服务→(20) 费用结算。

航空货运进口业务主要包括以下7个环节：①代理预报→②承接单货→③理货与仓储→④理单、发到货通知或者询单→⑤制报关单、预录入→⑥检验、进口报关→⑦收费、货物转运。具体如图3-1所示。

二、国际时间换算

地球自转造成了经度不同的地区时刻不同，当飞机跨越经度时，就产生了时刻上的不统一。正确掌握时差换算，对于安排航班和更好地进行航空运输都是非常重要的。

(一) 理论时区和区时

1884年在华盛顿举行的国际经度会议上，确定了以平太阳时（日常生活中所使用的

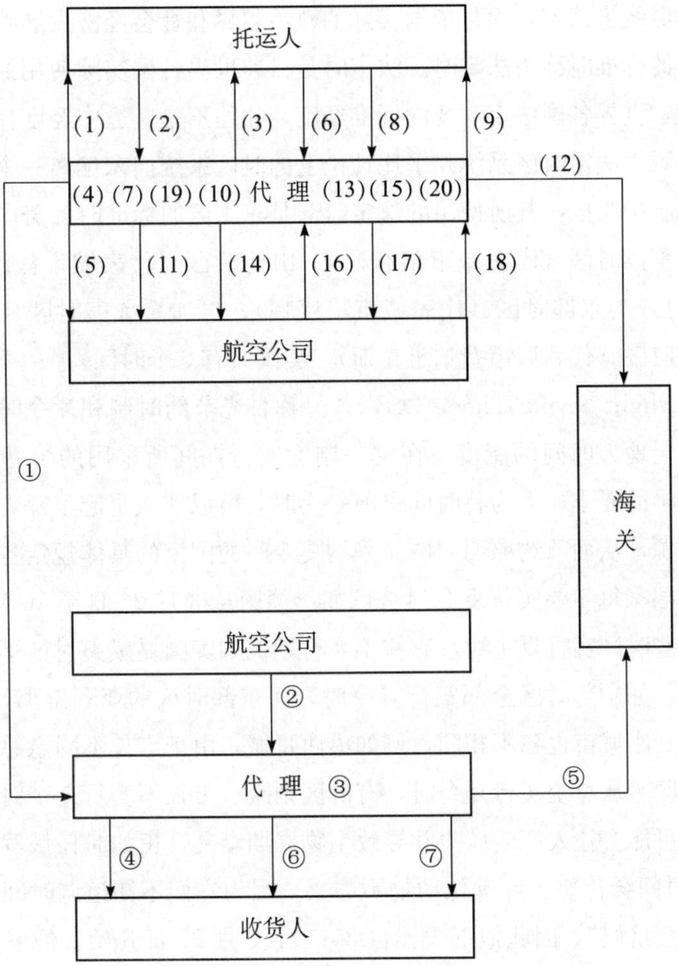

图 3-1　航空货运业务流程

时间）为基础的标准时刻度。这种标准时刻度规定，按经度线把全球划分为 24 个标准时区。每个时区跨 15°经度，以 $\lambda=15°\times n$（$n=0$，±1，±2，±3，±4，…，±11，±12）的经线为该时区的中央经线，它是所在时区的标准经线。中央经线的地方平太阳时就是该时区的标准时间，也称为区时。本初子午线所在的时区叫作零时区，也称中央时区（简称中时区）。国际上规定，把通过格林尼治天文台原址的那一条经线定为 0°经线，0°经线向东、向西各 7.5°构成中央时区。中央时区的区时被称为世界标准时（Greenwich Mean Time，GMT）；再以 180°经线为中央经线，各划出 7.5°，称为东西十二时区。

标准时制度的确立是时间计量上的一大飞跃。它方便了现代社会生产、科学研究和国际大范围的频繁交往。不过，上述只是一种理论上的标准时制度。这种理论上的时区完全是根据经线划分的，既未考虑海陆分布状况，也没有考虑国家行政区划。实际上，各国所使用的标准时制度同理论上的标准时制度是有区别的。

（二）法定时区、法定时与夏令时

法定时区是各国根据本国具体情况自行规定的适用于本国的标准时区。法定时区的界线一般不是依据经线来确定，而是依据实际的政治疆界和社会经济发展状况来确定的。根据法定时区确定的标准时称为法定时。法定时是目前世界各国实际使用的标准时。为了充分利用太阳光照，世界各国法定时区的标准经度，往往不是其适中经度，而是普遍向东偏离。从世界范围看，法定时区系统几乎比理论上的时区系统向东偏离一个时区。例如：法国和西班牙都位于中时区，其所使用的法定时却是东1区的标准时。美国本土分成4个时区，分别是：太平洋时区（代表城市洛杉矶）、山地时区（代表城市盐湖城）、中部时区（代表城市芝加哥）与东部时区（代表城市华盛顿），再加夏威夷时区（代表城市火奴鲁鲁）和阿拉斯加时区（代表城市费尔班克斯），美国共有6个时区。

夏令时（Daylight Saving Time，DST），又称日光节约时制和夏令时间，是一种为节约能源而人为规定地方时间的制度，在这一制度实行期间所采用的统一时间称为夏令时间。一般在天亮早的夏季，人为将时间提前一小时，可以使人早起早睡，减少照明量，以充分利用光照资源，从而节约照明用电。采纳夏令时的国家的具体规定各不相同。目前全世界有近110个国家每年要实行夏令时。例如：德国从3月26日至10月28日实行夏令时；有些国家有些时区实行夏令时，有些不实行，例如美国夏威夷时区不实行夏令时，其他时区规定各异，如中部时区全部实行夏令时，而东部时区的亚利桑那州不实行夏令时。还有些国家甚至一座城市也各不相同，例如墨西哥城，由于市长不同意总统实行夏令时的决定，因此有的区服从总统实行夏令时，有的区则服从市长不实行夏令时。鉴于夏令时需要频繁调整时间可能会让人产生压力并导致生物周期紊乱，正如时任俄罗斯总统梅德韦杰夫所说："调整时间会让奶牛和其他动物不高兴，因为它们不知道调时间，不理解人类为什么在不同时间去挤奶"，因此他下令：自2011年3月27日开始，俄罗斯永久使用夏令时，把时间拨快一小时，不再调回。我国曾于1986年至1991年实施夏令时，每年4月中旬的第一个星期日1时起至9月中旬的第一个星期日1时止。1992年起，夏令时暂停实行。

（三）飞行时间的计算

计算飞行时间时，不仅要知道两地的法定时区，而且要看该地区是否正在使用夏令时，这些都可以从国际时间换算表（International Time Calculator）中查询，其中列出了各个国家当地的标准时间与世界标准时的时间差距。

此外，为了更有效地进行国际时间换算，我们还可以使用一些免费网站提供的国际时间换算软件，例如 http://www.calculator.com/calcs/time.html，其具体计算界面如图3-2所示。

飞行时间的计算步骤如下：

（1）从国际时间换算表中找出始发站和目的站的标准时间。

（2）将起飞和到达的当地时间换算成世界标准时（GMT）。

（3）用到达时间减去起飞时间，即是飞行时间。

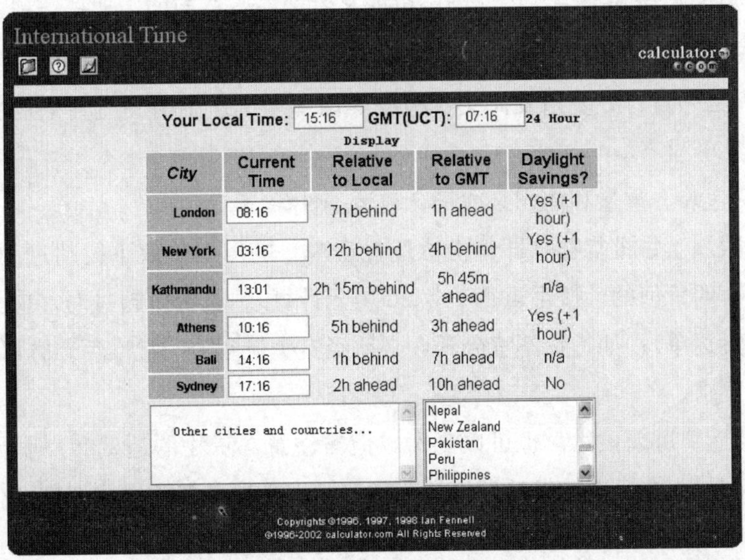

图 3-2 国际时间换算软件界面

例如：某旅客乘飞机从赞比亚卢萨卡到中国香港（卢萨卡在东 2 区，香港在东 8 区）。1 月 6 日上午 9:10 从卢萨卡起飞，到达香港时，当地时间为 1 月 7 日14:50。该旅客的飞行时间计算如下：

第一步：

LUN＝GMT＋0200（standard time）

HKG＝GMT＋0800（standard time）

第二步：

因为香港比 GMT 提前 8 个小时，把香港当地时间减去 8 换算成 GMT。

HKG 1450＝GMT 1450－0800＝GMT 0650 7th，January

因为卢萨卡比 GMT 提前 2 个小时，把卢萨卡当地时间减去 2 换算成 GMT。

LUN 0910＝GMT 0910－0200＝GMT 0710 6th，January

第三步：

0650 7th，January＝3050 6th，January

飞行时间＝3050－0710＝2340（23 小时 40 分钟）

三、缮制航空货运托运单

在缮制航空货运托运单前，先要了解航空货物托运接单的一般注意事项和重点注意事项。

（一）航空货物托运接单的一般注意事项

1. 普通货物运输的空运收运规定

（1）一般规定。

1）根据中国民航各有关航空公司的规定，托运人所交运的货物必须符合有关始发、中转和到达国家的法律和规定，以及中国民航各有关航空公司的一切运输规章。

2）凡中国及有关国际政府和空运企业规定禁运和不承运的货物，不得接受。

3）托运人必须自行办妥始发海关、检疫等出境手续。中国民航各空运企业暂不办理货款到付（COD）业务。

4）货物的包装、重量和体积必须符合空运条件。

（2）价值限制。每批货物（即每份货运托运单）的声明价值不得超过10万美元或其等值货币（未声明价值的，按毛重每千克20美元计算）。若价值超过时，应分批交运（即分两份或多份货运单）；如货物不宜分开，必须经有关航空公司批准后，方可收运。

（3）付款要求。

1）货物的运费可以预付，也可以到付，但需注意：货物的运费和声明价值费必须全部预付或全部到付；在运输始发站发生的其他费用，必须全部预付或全部到付；在运输途中发生的费用应到付，但某些费用，如政府所规定的固定费用和机场当局的一些税收，如始发站知道时，也可以预付；在目的地发生的其他费用只能全部到付。

2）托运人可用下列付款方式向承运人或其代理人支付运费：人民币现金或中国人民银行国内支票。但需注意的是：代理人不得接受托运人使用旅费证（MCO）或预付票款通知单（PTA）作为付款方式。

2. 特种货物运输的空运收运规定

特种货物运输，除应当符合普通货物运输的规定外，应当同时遵守下列相应的特殊要求：

（1）托运人要求急运的货物，经承运人同意，可以办理急件运输，并按规定收取急件运费。

（2）凡对人体、动植物有害的菌种、带菌培养基等微生物制品，非经中国民航局特殊批准不得承运。凡经人工制造、提炼，进行无菌处理的疫苗、菌苗、抗生素、血清等生物制品，如托运人提供无菌、无毒证明可按普通货物承运。微生物及有害生物制品的仓储、运输应当远离食品。

（3）植物和植物产品运输须凭托运人所在地县级（含）以上的植物检疫部门出具的有效植物检疫证书。

（4）骨灰应当装在封闭的塑料袋或其他密封容器内，外加木盒，最外层用布包装。

（5）麻醉药品需卫计委药政司出具的麻醉品运输凭证。

（6）音像制品需所在省文化管理委员会办公室出具的音像制品运输传递证明。

（7）罐装液体、粉状物品等需出产厂家的物品性质证明。

（8）海鲜等海产品，不同地方需要不同的海鲜包装箱。例如：中国南方航空公司和广州白云国际机场分别要用其指定的专用箱，单用泡沫箱不能装机，需外加纸箱并打包带。

（9）玻璃必须订封闭木箱，打三脚架。

(10) 违禁品不得进行航空运输，爆炸品（如炸药）、压缩气体和液压气体（如煤气）、易燃易爆液体或固体、氧化剂和有机过氧化物（乒乓球）、毒品和感染性物品、放射性物品、腐蚀品（如硫酸）、磁性物品、麻醉物品、电池等。

（二）航空货物托运接单的重点注意事项

(1) 详细询问品名，尤其注意是否是危险品或含有危险品部件。危险品托运有极其严格的流程，如果因托运人故意或者货代企业接货人员操作不当致使危险品夹带到飞机上，可能会产生严重后果。

(2) 详细询问货物重量与体积，货物重量与体积直接涉及运费。航空货运收费按照计费吨标准收取，计费吨按照重量吨和尺码吨分别计算并取其大者。

(3) 详细询问其包装情况。如果有木箱包装或者木托盘的，需要按照规定进行熏蒸等操作，一定要预备足够的时间处理。另外，客机载运每件货物重量一般不超过 80 千克，货机载运每件重量一般不超过 250 千克。

(4) 详细询问目的机场，并查阅该目的机场是否是基本点。机场不是基本点可能导致需要转飞，因而会对运费产生重大影响。

(5) 托运人对时间的要求以及对直飞或转飞有无特殊要求。

(6) 托运人对航班有无特殊要求。各航班服务及价格可能存在较大差异，一定要和托运人就航班的要求进行确定。

(7) 详细询问托运人是否需要其他运输服务，例如是否需要代理报关、代办单证以及清关派送等。

(8) 详细询问货物体积。航空公司一般要求货物的长宽高之和≥40 cm，最小边≥5 cm（新闻稿件类货物除外）。如果不能达到该体积，则解决方法有两个：第一加纤袋，第二发快件。航空公司同时对最大体积也有要求，主要依据舱门尺寸而定，如波音 737 机型为 0.86 m×1.21 m，波音 757 机型为 1.41 m×1.12 m。所以，客机载运体积一般不超过 40 cm×60 cm×100 cm，货机载运体积一般不超过 100 cm×100 cm×140 cm。

（三）航空货运托运单的缮制实例

背景资料

托运人：CHINA PETROLEUM PIPELINE MATERIAL & EQUIPMENT CORPORATION。地址：NO.44，JINGUANG ROAD，LANGFANG CITY，HEBEI PROVINCE，CHINA。电话：86-316-2173973。传真：86-316-2174500。邮编：065000。收货人：CHINA PETROLEUM PIPELINE BUREAU（CPP）LIMITED。联系人：WANG CHUNHUI。地址：P.O.BOX 1211900100，BRISTOL APARTMENT，RAPHTA ROAD，WESTLAND，NAIROBI，KENYA。电话：254-72-7425633。传真：254-20-4454253。始发站：BEIJING AIRPORT，CHINA。目的站：NAIROBI AIRPORT，KENYA。货物

名称：焊丝（WELDING WIRE）。规格：E71T8 Ni1J 2.0 MM。包装状态：托盘2个。长、宽、高：110 MM、100 MM、140 MM。体积：3.08 CBM。毛重：1 501.2 KG。唛头：SU/QT/200N/07 BEIJING AIRORT，CHINA—NAIROBI AIRPORT，KENYA。注意事项：不可倒置。运费预付。

根据以上资料缮制的航空货运托运单如表3-1所示。

表3-1　国际航空货运托运单

<table>
<tr><td>托运人姓名、地址、电话号码
SHIPPER'S NAME，ADDRESS & TELEPHONE NO.</td><td>托运人账号
SHIPPER'S ACCO-UNT NUMBER</td><td colspan="2">航空货运单号码
AIR WAYBILL NUMBER</td></tr>
<tr><td colspan="2" rowspan="2">CHINA PETROLEUM PIPELINE MATERIAL & EQUIP-MENT CORPORATION
ADDRESS：NO. 44，JINGUANG ROAD，LANGFANG CITY，HEBEI PROVINCE，CHINA
ATTN：MS. WANG YAN
TEL：86-316-2173973 FAX：86-316-2174500</td><td colspan="2">请按此制单</td></tr>
<tr><td colspan="2">安全检查
SAFETY INSPECTION</td></tr>
<tr><td rowspan="2">收货人姓名、地址、电话号码
CONSIGNEE'S NAME，ADDRESS & TELEPHONE NO.</td><td rowspan="2">收货人账号
CONSIGNESS'S AC-COUNT NUMBER</td><td colspan="2">是否定妥航班日期吨位 BOOKED</td></tr>
<tr><td>航班/日期
FLIGHT/DATE</td><td>航班/日期
FLIGHT/DATE</td></tr>
<tr><td colspan="2" rowspan="3">CHINA PETROLEUM PIPELINE BUREAU（CPP）LIM-ITED
ADDRESS：P. O. BOX 1211900100，BRISTOL APARTMENT，RAPHTA ROAD，WESTLAND，NAIROBI，KENYA
ATTN：WANG CHUNHUI
Tel：+254-72-7425633 Fax：+254-20-4454253</td><td></td><td></td></tr>
<tr><td>pp</td><td></td></tr>
<tr><td>供运输用声明价值
DECLARED VALUE FOR CARRIAGE</td><td>供海关用声明价值
DECLARED VALUE FOR CUSTOMS</td></tr>
<tr><td>始发站
AIRPORT OF DEPARTURE
PEK</td><td>目的站
AIRPORT OF DESTINATION
NBO</td><td colspan="2">保险价值
AMOUNT OF INSURANCE</td></tr>
<tr><td colspan="2">填开货运单的代理人名称
ISSUING CARRIER'S AGENT NAME</td><td colspan="2">另请通知
ALSO NOTIFY</td></tr>
<tr><td colspan="2">储运注意事项及其他
HANDLING INFORMATION AND OTHERS</td><td colspan="2">随附文件
DOCUMENT TO ACCOMPANY AIR WAYBILL
有随机文件</td></tr>
</table>

件数 NO. OF PCS. 运价点 RCP	毛重（千克）GROSS WEIGHT（KG）	运价种类 RATE CLASS	商品代码 COMM. ITEM NO.	收费重量（千克）CHARGE-ABLE（KG）	费率 RATE/KG	货物品名（包括包装、体积或尺寸）NATURE AND QUANTITY OF GOODS（INCL. PACKAGING DIMENSIONS OR VOLUME）
2	1 500					Welding wire E71T8 Ni1J2.0mm 3.08 CBM 1.1×1.0×1.4/2 不可倒置

托运人证实以上所填内容全部属实并愿遵守承运人的一切运输章程。 THE SHIPPER CERTIFIES THAT THE PARTICULARS ON THE FACE HEREOF ARE CORRECT AND AGREES TO THE CONDITIONS OF CARRIAGE OR THE CARRIER. 托运人或其代理人　　盖章 SIGNATURE OF SHIPPER OR HIS AGENT	航空运费和其他费用 WEIGHT CHARGE AND OTHER CHARGES 承运人签字 SIGNATURE OF ISSUING CARRIER OR HIS AGENT ____________ 日期 DATE ______________

相关知识

一、国际航空货运组织

（一）国际民用航空组织

国际民用航空组织（International Civil Aviation Organization，ICAO）于 1947 年 4 月 4 日成立，是联合国所属专门机构之一，也是政府间的国际航空机构，总部设在加拿大的蒙特利尔，现有 150 多个成员国。其宗旨是根据安全和有序的方式发展，使国际航运业务建立在机会均等的基础上，并得以完善和高效运营。其常设领导机构是理事会，由大会选出的成员国组成。我国是该组织的成员国，也是理事国之一。

为了发展国际民航事业，国际民用航空组织做了大量工作：

（1）建立各国和平交换空中通过权。

（2）简化飞机进出的海关、移民局和检疫所的手续。

（3）规定各机场的导航、通信、气象、情报等设备以及空中交通管制系统。

（4）编印 15 种国际民航语言。

（5）鼓励各国改进飞机的性能。

（6）在联运、票价、表格和单据统一等方面，也做了一些工作。

（二）国际航空运输协会

国际航空运输协会（International Air Transport Association，IATA）是各国航空运输企业之间的联合组织，其会员必须是国际民用航空组织成员国的空运企业。

二、世界航空货运时区

IATA 将世界划分为三个航空运输业务区（见图 3－3）：TC1 区、TC2 区、TC3 区。三大区的区域范围如下：

（一）TC1 区

主要分为四个次区：加勒比次区、墨西哥次区、远程次区、南美次区。主要包括美

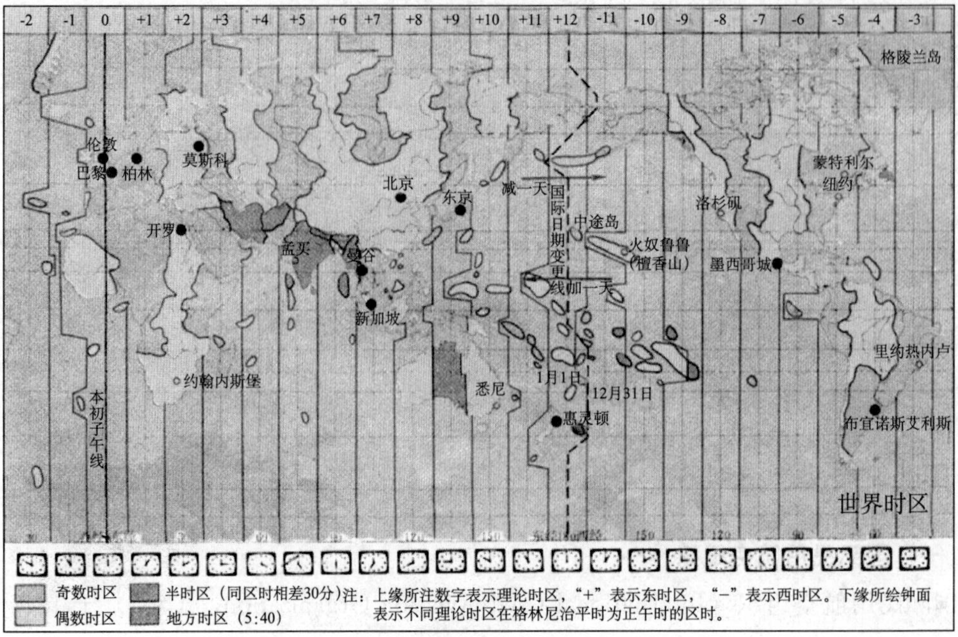

图 3-3　航空运输业务区分区图

国、加拿大、墨西哥、阿根廷、巴西、巴拿马等北美洲、中美洲和南美洲的国家和地区。

（二）TC2 区

主要分为三个次区：欧洲次区、中东次区、非洲次区。主要包括法国、英国、巴林、科威特、也门等欧洲、非洲和中东的国家和地区。

（三）TC3 区

主要分为四个次区：亚次大陆次区、东南亚次区、太平洋地区、日本/朝鲜地区。主要包括中国、阿富汗、印度、新加坡、澳大利亚、新西兰、日本、朝鲜等东亚、中亚、东南亚、南亚、大洋洲的国家和地区。

三、航空货运相关代码

（一）航空货运国家代码

在航空货运中，缮制单证的限制、操作的方便程度等因素使得整个货运流程中代码的作用凸显出来。一些名词的代码往往比全称更重要，具有简洁、节省空间、容易识别等优点。在航空货运中，国家名称是用两字代码表示的。表 3-2 是常见的国家两字代码。

表 3-2　　常见的国家两字代码

英文名称	中文全称	两字代码
China	中国	CN
United States of America	美国	US
United Kingdom	英国	GB

续前表

英文名称	中文全称	两字代码
Germany	德国	DE
France	法国	FR
Japan	日本	JP
Korea	韩国	KR
Singapore	新加坡	SG
Canada	加拿大	CA
Australia	澳大利亚	AU

（二）航空货运主要城市代码

航空货运主要城市一般用三字代码表示，具体如表 3-3 所示。

表 3-3　航空货运主要城市代码

城市	三字代码	城市	三字代码	城市	三字代码	城市	三字代码
北京	BJS	天津	TSN	香港	HKG	哈尔滨	HRB
南京	NKG	杭州	HGH	费城	PHL	乌鲁木齐	URC
武汉	WUH	深圳	SZX	迈阿密	MIA	新加坡	SIN
重庆	CKG	西安	SIA	奥斯汀	AUS	新德里	DEL
成都	CTU	宁波	NGB	堪萨斯	MCI	迪拜	DXB
高雄	KHH	东京	TYO	奥克兰	OAK	孟买	BOM
上海	SHA	大阪	OSA	西雅图	SEA	多伦多	YYZ
沈阳	SHE	伦敦	LON	华盛顿	WAS	温哥华	YVR
青岛	TAO	巴黎	PAR	亚特兰大	ATL	墨西哥	MEX
广州	CAN	柏林	BER	芝加哥	CHI	悉尼	SYD
大连	DLC	汉堡	HAM	旧金山	SFO	惠灵顿	WLG
厦门	XMN	罗马	ROM	洛杉矶	LAX	底特律	DDT
常州	CZX	纽约	NYC	波士顿	BOS	开罗	CAI

（三）机场代码

机场名称通常也用三字代码表示。有些机场的三字代码与城市三字代码一样，但国际上，大多数机场的三字代码同城市三字代码不一样。例如：北京的城市名称用 BJS 表示，而首都机场用 PEK 表示。表 3-4 是常见的机场三字代码。

表 3-4　常见的机场三字代码

英文名称	中文全称	三字代码	所在国家
Beijing Capital International Airport	北京首都国际机场	PEK	中国
Shanghai Pudong International Airport	上海浦东国际机场	PVG	中国
Shanghai Hongqiao International Airport	上海虹桥国际机场	SHA	中国
Charles de Gaulle International Airport	戴高乐国际机场	CDG	法国
Narita International Airport	成田国际机场	NRT	日本
Kansai International Airport	大阪关西国际机场	KIX	日本
Dulles International Airport	杜勒斯国际机场	LAD	美国

续前表

英文名称	中文全称	三字代码	所在国家
Heathrow International Airport	希思罗国际机场	LHR	英国
O'Hare International Airport	奥黑尔国际机场	ORD	美国
John F. Kennedy International Airport	肯尼迪国际机场	JFK	美国

（四）航空公司代码

常见的国内、国际航空公司代码有两位的，也有三位的，具体如表3-5所示。

表3-5　常见的国内、国际航空公司代码

中文名称	英文名称	两字代码	三字代码
中国国际航空公司	Air China	CA	CCA
东方航空公司	China Eastern Airlines	MU	CES
山东航空公司	Shandong Airlines	SC	CDG
上海航空公司	Shanghai Airlines	FM	CSF
福建航空公司	Fujian Airlines	IV	CFJ
海南航空公司	Hainan Airlines	HU	CHH
英国航空公司	British Airways	BA	BAW
加拿大国际航空公司	Canadian Airlines International	AC	ACA
美国联合航空公司	United Airlines	UA	UAL
美国西北航空公司	Northwest Airlines	NW	NWA
美国长青国际航空公司	Evergreen International Airlines	EZ	EIA
德国汉莎航空公司	Lufthansa German Airlines	LH	DLH
法国航空公司	Air France	AF	AFR
荷兰皇家航空公司	Royal Dutch Airlines	KL	KLM
新加坡航空公司	Singapore Airlines	SQ	SIA
全日空航空公司	All Nippon Airways	NH	ANA
日本航空公司	Japan Airlines	JL	JAL
韩亚航空公司	Asiana Airways	OZ	AAR

（五）航空货运操作代码

在航空货运中，经常可以看到一些操作代码，这些代码主要是供操作人员在运输的各个环节中，了解运输货物的性质，并采取相应的操作策略。表3-6是常见的航空货运操作代码。

表3-6　常见的航空货运操作代码

操作代码	英文全称	中文全称
AOG	Aircraft on Ground	航材
AVI	Live Animal	活动物
BIG	Outsized	超大货物
CAO	Cargo Aircraft Only	仅限货机
EAT	Foodstuffs	食品
FRO	Frozen Goods	冷冻货物
ICE	Dry Ice	干冰
NWP	Newspapers，Magazine	报纸、杂志

续前表

操作代码	英文全称	中文全称
OBX	Obnoxious Cargo	有强烈异味的货物
PEF	Flowers	鲜花
PEM	Meat	肉
PER	Perishable Cargo	易腐货物
PES	Fish/Seafood	鱼/海鲜
VAL	Valuable Cargo	贵重物品
HEA	Heavy Cargo，150 KGS and Over Per Piece	单件 150 千克以上的货物

（六）常见的缩写代码

在航空货运中，经常会碰到一些缩写，这些缩写的表现形式也是代码，但表示方法各不相同。表 3－7 是常见的缩写代码。

表 3－7　常见的缩写代码

缩写代码	英文全称	中文全称
AWB	Air Waybill	航空货运单
CASS	Cargo Accounts Settlement System	货运账目清算系统
CC	Charges Collect	运费到付
CCA	Cargo Charges Correction Advice	货物运费更改通知书
LAR	Live Animals Regulations	活动物运输规则
NVD	No Value Declared	无声明价值
CP	Charges Prepaid	运费预付
SLI	Shipper's Letter of Instruction	国际货物运输托运书
ULD	Unit Load Device	集装器、集装化设备
HWB	House Air Waybill	航空分运单
MWB	Master Air Waybill	航空主运单

四、航空运输设备

（一）飞机

飞机是航空货物运输的主要工具，飞机可以分为客机、全货机和客货混合机。我们以波音 747F 型飞机为例来考察全货机的主要技术指标。

1. 基本技术指标

- 长度：70.7 米；
- 最大载重：377.8 吨；
- 宽度：59.6 米；
- 最大航程：6 500 千米。

2. 舱位结构图

波音 747F 型飞机有两种舱位，分别是主舱（Main Deck）和下舱（Lower Deck），有些飞机还有上舱（Upper Deck），如图 3－4 所示。

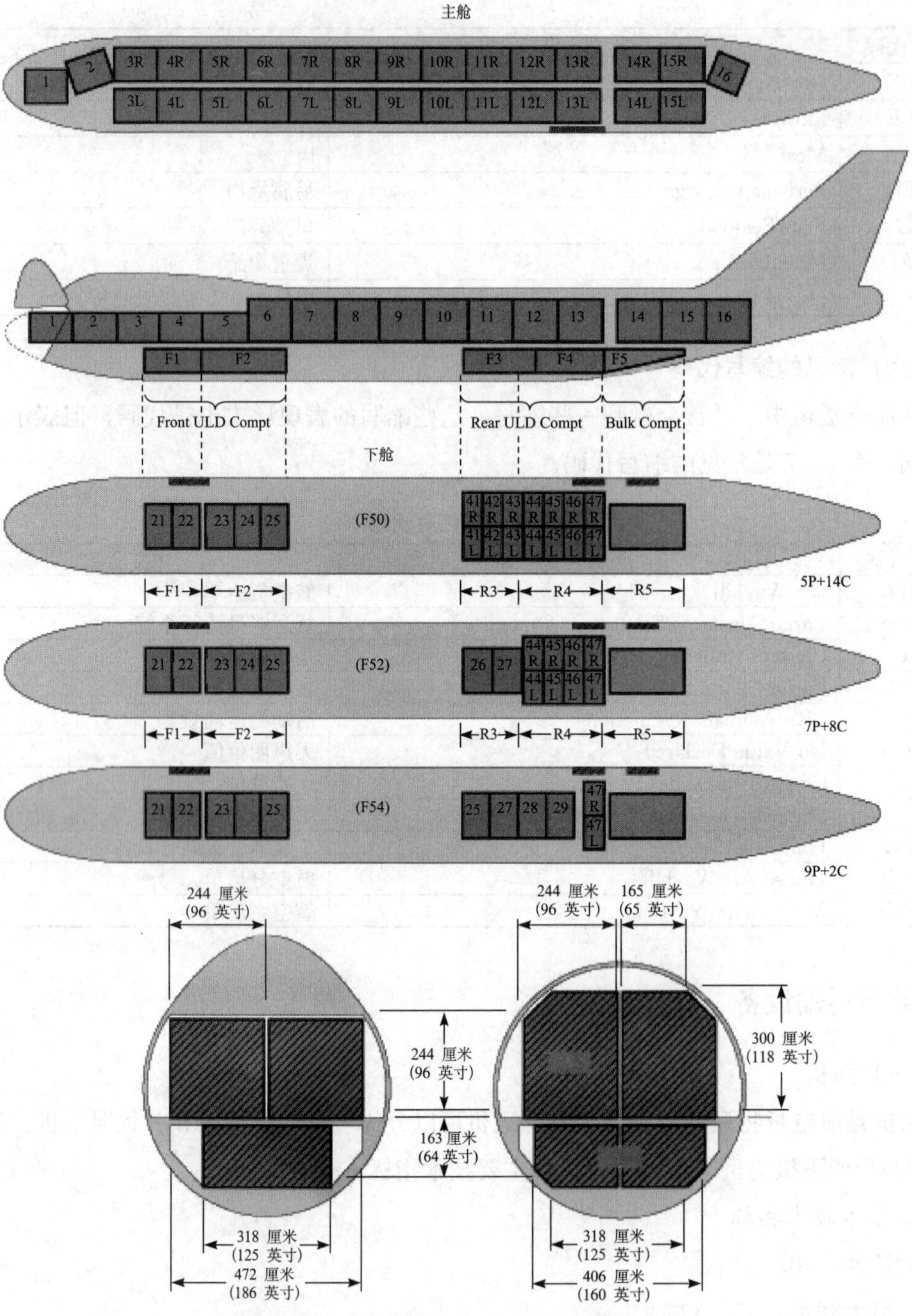

图 3-4 波音 747F 型飞机舱位结构示意图

3. 舱门限制与载重限制

飞机装载货物有总载重量的限制，而且每一舱位也有载重量的限制，违反前者飞机飞不起来，违反后者可能导致飞机结构遭到破坏，从而影响飞行安全。波音 747F 型飞机的货舱门尺寸、主舱载重限制和货物温度限制如表 3-8 至表 3-10 所示，货舱尺寸图如图 3-5 所示。

表 3-8　　波音 747F 型飞机货舱门尺寸

单位：厘米（英寸）

		宽×高
主舱	机头	264×248 (104×98)
	主货舱	340×304 (134×120)
下舱	前货舱	264×167 (104×66)
	后货舱	264×167 (104×66)
	散货舱	111×119 (44×47)

表 3-9　　波音 747F 型飞机主舱载重限制

单位：千克（磅）

POS	88″集装器	96″集装器	20FT 集装器
1，2	4 536 (10 000)	4 536 (10 000)	—
3，4	5307 (11 700)	6 123 (13 500)	
5～12	6 804 (15 000)	6 804 (15 000)	1 340 (25 000)
13，14	5 307 (11 700)	6 123 (13 500)	
15	6 304 (13 900)	6 804 (15 000)	
16	2 041 (4 500)	2 041 (4 500)	—

表 3-10　　波音 747F 型飞机货物温度限制

	开关	℃	℉
主舱	40℉	2～7	35～45
	50℉	7～13	45～55
	75℉	21～27	70～80
	正（65℉）	15～20	60～68
下舱前部	正	−1.1～3.3	30～38
下舱后部及散货舱	正	16～30	60～86
	关闭	−6～14	22～58

注：不能保证恒温。

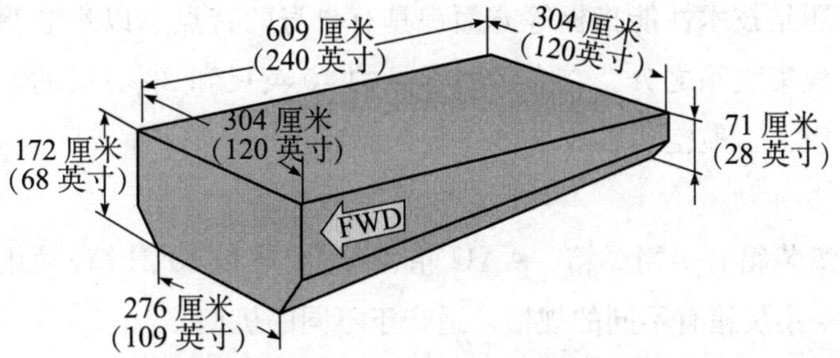

图 3-5　波音 747F 型飞机货舱尺寸图

货物需要通过飞机舱门装卸，常见机型的货舱门尺寸数据如表 3-11 所示。

表 3-11　　常见机型的货舱门尺寸

机型	舱门尺寸（厘米）
B747-400COMBI	主货舱 304×340，前货舱 168×264，后货舱 168×264，散货舱 112×119
B747-200COMBI	主货舱 304×340，前货舱 168×264，后货舱 168×264，散货舱 112×119
B747-SP	前货舱 168×264，后货舱 168×264，散货舱 112×119
B767	前货舱 167×340，后货舱 167×177，散货舱 96×110

续前表

机型	舱门尺寸（厘米）
B757	前货舱 108×140，后货舱 112×140，散货舱 81×122
B737-200	前货舱 86×121，后货舱 88×121
B737-300	前货舱 86×121，后货舱 88×117
B777	前货舱 270×170，后货舱 180×170
A300	前货舱 169×224，后货舱 168×154，散货舱 63×95
A310	前货舱 169×270，后货舱 170×181
A320	前货舱 124×182，后货舱 124×18，散货舱 77×95
MD-11	前货舱 166×246，后货舱 76×17
MD-80	前货舱 127×135，后货舱 127×135，散货舱 127×135
MD-82	前货舱 127×135，后货舱 127×135，散货舱 127×135
DC-10	前货舱 168×246，后货舱 168×178，散货舱 91×76
TU-154	前货舱 80×135，后货舱 80×135
BAE146	前货舱 109×135，后货舱 104×91
YUN-7	前货舱 109×119，后货舱 140×75

（二）航空运输集装器

航空运输集装器主要是指为提高运输效率而采用的托盘、集装箱等组成装载设备。飞机的甲板和货舱都安装了与之配套的固定系统。由于航空运输的特殊性，这些集装器无论在外形构造还是技术性能指标等方面都具有自身的特点。以集装箱为例，就有主甲板集装箱和底甲板集装箱之分。在海运中常见的40英尺和20英尺的标准箱只能装载在宽体飞机的主甲板上。航空运输集装器主要包括：

1. 集装箱

主要的航空集装箱有AMA箱、AAU箱、AMF箱和AKE箱，如图3-6至图3-9所示。不同的航空集装箱有不同的规格，适合于不同的机型。

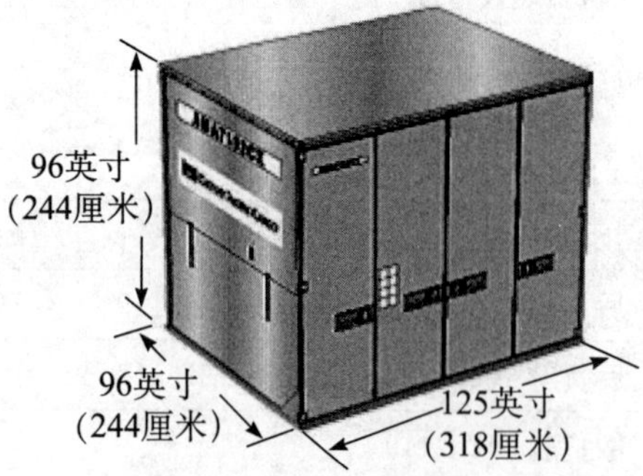

图3-6 AMA箱

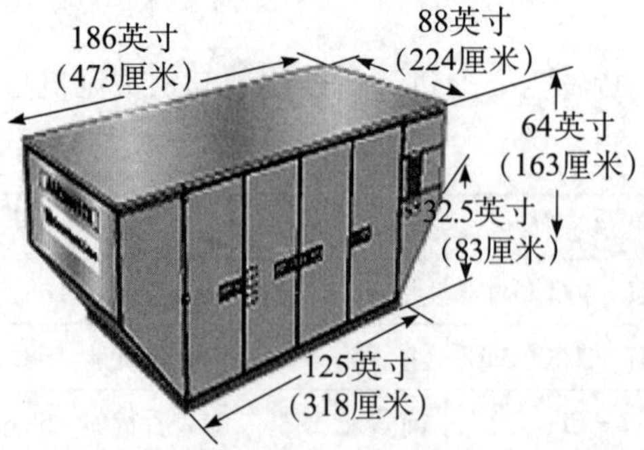

图3-7 AAU箱

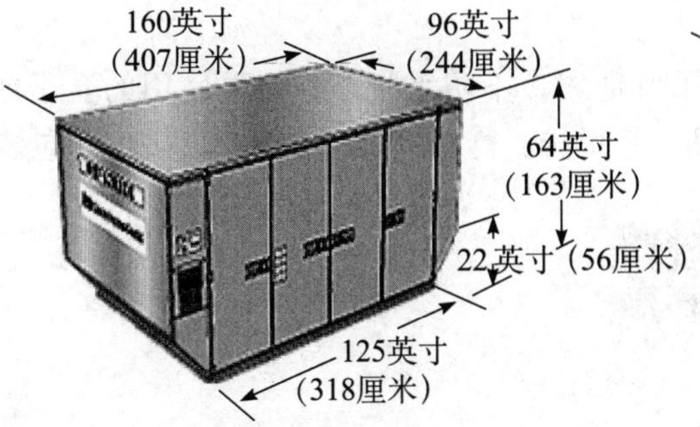

图 3-8　AMF 箱

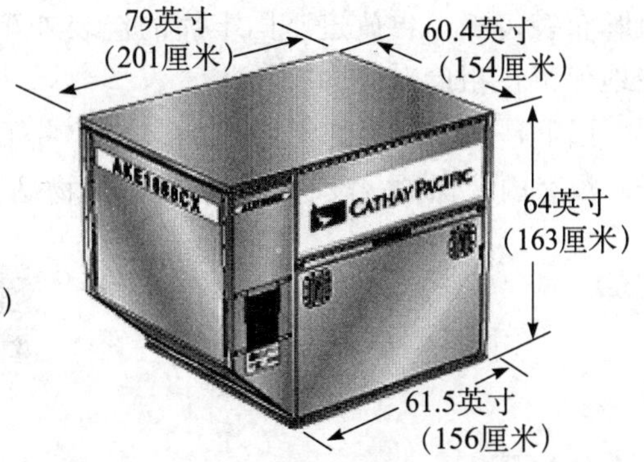

图 3-9　AKE 箱

2. 集装板与网套

集装板是具有标准尺寸的，四边带有卡锁轨或网带卡锁眼，带有中间夹层的硬铝合金制成的平板，以便货物在其上码放。集装板的识别代号以字母 P 打头，常见的有 PGA、PLA、PEB、PMC 等类型。

网套（见图 3-10）是能固定货物的集装板货网，网套的固定是靠专门的卡锁装置来限定的。集装板网的尺寸及质量必须符合以下要求：网的尺寸必须大于所使用的集装板货物的尺寸，网应当是一个完整的网，已断裂、腐坏的网不可以使用，网的插扣必须齐全，插扣已损坏或打滑的不可使用。

此外，在用集装器运输货物时要注意打板与包装。

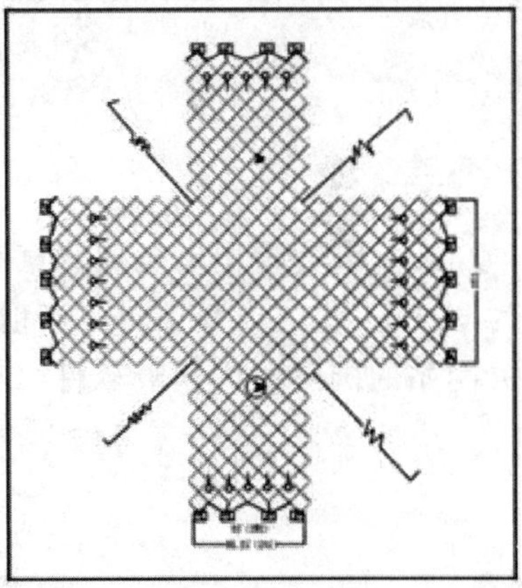

图 3-10　网套

（1）打板。除了那种特别小的飞机没有集装器而只装散货舱外，其他飞机通常都有集装器（板或者箱）。打板实际包含了装箱这个动作，就是将货物按照一定的规律，比如下重上泡，装在板上或者箱里。板分成高、中、低几种规格，每块板、箱都有自己的体积（容积）、重量的限制，装货的工人就将货物按规律堆在这些集装器上，蒙上网罩或者关上箱门，之后由划平衡的人员根据板箱的重量划平衡，把板箱号标注在配载单上，根据这个单子把事先打好的板或箱按顺序装到机舱的指定位置。货代企业如果与航空公司签署了包板协议，就可以自己打板。通常与航空公司按板结算，这样货代企业可以根据货物的重泡自行决定如何配货，从而实现重泡搭配效益最大化，获取最大的利润空间。

（2）包装。进行良好的包装能确保货物从取件到抵达目的地都完好无损。航空运输货物的包装要注意以下几点：一要进行内装保护。如果包裹移动时内部发出碰撞声，应检查内部包装，确认内部包装能够保护交寄物品免于碰撞或损坏，方可进行运输。二要特别注意玻璃制品。酒杯或其他玻璃制品应个别包装后才装入箱内。个别包装时应用防撞的泡膜，等到完全包裹好才可放进箱子内，或者可使用能够固定货物的保丽龙作为内包装，以保护易碎物品。三要特别注意细琐物品。螺帽、螺栓、钉子、螺丝钉等应先用粗麻布袋包裹，再放进坚固牢靠的包装外箱内。这样，即使外包装破损，物品还能够完整地保留在粗麻布袋内。

以下是几种常见的不适当的包装：带子及绳索；不防水胶布；重复使用的盒子或箱子；没有内装保护；没有内包装的细琐物品；手提袋、行李箱；已受潮或已破损的包装。

知识拓展

一、TACT

国际航空运输协会为了统一国际航空货物运输的有关操作，特制定了《航空货物运价手册》（The Air Cargo Tariff，TACT）。TACT主要分为三个部分：TACT Rules（航空货物运价规则）、TACT Rates—North America（北美运价手册）、TACT Rates—Worldwide［世界（除北美）运价手册］。具体内容请同学们登录相关网站查询。

二、《航空货运指南》杂志

为了更有效地指导全球航空旅客运输和货物运输，国际航空运输协会特出版了《航空货运指南》（*OAG Air Cargo Guide*）杂志，该杂志每月出版一期，主要公布航班时刻表。具体内容请同学们登录相关网站查询。

思考练习

某一票货物用飞机从北京直接运到华盛顿，6月10日班机从北京启程，北京时间为9:44。到达华盛顿时，当地时间为6月10日15:30。请计算飞行时间，可利用相关网站的国际时间换算软件（已知北京在东八区，华盛顿在西五区）。

模块二　核算航空货物基本运费

学习目标

1. 熟练掌握普通货物、指定商品、等级货物运费核算的方法；
2. 掌握各类货物核算的注意事项。

工作任务

本模块包括三个工作任务：第一，进行普通货物运费核算；第二，进行指定商品运费核算；第三，进行活动物、贵重货物、书报杂志类货物等等级货物运费核算。

实践操作

一、普通货物运费核算

（一）普通货物运费核算的注意事项

普通货物运价公布在《航空货物运价手册》第四章中。根据货物重量的不同，普通货物运价分为若干个重量等级分界点运价。例如：N表示标准普通货物运价，指的是45千克以下的普通货物运价。同时，普通货物运价还公布有Q45、Q100、Q300等不同重量等级分界点运价。Q45表示45千克以上（含45千克）普通货物的运价，依此类推。对于45千克以上的不同重量分界点的普通货物运价均用Q表示。用货物的计费重量和其适用的普通货物运价计算而得的航空运费不得低于运价手册上公布的航空运费的最低收费标准（M）。

这里，代号N、Q、M等字母在航空货运单（AWB）的销售工作中，主要用于航空货运单运费计算栏中Rate Class一栏的填制。

（二）普通货物运费核算实例

【例1】 Routing：SHANGHAI，CHINA（SHA）

to TOKYO，JAPAN（TYO）

Commodity：SAMPLE

Gross Weight：31.4 KGS

Dimensions：84 cm×46 cm×36 cm

Applicable TACT Rates are as follows：

SHANGHAI		CN	SHA
Y. RENMINBI		CNY	KGS
TOKYO	JP	M	230.00
		N	38.67
		45	29.04

解： Volume：84 cm×46 cm×36 cm=139 104 cm^3

Volume Weight：139 104 cm^3÷6 000 cm^3/KG=23.18 KGS=23.5 KGS

Gross Weight：31.4 KGS

Chargeable Weight：31.5 KGS

Applicable Rate：GCR N 38.67 CNY/KG

Weight Charge：31.5×38.67=CNY 1 218.11

The AWB shall be filled in as follows：

No. of Pieces RCP	Gross Weight	Kg Lb		Rate Class	Chargeable Weight	Rate/Charge	Total	Nature and Quantity of Goods (Incl. Dimensions or Volume)
			N	Commodity Item No.				
1	31.4	K			31.5	38.67	1 218.11	SAMPLE DIMS：84 cm×46 cm ×36 cm

【例2】 Routing：SHANGHAI，CHINA（SHA）

to SINGAPORE（SGP）

Commodity：TOY

Gross Weight：43.4 KGS

Dimensions：118 cm×62 cm×36 cm

Applicable TACT Rates are as follows：

SHANGHAI		CN	SHA
Y. RENMINBI	CNY		KGS
SINGAPORE	SN	M	230.00
		N	30.57
		45	22.49

解：(1) 按实际重量计算：

Volume：118 cm×62 cm×36 cm=263 376 cm^3

Volume Weight：263 376 cm^3÷6 000 cm^3/KG=43.90 KGS=44.0 KGS

Gross Weight：43.4 KGS

Chargeable Weight：44.0 KGS

Applicable Rate：GCR N 30.50 CNY/KG

Weight Charge：44×30.50=CNY 1,342.00

(2) 按较高重量分界点的较低运价计算：

Chargeable Weight：45.0 KGS

Applicable Rate：GCR Q45 22.49 CNY/KG

Weight Charge：45.0×22.49=CNY 1，012.05

(1) 与 (2) 比较，取运费较低者，即 Weight Charge：CNY 1 012.05。

The AWB shall be filled in as follows：

No. of Pieces RCP	Gross Weight	Kg Lb		Rate Class	Chargeable Weight	Rate/ Charge	Total	Nature and Quantity of Goods (Incl. Dimensions or Volume)
			Q	Commodity Item No.				
1	43.4	K			45.0	22.49	1 012.05	TOY DIMS: 118 cm×62 cm×36 cm

【例 3】Routing: BEIJING, CHINA (BJS)
to PARIS, FRANCE (PAR)
Commodity: TOY
Gross Weight: EACH 2.8 KGS, 2 PIECES TOTAL
Dimensions: 33 cm×19 cm×27 cm EACH
Applicable TACT Rates are as follows:

BEIJING Y. RENMINBI	CN CNY		BJS KGS
PARIS	FR	M	380.00
		N	60.44
		45	51.88
		300	44.13

解: Volume: 33 cm×19 cm×27 cm×2=33 858 cm^3

Volume Weight: 33 858 cm^3÷6 000 cm^3/KG=5.643 KGS=6.0 KGS

Gross Weight: 2.8 KGS×2=5.6 KGS

Chargeable Weight: 6.0 KGS

Applicable Rate: GCR N 60.44 CNY/KG

Weight Charge: 6.0×60.44=CNY 362.64

Minimum Charge: CNY 380.00

CNY 362.64 < CNY 380.00

Weight Charge: CNY 380.00

The AWB shall be filled in as follows:

No. of Pieces RCP	Gross Weight	Kg Lb		Rate Class	Chargeable Weight	Rate/Charge	Total	Nature and Quantity of Goods (Incl. Dimensions or Volume)
			M	Commodity Item No.				
2	5.6	K			6.0	380.00	380.00	TOY DIMS: 33 cm×19 cm ×27 cm×2

二、指定商品运费核算

按指定商品运价计算航空运费的货物，航空货运单的 Rate Class 一栏用 C 表示。

（一）指定商品运费核算的注意事项

在通常情况下，指定商品运价低于相应的普通货物运价。就其性质而言，该运价具有优惠性质，因此，在核算指定商品运价时，对于货物的起讫地点、运价使用期限、货物运价的最低重量起点等均有特定的条件。

制定指定商品运价的原因主要在于：在某特定航线上，一些较为稳定的货主经常或者定期托运特定品名的货物，托运人要求承运人提供一个较低的优惠运价；另外，航空公司为了有效地利用运力，争取货源并保证飞机较高的载运率，向市场推出一个具有竞争力的优惠运价。由于空运的经济性及可行性，有些指定商品运价也公布了不同的重量等级分界点，旨在鼓励货主托运大宗货物。

在《航空货物运价手册》第二章中，根据货物的性质、属性以及特点等按数字顺序对货物进行分类，共分为十大组，每一组又分为十个小组。同时，对其分组形式用四位阿拉伯数字进行编号。该编号是指定商品货物的品名编号。国际航空运输协会公布的指定商品货物的分组及品名编号如下：

- 0001～0999 食用动物和植物产品；
- 1000～1999 活动物和非食用动物及植物产品；
- 2000～2999 纺织品、纤维及其制品；
- 3000～3999 金属及其制品，但不包括机械、车辆和电器设备；
- 4000～4999 机械、车辆和电器设备；
- 5000～5999 非金属矿物质及其制品；
- 6000～6999 化工品及相关产品；
- 7000～7999 纸张、芦苇、橡胶和木材制品；
- 8000～8999 科学、精密仪器、器械及配件；
- 9000～9999 其他货物。

为了减少常规的指定商品品名的分组编号，IATA 还推出了实验性的指定商品运价，该运价用 9700～9799 内的数字编出，其主要特点是一个代号包括了传统指定商品运价中分别属于不同指定商品代号的众多商品品名。如 9735 这个指定商品代号就包括了属于 20 多个传统指定商品运价代号的指定商品。此种编号是为了运价公布的方便，适用于某些城市之间有多种指定商品，虽品名不同但运价相同的情况。

在始发地和目的地间运输的货物需满足下述三个条件，才能直接使用指定商品运价：

（1）运输始发地至目的地之间有公布的指定商品运价；

（2）托运人所交运货物的品名与有关指定商品运价的货物品名相吻合；

（3）货物的计费重量满足指定商品运价使用时的最低重量要求。

（二）指定商品运费核算的步骤

（1）先查询运价表，如有指定商品代号，则考虑使用指定商品运价；

（2）查找《航空货物运价手册》的品名表，找出与运输货物品名相对应的指定商品代号；

（3）如果货物的计费重量超过指定商品运价的最低重量，则优先使用指定商品运价；

（4）如果货物的计费重量没有达到指定商品运价的最低重量，则需要比较计算。

（三）指定商品运费核算实例

【例 4】 Routing：BEIJING，CHINA（BJS）

to OSAKA，JAPAN（OSA）

Commodity：FRESH APPLES

Gross Weight：EACH 65.2KGS，5 PIECES TOTAL

Dimensions：102 cm×44 cm×25 cm EACH

Applicable TACT Rates are as follows：

BEIJING	CN			BJS
Y. RENMINBI	CNY			KGS
OSAKA	JP	M		230.00
		N		37.51
		45		28.13
		0008	300	18.80
		0300	500	20.61
		1093	100	18.43
		2195	500	11.32

解： Volume：102 cm×44 cm×25 cm×5＝561 000 cm^3

Volume Weight：561 000 cm^3÷6 000 cm^3/KG＝93.5 KGS

Gross Weight：65.2 KGS×5＝326.0 KGS

Chargeable Weight：326.0 KGS

查找《航空货物运价手册》的品名表，品名编号 0008 所对应的货物名称为 FRUIT，VEGETABLES—FRESH。本例中托运人所交运的货物 FRESH APPLES 符合指定商品代码 0008；并且货物的计费重量 326 KGS 超过了指定商品运价的最低重量 300 KGS 的要求，所以优先使用指定商品运价。

Applicable Rate：SCR 0008/Q300 18.80 CNY/KG

Weight Charge：326.0×18.80＝CNY 6 128.80

The AWB shall be filled in as follows：

No. of Pieces RCP	Gross Weight	Kg Lb		Rate Class	Chargeable Weight	Rate/Charge	Total	Nature and Quantity of Goods (Incl. Dimensions or Volume)
			C	Commodity Item No.				
5	326	K		0008	326.00	18.80	6 128.80	FRESH APPLES DIMS：102 cm×44 cm ×25 cm×5

【例5】 Routing：BEIJING，CHINA（BJS）

to OSAKA，JAPAN（OSA）

Commodity：FRESH APPLES

Gross Weight：EACH 65.2 KGS，4 PIECES TOTAL

Dimensions：102 cm×44 cm×25 cm EACH

Applicable TACT Rates are as follows：

BEIJING	CN			BJS
Y. RENMINBI	CNY			KGS
OSAKA	JP	M		230.00
		N		35.51
		45		28.13
		0008	300	18.80
		0300	500	20.61
		1093	100	18.43
		2195	500	11.32

解： Volume：102 cm×44 cm×25 cm×4=448 800 cm^3

Volume Weight：448 800 cm^3÷6 000 cm^3/KG=74.80 KGS=75.0 KGS

Gross Weight：65.2 KGS×4=260.8 KGS=261.0 KGS

Chargeable Weight：263.0 KGS

查找《航空货物运价手册》的品名表，品名编号0008所对应的货物名称为FRUIT，VEGETABLES—FRESH。本例托运人所交运的货物FRESH APPLES符合指定商品代码0008；但是货物的计费重量261.0 KGS没有达到指定商品运价最低重量300 KGS的要求，所以需要比较计算。

（1）按普通货物运价使用规则计算：

Applicable Rate：GCR/Q45 28.13 CNY/KG

Weight Charge：261.0×28.13=CNY 7 341.93

（2）按指定商品运价使用规则计算：

Chargeable Weight：300.0 KGS

Applicable Rate：SCR 0008/Q300 18.80 CNY/KG

Weight Charge：300. 0×18. 80＝CNY 5 640. 00

比较（1）和（2）的计算结果，取运费较低者。

所以，航空运费为：CNY 5 640. 00。

The AWB shall be filled in as follows：

No. of Pieces RCP	Gross Weight	Kg Lb	Rate Class		Chargeable Weight	Rate/Charge	Total	Nature and Quantity of Goods（Incl. Dimensions or Volume）
				Commodity Item No.				
4	261. 0	K	C	0008	30. 00	18. 80	5 640. 00	FRESH APPLES DIMS：102 cm×44 cm ×25 cm×4

【例 6】 Routing：BEIJING，CHINA（BJS）

to OSAKA ，JAPAN（OSA）

Commodity：FRESH APPLES

Gross Weight：EACH 65. 2 KGS，3 PIECES TOTAL

Dimensions：102 cm×44 cm×25 cm EACH

Applicable TACT Rates are as follows：

BEIJING Y. RENMINBI	CN CNY			BJS KGS
OSAKA	JP	M		230. 00
		N		37. 51
		45		28. 13
		0008	300	18. 80
		0300	500	20. 61
		1093	100	18. 43
		2195	500	11. 32

解：Volume：102 cm×44 cm×25 cm×3＝336 600 cm^3

Volume Weight：336 600 cm^3÷6 000 cm^3/KG＝56. 1 KGS＝56. 5 KGS

Gross Weight：65. 2 KGS×3＝195. 6 KGS＝196. 0 KGS

Chargeable Weight：196. 0 KGS

查找《航空货物运价手册》的品名表，品名编号 0008 所对应的货物名称为 FRUIT, VEGETABLES—FRESEH。本例托运人所交运的货物 FRESH APPLES 符合指定商品代码 0008；但是货物的计费重量 196. 0 KGS 没有达到指定商品运价最低重量 300 KGS 的要求，所以需要比较计算。

（1）按普通货物运价使用规则计算：

Applicable Rate：GCR/Q45 28. 13 CNY/KG

Weight Charge：196.0×28.13=CNY 5 513.48

（2）按指定商品运价使用规则计算：

Chargeable Weight：300.0 KGS

Applicable Rate：SCR 0008/Q300 18.80 CNY/KG

Weight Charge：300.0×18.80=CNY 5 640.00

比较（1）和（2）的计算结果，取运费较低者。

所以，航空运费为：CNY 5 513.48。

The AWB shall be filled in as follows：

No. of Pieces RCP	Gross Weight	Kg Lb	Q	Rate Class Commodity Item No.	Chargeable Weight	Rate/Charge	Total	Nature and Quantity of Goods (Incl. Dimensions or Volume)
3	196.0	K		0008	196.0	28.13	5 513.48	FRESH PEACH DIMS：102 cm×44 cm ×25 cm×3

（四）指定商品运价的使用顺序

对于相同的航程，如果一种货物可同时按确指品名（More Specific Description）运价和泛指品名（Less Specific Description）运价计算运费时，如果货物的重量满足确指品名运价标准，则优先使用确指品名运价；反之，则先用较低重量点的泛指品名运价，再与较高重量点的确指品名运价比较，比较结果取其低者。

【例7】Routing：DUBAI，UNITED ARAB EMIRATES (DXB)

to GLASGOW，U.K (GLA)

Commodity：CARPET

Gross Weight：540 KGS，8 PIECES TOTAL

Applicable TACT Rates are as follows：

DUBAI U.A.E. DIRH	AE AED			DXB KGS
GLASGOW	GB	M		190.00
		N		31.40
		45		23.70
		100		14.35
		500		10.40
		0300	500	9.10
		2199	250	10.50
		2199	500	9.00
		2865	500	9.95
		3015	1 000	12.35

解：Gross Weight：540.0 KGS

Chargeable Weight：540.0 KGS

查找《航空货物运价手册》的品名表，品名编号 2199 所对应的货物名称为 TEXTILES，是指纱、线等纺织品；品名编号 2865 所对应的货物名称为 CARPET，即地毯。本例托运人所交运的货物 CARPET 与指定商品代码 2865 完全吻合，这就是确指品名，而 2199 就是泛指品名。

由于货物的计费重量 540.0 KGS 满足了确指品名运价 2865 的最低重量 500 KGS 的要求，因此优先使用确指品名运价。

Applicable Rate：SCR 2865/Q500 9.95 AED/KG

Weight Charge：540.0×9.95＝AED 5 373.00

The AWB shall be filled in as follows：

No. of Pieces RCP	Gross Weight	Kg Lb	C	Rate Class		Chargeable Weight	Rate/Charge	Total	Nature and Quantity of Goods (Incl. Dimensions or Volume)
					Commodity Item No.				
8	540.0	K			2865	540.0	9.95	5 373.00	CARPET

【例 8】 Routing：DUBAI，UNITED ARAB EMIRATES (DXB) to GLASGOW，U.K (GLA)

Commodity：CARPET

Gross Weight：270 KGS，4 PIECES TOTAL

Applicable TACT Rates are as follows：

DUBAI U.A.E. DIRH	AE AED			DXB KGS
GLASGOW	GB	M		190.00
		N		31.40
		45		23.70
		100		14.35
		500		10.40
		0300	500	9.10
		2199	250	10.50
		2199	500	9.00
		2865	500	9.95
		3015	1 000	12.35

解：Gross Weight：270.0 KGS

Chargeable Weight：270.0 KGS

查找《航空货物运价手册》的品名表，品名编号 2199 所对应的货物名称为 TEX-

TILES，是指纱、线等纺织品；品名编号2865所对应的货物名称为CARRET，就是指地毯。本例托运人所交运的货物CARPET与指定商品代码2865完全吻合，这就是确指品名，而2199就是泛指品名。

由于货物的计费重量是270.0 KGS，没有满足确指品名运价2865的最低重量500 KGS的要求，因此，先用较低重量点的泛指品名运价，再与较高重量点的确指品名运价比较。

（1）按较低重量点的泛指品名运价计算：

Applicable Rate：SCR 2199/Q 250 10.50 AED/KG

Weight Charge：270.0×10.50＝AED 2 835.00

（2）按较高重量点的确指品名运价计算：

Chargeable Weight：500.0 KGS

Applicable Rate：SCR 2865/Q500 9.95 AED/KG

Weight Charge：500.0×9.95＝AED 4 975.00

比较（1）和（2）的计算结果，取运费较低者。

所以，航空运费为：AED 2 835.00。

The AWB shall be filled in as follows：

No. of Pieces RCP	Gross Weight	Kg Lb	Rate Class		Chargeable Weight	Rate/Charge	Total	Nature and Quantity of Goods (Incl. Dimensions or Volume)
			C	Commodity Item No.				
4	270.0	K		2199	270.0	10.50	2 835.00	CARPET

三、等级货物运费核算

等级货物运价是指在规定的IATA业务区内或业务区之间运输特别指定的等级货物的运价。IATA规定的等级货物运价主要包括：活动物运价，贵重货物运价，书报杂志类货物运价，作为货物运输的行李运价，尸体、骨灰运价，汽车运价等。

等级货物运价是以普通货物运价基础上附加或附减一定百分比的形式构成的，此种附加或附减的规则公布在TACT Rules中，在使用运价和计算运费时，同时必须参考《航空货物运价手册》。通常附加或不附加也不附减的等级货物运价用代号S表示；附减的等级货物运价用代号R表示。代号S和R均用于填制AWB运费计算栏中Rate Class一栏。

等级货物运算核算时应注意：IATA规定，对于两个或两个以上承运人共同完成的等级货物的运输（即国际联运），其中参加联运的某一承运人对其承运航段的等级货物有特殊的等级货物百分比时，即使运输起讫地点间有公布的直达运价，也不可以直接使用。此时，应采用分段相加的办法计算运输始发地至运输目的地的航空运费。在IATA区域的欧洲分区内，如果航空运价是以B、K结构构成的，则等级货物运价的附加或附减百分比则是对B与K同时附加或附减。一般情况下，等级货物的最低运费按每一种等级货物规定的计费规则收取。

以下以活动物、贵重货物、书报杂志类货物为例介绍等级货物的运费核算。以下所述的各种等级货物运价均为运输始发地至目的地之间有公布的直达运价，并且可以直接使用情况下的运价。

（一）活动物运费核算

1. 活动物运价规则（可参阅TACT Rules 3.7.3）

活动物运价规则中的相关名词和用语包括：

（1）Baby Poultry：幼禽类，指出生不足72小时的幼禽。

（2）Monkeys and Primates：猴类和灵长类。

（3）Cold Blooded Animals：冷血动物类。

（4）All Live Animal：指除上述三类以外的所有活动物。

（5）表中“Except”字样：表示与表中规则例外的情况，使用时应严格按照《航空货物运价手册》的规则要求，正确计算航空运费。

2. 活动物运价规则运用的说明

（1）Normal GCR，指使用45千克以下的普通货物运价，如无45千克以下的普通货物运价，可使用100千克以下普通货物运价。不考虑有较高重量分界点的较低运价的情况。

（2）Normal GCR or over 45 kgs，指使用45千克以下普通货物运价或者45千克以上普通货物运价。即使有较高重量分界点的较低运价也不可以使用。

（3）Appl. GCR，指使用相适应的普通货物运价。可以考虑使用较高重量分界点的较低运价。

（4）as a percentage of Appl. GCR，指按相应的普通货物运价附加某个百分比使用。可以考虑使用较高重量分界点的较低运价。

此外，运输动物所用的笼子等容器，所需饲料、饮用水等物品的重量均包括在货物的计费重量内。

3. 活动物运输的最低收费标准

（1）IATA三区内：相应M的200%。

（2）IATA二区与三区之间：相应M的200%。

（3）IATA一区与三区之间：（除到/从美国、加拿大以外）相应M的200%。

（4）从IATA三区到美国：相应M的110%。

（5）从美国到IATA三区：相应M的150%。

（6）IATA三区与加拿大之间：相应M的150%。

此外，有些区域间对于冷血动物有特殊规定，应按规则严格执行。

4. 活动物运费核算实例

【例9】 Routing：BEIJING，CHINA（BJS）

to TOKYO，JAPAN（TYO）

Commodity：A PANDA

Gross Weight：73.4 KGS

Dimensions：60 cm×60 cm×100 cm

Applicable TACT Rates are as follows：

BEIJINGI Y. RENMINBI		CN CNY	BJS KGS
TOKYO	JP	M	200.00
		N	38.67
		45	38.04
		100	37.80

解：Volume：60 cm×60 cm×100 cm=360 000 cm^3

Volume Weight：360 000 cm^3÷6 000 cm^3/KG=60.0 KGS

Gross Weight：73.4 KGS

Chargeable Weight：73.5 KGS

查找TACT Rules 3.7.2中的活动物运价规则，北京到东京属于三区之内的货物运输，运价的构成形式是Normal GCR。

Applicable Rate：S Normal GCR

100%×38.67 CNY/KGS=38.67 CNY/KG

Weight Charge：73.5×38.67=CNY 2 842.25

The AWB shall be filled in as follows：

No. of Pieces RCP	Gross Weight	Kg Lb	Rate Class		Chargeable Weight	Rate/Charge	Total	Nature and Quantity of Goods (Incl. Dimensions or Volume)
			S	Commodity Item No.				
1	73.4	K		N100	73.5	38.67	2 842.25	A PANDA DIMS： 60 cm×60 cm ×100 cm

【例10】 Routing：SHANGHAI，CHINA（SHA）

to PARIS，FRANCE（PAR）

Commodity：BABY POULTRY

Gross Weight：25. 2 KGS EACH，12 BOXES TOTAL

Dimensions：80 cm×50 cm×50 cm×12

Applicable TACT Rates are as follows：

SHANGHAI Y. RENMINBI	CNY	CN	SHA KGS
PARIS	FR	M	320. 00
		N	52. 81
		45	45. 58
		100	41. 06

解： Volume：80 cm×50 cm×50 cm×12=2 400 000 cm³

Volume Weight：2 400 000 cm³÷6 000 cm³/KG=400 KGS

Gross Weight：25. 2 KGS×12=302. 4 KGS=302. 5 KGS

Chargeable Weight：400. 00 KGS

查找 TACT Rules 3. 7. 2 中的活动物运价规则，上海到巴黎属于三区到二区的货物运输，运价的构成形式是 Normal GCR or over 45 kgs。

Applicable Rate：S GCR over 45 kgs

100%×45. 58 CNY/KGS=45. 58 CNY/KG

Weight Charge：400. 00×45. 58=CNY 18 232. 00

The AWB shall be filled in as follows：

No. of Pieces RCP	Gross Weight	Kg Lb	Rate Class		Chargeable Weight	Rate/Charge	Total	Nature and Quantity of Goods (Incl. Dimensions or Volume)
				Commodity Item No.				
12	302. 5	K	S	Q100	400	45. 58	18 232. 00	BABY POULTRY DIMS：80 cm×50 cm×50 cm×12

【例 11】 Routing：SHANGHAI，CHINA (SHA) to SEATTLE，UNITED STATES (SEA)

Commodity：A LIVE MONKEY

Gross Weight：289. 2 KGS

Dimensions：240 cm×120 cm×60 cm

Applicable TACT Rates are as follows：

SHANGHAI Y. RENMINBI	CN CNY		SHA KGS
SEATTLE	US	M	630.00
		N	64.46
		45	48.34
		100	45.19
		300	41.86

解：Volume：240 cm×120 cm×60cm=1 728 000 cm^3

Volume Weight：1 728 000 cm^3÷6 000 cm^3/KG=288.0 KGS

Gross Weight：289.2 KGS

Chargeable Weight：289.5 KGS

查找 TACT Rules 3.7.2 中的活动物运价规则，上海到西雅图属于三区到一区的货物运输，运价的构成形式是 110% of Appl. GCR。

（1）按查找的运价构成形式计算：

Applicable Rate：S 110% of Applicable GCR

110%×45.19 CNY/KGS=49.71 CNY/KG

Weight Charge：289.5×49.71=CNY 14 391.05

（2）按较高重量分界点较低运价计算：

由于货物的计费重量 289.5 KGS 已经接近下一个较高重量点 300 KGS，可以考虑用较高重量点的较低运价计算得到较低的运费结果。

Chargeable Weight：300.0 KGS

Applicable Rate：S 110% of Applicable GCR

110%×41.86 CNY/KG=46.05 CNY/KG

Weight Charge：300.0×46.05=CNY 13 815.00

比较（1）和（2）的计算结果，取运费较低者。

所以，航空运费为：CNY 13 815.00。

The AWB shall be filled in as follows：

No. of Pieces RCP	Gross Weight	Kg Lb	S	Rate Class Commodity Item No.	Chargeable Weight	Rate/Charge	Total	Nature and Quantity of Goods（Incl. Dimensions or Volume）
1	289.2	K		Q110	300	46.05	13 815.00	A LIVE MONKEY DIMS：240 cm×120 cm×60 cm

(二) 贵重货物运费核算

1. 贵重货物运价规则

(1) 贵重货物运价标准。贵重货物运价一般为相应的 45 千克以下普通货物运价的 200%，但也有例外情况。其中，中国与国际航空运输协会业务一区之间（经太平洋，除朝鲜半岛至美国本土各点外）贵重货物的运输，如果交运的货物重量达到或者超过 1 000 千克时，运价为相应的 45 千克以下普通货物运价的 150%。

(2) 贵重货物运输的最低收费标准。贵重货物的最低运费按相应的普通货物最低运费的 200%收取，但不得低于 50 美元或其等值货币。

2. 贵重货物运费核算实例

【例 12】 Routing：BEIJING，CHINA（BJS）

to FRANKFURT，GERMANY（FRA）

Commodity：REAL PEARLS

Gross Weight：32.0 KGS EACH，10 PIECES

Dimensions：60 cm×50 cm×50 cm EACH

Applicable TACT Rates are as follows：

BEIJING Y. RENMINBI	CN CNY		BJS KGS
FRANKFURT	DE	M	320.00
		N	42.60
		45	35.27
		300	31.71

解： Volume：60 cm×50 cm×50 cm=1 500 000 cm^3

Volume Weight：1 500 000 cm^3÷6 000 cm^3/KG=250.0 KGS

Gross Weight：32.0×10=320.0 KGS

Chargeable Weight：320.0 KGS

Applicable Rate：S 200% of Normal GCR

200%×42.60 CNY/KG=85.20 CNY/KG

Weight Charge：320.0×85.20=CNY 27 264.00

The AWB shall be filled in as follows：

No. of Pieces RCP	Gross Weight	Kg Lb	S	Rate Class Commodity Item No.	Chargeable Weight	Rate/Charge	Total	Nature and Quantity of Goods (Incl. Dimensions or Volume)
10	320.0	K		N200	320.0	85.20	27 264.00	REAL PEARLS DIMS：60 cm×60 cm ×50 cm×10

（三）书报杂志类货物运费核算

1. 货物的范围

IATA 规定的书报杂志类货物包括报纸、杂志、图书、盲人读物及设备等。

2. 书报杂志类货物的运价规则

按公布的相应普通货物最低运费的 50%收取，即 50% of the Normal GCR。

3. 书报杂志类货物运输的最低收费标准

书报杂志类货物的最低运费按公布的相应普通货物最低运费 M 收取。书报杂志类货物按等级货物运价的计费结果可以与按普通货物较高重量分界点较低运价计费结果相比较，按低者收费，但英国始发的有所不同。

4. 书报杂志类货物运费计算实例

【例 13】 Routing：SHANGHAI，CHINA（SHA）

to PARIS，FRANCE（PAR）

Commodity：A BOX OF MAGAZINES

Gross Weight：42.0 KGS

Applicable TACT Rates are as follows：

SHANGHAI Y. RENMINBI		CN CNY	SHA KGS
PARIS	FR	M	320.00
		N	52.81
		45	45.58
		100	41.06

解： Gross Weight：42.0 KGS

Chargeable Weight：42.0 KGS

Applicable Rate：R 50% of Normal GCR

50%×52.81 CNY/KG=26.41 CNY/KG

Weight Charge：42.0×26.41＝CNY 1 109.22

The AWB shall be filled in as follows：

No. of Pieces RCP	Gross Weight	Kg Lb	R	Rate Class Commodity Item No.	Chargeable Weight	Rate/Charge	Total	Nature and Quantity of Goods (Incl. Dimensions or Volume)
1	42.0	K		N50	42.0	26.41	1 109.2	A BOX OF MAGAZINES

四、集中托运货物运价

(一) 集中托运的概念与范围

集中托运货物的情况下会涉及混运货物。混运货物是指用同一份货运单运输的货物中，包含不同运价、不同运输条件的货物。据 TACT Rules 3.7.6 的规定，集中托运货物不得包含：贵重货物，活动物，尸体、骨灰，外交信袋，作为货物运送的行李，机动车辆(电力自动车除外)。

(二) 集中托运货物运费计算

1. 申报整批货物的总重量（或体积）

计算规则：混运的货物被视为一种货物，将其总重量确定为一个计费重量。运价采用适用的普通货物运价。

2. 分别申报每一种类货物的件数、重量、体积及货物品名

计算规则：按不同种类货物适用的运价与其相应的计费重量分别计算运费。

注：如果混运货物使用一个外包装将所有货物合并运输，则该包装物的运费按混运货物中运价最高的货物的运价计收。

3. 集中托运货物的声明价值

由于混运货物只能按整票（整批）货物办理声明价值，不得办理部分货物的声明价值，或办理两种以上的声明价值，因此混运货物声明价值的计算应按照整票货物总的毛重执行。

4. 混运货物的最低运费

混运货物的最低运费按照整票货物计收。即无论是分别申报还是不分别申报的混运货物，按其运费计算方式得出的运费与起止地点间的最低收费标准比较，取高者。

5. 混运货物运费核算实例

【例 14】 Routing：BEIJING，CHINA (BJS)

to OSAKA，JAPAN (OSA)

Commodity：BOOKS，HANDICRAFT AND APPLES（FRESH）

Gross Weight：96.0 KGS，43.0 KGS and 81.0 KGS

Dimensions：4 PIECES 68 cm×48 cm×36 cm，1 PIECE 98 cm×60 cm×45 cm and 2 PIECES 90 cm×70 cm×32 cm

Applicable TACT Rates are as follows：

BEIJING	CN			BJS
Y. RENMINBI	CNY			KGS
OSAKA	JP	M		230.00
		N		37.51
		45		28.13
		0008	300	18.80
		0300	500	20.61
		1093	100	18.43
		2195	500	11.32

解：先按照集中托运货物，把货物作为一个整体计算运费；再按照分别申报计算运费，两者比较取其低者。

（1）整体申报：

Volume：68 cm×48 cm×36 cm×4=470 016 cm^3

98 cm×60 cm×45 cm=264 600 cm^3

90 cm×70 cm×32 cm×2=403 200 cm^3

470 016 cm^3+264 600 cm^3+403 200 cm^3=1 137 816 cm^3

Volume Weight：1 137 816 cm^3÷6 000 cm^3/KG=189.64 KGS=190.0 KGS

Gross Weight：96.0 KGS+43.0 KGS+81.0 KGS=220.0 KGS

Chargeable Weight：220.0 KGS

Applicable Rate：GCR Q 28.13 CNY/KG

Weight Charge：220.0×28.13=CNY 6 188.60

（2）分别申报：

a. Books

Volume：68 cm×48 cm×36 cm×4=470 016 cm^3

Volume Weight：470 016 cm^3÷6 000 cm^3/KG=78.336 KGS=78.5 KGS

Chargeable Weight：96.0 KGS

Applicable Rate：R 50% of normal GCR

50%×37.51 CNY/KG=18.755 CNY/KG=18.76 CNY/KG

Weight Charge：96.0×18.76=CNY 1 800.96

b. Handicraft

Volume：264 600 cm^3=264 600 cm^3

Volume Weight：264 600 cm^3÷6 000 cm^3/KG=44.1 KGS=44.5 KGS

Chargeable Weight：44.5 KGS

Applicable Rate：GCR N 37.51 CNY/KG

Weight Charge：44.5×37.51=CNY 1 669.20

采用较高重量点的较低运价：45.0×28.13= CNY 1 265.85

c. APPLES（FRESH）

Volume：90 cm×70 cm×32 cm×2=403 200 cm^3

Volume Weight：403 200 cm^3÷6 000 cm^3/KG=67.2 KGS=67.5 KGS

Chargeable Weight：81.0 KGS

Applicable Rate：GCR Q 28.13 CNY/KG

Weight Charge：81.0×28.13=CNY 2 278.53

三种运费相加：CNY 1 800.96+CNY 1 265.85+CNY 2 278.53= CNY 5 345.34

整体申报计算的运费为 CNY 6 188.60，分别申报计算的运费为 CNY 5 345.34。两者取低，即航空运费为 CNY 5 345.34。

The AWB shall be filled in as follows：

No. Of Pieces RCP	Gross Weight	Kg Lb	Rate Class		Chargeable Weight	Rate/ Charge	Total	Nature and Quantity of Goods（Incl. Dimensions or Volume）
				Commodity Item No.				
4	96.0		R				1 800.96	
1	43.0		Q	N50	96.0	18.76	1 265.85	BOOKS
2	81.0	K	C		45.0	28.13	2 278.53	HANDICRAFT
				008	81.0	28.13		APPLES（FRESH）
7	220.0						5 345.34	

相关知识

一、航空货物运输计算的基本概念

（一）航空运费

航空运费是指承运人将一票货物自货物的始发地机场运至目的地机场所收取的航空运输

费用。该费用根据每票货物所适用的运价和货物的计费重量计算而得。自我国始发的货物以每千克为单位定价，使用承运人的集装设备作为包装或者包板（箱）的货物除外，此时承运人要以一块集装板或者一个集装箱为单位定价。

运价是指货物运输起讫地点间的航空运价。航空运费不包括水陆转运费、进出口报关费、上门取货费、送货上门费、仓库使用费、保管费、航空货运单费和危险品处理费等其他费用，也不包括代理人收取的服务费用。

除最低运费和承运人特别规定的运费外，运费的计算公式如下：

运费＝每千克运价×货物的计费重量

（二）公布运价

公布运价是指相互通航的两个国家或者地区之间的航空公司通过协商达成的运价，报双方政府主管部门并经批准，承运人公布的运价；或者飞行航班的两个国家或者地区的航空公司向对方政府主管部门申报并经认可，承运人公布的运价。

国际航空运输协会收集了承运人公布的运价，并公布于《航空货物运价手册》。而国际航空运输协会制定的运价，同样公布于该运价手册。因此，国际航空运输协会运价手册上的运价，称为TACT公布运价或者IATA公布运价。国际航空运输协会运价体系如表3－12所示。

表3－12　　国际航空运输协会运价体系

公布直达运价 (Published Through Rates)	普通货物运价（General Cargo Rate）
	指定商品运价（Specific Commodity Rate）
	等级货物运价（Commodity Classification Rate）
	集装货物运价（Unit Load Device Rate）
非公布直达运价 (Un-published Through Rates)	比例运价（Construction Rate）
	分段相加运价（Combination of Rates and Charges）

二、计费重量

承运货物的计费重量(Chargeable Weight)是指据已计收货物运费的重量（实际毛重或者体积重量）以高的为准（即按W/M方式计算）。由于飞机的业务载运能力受飞机最大起飞全重和货舱本身体积的限制，因此，货物的计费重量需同时考虑其体积重量和实际毛重两个因素。如果某一运价要求有最低运量，但货物的实际毛重或者是体积重量都不能达到要求时，要以最低运量为计费重量。航空货物运价采用分段计价，此时的计费重量可能是较高重量分界点的重量。

（一）货物实际毛重

货物实际毛重（Actual Gross Weight）是指包括货物包装在内的货物重量。货物净重是指除去包装的货物重量，即货物本身净有的重量。

（二）体积重量

体积重量（Volume Weight）是指按照国际航空运输协会规则，将货物的体积按一定的比例折合成的重量。换算标准为每 6 000 立方厘米折合 1 千克（相当于 6 立方米/吨）。体积重量的计算方法为：

（1）不考虑货物的几何形状分别测量出一票货物的总体积的最长、最宽和最高部分的尺寸（单位为厘米或英寸），测量数值的尾数四舍五入。三者相乘算出体积，尾数四舍五入。在货运站丈量货物的外包装时，要比箱子的实际尺寸多出 1 厘米～2 厘米，如果箱子有突出部分，按突出部分的长度来计算。

（2）将体积折算成重量（千克或磅），即根据所使用的不同的度量单位分别用体积值除以 6 000 立方厘米、366 立方英寸或 166 立方英寸，所得数值的尾数四舍五入。

（3）重量货（High Density Cargo）是指那些每 6 000 立方厘米或每 366 立方英寸重量超过 1 千克或者每 166 立方英寸重量超 1 磅的货物。重量货的计费重量就是其实际毛重。

（4）轻货或轻泡货物（Low Density Cargo）是指那些每 6 000 立方厘米或每 366 立方英寸重量不足 1 千克或者每 166 立方英寸重量不足 1 磅的货物。轻泡货物以其体积重量作为计费重量。尽管航空运费一般较高，但对体积大、重量轻的货物，采用空运反而有利。而且空运计算运费的起点比海运低，运送快捷、准时。所以小件货物、鲜活商品、季节性商品和贵重商品宜采用航空运输方式。

一般而言，货物的实际毛重与货物的体积重量两者相比取高者，即在货物体积小、重量大时，按实际重量计算；在货物体积大、重量小时，按体积重量计算。收运两件或两件以上货物在集中托运的情况下，同一运单项下会有多件可以采用同样种类运价计算运费的货物，其中有重货也有轻货，此时货物的计费重量就按照该批货物的总毛重或总体积重量中较高者计算：首先，计算这一整批货物总的实际毛重；其次，计算该批货物的总体积，并求出体积重量；最后，比较两个数值，并以高的作为该批货物的计费重量。但当货物按较高重量分界点的较低运价计算的航空运费较低时，则将此较高重量分界点的货物起始重量作为货物的计费重量。

国际航空运输协会规定，国际货物的计费重量以 0.5 千克为最小单位，如果货物的计费重量以千克表示，重量尾数不足 0.5 千克的，按 0.5 千克计算；0.5 千克以上不足 1 千克的，按 1 千克计算。如果货物的计费重量以磅表示，当货物不足 1 磅时，按 1 磅计算。

三、最低运费

最低运费（Minimum Charges，MC）又称起码运费，是指一批货物自始发地机场至目的地机场航空运费的最低限额。其是航空公司办理一批货物所能接受的最低运费，不论货物的重量或体积大小，在起讫地点之间运输一批货物应收取的最低金额。最低运费是航空公司在考虑办理一笔很小的货物所产生的固定费用后所制定的。如果承运人收取的运费低于起码运费，就不能弥补运送成本。因此，航空公司规定无论所运送的货物适用哪一种航空运价，所计算出来的运费总额都不得低于起码运费。若计算出的数值低于起码运费，则以起码运费计收，另有规定的除外。

不同地区的不同航空公司都有起码运费的规定。货物按其适用的航空运价与计费重量计算所得的航空运费，应与货物最低运费相比，取高者。每批国内航空货物最低运费为人民币30元。

知识拓展

一、货物航空货运运价、运费的货币进整

货物航空运价及运费的货币进整，因货币币种的不同而不同。各国货币的进整单位的规则公布在《航空货物运价规则》中（详细规则可参考TACT Rules 5.7.1中的CURRENCY TABLE）。运费进整时，需将航空运价或运费计算到进整单位的下一位，然后按半数进位法进位，计算所得的航空运价或运费，达到进位单位一半则入，否则舍去。

对于以0.01、0.1、1、10等为进位单位的货币，其货币进位就是我们常说的四舍五入。CNY（人民币）的进位规定为：最低航空运费进位单位为1，除此之外的运价及航空运费等的进位单位均为0.01。

对于以0.05、0.5、5等为进位单位的货币，计算中应特别注意其进整问题。由于世界上很多国家采用此类进位单位，实际运输工作中，在处理境外运到我国的到付货物时，对AWB（航空货运单）的审核及费用的收取，需注意此项规则。采用进整单位的规定，主要用于填制航空货运单。销售AWB时，所使用的是运输始发地货币，按照进整单位的规定计算航空运价及运费。

二、活动物运价

主要参看TACT Rules 3.7.2。所有分区间（除欧共体协议国外）的活动物运价如表3-13所示。

表 3-13 各区活动物运价表(除欧共体协议国外)

ALL LIVE ANIMALS Except: A. Baby Poultry less than 72 hours old B. Monkeys and Primates C. Cold blooded animals	Within 1				Within 2 (see also Rule 3.7.1.3.)	Within 3	Between 1 and 2			Between 2 and 3	Between 3 and 1			
	to/from Canada	to USA	from USA	other sectors			TO/FROM CANADA	to/from USA	Other sectors		to/from Canada	to USA	from USA	other sectors
	150% of appl. GCR Except: 12 below	150% of appl. GCR	110% of appl. GCR	Normal GCR Except: 13 below	150% of Normal GCR Except: 13 below	Normal GCR Except: 2 below	150% of appl. GCR Except: 8,15 below	110% of appl. GCR Except: 1,8 below	Normal GCR Except: 8,17 below	Normal GCR Except: 4,10,19 below	150% of appl. GCR Except:4 below	110% of appl. GCR Except: 4,9 below	150% appl. GCR	Normal GCR Except: 4,16,18 below
A. BABY POULTRY less than 72 hours old	150% of appl. GCR Except: 12 below	150% of appl. GCR	110% of appl. GCR	appl. GCR	Normal GCR Except: 5 below	Normal GCR or over 45 kgs Except: 4,20 below	150% of appl. GCR Except: 15 below	110% of appl. GCR Except: 1 below	Normal GCR or over 45 kgs Except: 6,17 below	Normal GCR or over 45 kgs Except: 4,19 below	150% of appl. GCR Except:4 below	150% of appl. GCR	150% of appl. GCR	Normal GCR or over 45 kgs Except: 4,16,18 below
B. MONKEYS and PRIMATES	150% of appl. GCR Except: 12 below	150% of appl. GCR	110% of appl. GCR	appl. GCR	150% of Normal GCR Except: 2 below	Normal GCR Except 4, 20 below	150% of appl. GCR Except: 15 below	110% of appl. GCR Except: 1 below	appl. GCR Except: 17 below	Normal GCR Except: 4,19 below	150% of appl. GCR	150% of appl. GCR	150% of appl. GCR	appl. GCR Except: 4,18 below
C. COLD BLOODED ANIMALS	150% of appl. GCR Except: 11 below	appl. GCR	appl. GCR	Nomal GCR Except: 13 below	150% of Normal GCR Except: 3,4,20 below	Normal GCR Except: 3,4,20 below	Normal GCR Except: 14 below	appl. GCR Except: 7 below	Normal GCR Except: 17 below	Normal GCR Except: 4,19 below	125% of appl. GCR Except:4 below	appl. GCR	appl. GCR	appl. GCR Except: 4,16,18 below

思考练习

根据以下给定资料分别计算运费并填制航空货运单中相关内容。

【资料1】 Routing：BEIJING，CHINA（BJS）

to AMSTERDAM，HOLLAND（AMS）

Commodity：PARTS

Gross Weight：38.6 KGS

Dimensions：101 cm×58 cm×32 cm

Applicable TACT Rates are as follows：

BEIJING	CN		BJS
Y. RENMINBI	CNY		KGS
AMSTERDAM	NL	M	320.00
		N	50.22
		45	41.53
		100	37.52

【资料2】 Routing：BEIJING，CHINA（BJS）

to NAGOYA，JAPAN（NGO）

Commodity：FRESH ORANGE

Gross Weight：EACH 47.8 KGS，6 PIECES TOTAL

Dimensions：128 cm×42 cm×36 cm EACH

Applicable TACT Rates are as follows：

BEIJING	CN			BJS
Y. RENMINBI	CNY			KGS
NAGOYA	JP	M		230.00
		N		37.51
		45		28.13
		0008	300	18.80
		0300	500	20.61
		1093	100	18.43
		2195	500	11.32

模块三 填制航空货运单

学习目标

1. 熟悉航空货运单的填制要求；
2. 掌握航空货运单各栏填写说明以及注意事项；
3. 熟练填制航空货运单。

工作任务

本模块的主要任务是根据给定资料和要求填制航空货运单。

实践操作

一、航空货运单的填制要求

每一批货物必须在全部收齐后，方可填制航空货运单。航空货运单要求用英文大写字母打印，各栏内容必须准确、清晰、齐全，不得随意涂改。在运输过程中需要修改已填内容时，必须在修改项附近盖章注明修改货运单的空运企业名称、地址和日期。修改货运单时，应将所有剩余的各联一同修改。在始发站货物运输开始后，货运单上的运输声明价值一栏的内容不得再做任何修改。

在航空货运单各栏中，有些栏目印有阴影。其中有标题的阴影栏目仅供承运人填写。使用标题的阴影栏目一般不需填写，除非承运人有特殊需要。货运单号码是航空货运单不可缺少的重要组成部分，货运单号码应清晰地印在货运单的左右上角以及右下角（中性货运单须自行填制）。通过此号码，即可以确定航空货运单的所有人——出票航空公司。货运单号码是托运人或其代理人向承运人询问货物运输情况，以及承运人在货物运输各个环节（如订舱、配载、查询货物等）中组织运输时的重要信息来源和依据。

根据《华沙公约》《海牙议定书》和承运人运输条件的条款规定，承运人的承运条件为航空货运单的，必须由托运人准备。托运人有责任填制航空货运单。该规定明确指出，托运人应自行填制航空货运单，也可以要求承运人或承运人授权的代理人代为填制。托运人对货运单所填各项内容的正确性和完备性负责。由于货运单所填内容不准确、不完全，致使承运人或其他人遭受损失，托运人负有责任。托运人在航空货运单上的签字，证明其接受航空货运单正本背面的运输条件和契约。

二、航空货运单的填写说明

航空货运单有正面和背面条款之分，不同的航空公司也会有自己特定的航空货运单格式，但各航空公司所使用的航空货运单大多借鉴IATA所推荐的标准格式，差别并不大。此处介绍航空货运单的标准格式，也称中性运单，如表3-14所示。

航空货运单中相关栏目的填写说明如下：

1. ⒈A始发站机场的IATA三字代码和⒈B运单号

⒈A须填写始发站机场的IATA三字代码（如果始发地机场名称不明确，可填写机场所在城市的IATA三字代码）；⒈B 填写运单号。

2. ⒈C 货运单所属承运人的名称及地址

此栏一般印有航空公司的标志、名称和地址。“Not Negotiable”字样印在航空货运单的右上部，表示航空货运单是不可转让的。

3. ⒈D正本联说明

无须填写。

4. ⒈E契约条件

一般情况下无须填写，除非承运人要求。

5. 托运人栏

（1）②托运人姓名和地址（Shipper's Name and Address）。此栏填写托运人的姓名（名称）、地址、国家（或国家两字代号）以及托运人的电话、传真、电传号码。

（2）③托运人账号（Shipper's Account Number）。此栏无须填写，除非承运人要求。

6. 收货人栏

（1）④收货人姓名和地址（Consignee's Name and Address）。此栏填写收货人的姓名（名称）、地址、国家（或国家两字代号）以及收货人的电话、传真、电传号码；与海运提单不同，因为航空货运单不可转让，所以“凭指示”之类的字样不得出现。

（2）⑤收货人账号（Consignee's Account Number）。此栏仅供承运人使用，一般无须填写，除非承运人要求。

7. 承运人的代理人栏

（1）⑥名称和城市（Issuing Carrier's Agent Name and City）。

1）填写向承运人收取佣金的国际航空协会代理人的名称和所在机场或城市。

2）根据货物代理机构管理规则，该佣金必须支付给目的站国家的国际航空协会代理人，则该国际航空协会代理人的名称和所在机场或城市必须填入本栏。填写“收取佣金代

表 3-14　　航空货运单

(1A) | (1B)

Shipper's Name and Address (2) | Shipper's Account Number (3) | Not Negotiable
AIR WAYBILL
(1C)
Issued By

Copies 1,2 and 3 of this Air Waybill are originals and have the same validity. (1D)

Consignee's Name and Address (4) | Consignee's Account Number (5)

It is agreed that the goods described herein are accepted in apparent good condition (except as noted) for carriage SUBJECT TO THE CONDITIONS OF CONTRACT ON THE OAD OR ANY OTHER CARRIER UNLESS SPECIFIC CONTRARY INSTRUCTIONS ARE GIVEN HEREIN BY THE SHIPPER. AND SHIPPER AGREES THAT THE SHIPMENT MAY BE CARRIED VIA INTERMEDIATE STOPPING PLACES WHICH THE CARRIER DEEMS APPROPRIATE. THE SHIPPER'S ATTENTION IS DRAWN TO THE NOTICE CONCERNING CARRIER'S LIMITATION OF LIABILITY. Shipper may increase such limitation of liabilly by declaoog ahigher value for carriage and paying a supplemental charge if required. (1E)

Issuing Carrier's Agent Name and City (6) | Accounting Information (10)

Agent's IATA Code (7) | Account No. (8)

Airport of Departure(Addr.of First Carrier) and Requested Routing (9) | Reference Number (34A) | Optional Shipping Information (34B) (34C)

To (11A) | By First Carrier / Routing and Desination (11B) | to (11C) | by (11D) | to (11E) | by (11F) | Currency (12) | CHGS Code (13) | TW/VAL PPD (14A) COLL (14B) | Other PPD (15A) COLL (15B) | Declared Value for Carriage (16) | Declared Value for Customs (17)

Airport of Destination (18) | Requested Flight / Date (19A) (19B) | Amount of Insurance (20) | INSURANCE · if carrier offers insurance and such insurance is requested in accordance with the conditions hereof, indicate amount to be insured in figures in box marked"Amount of insurance".

Handling Information (21)
(21A) SCI

No.of Pieces RCP	Gross Weight	kg lb	Rate Class / Commodity Item No.	Chargeable Weight	Rate / Charge	Total	Nature and Quantity of Goods (incl.Dimensions or Volume)
(22A)	(22B) (22C)		(22D) (22E)	(22F)	(22G)	(22H)	(22I)
(22J)	(22K)					(22L)	

Prepaid	Weight Charge	Collect
(24A)		(24B)
	Valuation Charge	
(25A)		(25B)
	Tax	
(26A)		(26B)
	Total Other Charges Due Agent	
(27A)		(27B)
	Total Other Charges Due Carrier	
(28A)		(28B)
(29A)		(29B)
Total Prepaid (30A)		Total Collect (30B)
Currency Conversion Rates (33A)		CC Charges in Dest. Currency (33B)
For Carrier's Use at Destination (33)		Charges at Destination (33C)

Other Charges (23)

Shipper certifies that the particulars on the face hereof are correct and that insofar as any part of the consignment contains dangerous goods, such part is properly described by name and in proper condition for carriage by air according to the applicable Dangerous Goods Regulations.
(31)
Signature of Shipper or his Agent

(32A) (32B) (32C)
Executed on (Date) | at(Place) | Signature of Issuing Carrier or his Agent

Total Collect Charges (33D)

理人”（Commissionable Agent）字样。

（2）⑦国际航空协会代号（Agent's IATA code）。

1）代理人在非货账结算区（Non-CASS Areas），打印国际航空运输协会 7 位数字代号，例如 14-30288；

2）代理人在货账结算区（CASS Areas），打印国际航空运输协会 7 位数字代号，后面是三位 CASS 地址代号，以及一个冠以 10 位的 7 位数字代号检验位。例如34-4 1234/567。

（3）⑧ 账号（Account No.）。本栏一般无须填写，除非承运人要求。

（4）⑩ 账户信息（Accounting Information）。一些航空公司为便于内部系统管理，要求其代理人在此处填写相应的代码。

8. 承运人运费栏

（1）⑨始发地机场和航线［Airport of Departure（Add. of First Carrier）and Requested Routing］。

（2）(11A)、(11C)、(11E)去往（To）。分别填入第一（二、三）中转站机场的 IATA 代码。

（3）(11B)、(11D)、(11F)承运人（By）。分别填入第一（二、三）段运输的承运人。

（4）⑫货币（Currency）：填入国际标准化组织货币代码。

（5）⑬收费代号（CHGS Code）：表明支付方式。

（6）(14A)与(14B)运费及声明价值费（TW/VAL，weight charge/valuation charge）：此时可以有两种情况：预付（PPD，Prepaid）或到付（COLL，Collect）。如预付在(14A)中填入“*”，反之填在(14B)中。需要注意的是，航空货物运输中运费与声明价值费支付的方式必须一致，不能分别支付。

（7）(15A)与(15B)。其他费用（Other）：也有预付和到付两种支付方式。

9. ⑯运输声明价值（Declared Value for Carriage）

在此栏填入发货人要求的用于运输的声明价值。如果发货人不要求声明价值，则填入 NVD（No Value Declared）。

10. ⑰海关声明价值（Declared Value for Customs）

发货人在此栏填入对海关的声明价值，或者填入 NCV（No Customs Valuation），表明没有声明价值。

11. ⑱目的地机场（Airport of Destination）

此栏填写最终目的地机场的全称，需注意：

（1）填写到达机场的全称，当不知道机场时填写城市的全称。

（2）如果在不同的国家有相同名称的城市时，要指出该城市所属国家。例如：LONDON，UNITED KINGDOM（伦敦、英国）；LONDON，KENTUCKY，USA（伦敦、美国的肯塔基州）。

（3）有时托运人所指的目的站并没有机场，需要查找该目的站所在国中离该地最近的一个机场，将其填入本栏。例如：WETZLAR，GERMANY。WETZLAR 无机场，从地图可知离该地最近的机场是 FRANKFURT ON MAIN (FRA)，故该栏填写为 FRANKFURT ON MAIN (FRA)，如果托运人进一步要求货物运至 FRA 机场后改用邮政方式送到 WETZLAR，则应将此信息填入货运单的处理事项栏㉑A中，例如：FRANKFURT ON MAIN—WETZLAR BY PARCEL POST。

(4) 当一个城市有两个或两个以上的机场时，可填写具体运至的机场。例如：NEW YORK—JFK。

12. ⑲A与⑲B航班及日期 (Requested Flight/Date)

此栏填入运输货物的航班及日期。

13. ⑳保险金额 (Amount of Insurance)

只有在航空公司提供代理保险业务而客户也有此需要时才填写。

14. ㉑操作信息 (Handling Information)

此栏一般填入承运人对货物处理的有关注意事项，如 Shipper's Certification for Live Animals (托运人提供活动物证明) 等，要求填写得尽量清楚、简明，使涉及该批货物的所有人员能够一目了然。应注意：

(1) 如果有危险货物必须首先填写，有两种情况：第一，需要附托运人危险货物申报单的，则本栏内应填写"DANGEROUS GOODS AS PER ATTACHED SHIPPER'S DECLARATION"字样，对于要求装货机上的危险货物，还应加上"CARGO AIRCRAFT ONLY"字样；第二，不需要附托运人危险货物申报单的，则应在本栏内填入"SHIPPER'S REQUIRED"字样。

(2) 其他处理事项尽可能使用货物交换电报程序中的代号和简语。

(3) 所要求的特殊处理事项。

15. ㉒A至㉒L货物运价、运费细节

(1) ㉒A货物件数和运价组成点 (No. of Pieces RCP)：填入货物包装件数。如 10 包即填"10"。当需要组成比例运价或分段相加运价时，在此栏填入运价组成点机场的 IATA 代码。

(2) ㉒B毛重(Gross Weight)：填入货物总毛重。

(3) ㉒C重量单位：可选择千克 (kg) 或磅 (lb)。

(4) ㉒D运价等级(Rate Class)：针对不同的航空运价共有 6 种代码，它们是 M (Minimum，起码运费)，C (Specific Commodity Rates，特种运价)，S (Surcharge，高于普通货物运价的等级货物运价)，R (Reduced，低于普通货物运价的等级货物运价)，N (Normal，45 千克以下货物适用的普通货物运价)，Q (Quantity，45 千克以上货物适用的普通货物运价)。

(5) ㉒E商品代码(Commodity Item No.)：使用特种运价时，需要在此栏填写商品代码。

（6）㉒F计费重量(Chargeable Weight)：此栏填入航空公司据以计算运费的计费重量，该重量可以与货物毛重相同，也可以不同。

（7）㉒G运价（Rate/Charge）：填入该货物适用的费率。

（8）㉒H运费总额（Total）：此栏数值应为起码运费值或者是运价与计费重量两栏数值的乘积。

（9）㉒I货物的品名、数量（含尺码或体积）[Nature and Quantity of Goods (Incl. Dimensions or Volume)]：货物的尺码应以厘米或英寸为单位，尺寸分别以货物最长、最宽、最高边为基础。体积则是上述三边的乘积，单位为立方厘米或立方英寸。

（10）㉒J该运单项下货物总件数。

（11）㉒K该运单项下货物总毛重。

（12）㉒L该运单项下货物总运费。

16. ㉓其他费用

其他费用（Other Charges）是指除运费和声明价值附加费以外的其他费用。根据IATA的规定，各项费用分别用三个英文字母表示。其中前两个字母是某项费用的代码，如运单费就表示为AW(Air Waybill Fee)。第三个字母是C或A，分别表示费用应支付给承运人（Carrier）或货运代理人（Agent）。具体包括：

（1）填制内容。

1）填始发站发生的费用，全部预付或全部到付。

2）填中途发生的费用，全部预付或全部到付。

3）作为到付的其他费用，应视为代垫付款，按代垫付款规定办理。

4）未列在本栏中，在中途或目的站发生的其他费用只能到付，填入㉝C栏。

（2）填除税收外的其他费用的种类和金额，其代号为：

AC：动物容器租费（Animal Container）；

AS：集中货物服务费（Assembly Service Fee）；

AT：押运服务费（Attendant Fee）；

AW：货运单费（Air Waybill Fee）；

BL：拆箱检查费（Blacklist Certificate Fee）；

BR：银行放行费（Bank Release Fee）；

CD：目的站报关费（Clearance and Handling-destination Fee）；

CH：始发站报关费（Clearance and Handling-origin Fee）；

DB：代垫付款手续费（Disbursement Fee）；

DF：分发服务费（Distribution Service Fee）；

FC：运费到付手续费（Charge Collect Fee）；

GT：政府捐税（Government Tax）；

HR：尸体、骨灰附加费（Human Remains Fee）；

IN：代保险服务费（Insurance Premium Fee）；

LA：动物处理费（Live Animals Fee）；

MA：代理人收取的杂项费用（如无其他代号可用）（Miscellaneous Charge-Due Agent Fee）；

MB：未确定由谁收取的杂项费用（Miscellaneous Charge-Unassigned Fee）；

MC：承运人收取的杂项费用（如无其他代号可用）（Miscellaneous Charge-Due Carrier Fee）；

MD-MN：最后一个承运人收取的杂项费用（Miscellaneous Charge-Due Last Carrier Fee）；

MO-MZ：货运单承运人收取的杂费（Miscellaneous Charge-Due Issuing Carrier Fee）；

PK：包装服务费（Packaging Fee）；

PU：取货费（Pick up Fee）；

RA：危险品处理费（Dangerous goods Surcharge Fee）；

RC：分摊费（Referral of Charge Fee）；

RF：到付费用移交费（Remit Following Collection Fee）；

SD：目的站的地面运输费（Surface Charge-Destination Fee）；

SI：中途停运费（Stop in Transit Fee）；

SO：始发站保管费（Storage-Origin Fee）；

SP：分批发运费（Separate Early Release Fee）；

SR：目的站保管费（Storage-Destination Fee）；

SS：代签字服务费（Signature Service Fee）；

ST：地区销售税（State Sales Tax）；

SU：地面运输费（Surface Charge Fee）；

TR：中转费（Transit Fee）；

TX：税（Taxes）；

TH：集装设备操作费（ULD Handling Fee）。

承运人收取的其他费用用C表示，代理人收取的其他费用用A表示。

上述各项费用代号后加A或C，分别表示应归属代理人或承运人，如AWC、SUA等。如果货物由于无法交付而退运，原货运单上所列明的费用，应向原收货人收取，但未收取的各项费用，填入新填制的货运单的本栏。

17. ㉔至㉚各种费用

（1）㉔至㉖分别记录运费、声明价值费和税款金额，有预付与到付两种方式。

（2）㉗至㉘分别记录需要支付货运代理人和承运人的其他费用合计金额。

（3）㉙需预付或到付的各种费用。

（4）㉚预付、到付的总金额。

18. 落款

（1）㉛发货人的签字；㉜签单时间（日期）、地点、承运人或其代理人的签字。

（2）㉝货币换算及目的地机场收费记录。

三、填制航空货运单

背景资料

PORT OF LOADING：BEIJING AIRPORT，CHINA。PORT OF DESTINATION：NAIROBI AIRPORT，KENYA。CONSIGNEE：CHINA PETROLEUM PIPELINE BUREAU（CPP）LIMITED。ATTN：MR. WANG CHUN，CPPHCUN@GMAIL.COM。ADDRESS：P.O. BOX 12119001111，BRISTOL APARTMENT，WESTLAND，NAIROBI，KENYA。TEL：254-727-463325。FAX：254-20-4253454。TOTAL AMOUNT：USD 12 213.07。DESCRIPTION OF GOODS：焊丝(WELDING WIRE)。数量及单位：1 371.6 KGS。商品编码：8311300000。成交方式：FOB。

请将给定资料中的信息填在与表3－14所对应的栏目中，其他栏目保持空白。

相关知识

一、航空货运单的性质与作用

（一）航空货运单的性质

航空货运单（Air Waybill）是由承运人或其代理人签发的重要的货物运输单据，是承托双方的运输合同，其内容对双方均具有约束力。航空货运单不可转让，持有航空货运单也并不能说明可以对货物要求所有权。

（二）航空货运单的作用

（1）航空货运单是发货人与航空承运人之间的运输合同。与海运提单不同，航空货运单不仅证明航空运输合同的存在，而且航空货运单本身就是发货人与航空运输承运人之间缔结的货物运输合同，在双方共同签署后产生效力，并在货物到达目的地交付给货运单上所记载的收货人后失效。

（2）航空货运单是承运人签发的已接收货物的证明。航空货运单也是货物收据，在发货人将货物发运后，承运人或其代理人就会将其中一份（即发货人联）交给发货人，作为已经接收货物的证明。除非另外注明，它是承运人收到货物并在良好条件下装运的证明。

（3）航空货运单是承运人据以核收运费的账单。航空货运单分别记载着属于收货人负担的费用，属于应支付给承运人或其代理人的费用，并详细列明费用的种类。

（4）航空货运单是报关单证之一。航空货运单是出口时的报关单证之一。在货物到达目的地机场进行进口报关时，航空货运单也通常是海关查验放行的基本单证。

（5）航空货运单可作为保险证书。如果承运人承办保险或发货人要求承运人代办保险，则航空货运单也可用来作为保险证书。

（6）航空货运单是承运人内部业务的依据。航空货运单随货同行，证明了货物的身份。航空货运单上载有有关该票货物发送、转运、交付的事项，承运人会据此对货物的运输做出相应安排。

二、航空货运单的分类

（一）航空主运单

凡由航空运输公司签发的航空货运单称作航空主运单（Master Air Waybill）。它是航空运输公司据以办理货物运输和交付的依据，是航空公司和托运人订立的运输合同，每一批航空运输的货物都有其相对应的航空主运单。

（二）航空分运单

集中托运人在办理集中托运业务时签发的航空货运单被称作航空分运单（House Air Waybill）。在集中托运的情况下，除了航空运输公司签发航空主运单外，集中托运人还要签发航空分运单。

在这中间，航空分运单作为集中托运人与托运人之间的货物运输合同，合同双方分别为货 A、B 和集中托运人；而航空主运单作为航空运输公司与集中托运人之间的货物运输合同，当事人则为集中托运人和航空运输公司。货主与航空运输公司没有直接的契约关系。

不仅如此，由于在起运地，货物由集中托运人交付给航空运输公司，在目的地，货物由集中托运人或其代理从航空运输公司处提取货物，再转交给收货人，因此货主与航空运输公司也没有直接的货物交接关系。

三、航空货运单的构成

航空货运单是航空货物运输合同，它是航空公司与托运人签订运输合同的书面凭证。货运单一式 12 联。其中正本 3 联、副本 6 联和额外副本 3 联。3 联正本具有同等法律效力，分别由托运人或承运人接收货物后签字或盖章。货运单的 3 联正本背面印有英文的有关运输契约与航空货物运输相关的许多法律问题，如索赔、保险、改变承运人等。航空货运单的承运人联应当自填写次日起保存 2 年。

（一）正本 3 联

（1）第 A 联为 Original 3（for shipper）。即正本 3（交托运人）。此份为蓝色，交给托运人，作为航空公司收到货物的凭证，以及航空公司与托运人签订运输合同的书面凭证。

（2）第 C 联为 Original 1（for issuing carrier）。即正本 1（交发行航空货运单的航空公

司)。此份为绿色，由发行航空货运单的航空公司保存，作为该航空公司与托运人签订运输合同的书面凭证。

(3) 第 D 联为 Original 2 (for consignee)。即正本 2（交收货人))。此份为粉红色，随同货物送至目的地，在收货人提取货物时交给收货人。

航空公司的货运单除了上述三份正本外，还有若干份副本，每一份副本的用途在各份的底部写明。

（二）副本 6 联和额外副本 3 联

(1) 第 E 联为 Copy 4（副本 4)。是提取货物的收据，此份为浅黄色。

(2) 第 F 联为 Copy 5（副本 6)。给第三承运人，此份为白色。

(3) 第 G 联为 Copy 6（副本 6)。给第三承运人，此份为白色。

(4) 第 H 联为 Copy 7（副本 7)。给第二承运人，此份为白色。

(5) 第 I 联为 Copy 8（副本 8)。给第一承运人，此份为白色。

(6) 第 B 联为 Copy 9（副本 9)。交代理人，此份为白色。

(7) 第 J 联为 Extra copy（额外副本)。供承运人使用，此份为白色。

(8) 第 K 联为 Extra copy（额外副本)。供承运人使用，此份为白色。

(9) 第 L 联为 Extra copy（额外副本)。供承运人使用，此份为白色。

航空货运单不代表航空公司的提货通知单。收货人凭航空公司的到货通知单和有关证明提货。航空公司或其代理人根据托运书填制好航空货运单后，托运人（或其代理人）和承运人（或其代理人）在航空货运单上签字后，航空货运单即开始生效。货物运输至目的地后，收货人提取货物时，在航空货运单上的交付联上签字后，作为运输凭证，航空货运单的运输使用有效期即宣告结束；但是作为运输契约，其法律有效期则延至自运输结束之日起 2 年内。

知识拓展

请到中国国际货运航空有限公司官方网站查阅《中国国际货运航空有限公司货物国际运输总条件》，仔细阅读第五条“货运单”，注意其对航空货运单的法律效力以及责任的规定。

思考练习

根据以下要求填制航空货运单。

(1) 如果始发地是北京首都国际机场，是否可以把“BEIJING”城市全称填在货运单中？若可以，请填在该货运单中相应位置。

(2) 如果没有运输声明价值，在货运单上应如何填写？请填在货运单中相应位置。

(3) 如果托运人没有办理货物保险，在货运单上应如何填写？请填在货运单中相应位置。

(4) 如果运费是预付，请在货运单中填入其英文名称。

(5) 如果货物从北京运往纽约，请在货运单中相应位置上填入其货币代号。

模块四　不正常运输处理

学习目标

1. 熟练填制货物运费更改通知单；
2. 熟悉不正常运输的类型、代号以及处理办法；
3. 熟悉国际、国内航空货物运输的规定。

工作任务

本模块的主要任务包括填制货物运费更改通知单，分析航空货运不正常运输的类型和案例并给出处理意见。

实践操作

一、填制货物运费更改通知单（CCA）

如果始发站、目的站或中途站发现航空货运单、航空邮运结算单的货（邮）运费计算错误，而货物、邮件承运人联已在传递途中，应填写货（邮）运费更改通知单，通知始发站，始发站确认补收运费后立即通知目的站、有关承运人、运单所属航空公司财务部门和航空邮运运费清算单位。承运人凭航空货运单、航空邮运结算单和货（邮）运费更改通知单办理运费分摊及结算。各承运人在得到始发站填开的货（邮）运费更改通知单后，才能按调整后的运价办理结算事宜，补收运费所用运单与原运单合并办理结算。

货物运费更改通知单的相关内容如下：

（一）用途

在运输过程中，由于托运人的原因或承运人（或其代理人）的工作差错，货物已运离始发站，需要更改运费的具体数额或运费的付款方式时，经有关承运人和货物目的站有关部门同意并复电证实后，填制 CCA，予以更正。

（二）填开原因

货物已运离始发站，但需要更改运费的具体数额或运费的付款方式时，都应填制 CCA。任何与货物运输有关的承运人都可填制 CCA。更改运费的数额超过 5 美元时，才有必要填制 CCA。具体原因包括：

（1）托运人以书面形式提出变更运输或付款方式的要求，书面申请由承运人保存。

（2）由于天气、机械故障、禁运和承运人的其他原因造成非自愿变更运输，从而导致费用数额和付款方式的改变。

（3）制单承运人发现航空货运单上所列费用错误后，将详细情况通知其他承运人。

（4）某一联运承运人发现航空货运单上所列费用错误后，将详细情况通知制单承运人和其他有关承运人。

（5）在货物的中转站所发生的费用未在航空货运单上列明时，将此项费用通知给其他有关承运人。

（6）在货物的目的站，由于货物无人提取，承运人无法收取有关费用时，可在发出无人提取通知单一个月后，通知制单承运人。

若货物退运至始发站时，重新填制航空货运单，可不必填制 CCA。

（三）各联的分配

每次填开 CCA 的份数应根据发送部门的多少确定，但至少一式五份。始发站、填开部门、财务部门、目的站和承运人各一份，同时要根据货物中转的次数增加 CCA 的份数。向各部门发布 CCA 时，应随附一份航空货运单。

（四）流转程序

（1）CCA 由填制企业交第一承运人，再由第一承运人转交第二承运人，以此类推。

（2）相关单位收到 CCA 后，应同货运单副本一起交财务部门、查询部门登记备查。

（3）若货物中转站收到 CCA 上未指明各航段承运人时，应将续运情况填写在有关栏内，并立即转送给目的站。

（4）货物目的站收到 CCA 后，应在 14 日内将 CCA 回执联的各栏内容填写完毕，送回填制 CCA 的承运人。

（5）持有航空货运单的航站收到 CCA 后，应根据要求更改航空货运单，具体方法是：

1）在更改处加盖更改站的图章或签字；2）在“处理情况”栏内注明更改的依据；3）将处理情况电告始发站。

（五）填制时限

（1）承运人必须确知货物尚未交付给收货人后，方可填制 CCA。

（2）如果需承运人之间结算费用时，应在航空货运单填制 6 个月内填制 CCA。

（六）货物运费更改通知单填制实例

背景资料

航空运单号码：999-91713252。始发地：北京。目的地：法兰克福。原运费：CNY 2 250.00。现运费：CNY 2 850.00。原合计运费：CNY 2 300.00。现合计运费：CNY 2 900.00。所有运费均为预付。

根据以上资料填写的货物运费更改通知单如表 3－15 所示。

表 3－15　　货物运费更改通知单

中国国际航空公司
AIR CHINA
CARGO CHARGES CORRECTION ADVICE（CCA）

Recipient or Issuing. Carrier's Agent Name and City.	Recipient's or Agent's Code	Date of issue：05 APR 2017 Place of issue：PEK Number：300ICA
To 1：FRA	Flight No.：CA 931	Date：03 APR
To 1：	Flight No.：	Date：
To 1：	Flight No.：	Date：

Will transfer station. Please fill in lines 2 or 3 as appropriate and reforward this form immediately to next carrier. The slip below must only be filled in and returned to issuing carrier by the delivering carrier.

AWB No.	From	To	Date
999-91713252	BEIJING	FRANKFURT	01 APR 2017

AIR WAYBILL CHARGES HAVE BEEN CORRECTED/ADDED AS FOLLOWS.

Currency	CNY	Revised/Corrected Charges		Original/Incorrect Charges		Remarks and Reason for Issuing Advice.
		Prepaid	Collect	Prepaid	Collect	

Weight Charge	2 850.00		2 250.00		Acc. to SHPR rep. SHPT'S FINAL DEST. CHANGED FM FRA TO HAM. In case of non delivery enter all charges due at destination for collection from shipper.
Valuation Charges					
Other Charges due Carrier	50.00		50.00		
Other Charges due Carrier					
Total	2 900.00		2 300.00		

CC 1 FRAFTLH
2 HAMFFLH
3

Please correct your document and confirm action taken by returning to us, duly signed, the slip below. Thank you.
Yours faithfully.
AIR CHINA

PEK A/P PEKLICA
Address
Signature

....

To:
International Accounting office
CAPITAL AIRPORT, 100621 BEIJING
The People's Republic of China
Ref. AWB NO. 999—91713252
Ref. CCA NO. 3001 CA

From: ____________ (Airline)
AT: ____________ (Station)
Date: ____________
We herewith confirm having corrected our documents and taken the necessary action as per your instructions.

Carrier's Stamp ____________
Signature ____________

二、货物的不正常运输

货物的不正常运输是指货物在收运及运输过程中由于工作差错而造成的不正常情况。不正常运输的类型和代号如表 3-16 所示。

表 3-16　不正常运输的类型和代号

种类	代号	中文
Offloaded	OFLD	卸下，拉货
Shortshipped	SSPD	漏（少）装
Overcarried	OVCD	漏卸（运过境）
Mislabeled Cargo	—	贴错标签货物
Missing Label	—	标签脱落
Missing Cargo	MSCA	少收货物
Found Cargo	FDCA	多收货物
Missing AWB	MSAW	少收货运单
Found AWB	FDAW	多收货运单
Damage	—	破损

(一) 货物破损或内损

货物破损是指货物的外部或内部变形，因而使货物的价值可能或已遭受损失，如破裂、损坏或短缺。货物内损是指货物包装完好而内装货物受损，只有收货人提取后或交海关时才能发现。货物破损或内损的处理方法如表 3－17 所示。

表 3－17　货物破损或内损的处理方法

发现时间	货物破损或内损的处理方法
收运时	拒绝收运
出港操作时	破损（内物未损坏），则加固包装，继续运输
	严重破损（内物损坏），则停止运输，通知发货人或始发站，征求处理意见
进港操作时	填开不正常运输记录
	拍发电报通知装机站和始发站
交接中转货物	轻微破损，则在 TRM 的备注栏内说明破损情况
	严重破损，则拒绝转运

(二) 货物无人提取

1. 货物无人提取的原因

货物到达目的地 14 天后，由于下列原因造成无人提取时，称为无人提取的货物。

(1) 货运单所列地址无此收货人或收货人地址不详。

(2) 收货人对提取货物通知不予答复。

(3) 收货人拒绝提货。

(4) 收货人拒绝支付有关款项。

(5) 出现了其他一些影响正常提货的问题。

2. 到付运费的收取

(1) 目的站填开 CCA，向始发站结算所有费用。

(2) 始发站负责人向托运人收取到付运费和目的站产生的其他所有费用。

3. 无人提取货物的通知

对于无人提取的货物，通常需发出无法交付货物通知单（IRP），IRP 应交给始发站的出票航空公司或其当地代理人，填开 IRP 的单位，出票承运人的财务部门应有副本。

(三) 不正常运输案例分析

背景资料

航空托运货物竟“失踪”

一名客户在汕头机场委托一家航空公司将一批货物托运往成都，后来发现这批货物丢失了。双方因赔偿的问题发生纠纷，最后对簿公堂。

客户方某称，2015 年 10 月 27 日，他在汕头机场委托该航空公司运输用编织袋包装的复读机一件，总重量为 36 千克，价值 21 600 元。合同约定货物在成都机场自提，方某支付了运费 277 元，但成都方面并没有提到货物。为此，方某请求法院判令这家航空公司赔偿货物损失 21 600 元，以及直接经济损失 1 360 元等。

航空公司提交的律师代理意见认为，本案作为典型的航空货物运输合同纠纷，合同是成立的。按照《中国民用航空货物国内运输规则》相关规定，赔偿额最高每千克 20 元。方某提出货物损失 21 600 元，既没提供货物实际名称、重量、金额等证据，又没有其他法律依据，航空公司不予认同。方某提出直接经济损失1 360元，也不能证明是货物丢失所必然产生的损失。

经审理查明，2015 年 10 月 27 日，方某在汕头机场委托航空公司运输货物时，在货物托运单中货物名称一栏填写“口杯一件”，总重量为 36 千克。合同签订并支付了运费后，这批货物当天已运往成都，但货物丢失。之后，方某两次分别利用该航空公司提供的免费机票和自己购买的自深圳至成都的机票，前往成都处理相关货物丢失事宜。

资料来源：http：//news. carnoc. com/list/66/66368. html.

[评析]

该航空公司在运输过程中导致客户货物丢失，构成违约，应承担赔偿责任。但依照《中华人民共和国民用航空法》有关规定，对货物的赔偿受赔偿责任限额的限制。依照《中国民用航空货物国内运输规则》有关规定，由于方某在托运货物时未声明货物价值，应以货物毛重每千克人民币 20 元作为赔偿标准，即赔偿货物损失 720 元。同时，方某为处理货物丢失事宜曾自己前往成都并支付了路费，属于该项损失的间接损失，这家航空公司应当赔偿方某路费开支。为此，该法院作出判决：由该航空公司赔偿方某货物损失 720 元、运费 277 元和车票、机票款1 360元。

相关知识

一、国际航空货物运输的相关规定

在国际航空货物运输方面，我国主要按照《统一国际航空运输某些规则的公约》（通称《华沙公约》）及《海牙议定书》）执行。另外《中华人民共和国民用航空法》（以下简称《民用航空法》）和《中国民用航空货物国际运输规则》也对国际航空货物运输中的相关问题作了特殊规定。

《华沙公约》是 1929 年颁布并于 1933 年 12 月生效的，是目前国际上有关航空运输最主要的，也是最基本的公约，已有 100 多个国家和地区加入了该公约。我国在 1958 年加入了该公约。1955 年颁布的《海牙议定书》是对《华沙公约》的修订，我国已于 1975 年加入。

（一）货物的托运和承运

国际航空货物运输的托运和承运的过程与国内航空货物运输基本一致，只是在航空货运单的填制方面，国际航空货物运输的相关规定明确要求航空货运单应当由托运人填写，同时明确了承运人根据托运人的请求填制货运单的，在没有相反证据的情况下，应当视为代托运人填写，进一步明确了承运人和托运人之间填制货运单的责任。

《华沙公约》规定，航空货运单是订立合同、接受货物和运输条件的初步证据。航空货运单的缺少、不合规定或灭失，不影响运输合同的存在和有效。货物承运人有权要求托运人填制航空货运单，托运人有权要求承运人接受这项凭证。

（二）合同双方的义务

在托运人和承运人的义务方面，国际航空货物运输与国内航空货物运输的相关规定是一致的。

（三）承运人的责任

国际航空货物运输中承运人的责任与国内航空货物运输的相关规定有所不同，主要表现在承运人的免责事项和责任限额方面。

《华沙公约》规定，承运人应对货物在航空运输期间发生的因毁灭、遗失或损坏而产生的损失负责。航空运输期间包括货物在承运人保管下的整个期间，包括在航空站内、在航空器上或在航空站外降停的任何地点。航空运输期间不包括在航空站以外的任何陆运、海运或河运，但如果该项运输是为了履行航空运输合同而进行的装载、交货或转运空运货物的运输，如发生损失，也应视为是在航空运输期间发生的，除非有相反证据，承运人也应对该损失负责。承运人还应对在航空运输中因延误而造成的货物损失负责。

1. 承运人的免责事项

《民用航空法》虽然没有对承运人的免责事项作出特别规定，但《华沙公约》规定，在下列情况下，承运人可以免除或减轻其责任：

（1）如果承运人能证明自己和代理人或受雇人为了避免损失，已经采取了一切必要的措施，或不可能采取这些相应措施时，承运人对货物的损失可不负责任。

（2）如果承运人证明损失的发生是由于在驾驶中、航空器的操作中或航行中的过失引起的，并证明自己和代理人在其他方面已经采取了必要的措施以避免损失时，承运人对货物的损失可不负责任。

（3）如果承运人能证明损失是由于受损方的过失所引起或促成的，则法院可依法免除或减轻承运人的责任。

2. 承运人的责任限额

《民用航空法》规定，国际航空货物运输承运人的赔偿责任限额为每千克 17SDR（特别提款权或其等值货币）。托运人在交运货物时，特别声明在目的地点交付时的利益，并在必要时支付附加费的，除承运人证明托运人声明的金额高于货物在目的地点交付时的实际利益外，承运人应当在声明金额范围内承担责任。货物的一部分或者货物中的任何物件毁灭、遗失、损坏或者延误的，用以确定承运人赔偿责任限额的重量，仅为该一包件或者数包件的总重量。但是，因货物的一部分或者货物中的任何物件的毁灭、遗失、损坏或者延误，影响同一份航空货运单所列其他包件的价值的，确定承运人的赔偿责任限额时，此包件的总重量也应当考虑在内。

《民用航空法》还规定，在国际航空货物运输中，承运人同意未经填制航空货运单而载运货物的，或者航空货运单上未依照所适用的国际航空货物运输公约的规定而在首要条款中做出此项运输适用该公约的声明的，承运人无权援用《民用航空法》第 129 条有关赔偿责任限额的规定。

《华沙公约》规定，货物的灭失、损坏或迟延交付，承运人的最高赔偿限额为每千克 250 金法郎，但托运人在向承运人交货时，特别声明货物运到后的价值，并已缴付必要的附加费，则不在此限。同时又规定，如货物损失的发生是由于承运人或其代理人的故意的不当行为或过失引起的，则承运人无权免除或限制其责任。《海牙议定书》将“故意的不当行为”改为“故意造成或明知可能造成而漠不关心的行为或不作为”。

（四）索赔期限和诉讼时效

《华沙公约》规定在货物损坏、灭失的情况下，收货人应在收到货物后 7 日内提出异议，在延迟交付的情况下，应在货物由收货人支配起 14 日内提出异议。《海牙议定书》延长了索赔期限，将前者延长为 14 天，后者延长为 21 天。《华沙公约》规定的诉讼时效是自航空器到达目的地或应该到达之日起两年。

二、国内航空货物运输的相关规定

在国内航空货物运输方面，由于承运人的原因造成货物丢失、短缺、变质、污染、损坏，应按照下列规定赔偿：

（1）未向承运人办理声明价值的货物，承运人按照实际损失的价值进行赔偿，但赔偿最高限额为毛重每千克人民币 20 元。

（2）已向承运人办理声明价值的货物，按声明的价值赔偿；如承运人证明托运人的声明价值高于民用航空规定货物的实际价值时，按实际损失赔偿。

（3）超过货物运输合同约定期限运达的货物，承运人应当按照运输合同的约定进行赔偿。

托运人或收货人发现货物有丢失、短缺、变质、污染、损坏或延误等情况，收货人应当场向承运人提出，承运人应当按规定填写运输事故记录并由双方签字或盖章。如有索赔要求，收货人或托运人应于签发事故记录的次日起，按法定时限向承运人或其代理人提出索赔要求，并填写货物索赔单、随附货运单、运输事故记录，以及能证明货物内容、价格的凭证或其他有效证明。超过法定索赔期限，收货人或托运人未提出赔偿要求，则视为自动放弃索赔权利。索赔要求一般在目的站处理。承运人对托运人或收货人提出的赔偿要求，应当在两个月内处理答复。不属于受理索赔的承运人接到索赔要求时，应当及时将索赔要求转交有关承运人，并通知索赔人。

知识拓展

《中国国际货运航空有限公司货物国际运输总条件》中规定了责任与赔偿条款，对不正常运输下的赔偿进行了详细规定，并针对承托双方可能产生的纠纷制定了解决办法，其他航空公司也都有类似的规定。该规定的相关条款可登录以下网址查询：http：//www.airchina.com/ae/cn/generalconditons/cargo/cargo1.shtml。

思考练习

请分析以下案例并给出处理意见。

背景资料

一票货物从柏林到上海。货运单号：999－87654938。航班：XY767/16MAY。货物价值：2 564 美元。品名：干酪，1 件 328 千克。事故情况：解冻后受损。事故原因：当天上午 10 点发出到货通知，收货人当天提取货运单，办理海关手续后来提货，发现货物没有冷藏；货运单的操作注意事项上明确写明 KEEP COOL，但是分拣的工作人员没有注意到。经过拣选，最终损失达到 60%。

项目四

危险货物托运与检测

项目概述

由于一些货物具有爆炸、易燃、毒害、腐蚀、放射性等特征，因此在运输、装卸和储存过程中，容易造成人身伤亡或财产毁损而需要特别保护。《国际海运危险货物规则》对危险货物规定了托运程序，就是为了确保危险货物的运输安全，以及让涉及危险货物运输的每个人正确识别危险性，当发生紧急情况时能正确采取应急措施。本项目主要介绍了危险货物托运的操作流程及相关要求、危险货物的分类及标志，要求学生能根据资料填制危险货物安全适运申报单。

教学目标

要求学生熟练掌握危险货物托运的操作流程，能熟练填制危险货物安全适运申报单及危险货物第三方检测报告，熟悉危险货物托运的相关要求，了解危险货物的分类及标志。

重点难点

【重点】

熟悉危险货物托运的操作流程，填制危险货物安全适运申报单及危险货物第三方检测报告。

【难点】

熟练掌握危险货物托运的操作流程。

模块一 危险货物托运

学习目标

1. 熟练掌握危险货物托运的操作流程；
2. 熟练填制危险货物安全适运申报单；
3. 熟悉危险货物托运的相关要求；
4. 了解危险货物的分类及标志。

工作任务

本模块的主要任务包括掌握危险货物托运的操作流程和填制危险货物安全适运申报单。

实践操作

一、危险货物托运的操作流程

(一) 订舱

货主需要提前10个工作日将以下文件传真给负责托运的货代公司：

(1) 海运托书。

(2) 危险品包装使用鉴定结果单。

(3) 包装危险货物技术说明书。

(4) 材料安全数据表。

需要注意的是：第一，海运托书上应注明中英文品名、箱型、危险品级别、联合国危险品编码、货物包装以及特殊要求，以方便申请舱位和申报危险品；第二，如果涉及转运，需要向船公司确认中转港是否有限制。

(二) 提供申报资料

货代公司需提前7个工作日提供货物的相关申报资料正本，具体包括：

(1) 危险品包装使用鉴定结果单（不同品名应一一对应）。

（2）包装危险货物技术说明书。

需要注意的是：第一，根据以上单据，并按照正确的数据、品名、箱型等到海事局进行货物申报，然后再根据货物申报单和装箱证明书等送船公司进行船申报；第二，对于循环使用的装运桶，需在货申报前办理暂时进出口申请，需提供用途说明、货物的危险品级别和联合国危险品编码，保证数量、毛重正确，并且要出货人公司加盖公章后向海事局申请。

（三）提供报关资料

货主必须提前3天提供出口报关所需的相关资料正本，具体包括：

（1）核销单。

（2）发票。

（3）装箱单。

（4）报关委托单。

（5）出口报关单。

（6）货物的情况说明书（出货人需书面介绍此货的用途及其特性等）。

需要注意的是：第一，需提交以上单据，并根据货物申报单、箱封号等进行报关；第二，办理暂时进出口货物的报关事项时，除以上单据外，还需提供针对暂时进出口货物的情况说明，如有保证金收据也需提供。

（四）装箱进港

由于危险品是船边直装，因此一般是在船开前三天装箱。装箱太早会造成不必要的堆存费，装晚了会耽误报关、危险品申报的时间。装箱分两种方式：

（1）货主自行送货至危险品仓库内装箱，货主需在船开前三天内自行将货物送至货代公司指定的危险品仓库，然后装箱子。

（2）到工厂装箱。货主需提前准备好货物。货物装箱后一定要在集装箱的四周贴上大危标，方便船上工作人员识别危险品。如果所装的货物一旦泄漏会对海洋造成污染的话，还需要贴上海洋污染标记，同时拍照取证。

需要注意的是：第一，危险品的拖车或者内装都必须使用具有危险品运输资格的车队，费用按照等级来计算；第二，货物申报截止时间为开船前48小时，所以必须在此时间前提出箱子；第三，截止货物申报同时要提供箱封号的，所以必须在此时间前提出箱子。

（五）确认提单

在船开前二天将提单确认件提供给出货人，请其确认。

二、填制危险货物安全适运申报单

背景资料

托运人：拜耳作物科学(中国)有限公司［BAYER CROPSCIENCE (CHINA) CO.，LTD.

NO. 5 ROAD HANGZHOU ECONOMIC & TECHNOLOGICAL DEVELOPMENT ZONE, HANGZHOU，310018，CHINA]。收货人：BAYER CROPSCIENCE LIMITED，BAYER HOUSE，CENTRAL AVENUE，400076 MUMBAI HIRANANDANI GARDENS，POWAI INDIA。联系人：USHA SAWANT 。电话：0091-22-25708 * * * 。传真：0091-22-25703 * * * 。唛头及号码：BAYER CROPSCIENCE/B（C）L/PUNJAB VIA JNPT/MADE IN CHINA/FIPRONIL DRY TC/（MIN. PURITY 90%）/610768012。外观：淡黄色澄清液体，久置会变红色。联合国危险品编码：2735。

根据以上资料填制的危险货物安全适运电报单如表 4-1 所示。

表 4-1　　危险货物安全适运申报单

<table>
<tr><td colspan="2">Shipper's Name & Address
（托运人名称、地址）
BAYER CROPSCIENCE（CHINA）CO.，LTD.
NO. 5 ROAD HANGZHOU ECONO-MIC & TECHNOLOGICAL DEVELOPMENT ZONE，HANGZHOU，310018，CHINA</td><td colspan="3">萬海航連股份有限公司
WAN HAI LINES LTD.

DECLARATION ON
SAFETY AND FITNESS OF
DANGEROUS GOODS</td></tr>
<tr><td colspan="2" rowspan="3">Consignee's Name & Address
（收货人名称、地址）
BAYER CROPSCIENCE LIMITED
BAYER HOUSE，CENTRAL AVENUE，400076 MUMBAI HIRANANDANI GARDENS，POWAI INDIA
ATTN：USHA SAWANT
TEL：0091-22-25708 * * *
FAX：0091-22-25703 * * *</td><td colspan="3">Ship's Stowage Location
（积载位置）</td></tr>
<tr><td>Ocean Vessel
YELLOW SEA</td><td>Voy No.
003W</td><td>S/O No.
WHL303314</td></tr>
<tr><td colspan="3">Container No.（货柜号码）</td></tr>
<tr><td>Place of Receipt
（收货地）
NINGBO PORT</td><td>Place of Delivery
（交货地）
NHAVA SHEVA，INDIA</td><td>Ship's Operator
（运送人）</td><td colspan="2">Container Operator
（货柜管理人）</td></tr>
<tr><td>Port of Loading
（装货港）</td><td>Port of Discharge
（卸货港）
NHAVA SHEVA，INDIA</td><td>Vanning Survey
（装柜检查）</td><td>Req.
要</td><td>Not Req.
不要</td></tr>
</table>

<table>
<tr><td rowspan="6">Marks & No.
（唛头及号码）
BAYER CROPSCIENCE/B (C)L/PUNJAB VIA JNPT/MADE IN CHINA/FIPRONIL DRY TC/（MIN. PURITY 90%）/ 610768012</td><td rowspan="5">Proper Shipping Name（品名）：
2-（2-THIENYL）ETHYLAMINE
Commodity（品名）：
2-（2-THIENYL）ETHYLAMINE
Inner Packaging/Quantity/Capacity
（内包装种类/材质/数量/容量）：
NO
Outer Packaging/Quantity/Capacity
（外包装种类/材质/数量/容量）：
钢桶塑料复包；380 mm×535 mm；100 IRON DRUM；50 L</td><td>IMDG
Class8</td><td>IBC
□是 ☑否</td></tr>
<tr><td>UN No.
2735</td><td>Large Package
☑是 □否</td></tr>
<tr><td>Subsidiary Risk NO</td><td>Limit Quantity
□是 ☑否</td></tr>
<tr><td>Packing Group III</td><td>Flash Point
87 ℃
℉</td></tr>
<tr><td>Total Weight
(Gross/Net)
(Kg)
NET：5,000 KGS
GROSS：5,650 KGS</td><td>Marine Pollutant
□是 ☑否
EMS TAB No.
F-A，S-B</td></tr>
<tr><td colspan="3">Remark：
1×20′GP 包装代码：UN 6HA1</td></tr>
</table>

<table>
<tr><td rowspan="2">Properties
（危险货物性质）</td><td>Appearance
（外观）</td><td>Odour
（气味）</td><td>Specific Gravity
（比重）</td><td>Ignition Point
（燃点）</td><td>Toxicity
（LD/TLV）
（毒性）</td><td>Reactivity and/or Other Hazard
（反应性及其他危险性）</td></tr>
<tr><td>淡黄色澄清液体，久置会变红色</td><td>无</td><td>1.087</td><td>不确定的</td><td>急性毒性</td><td>刺激眼睛、呼吸道和皮肤</td></tr>
<tr><td colspan="4">Prevention Measures，Protection Equipments and Medical First Aid
（防灾处理、防灾装备以及医疗处理）</td><td colspan="3">万一接触眼睛，立即用大量清水冲洗并送医诊治；使用合适的防护手套；佩戴眼睛和面部防护装置</td></tr>
<tr><td colspan="7">Emergency Communication（紧急时联络）：0571-28935*** 张小姐</td></tr>
</table>

相关知识

一、危险货物托运的相关要求

我国《水路危险货物运输规则》的第三章“托运”中作了如下规定：

(一) 第三章第十八条的规定

危险货物的托运人或作业委托人应了解、掌握国家有关危险货物运输的规定，并按有关法规和港口管理机构的规定，向港务（航）监督机构办理申报并分别同承运人和起运、到达港港口经营人签订运输、作业合同。

(二) 第三章第十九条的规定

办理危险货物运输、装卸时，托运人、作业委托人应向承运人、港口经营人提交以下有关单证和资料：

(1) 危险货物运输声明或放射性物品运输声明。

(2) 危险货物包装检验证明书、压力容器检验合格证书或放射性物品包装件辐射水平检查证明书。

(3) 集装箱装运危险货物，应提交有效的集装箱装箱证明书。

(4) 托运民用爆炸品应提交所在地县、市公安机关根据《中华人民共和国民用爆炸物品管理条例》核发的爆炸物品运输证。

(5) 除提交上述 (1) ～ (4) 款的有关单证外，对可能危及运输和装卸安全或需要特殊说明的货物还要提交有关资料。

(三) 第三章第二十条的规定

运输危险货物应使用红色运单，港口作业应使用红色作业委托单。

(四) 第三章第二十二条的规定

托运装过有毒气体、易燃气体的空钢瓶，按原装危险货物条件办理。托运装过液体危险货物、毒害品（包括有毒害品副标志的货物）、有机过氧化物、放射性物品的空容器，如符合下列条件，并在运单和作业委托单中注明原装危险货物的品名、编号和"空容器清洁无害"字样，可按普通货物办理：

(1) 经倒净、洗清、消毒（毒害品），并持有技术检验部门出具的检验证明书，有"空容器清洁无害"字样。

(2) 盛装过放射性物品的空容器，其表面清洁无污染，或按可接近非固定污染程度 β 或 γ 发射体低于 4 Bq/cm^2、α 发射体低于 0.4 Bq/cm^2，并持有卫生防疫部门出具的放射性物品空容器检查证明书。

托运装过其他危险货物的空容器，经倒净、洗清，并在运单中和作业委托单中注明原装危险货物的品名、编号和"空容器清洁无害"字样，可按普通货物办理。

(五) 第三章第二十三条的规定

符合下列条件之一的危险货物，可按普通货物运输：

(1) 成套设备中的部分配件或部分材料属于危险货物（只限不能单独包装），托运人确认在运输中不致发生危险，经起运港港口管理机构和港务（航）监督机构认可后，并在运单和作业委托单中注明"不作危险货物"字样。

（2）危险货物品名索引中注有＊符号的货物，其包装、标志符合规定，且每个包装件不超过 10 千克，其中每一小包件内货物净重不超过 0.5 千克，并由托运人在运单和作业委托单中注明“小包装化学品”字样；但每批托运货物总净重不得超过 100 千克，并按有关规定办理申报或提交有关单证。

此外还规定，性质相抵触或消防方法不同的危险货物应分票托运。个人托运危险货物，还须持本人身份证件办理托运手续。

二、危险货物的分类及标志

国际海事组织制定的《国际危险货物运输规则》中关于危险货物的分类及标志如表 4－2 所示。

表 4－2　　危险货物的分类及标志

<table>
<tr><th colspan="3">第一类　爆炸物质和物品</th></tr>
<tr><td colspan="3">
</td></tr>
<tr><td colspan="3">（NO. 1）</td></tr>
<tr><td colspan="3">第 1.1，1.2 和 1.3 类</td></tr>
<tr><td colspan="3">符号（爆炸的炸弹）：黑色。底色：橙黄色。数字“1”写在底角</td></tr>
<tr><td>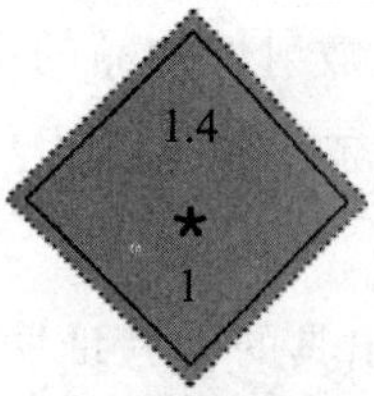
</td><td>
</td><td>
</td></tr>
<tr><td>（NO. 1. 4）</td><td>（NO. 1. 5）</td><td>（NO. 1. 6）</td></tr>
<tr><td>第 1.4 类</td><td>第 1.5</td><td>第 1.6 类</td></tr>
<tr><td colspan="3">底色。橙黄色。数字：黑色。数字高约 30 mm，字体笔画的宽度约 5 mm
（对于 100 mm×100 mm 的标志）：数字“1”写在底角
＊＊属于危险类别的位置——如果属于副危险性则留空
＊属于配装组的位置——如果属于副危险性则留空</td></tr>
<tr><th colspan="3">第二类　气体</th></tr>
<tr><td>
</td><td colspan="2">
</td></tr>
</table>

<table>
<tr><td colspan="2">(NO. 2. 1)</td></tr>
<tr><td colspan="2">第 2.1 类　易燃气体</td></tr>
<tr><td colspan="2">符号（火焰）：黑色或白色。底色：红色。数字“2”写在底角</td></tr>
<tr><td>
</td><td>
</td></tr>
<tr><td colspan="2">(NO. 2. 2)</td></tr>
<tr><td colspan="2">第 2.2 类　非易燃，无毒气体</td></tr>
<tr><td colspan="2">符号（气瓶）：黑色或白色。底色：绿色。数字“2”写在底角</td></tr>
<tr><td colspan="2">
</td></tr>
<tr><td colspan="2">(NO. 2. 3)</td></tr>
<tr><td colspan="2">第 2.3 类　有毒气体</td></tr>
<tr><td colspan="2">符号（骷髅和交叉的骨头棒）：黑色。底色：白色。数字“2”写在底角</td></tr>
<tr><td colspan="2">第三类　易燃液体</td></tr>
<tr><td>
</td><td>
</td></tr>
<tr><td colspan="2">(NO. 3)</td></tr>
<tr><td colspan="2">符号（火焰）：黑色或白色。底色：红色。数字“3”写在底角</td></tr>
<tr><td colspan="2">第四类</td></tr>
<tr><td>
</td><td>
</td></tr>
<tr><td>(NO. 4. 1)</td><td>(NO. 4. 2)</td></tr>
<tr><td>第 4.1 类　易燃固体</td><td>第 4.2 类　易自燃物质</td></tr>
<tr><td>符号（火焰）：黑色。底色：白色加上七条竖直红色条带。数字“4”写在底角</td><td>符号（火焰）：黑色。底色：上半部为白色。下半部为红色。数字“4”写在底角</td></tr>
</table>

<table>
<tr><td>
</td><td>
</td></tr>
<tr><td colspan="2">（NO. 4. 3）</td></tr>
<tr><td colspan="2">第4.3类　遇水放出易燃气体的物质</td></tr>
<tr><td colspan="2">符号（火焰）：黑色或白色。底色：蓝色。数字“4”写在底角</td></tr>
<tr><td colspan="2">第五类</td></tr>
<tr><td>
</td><td>
</td></tr>
<tr><td>（NO. 5. 1）</td><td>（NO. 5. 2）</td></tr>
<tr><td>第5.1类　氧化剂（物质）</td><td>第5.2类　有机过氧化物</td></tr>
<tr><td colspan="2">符号（圆圈上带有火焰）：黑色。底色：黄色</td></tr>
<tr><td>数字“5.1”写在底角</td><td>数字“5.2”写在底角</td></tr>
<tr><td colspan="2">第六类</td></tr>
<tr><td colspan="2">
</td></tr>
<tr><td colspan="2">（NO. 6. 1）</td></tr>
<tr><td colspan="2">第6.1类　有毒物质</td></tr>
<tr><td colspan="2">符号（骷髅和交叉的骨头棒）：黑色。底色：白色。数字“6”写在底角</td></tr>
<tr><td colspan="2">
</td></tr>
<tr><td colspan="2">（NO. 6. 2）</td></tr>
<tr><td colspan="2">第6.2类　感染性物质</td></tr>
<tr><td colspan="2">符号（三个新月形符号沿一个圆圈重叠在一起）和文字：黑色。底色：白色。标志的下半部可以标上“INFECTIOUS SUBSTANCE”（感染性物质）以及“In the case of damage of leakage immediately notify Public Health Authority”（“如发生损伤或泄漏，立即通知公共卫生机构”的字样）。数字“6”写在底角</td></tr>
</table>

<table>
<tr><th colspan="2">第七类　放射性物质</th></tr>
<tr><td colspan="2">
</td></tr>
<tr><td colspan="2">(NO. 7A)</td></tr>
<tr><td colspan="2">Ⅰ级——白色</td></tr>
<tr><td colspan="2">符号（三叶形）：黑色。底色：白色。文字（强制性要求）：在标志的下半部分用黑体标出 RADIOACTIVE（放射性）、CONTENTS…（内容物名称）及 ACTIVITY…（强度为……）字样。紧跟“放射性”字样的后面标上一条垂直的红色短杠。数字“7”写在底角</td></tr>
<tr><td>
</td><td>
</td></tr>
<tr><td>(NO. 7B)</td><td>(NO. 7C)</td></tr>
<tr><td>Ⅱ级——黄色</td><td>Ⅲ级——黄色</td></tr>
<tr><td colspan="2">符号（三叶形）：黑色。底色：上半部黄色加白边，下半部白色。文字：（强制性要求），在标志的下半部分用黑体标出 RADIOACTIVE（放射性）CONTENTS…（内容物名称）及 ACTIVITY…（强度为……）字样。在一个黑框里标出 TRANSPORT INDEX…（运输指数为……）字样</td></tr>
<tr><td>紧跟“放射性”字样的后面标上二条垂直的红色短杠</td><td>紧跟“放射性”字样的后面标上三条垂直的红色短杠</td></tr>
<tr><td colspan="2">数字“7”写在底角</td></tr>
<tr><td colspan="2">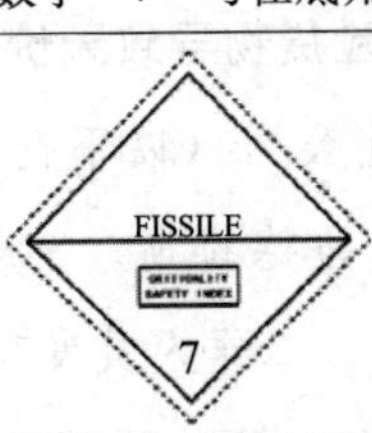
</td></tr>
<tr><td colspan="2">(NO. 7E)</td></tr>
<tr><td colspan="2">第 7 类　裂变性物质</td></tr>
<tr><td colspan="2">底色：白色。文字（强制性要求）：在标志的上半部用黑体标出 FISSILE（裂变性）字样。在一个黑框内标出 Criticality Safety Index（临界安全指数）。数字“7”写在底角</td></tr>
</table>

第八类　腐蚀性物质

(NO. 8)
符号（液体从两个玻璃容器流出来侵蚀到手和金属上）：黑色。底色：上半部白色，下半部黑色带白边。数字“8”写在底角
第九类　杂类危险物质和物品

(NO. 9)
符号（在上半部有7条竖直条带）：黑色。底色：白色。数字“9”写在底角

知识拓展

在常见的几种货物运输方式中，航空货物运输对危险货物运输的管理是最严格的，主要原因是一旦危险货物发生危险，造成的后果是非常严重的。请看以下案例。

背景资料

空运危险货物导致天价索赔案

2000年2月，中国化工建设大连公司（以下简称大连化建公司）要将80桶“8-羟基喹啉”化工产品从北京空运至印度马德拉斯。3月15日，航班从北京飞抵马来西亚吉隆坡梳邦机场。在中转卸货过程中，工作人员发现涉案货物泄漏，腐蚀性很强，飞机严重受损，5名工作人员吸入化学气体，发生晕厥，送往医院紧急治疗后才避免了严重后果。当马来西亚航空公司（以下简称马航）致函大连化建公司询问托运货物情况后，大连化建公司回复表示，托运的不是“8-羟基喹啉”，而是80桶草酰氯，并说明草酰氯是无色发烟液体，属酸性腐蚀物品，具有刺鼻气味，并对人体具有危害。大连化建公司曾致函马航，希望通过海运收回这批草酰氯，但遭到拒绝。之后，马来西亚民航局下令销毁这批草酰氯。2001年2月28日，法国空中客车工业公司出具了飞机修理成本估算报告，认为飞机修理成本将可能超过8 900万美元，而且即使勉强修理好飞机，也无法保障飞行安全，因此认定飞机已无修理价值。马航根据上述报告结论和飞机原始保险合同的有关约定，宣告飞机全损，并将飞机机身及引擎拆分出售。飞机报废后，马来西亚保险公司等5家境外保险公司依据飞机原始保险合同和再保险合同的约定，向马航支付了飞机约定价值全部9 500万美元的保险赔偿。2002年3月13日，马航和马来西亚保险公司等5家境外保险公司将大连化建公司及嘉里大通物流有限公司等6家与此事件有关的公司上诉至北京市高级人民法院。2002年12月5日，北京高院一审判决大连化建公司赔偿5家境外保险公司6 500余万美元。

资料来源：改编自 http：//www.op56.com/news/content/200712/detail13098.html。

[评析]

本案例中托运人至少有两项义务没有正确履行。首先，托运人应当按照航空货物运输合同的约定提供货物，如实申报货物的品名、重量和数量，不得夹带禁止运输或者限制运输的物品、危险品、贵重物品、保密文件和资料等。其次，货物包装应当保证货物在运输过程中不致损坏、散失、渗漏，不致损坏和污染飞机设备或者其他物品。托运人应当根据货物性质及重量、运输环境条件和承运人的要求，采用适当的内、外包装材料和包装形式，妥善包装。精密、易碎、怕震、怕压、不可倒置的货物，必须有相适应的防止货物损坏的包装措施。严禁使用草袋包装或草绳捆扎。本案例中托运人显然未能履行这两项基本义务。

思考练习

1. 请同学们分组并上网查阅以下危险品托运的相关注意事项。

（1）爆炸品。

（2）打火机。

（3）易燃固体硫黄。

（4）氧化剂（如硝酸钠）。

（5）有毒物质和有感染性物质（如苯胺）。

（6）放射性物质。

（7）腐蚀性物质（如硝酸）。

（8）杂项危险货物（如干冰）。

2. 请同学们上网查阅联合国关于危险货物的分类及其标志。

模块二　危险货物第三方检测

学习目标

1. 熟练填制危险货物第三方检测报告；
2. 了解从事危险货物第三方检测的主要机构。

工作任务

本模块的主要任务是填制危险货物第三方检测报告。

实践操作

一、危险货物第三方检测报告填制实例

背景资料

提单号：COSU67326500。集装箱铅封号：CBHU3537973。包装类型：Cartons。承运人封箱编号：D89084。船舶：EASTRONG IN TERNATIONAL LOGISGIC CO.，LTD.。装货港：中国宁波。卸货港：美国长滩。货物名称：含有易燃气体的打火机（LIGHTERS CONTAINING FLAMMABLE GAS）。货物的国际危规等级：2.1。联合国危险品编码：1057。包装组：Ⅱ。货物数量：960 CTNS，合计5 760千克。危害标签：易燃气体（Flammable Gas）。检验人：Ricky SHEN。签名经理：JASON。

以下是一份由劳埃德技术服务（上海）有限公司出具的危险货物第三方检测报告（见表4-3）。

表 4－3　　危险货物第三方检测报告

Lloyd-Tech Services（Shanghai）Co.，Ltd.

Independent Marine Surveyors

LTS

Container No.：CBIIU3537973　　*Job No.*：LTS-184D-10

VANNING & GAS FREE SURVEY REPORT

（CONTAINERIZED LIGHTERS WITH FLAMMABLE GAS）

1.0　INSTRUCTION

THIS IS TO CERTIFY THAT，at the request of teh Messrs：Eastrong International Logistics Co.，Ltd. and appointed by the COSCO Container Lines Co.，Ltd. we did，on June. 29 & 30，2017，attend at Shanghai metal warehouse. No. 111，Yang Zong Road，Shanghai，China to inspect the product condition，packing condition and report on Vanning and Gas Leak detecting of 1×20' GP container and its dangerous goods of "Lighter with Flammable Gas" prior to and after being stuffed into the container which will be baded on board the mentioned vessel.

We report as follows：

GENERAL INFORMATION

B/L No.	COSU67326500
Container Serial No.	CBHU3537973
Carrier Seal No.	D89084
Shipper	EASTRONG INTERNATIONAL LOGISTICS CO.，LTD.
Per Vessel/Voy No.	COSCO MALAYSIA/V. 002E
Port of Loading	SHANGHAI CHINA
Port of Discharge	LONG BEACH

2.0　CARGO UNDER SURVEY

Chemical Name	Package Type	Packing Group	IMO Class	UN NO.	Quantity (G. Wt)	Hazards Label
LIGHTERS CONTAINING FLAMMABLE GAS	Cartons	Ⅱ	2.1	1057	960 CTNS/ 5,760 KGS	Plammable Gas

* Based on teh DG declarations and CIQ Survey Report for DG Transportation Package Use.（No. 330100210068856）

…………

7.0　CONCLUSION

Remarks：In view of the above，we are of opinion that all packages are stacked upright suitable for ocean transportation and there is no gas leakage after stuffing.

Issue Date	Signature of Manager
June 30，2017	ichei
Name of Inspector	

二、危险货物第三方检测报告的内容

危险货物第三方检测报告的具体内容会根据货物的种类不同而有所不同。以常见的危险货物打火机的集装箱运输为例，其第三方检测机构就集装箱运输打火机提供的检测报告，业内通常简称为测气报告。第三方检测机构不同，其测气报告的形式也有所不同，但是检测的主要内容基本相同，且格式也大同小异。以 INTERTEK 公司为例，其出具的测气报告主要包括以下内容：

（1）简介。主要说明应哪家公司的要求，哪家船公司的指派，于何时对位于何地的何物进行检测并出具报告。

（2）被检验货物。包括提单号、托运人、商品名称、商品商标、生产商、船名航次、装运港、卸货港以及对货物的具体描述等内容。

（3）检查结果。包括检测货物的抽样方法、检测时间以及货物状态等。

（4）装箱、积载和保护。详细说明货物的装箱情况、积载情况以及采取哪些措施对货物进行保护。

（5）泄漏检测。包括检测的时间、使用仪器及其生产商、检测的集装箱的具体位置以及最后有无气体泄漏的结论语句。

（6）最终检测结果的说明。

相关知识

危险货物的生产商会编制化学品安全技术说明书。但是在进行国际货物运输时，船公司为了确保某一票危险货物的包装符合船舶海上运输或航空运输的强度要求，往往会指定一个第三方检测机构对危险货物进行检测，并形成危险货物检测报告。目前从事第三方检测的机构基本上都是跨国公司，在宁波，第三方检测机构有通标标准技术服务有限公司（SGS-CSTC Standards Technical Services Co.，Ltd.，SGS）、东方天祥检验服务有限公司（Intertek Testing Services，ITS 或 INTERTEK）、劳埃德技术服务（上海）有限公司和 PONY 谱尼测试集团等。例如：SGS 公司的化学品安全技术说明书申请表下载地址是 http://www.cn.sgs.com/zh/forms_and_documents_cn。

知识拓展

化学品安全技术说明书（Material Safety Data Sheet，MSDS）是化学品生产企业和进口企业用来阐明化学品理化特性（如 pH 值、闪点、易燃度、反应活性等）以及对使用者的健康（如致癌、致畸等）可能产生的危害的一份文件。在欧洲国家，MSDS也被称为安全技术/数据说明书（Safety Data Sheet，SDS）。国际标准化组织采用SDS术语，美国、加拿大、澳大利亚以及许多亚洲国家则采用MSDS术语。

MSDS是化学品生产或销售企业按法律要求向客户提供的有关化学品特征的一份综合性法律文件。它提供化学品的理化参数、燃爆性能、对健康的危害、安全使用储存、泄漏处置、急救措施以及有关的法律法规等16项内容。MSDS可由生产厂家按照相关规则自行编写，但为了保证报告的准确、规范，可向专业机构申请编制。

MSDS简要说明了一种化学品对人类健康和环境的危害性，并提供了如何安全搬运、储存和使用该化学品的信息。作为提供给用户的一项服务，生产企业应随化学商品向用户提供安全说明书，使用户了解化学品的有关危害，使用时能主动进行防护，以减少职业危害和预防化学事故。目前，美国、日本、欧盟等已经普遍建立并实行了MSDS制度，要求危险化学品的生产企业在销售、运输或出口其产品时，同时提供一份该产品的安全说明书。

MSDS的目标是迅速、广泛地将关键性的化学产品安全数据信息传递给用户，特别是面临紧急情况的人，避免他们受到化学产品的潜在危害。MSDS化学产品安全数据信息包括：化学产品与公司标识符；化合物信息或组成成分；正确使用或误用该化学产品时可能出现的危害人体健康的症状；紧急处理说明和医生处方；化学产品防火指导，包括产品燃点、爆炸极限值以及适用的灭火材料；为使偶然泄漏造成的危害降至最低应采取的措施；安全装卸与储存的措施；减少工人接触产品以及自我保护的装置和措施；化学产品的物理和化学属性；改变化学产品稳定性以及与其他物质发生反应的条件；化学物质及其化合物的毒性信息；化学物质的生态信息，包括物质对动植物及环境可能造成的影响；对该物质的处理建议；基本的运输分类信息；与该物质相关的法规的附加说明；其他信息。

思考练习

化学品生产企业对其生产的化学品都编制有化学品安全技术说明书，为什么船公司还需要独立的第三方检测机构提供危险货物检测报告？

项目五

跨境电商物流操作

项目概述

在跨境电商交易中，消费者通过电子商务平台购买海外商品的过程是：卖家收到平台订单之后将货品打包发出，包裹通过各种不同的物流渠道从发件国海关以海、陆、空运到达收件国海关，国际小包以空运方式为主，最后通过收件国当地派送渠道送到买家手上。这一过程主要是通过“跨境物流”将国际卖家与国际买家两者相连。跨境物流，也称国际物流，可分为海运、空运、陆运或联运等方式，以批发和零售划分运输方式。批发 B2B 多以海陆运为主，零售 B2C 则以空运为主。跨境电商物流按发货渠道主要分为邮政包裹物流渠道、国际商业快递渠道、专线物流渠道、跨境电商平台线上发货渠道、海外仓等。本项目的跨境物流主要针对跨境电商 B2C 的客户群体来探讨跨境物流发生的过程，因此，本项目中涉及的知识点也是依据 B2C 的发货过程来展开的。

教学目标

通过对跨境物流的学习，要求学生掌握常见国际物流的主要渠道、掌握跨境物流的发货流程、能够根据商品选择合适的跨境物流方式、了解海外仓和如何申请 VAT 税号等。

重点难点

【重点】

根据跨境电商包裹选择不同的物流方式；处理跨境订单线上发货和线下发货的流程；掌握跨境物流服务与管理技巧；明确海关的清关要求。

【难点】

不同跨境电商物流方式的选择和运费模板的设置。

模块一　跨境物流的主要渠道

学习目标

1. 掌握跨境电商物流的主要渠道和工作流程；
2. 熟悉邮政物流渠道各产品的含义、资费、规格限制、优劣势和适用范围等；
3. 会进行全球速卖通后台的中邮小包运费模板设置。

工作任务

本模块包括四个工作任务：第一，掌握跨境电商物流的主要渠道；第二，了解常见的跨境物流名词；第三，熟悉邮政物流渠道的主要产品及各个产品的资费、规格限制、优劣势和适用范围；第四，设置全球速卖通中国邮政挂号小包的运费模板。

实践操作

一、跨境物流的主要渠道分类

对于跨境电商卖家来说，在接到海外客户的订单之后，首先需要考虑的问题是：应该选择什么样的物流方式将产品递送给海外客户。浙江知范电子商务有限公司的经理要求跨境电商专员小刘为自己的全球速卖通店铺制定跨境物流解决方案，同时设置好一个运费模板，为上传产品做好准备。

（一）全球速卖通平台物流分类法

小刘登录到全球速卖通店铺后台，点击“产品管理”中的“模板管理”，找到“运费模板”，点开后，里面有“物流方案选择”，填好“收货地”和“发货地”后，会有很多物流方案供选择（见图 5－1）。

全球速卖通的物流方式可以分为经济类物流、简易类物流、标准类物流、快速类物流、海外仓物流五类。

经济类物流是指物流运费成本低，目的国包裹妥投信息不可查询的物流方式，适合运送货值低、重量轻的商品。经济类物流仅允许使用线上发货。

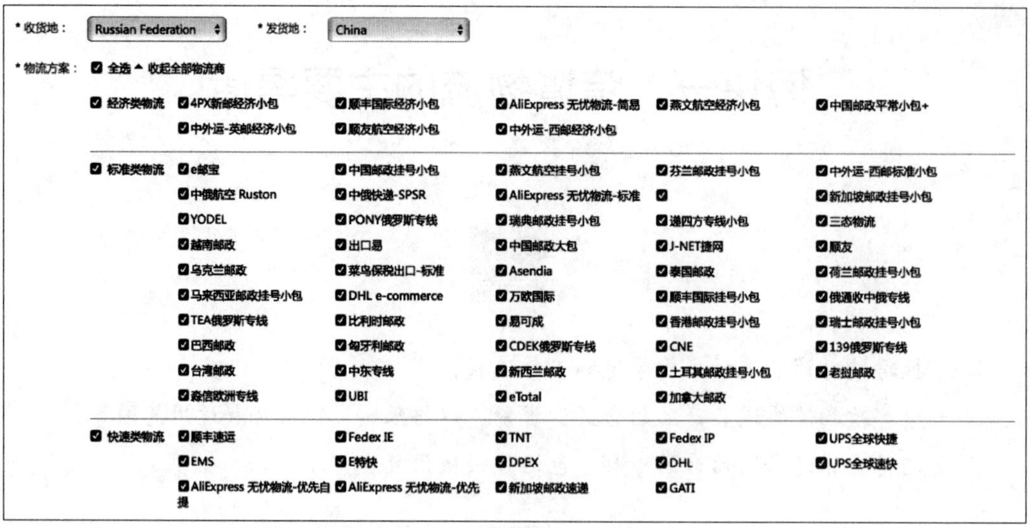

图 5-1　物流方案选择

简易类物流是指邮政简易挂号服务，可查询包含妥投或买家签收在内的关键环节物流的追踪信息。

标准类物流是指包含邮政挂号服务和专线类服务的物流方式，全程物流追踪信息可查询。

快速类物流是指包含商业快递和邮政提供的快递服务的物流方式，该方式时效性强，全程物流追踪信息可查询，适合运送高货值商品。

海外仓物流是指已备货到海外仓的货物所使用的海外本地物流服务。

（二）发货渠道分类法

除了全球速卖通平台物流分类法外，跨境电商物流还可以按发货渠道分类，分为邮政物流渠道、国际商业快递渠道、专线物流渠道、第三方物流渠道等。

1. 邮政物流渠道

邮政物流渠道是指通过当地的邮局将本地货品交送到海外买家手里。以中国邮政为例，邮政物流提供的服务主要有：

（1）中国邮政普通小包＋（China Post Ordinary Small Packet Plus）；

（2）中国邮政挂号小包（China Post Registered Air Mail）；

（3）中国邮政大包（China Post Air Parcel）；

（4）国际 e 邮宝（ePacket）与国际 e 特快（e-EMS）；

（5）EMS。

2. 国际商业快递渠道

国际商业快递渠道是指四大商业快递巨头 DHL、TNT、FedEx 和 UPS 以及澳大利亚快递公司 Toll（邮政渠道的 EMS 在跨境电商物流中也被归为商业快递）。商业快递渠道与邮政物流渠道相比，两者最大的区别是计费标准与时效性。国际商业快递渠道通过自有的货机团队、本地化派送服务，为买家和卖家提供良好的客户体验，但是运费成本高昂。

3. 专线物流渠道

专线物流渠道主要是依托在发件国与收件国的业务量规模搭建的面向不同国家的专线。常用的几种专线有：Special Line-YW、Russian Air、Aramex 快递、芬兰邮政、中俄快递-SPSR 等。

Special Line-YW 即航空专线-燕文，俗称燕文专线，是北京燕文物流公司旗下的一项物流业务，目前已开通南美专线和俄罗斯专线。

Russian Air，即中俄航空专线 Ruston，是通过我国国内快速集货、航空干线直飞，在俄罗斯通过俄罗斯邮政或当地落地配进行快速配送的物流专线的合称。

Aramex 快递，即中外运安迈世，在国内也称为中东专线，是发往中东地区的国际快递的重要渠道。

芬兰邮政，是由全球速卖通和芬兰邮政（Posti Finland）针对 2 千克以下的小件物品推出的香港口岸出口特快物流服务，分为挂号小包和经济型小包，运送范围为俄罗斯及白俄罗斯全境邮局可到达区域。

中俄快递-SPSR，是俄罗斯商业物流公司 SPSR Express 向卖家提供经北京、香港、上海等地出境的多条快递线路，运送范围为俄罗斯全境。

4. 第三方物流渠道

这种物流渠道是由物流公司提供，通过使用转单号的形式，该单号在卖家发货后即在物流公司网站上自动生成，也可以由物流公司相关人员提供，卖家可以在物流公司的网站上跟踪到包裹信息。

二、常见的跨境物流名词

假设你是一个物流公司的业务员，收到跨境电商公司发来的发往境外的待运包裹，请写出该包裹的发货流程以及运往收件国目的地的过程中涉及哪些主要环节。

发货流程：国内（发件国）卖家将商品打包发出，包裹通过各种不同的物流渠道从中国海关以海、陆、空运到达收件国海关，国际小包以空运方式为主，最后通过收件国当地派送渠道送到国外（收件国）买家手中。

这个过程涉及的主要环节和主要名词有：

（1）发件国物流渠道：实重/净重、体积重、跟踪号、转单号、排仓、爆仓、偏远、上网时效、起飞时效、未上网、申报；

（2）发件国海关：出口总包护封开拆、出口总包直封分发、出口总包护封分发；

（3）空运、在途中：交航、转运/中转；

（4）收件国海关：清关、税号、检疫、关税、扣关、清关时效；

（5）收件国物流：丢弃/退件、代收、丢件；

（6）收件人签收、妥投。

（主要名词的解释详见“相关知识”）

三、邮政物流渠道各产品的资费、规格限制、优劣势和适用范围

邮政物流渠道有多种产品，每种产品都有自己的特点，具体如表5-1所示。

表5-1　邮政物流渠道各产品的资费、规格限制、优劣势和适用范围

产品名称	资费标准	重量体积限制	跟踪查询	优劣势
中国邮政大包（China Post Air Parcel）	中邮大包的相关资费根据运输物品的重量及目的国家而有所不同	中邮大包的体积重量的限制根据运输物品的重量及目的国家而有所不同	查询网站：http：//11185.cn/index.html	优势：（1）成本低；（2）通达国多；（3）运单操作简单。劣势：（1）部分国家限重10 kg，最重也只能寄30 kg；（2）妥投速度慢；（3）查询信息更新慢
中国邮政小包	参照网站：http：//seller.aliexpress.com/so/freight.php	单件邮件最高限重2 kg；最大尺寸：单件邮件长、宽、厚合计不超过90 cm，最长一边不超过60 cm。圆卷邮件直径的2倍和长度合计不超过104 cm，长度不得超过90 cm。寄往阿富汗的国际小包限重1 kg，而非2 kg。最小尺寸：单件邮件长度不小于14 cm，宽度不小于11 cm。圆卷邮件直径的2倍和长度合计不小于17 cm，长度不小于11 cm。	平邮小包不受理查询；挂号小包大部分国家可以全程跟踪，部分国家只能查询到签收信息，部分国家不提供信息跟踪服务。 查询网站： 中邮官网：http：//imtmail.183.com.cn； 中邮协议客户申请了大客户号，可查询http：//211.156.194.150/pydkh； 一起跟踪网：http：//17track.net； 赛兔网：www.91track.com	优势：（1）运费比较便宜，部分国家运达时间并不长，因此其属于性价比较高的物流方式；（2）清关能力强；（3）可以邮递的物品比较多。劣势：（1）限重2 kg，阿富汗甚至限重1 kg；（2）运送的时间总体比较长；（3）许多国家是不支持全程跟踪的，查询显得不方便。但总的来说，中邮小包属于性价比较高的物流方式，适合寄递物品重量较轻量大、价格要求实惠而且对于时限和查询要求不高的产品
e邮宝（ePacket）	参考网站：http：//www.ems.com.cn	同中邮小包	收寄、跟踪等信息请查询http：//www.ems.com.cn	e邮宝不受理查单业务，不提供邮件丢失、延误赔偿。不适合寄递一些价值比较高的物品

续前表

产品名称	资费标准	重量体积限制	跟踪查询	优劣势
EMS	每 0.5 kg 为一收费单位，第一单位为首重，第二单位开始为续重，没有大货价。无须加收燃油附加费。体积重（抛货）kg=长 cm×宽 cm×高 cm/5 000	每件限重 20 kg。内装易碎物品或流质物品的邮件，每件限重 10 kg，一票一件。仅对长、宽、高三边中任一单边达到 60 cm 或以上的包裹计算体积重。尺寸限制内的包裹只按实际重收费	收寄、跟踪等信息请查询 http://www.ems.com.cn	优势：（1）邮政的投递网络强大，覆盖面广，价格比较合理，不算抛重，以实重计费。（2）不用提供商业发票就可以清关，而且具有优先通关的权利，即使通关不过的货物也可以免费运回国内，其他快递一般都要收费。（3）适用于小件以及对时效要求不高的货物，可走敏感货物。（4）寄往南美国家及俄罗斯等国家有绝对优势。劣势：（1）相对于商业快递来说，速度会偏慢。（2）查询网站信息滞后，一旦出现问题，只能做书面查询，查询的时间较长。（3）不能一票多件，大货价格偏高

四、设置全球速卖通中国邮政挂号小包的运费模板

如果全球速卖通新卖家对运费模板不熟悉，可以在发布产品时选择新手运费模板。但随着业务量的增长，新手模板便不能满足需求。在这种情况下，就需要进行运费模板的自定义设置。

第一步：选择设置的入口。入口有两个：一个是直接单击“新增运费模板”按钮；二是单击“编辑”按钮，进入新增运费模板（见图 5-2）。

第二步：编辑运费模板（见图 5-3）。

第三步：选择国家/地区（见图 5-4）。按照国家/地区指定运费模板，每个洲都可以点击展开显示具体国家。建议对热门国家/地区设置免邮（见图 5-5），即“卖家承担运费”。

第四步：添加一个运费组合（见图 5-6）。热门国家已设置过卖家承担运费，所以呈现灰色勾，处于不能更改的状态。在新添加的这个运费组合中只对其他未设置过的国家/地区进行补充设置。选择非热门国家/地区，对其收取部分运费。需要注意的是部分国家/地区，如阿根廷、黎巴嫩等，因为有限购、关税等问题，可以设置成对其不发货。

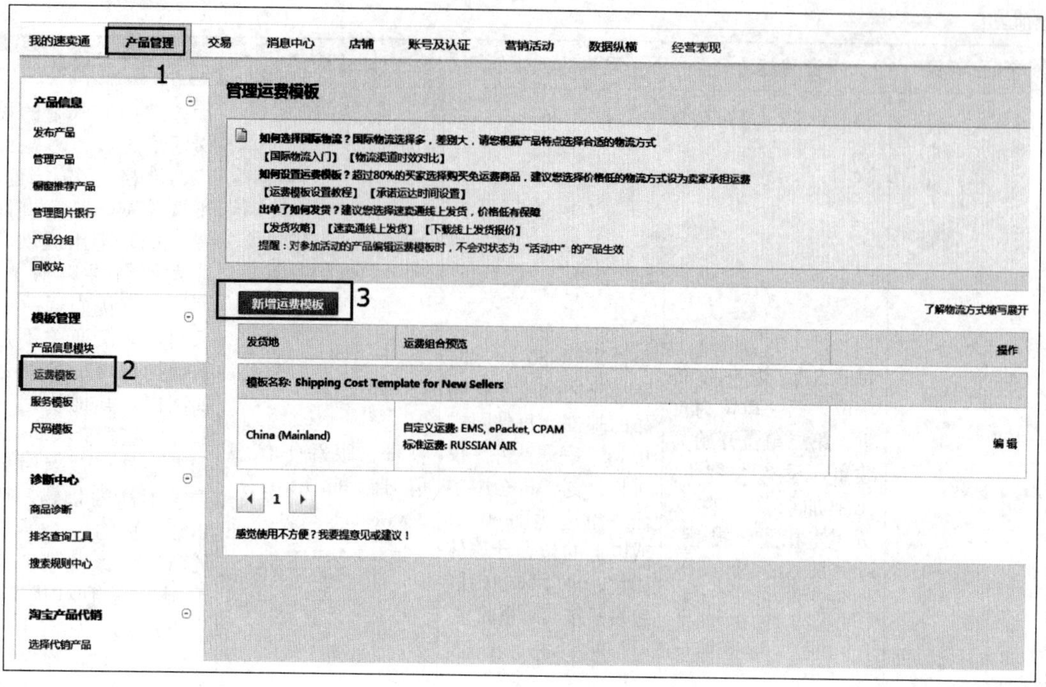

图 5-2　运费模板设置入口

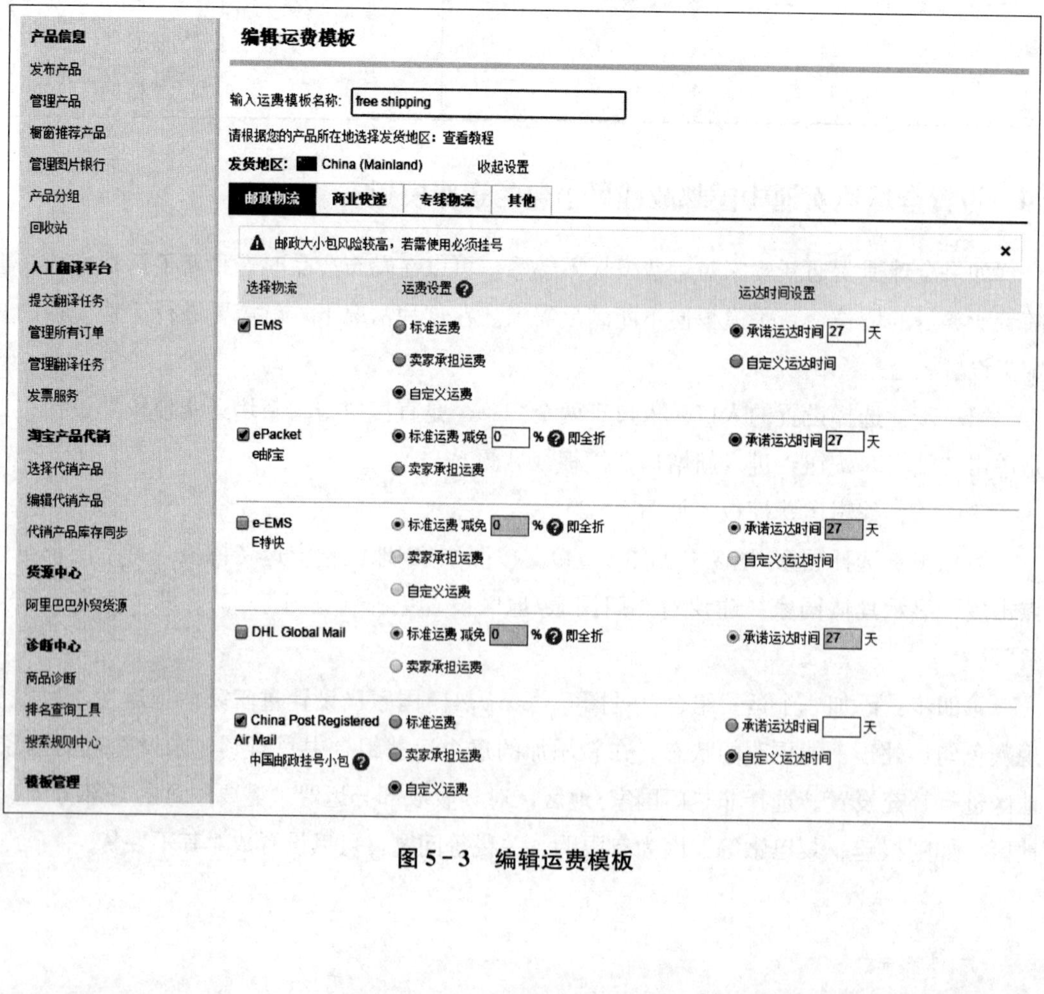

图 5-3　编辑运费模板

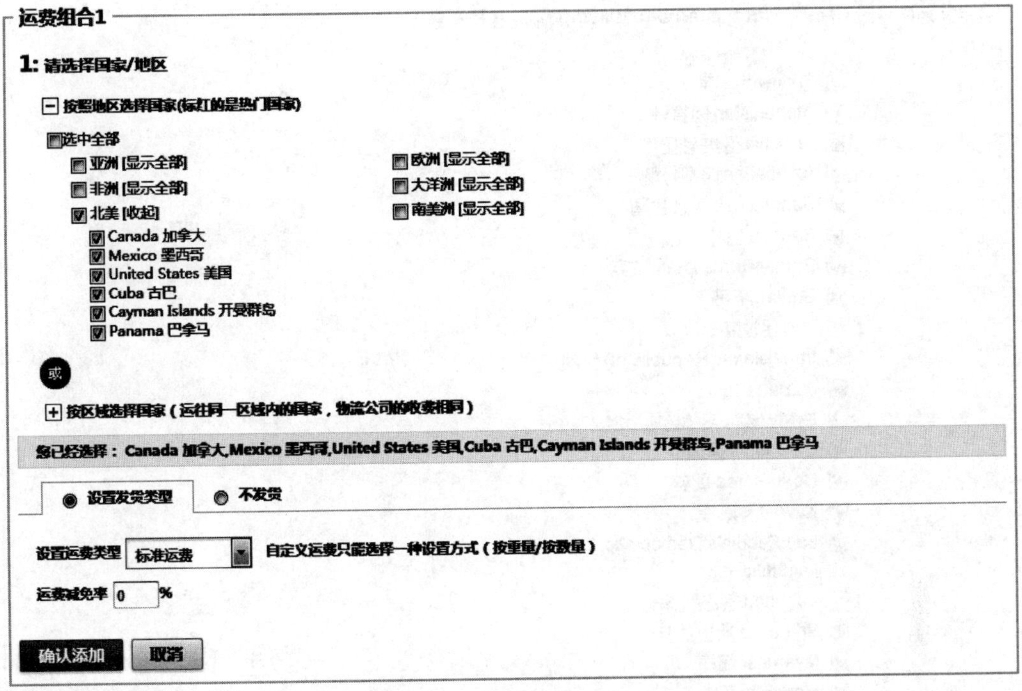

图 5-4　选择国家/地区

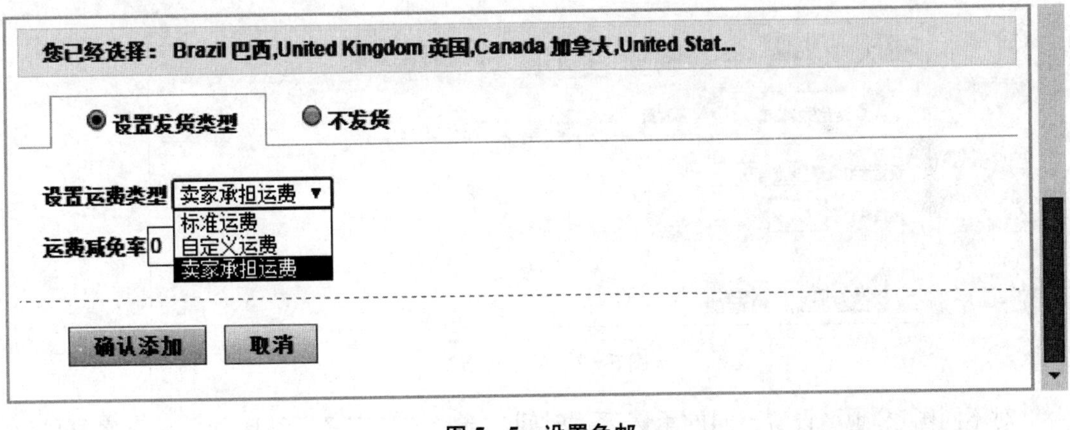

图 5-5　设置免邮

针对非热门国家/地区，可以设置收取大部分运费，或者自定义收取运费的价格（见图 5-7）。

同时还可以对重量或数量进行自定义运费设置，然后单击“确认添加”（见图 5-8）。

这个自定义运费组合设好后，呈现的结果如图 5-9 所示。保存好设置后就可以设置自定义运达时间了。

第五步：设置自定义运达时间。勾选所需的物流方式后，选择“自定义运达时间”，如图 5-10 所示。

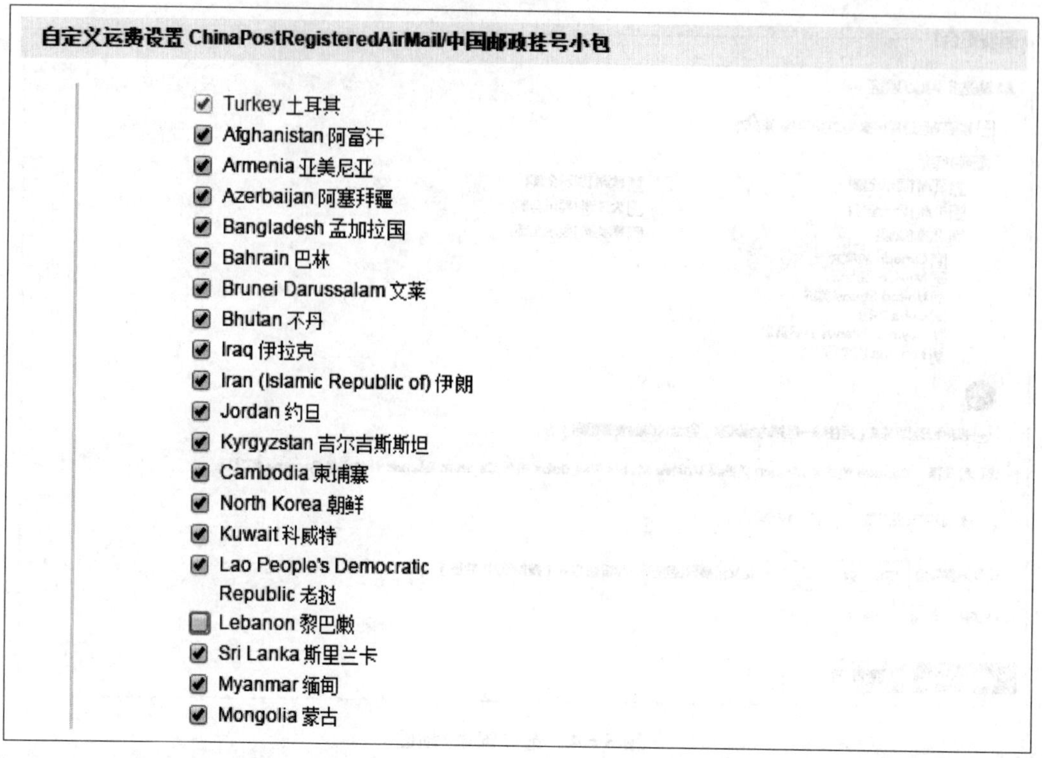

图 5-6　添加运费组合

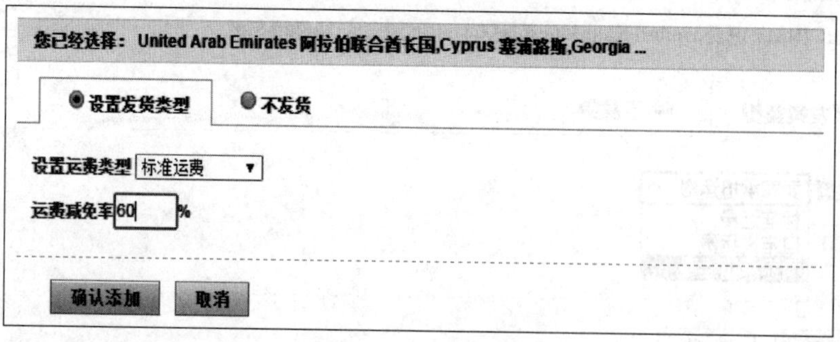

图 5-7　设置运费率

对不同国家/地区设置不同的承诺运达时间。选择“自定义运达时间”后，卖家可以看到平台预设的承诺时间。设置时可以根据不同区域，设置不同的承诺运达时间，然后单击“确认添加”，如图 5-11、图 5-12 所示。

最终设置的自定义运达时间如图 5-13 所示。

第六步：单击“保存”，完成运费模板的设置。

但卖家应该知道，承诺运达时间并非实际上包裹从发出到买家签收的时间。为了更好地保障卖家和买家双方的利益，在设置承诺运达时间之前，卖家应该考虑以下 3 个因素：一是买家的购买感受；二是邮路的实际情况；三是卖家防止买家在承诺运达时间到期前因此而提出纠纷。

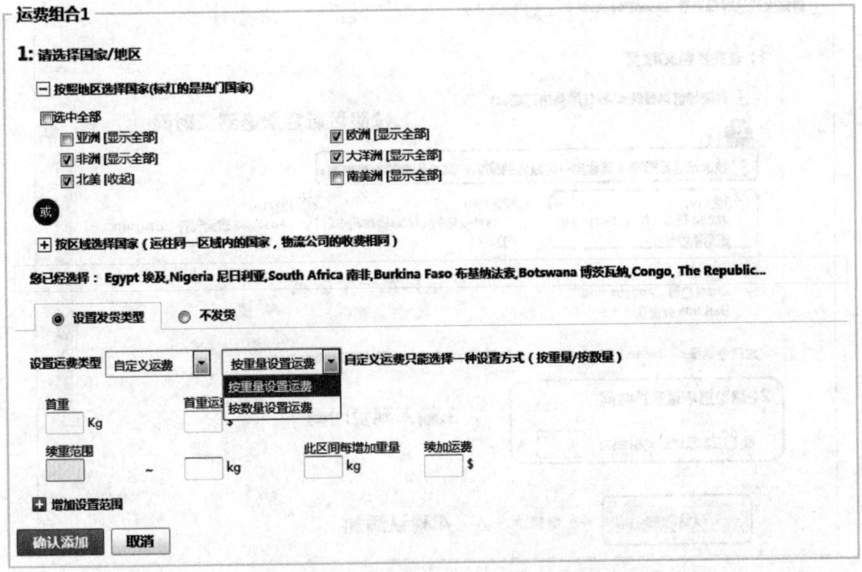

图 5-8 设置重量或数量自定义运费

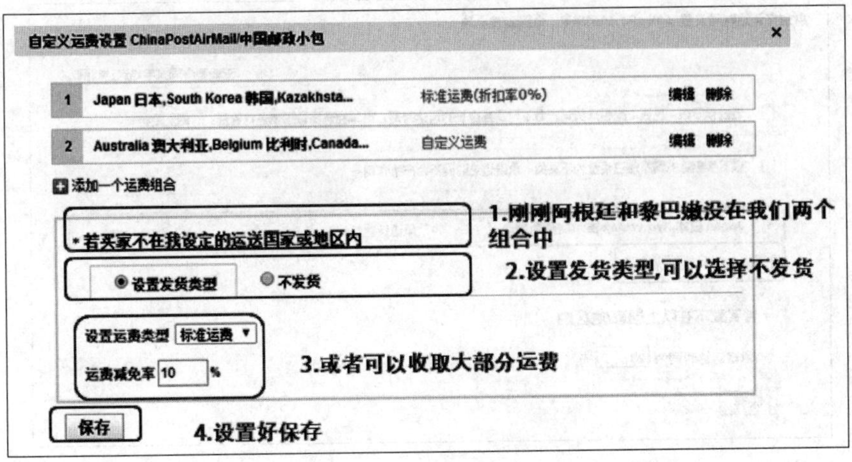

图 5-9 自定义运费组合

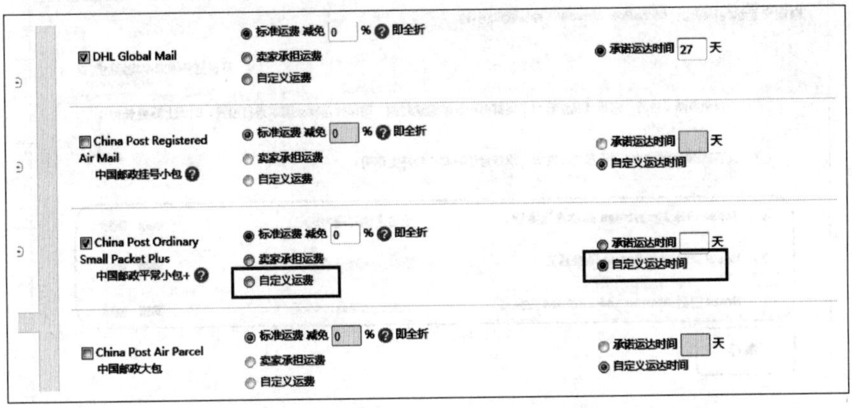

图 5-10 设置自定义运达时间

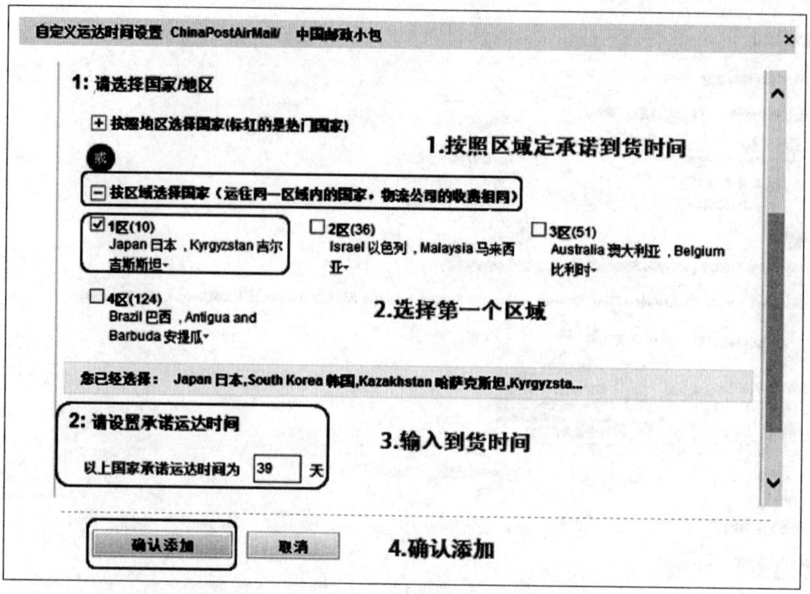

图 5－11　根据不同区域预设承诺运达时间

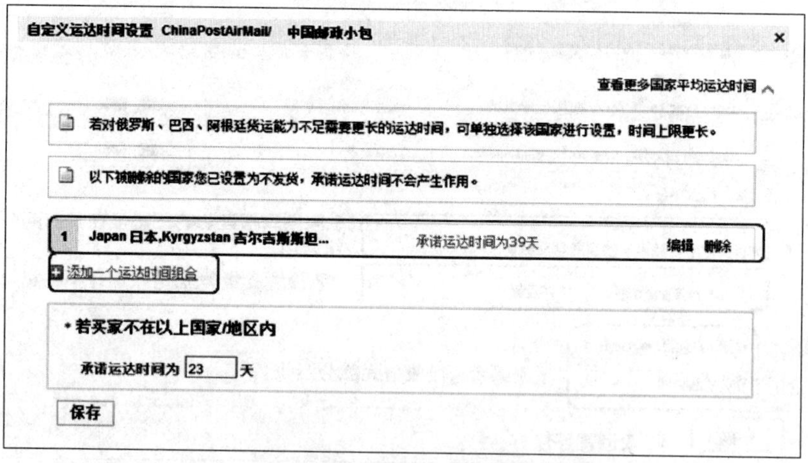

图 5－12　根据不同国家预设承诺运达时间

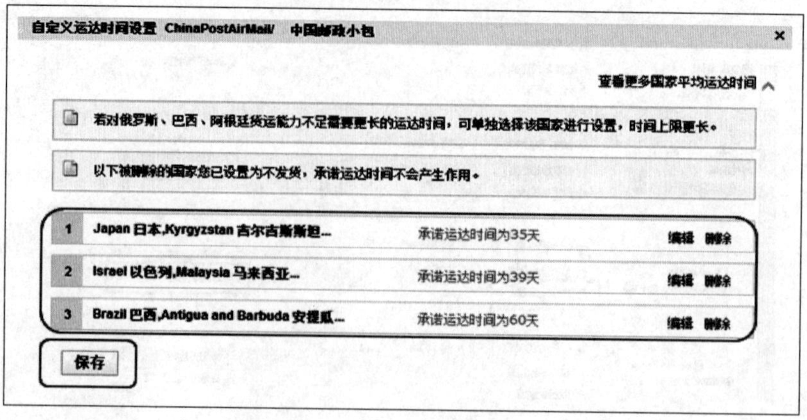

图 5－13　最终设置结果

相关知识

一、常见的跨境物流名称解释

邮政物流包括各国邮政局的邮政航空大包、小包，以及中国邮政速递物流分公司的EMS、ePacket等。常见的跨境物流名称如下：

1. 实重/净重（Net Weight）

包裹放在磅秤上显示的实际重量。

2. 体积重（Dimension Weight）

在EMS与商业快递的收费方式中，除了包裹实重外，还会计算包裹体积重，体积重与实重择其较大者作为收费标准。即：若体积重＞实重，则按照体积重收取运费；若实重＞体积重，则按照实重收取运费。按照体积重收费的货品称为“抛货”，体积重收费又称为“计抛”，EMS只有在长、宽、高三边中任一单边达到60 cm以上（含60 cm）的，才需要计算体积重。体积重的计算公式为：长（cm）×宽（cm）×高（cm）/5 000＝×× kg（EMS是除以8 000）。

【例1】客户A买了一个电脑外置小音箱，发的是UPS，用纸箱包装，实重0.96 kg，纸箱长20 cm、宽13 cm、高18 cm，此时：

实重：0.96 kg，按1 kg计；体积重：20×13×18＝0.936 kg，按1 kg计。

计费重量：1 kg。

【例2】客户B买了一款玩具，要求发DHL，用纸箱包装，实重1.45 kg，纸箱长25 cm、宽20 cm、高18 cm，此时：

实重：1.45 kg，按1.5 kg计；体积重：25×20×18/5 000＝1.8 kg，按2 kg计。

计费重量：2 kg。

3. 跟踪号（Tracking Number）

当包裹被物流渠道服务商揽收后，物流渠道服务商会提供一组英文字母加数字或是纯数字组合的物流信息跟踪号，买家可以通过这组跟踪号追查包裹目前最新状况。例如：某中国邮政挂号小包的跟踪号为RR123456789CN。

知识链接

根据万国邮联的规定，查询号码的统一规则（由字母及数字组成13位标准号）为前面2个字母、中间9位数字、后面2个字母［根据国家名称简码（ISO3166—1）定义发件国］，部分国家可能存在自己定义的特殊单号。

A——平邮小包（不超过2 kg）　　　　R——挂号小包（不超过2 kg）

V——挂号小包（保险）（不超过2 kg）	C——邮政大包（2 kg以上）
L——邮政特快专递（不超过2 kg）	E——邮政特快专递（2 kg以上）

4. 转单号（Transfer Number）

转单号是指航空包裹无法由寄件国直达目的国（地区，后同），途中经过第三方国家因而产生的另外一组跟踪号；或是抵达收件国之后，当地的派送公司可能另外给出的跟踪号；也有可能是遇到异常情况而生成的转单号。

5. 排仓（Row Positions）

已经被海关放行的货物被航空公司根据货物尺寸、轻重编排装载表，然后交给货站进行货物装箱或预配。一般是在四大快递航班仓位不足而需要等待的情况下，才可能收取排仓费。

6. 爆仓（Blasting Warehouse）

爆仓是指物流旺季快递或者邮政渠道包裹太多而超出承受能力，始发站或中转站工作人员来不及分拣，甚至没办法再收件，致使大量快件滞留，到达目的地的时间相对比较长。爆仓发生的原因可能有：天气因素（大雪、洪水、台风），网购高峰期（大多是节日前后，圣诞、元旦、春节、情人节等），国际赛事加强安检（如奥运会），长假期快递公司多数人员休假等因素。

7. 偏远（Remote Area）

针对商业快递发货的包裹，部分地区邮路不发达，因此快递公司会收取一些额外服务费用。邮政渠道（包含EMS）发货无偏远费。

8. 上网时效（Information Received）

上网时效是指邮局收货并查货后将单号数据上传到官网的速度。如果是直封分发，通常在拿到单号之后的1～3个工作日内就可以查到物流信息更新；如果是线上发货，仓库在工作日收到包裹后的隔天就可以查到物流信息更新；如果是线下发货，超过3～5天仍查不到物流信息更新，卖家需要认真考虑此货代处理货物的时效性，很有可能货代将货物转手给其他货代造成物流信息更新滞后。平台大促或是购物旺季来临时，因为各个邮局的处理能力有限，爆仓时货物堆积如山，很有可能导致物流信息更新严重滞后。

9. 起飞时效（Dispatched to Overseas）

邮局将货物送到海关查货，放行后机场等待航班，一般来说到欧美的航班多，速度更快，到不发达国家则需要等待更长的时间。

10. 未上网（Information Failed）

未上网是指单号数据在官网上还未更新或暂时查询不到包裹的任何信息。

11. 申报（Claim）

申报是指发件人对包裹内容陈述，将物品详情、数量、金额三大要素体现在形式发票

（快递）或报关单（小包）上，给进口国当地海关进行货物检查。

12. 出口总包护封开拆（Arrival at Transit of Exchange）

一般寄出口包裹时，会根据不同的目的地国将货物装在邮递袋中封好，这个称为总包。经过海关检查后合格的总包，要再封上，称为护封。邮局将货交给海关（都是一大袋一大袋的，一个大的袋子装了很多邮政小包），海关会将邮局的包裹大袋子拆开，过机扫描，有时会抽查，看物品是否和申请的一致。所以货物名称要写清楚，如果模糊，海关会拆包检查，这样就会耽误货物发出的时间。

13. 出口总包直封分发

出口总包护封开拆以后一般会显示出口总包直封分发，这表示包裹已经顺利地通过海关检查，重新打包好，交给航空公司，航空包裹由寄件国直达目的国，途中不经过第三方国家。

14. 出口总包护封分发

需要中转的包裹，根据不同地址分拣后的进口小包裹，再次封装成为总包，发往目的地投递站点。

15. 交航

国内服务商已经把货物交给机场，包裹已经在机场或者已经交给发货的飞机公司，显示交航表示货物已经上了目的国航班，下一条更新信息就是货物已经抵达收件国了。

16. 转运/中转（Transport/Transit）

航空包裹无法由寄件国直达目的国，途中经过第三方国家。转运中物流操作人员不规范操作或暴力分拣，可能导致货物破损或丢失。多次转运可能导致货物信息更新上网的速度非常慢。

17. 清关（Customs Clearance）

清关即结关，是指进口货物、出口货物和转运货物进入或离开一国海关关境或国境必须向海关申报、办理海关规定的各项手续，履行各项法规规定的义务。

18. 税号（Tax Number）

纳税人识别号通常简称为“税号”。纳税人识别号即税务登记证上的税务编码，由税务部门编制，每个企业的识别号都是唯一的。在某些国家，除了企业税号，也有个人税号，如巴西、澳大利亚。巴西的税号分为个人税号（CPF No.）和企业税号（CNPJ No.）。个人税号与企业税号的区别在于清关能力。对于金额较高的货物，极有可能无法使用个人税号报税清关。

19. 检疫（Quarantine Inspection）

检疫是指卫生检疫、动植物检疫、商品检疫的总称，电子类产品主要是要求各种认证和查仿牌。

20. 关税（Custom Duty/Tax）

关税是指国家授权海关对出入关境的货物和物品征收的一种税。基本上每个国家都有申报关税的起征点。关税还涉及反倾销、增值税。当货物申报的价值超过目的国进口货物最高免税金额时，买家就必须缴纳关税。

知识链接

■ 英国起征点：15 英镑

综合关税的组成：VAT（增值税）＋DUTY（关税）＋ADV（清关杂费）

VAT＝货值（向海关申报）＋运费＋DUTY

DUTY（关税）＝货值×税率

■ 澳大利亚起征点：1 000 澳元

综合关税的组成：GST（增值税）＋DUTY（关税）＋ADV（清关杂费）

GST＝货值（向海关申报）＋运费＋DUTY×10％

DUTY（关税）＝货值×税率

■ 美国起征点：200 美元

综合关税的组成：DUTY（关税）＋ADV（清关杂费）

DUTY（关税）＝货值×税率

发货若涉及税点，卖家最好事先与买家或货代公司确认目的地国家的关税和免税额。卖家虽然没有承担关税的责任与义务，但买家极有可能因为高昂的关税导致不清关，因而产生交易纠纷。

21. 扣关（Detained by Customs）

包裹在收件国海关因某些原因而被当地海关查扣，大多是以下几种情况：申报价值和估价不一致、品名和产品不符、装箱清单不详、收货人条件不允许（没有进出口权等）、包裹价值超过收件国免税金额（需要补缴关税）、违禁产品。

22. 清关时效（Arrived at Overseas）

货物在海关完成正常手续并放行的时间。

23. 丢弃/退件（Abandon/Return）

包裹到了收件国之后，因为某种原因无法顺利妥投，就会面临丢弃或者退件。在某些国家，即使包裹被丢弃，也会被收取“处理费”。如果选择“退件”，万国邮政联盟明确规定了小包退回到发件目的地国家是免费的，如新加坡邮政发美国退回到新加坡是免费，但是如果还需要这件货物的话，从新加坡到中国的运费需要自行承担，并且可能会产生进口关税的费用。商业快递如果需要退件，基本上退件费用是寄件费用的3～5倍。

24. 待收（Waiting Collection）

在包裹在收件国无法顺利妥投的情况下，通常会被暂存在当地的物流服务中心1～3

个星期，具体时间因不同的国家而有所不同，然后会通知收件人在暂存时间结束之前自行前往领取；时间结束之前若无人领取，包裹有可能会被丢弃或退件处理。

25. 丢件

在网上已无信息更新，邮局并未回复查找结果并且客户未签收的货物即视为丢件。对于丢件，邮政部门会有限额赔偿。但通常很多情况下不是丢件，可能是收件国不支持物流信息更新。

二、跨境物流的主要渠道

（一）邮政物流渠道

目前，邮政网络覆盖全球220个国家和地区，比其他任何物流渠道网络覆盖都要广泛，只要有设置邮局的国家，都可以通邮。因此，邮政物流渠道也是目前大多数跨境电商卖家使用最频繁的发货方式。

邮政物流包括各个国和地区的邮政航空大包、小包，以及中国邮政速递物流分公司的EMS、ePacket等。

1. 中国邮政大包（China Post Air Parcel）

中国邮政航空大包俗称“航空大包”或“中邮大包”。中国邮政大包除了航空大包外，还包括水陆运输、空运水陆运输的大包。中邮大包可寄达全球200多个国家和地区，价格低廉，清关能力强，对时效性要求不高而重量稍重的货物，可选择使用此方式发货。

2. 中国邮政小包

中国邮政小包，俗称“中邮小包”“空邮小包”“航空小包”，及其他以收寄地市局命名的小包（如“北京小包”），是指重量在2 kg以内（阿富汗为1 kg以内），外包装长、宽、高之和小于90 cm，且最长边小于60 cm，通过邮政空邮服务寄往国外的小邮包，可以称为国际小包。

中国邮政小包分为普通小包（简称“平邮小包”）和挂号小包两种。主要区别是挂号小包提供的物流跟踪条码能实时跟踪邮包在大部分目的国和地区的实时状态，而平邮小包不受理查询，只能通过面单条码以电话方式查询到邮包在国内的状态。

中邮小包属于性价比较高的物流方式，适合寄递重量较轻、量大、价格要求实惠，而且对时效性和查询要求不高的物品。

3. EMS

EMS，即Express Mail Service，特快专递邮件业务，是中国邮政速递物流与各国及地区邮政合作开办的中国内地与其他国家、中国港澳台间寄递特快专递邮件的一项服务。由于是与其他国家及地区的邮政合办的，因此EMS在各国及地区邮政、海关、航空等部门均享有优先处理权。这是EMS区别于很多商业快递的最根本之处。EMS国际快递的投递时间通常为3～8个工作日，不包括清关时间。

4. ePacket

ePacket俗称e邮宝，又称EUB，是中国邮政速递物流旗下的国际电子商务业务。ePacket目前可以发往美国、澳大利亚、英国、加拿大、法国、俄罗斯等国。但是中国邮政对ePacket业务没有承诺时效。

5. 其他国家或地区邮政小包

(1) 中国香港小包：时效中等，价格适中。优点是处理速度快、上网速度快。

(2) 新加坡小包：价格适中，服务质量高于邮政小包一般水平，并且是目前常见的手机、平板电脑等含锂电池商品的运输渠道。

(3) 瑞士邮政小包：欧洲线路的时效性强，但价格较高。欧洲通关能力强，申根国家免报关。

(4) 瑞典小包：欧洲线路的时效性强，俄罗斯通关及投递速度较快，且价格较低。它是俄罗斯首选的物流方式，而且在某些时段安检对带电池的产品管制不怎么严格，可以用于寄递带电池的商品。

（二）国际商业快递渠道

跨境电商业务中的国际商业快递主要是指DHL、TNT、FedEx和UPS。此外，还有中国的顺丰速递、邮政渠道的EMS和澳大利亚的Toll。

1. DHL

DHL隶属于全球顶尖邮政和物流公司Deutsche Post DHL Group，可以寄达全球220个国家和地区，是全球国际化程度最高的公司。

上网时效：参考时效从客户交货之后第二天开始计算，1～2个工作日会有上网信息。

妥投时效：参考妥投时效为3～7个工作日（不包括清关时间，特殊情况除外）。

2. TNT

TNT总部设在荷兰，主要在欧洲、中国、南美、亚太和中东地区拥有航空和公路运输网络。

参考时效：一般货物在发货次日即可实现网上追踪，全程时效为3～5天，TNT经济型时效为5～7天。

3. FedEx

FedEx全称是Federal Express，即联邦快递，分为优先型服务（International Priority，IP）和经济型服务（International Economy，IE）两种。FedEx总部设在中国香港，同时在上海、东京、新加坡均设有区域性总部。

参考时效：优先型服务派送正常时效为2～5个工作日，经济型服务派送正常时效为4～6个工作日，时效为从快件上网起至收件人收到此快件止，另需根据目的地海关通关速度决定。

4. UPS

UPS 全称是 United Parcel Service，即联合包裹服务公司，总部设在美国佐治亚州亚特兰大市，是一家全球性的快递承运商与包裹递送公司。大部分 UPS 的货代公司提供以下几种快递方式。

UPS Worldwide Express Plus：全球特快加急，资费最高。

UPS Worldwide Express：全球特快。

UPS Worldwide Saver：全球速快，也就是所谓的红单。

UPS Worldwide Expedited：全球快捷，也就是所谓的蓝单，速度最慢，资费最低。

参考时效：为 2～4 个工作日。

5. Toll

Toll 环球快递是 Toll Global Express 公司旗下的一项快递业务，Toll 到澳大利亚以及泰国、越南等亚洲地区的价格较有优势。

Toll 的参考时效如表 5-2 所示：

表 5-2　Toll 参考时效

国家/地区	参考时效
东南亚	3～5 个工作日
美国/加拿大	6～10 个工作日
澳大利亚	3～5 个工作日
欧洲	6～10 个工作日
南美	8～15 个工作日
中东	8～15 个工作日

6. 商业快递计费方式

计费方式一：体积重（又称抛货），货物的最长（cm）×最宽（cm）×最高（cm）/5 000。

计费方式二：重量，单价×千克数，一般以 0.5 kg 为一个计重单位，第一个单位称为首重，从第二个单位开始称为续重，首重的费用通常比续重的费用高。

这两种计费方式以价格高的为准。有时还需要加上燃油附加费和包装费。

总费用＝（运费＋燃油附加费）×折扣＋包装费

7. 四大商业快递与邮政 EMS 收费、重量、尺寸要求特性的比较

表 5-3　四大商业快递与邮政 EMS 收费标准特性及重量、尺寸要求特性的比较

物流方式	收费标准特性	重量要求特性	尺寸要求特性
四大商业快递	每 0.5 kg 为一个收费单位，第一单位为首重，第二单位开始为续重。21 kg 以上有大货价，大货价为每 1 kg 为一个收费单位。需在运费的基础上加收燃油附加费，燃油附加费的费率根据油价或是快递公司的成本每个月变化	每件货的重量必须在 70 kg，具体限重根据不同的快递有不同的要求，可一票多件	任一边不超过 120 cm，超过可能产生额外费用或者遭到拒收。体积重（抛货）与实际重取较大者收费

续前表

物流方式	收费标准特性	重量要求特性	尺寸要求特性
邮政EMS	每0.5 kg为一个收费单位，第一单位为首重，第二单位开始为续重，没有大货价。无须加收燃油附加费	每件限重20 kg。内装易碎物品或流质物品的邮件，每件限重10 kg，一票一件	仅对长、宽、高三边中任一单边达到60 cm或以上的包裹计算体积重。尺寸限制内的包裹只按实际重收费

（三）专线物流渠道

部分跨境电商平台除了与中国邮政、商业快递合作外，还会搭建面向不同国家（地区，后同）的专线。专线物流服务主要依托发件国与收件国的业务量规模，在此原则下，市面上最普遍的专线物流产品是美国专线（国际e邮包）、西班牙专线（中外运—西邮标准小包、中外运—西邮经济小包）、澳大利亚专线、俄罗斯专线（速优宝芬兰邮政、芬兰邮政经济小包、中通俄罗斯专线、139俄罗斯专线、中俄航空专线Ruston、中俄快递-SPSR）、中东专线（Aramex）、南美专线、南非专线等。针对体量大的收件目的国，卖家可能会有多种专线物流服务可供选择。例如：俄罗斯是目前全球速卖通上最大的购买群体，在后台的线上发货系统就有多种物流专线服务可以选择。

物流专线的性价比相对于国际小包与商业快递是最高的。在尺寸与重量的要求上与国际小包相同，时效上虽然不及商业快递，但已经远比国际小包提高很多。通常，专线物流的时效在7～14天或14～21天。

知识拓展

一、国际邮联关于禁止寄递物品的规定

（1）有爆炸性、易燃性、腐蚀性、毒性、强酸碱性和放射性的各种危险物品。如雷管、火药、爆竹、汽油、酒精、煤油、桐油、生漆、火柴、农药等。

（2）麻醉药物和精神药品。如鸦片、吗啡、可卡因等。

（3）国家法令禁止流通或寄递的物品。如军火武器、本国或外国货币等。

（4）容易腐烂的物品。如鲜鱼、鲜肉等。

（5）妨碍公共卫生的物品。如尸骨（包括已焚化的骨灰）、未经硝制的兽皮、未经药制的兽骨等。

（6）反动报刊书籍、宣传品和淫秽或有伤风化的物品。

（7）各种活的动物（但蜜蜂、水蛭、蚕以及医药卫生科学研究机构封装严密并出具证明交寄的寄生虫以及供作药物或用以杀灭害虫的虫类不在此限）。

二、海关明确禁止邮寄出境的物品

（1）各种武器、仿真武器、弹药及爆炸物品；

（2）伪造的货币及伪造的有价证券；

（3）对中国政治、经济、文化、道德有害的印刷品、胶卷、照片、唱片、影片、录音带、录像带、激光视盘、计算机存储介质及其他物品；

（4）各种烈性毒药；

（5）鸦片、吗啡、海洛因、大麻以及其他能使人成瘾的麻醉品、精神药物；

（6）带有危险性病菌、害虫及其他有害生物的动物、植物及其产品；

（7）有碍人畜健康的、来自疫区的以及其他能传播疾病的食品、药品或其他物品；

（8）内容涉及国家秘密的手稿、印刷品、胶卷、照片、唱片、影片、录音带、录像带、激光视盘、计算机存储介质及其他物品；

（9）珍贵文物及其他禁止出境的文物；

（10）濒危的和珍贵的动物、植物（均含标本）及其种子和繁殖材料；

（11）本国货币；

（12）外币及其有价证券。

三、海关明确限制邮寄出境的物品

（1）金银等贵重金属及其制品；

（2）无线电收发信机、通信保密机；

（3）贵重中药材；

（4）一般文物；

（5）海关限制出境的其他物品。

具体详尽禁限寄规定，除中国邮政已作明确规定外，还可查阅中国海关官方网站 http：//www. customs. gov. cn。

四、航空安检不合格物品明细说明

（1）仿真枪、消防枪、子弹及弹壳。任何仿真枪、可射击子弹的玩具枪均属禁寄物品。

（2）各种管制刀具、弩箭。

（3）易燃、易爆危险品、化工试剂、液体。

（4）带电池的各类电子产品。例如：任何可重复使用的充电电池（锂电池、内置电池、笔记本电池、蓄电池、高容量电池等），无法通过安检；MP3、MP4、手机、电脑等电子产品及户外照明用品、登山用品，若无内置电池，单机可通过安检；若有内置电池，即使电池已独立包装，仍无法通过安检；含有干电池的玩具、荧光棒等，无法通过安检。

（5）带磁性的物品（扩音器）。例如：含喇叭的音响、有变压器的电路板等，因为会影响飞机信号，不能通过安检。

（6）各种压力容器、各类压缩气体制品（自动充气救生设备、灭火器）。

（7）内装化妆品、药品、粉末状物品的邮件。例如：液体、粉状、膏状物品，无论如何包装，均无法通过安检，胶囊类药品也受此限制。

（8）批量电子元件。例如：整包单独寄递的批量纽扣电池、干电池，无法通过安检。

（9）任何在安检视图呈现"不明图像"的物品不能寄递。例如：包装使用较厚的固体泡沫，导致内包装物品形状、特性难以显示，出于航空安全考虑，不予通过安检。

思考练习

浙江知范电子商务有限公司在全球速卖通店铺主营女士包，跨境电商专员小刘要为店铺设计跨境物流方案，请根据本模板所学内容帮她完成物流方案的设计任务。

模块二　跨境物流的发运流程

学习目标

1. 熟悉国际物流的包装材料、常用物料和常见包裹；
2. 熟悉全球速卖通线上和线下发货的流程；
3. 熟悉常见物流网规和ODR相关的网规；
4. 能够计算跨境小包物流运费。

工作任务

本模块包括以下工作任务：第一，认识并列出跨境物流常见的包装材料和常用物料；第二，设置全球速卖通发货处理流程。

实践操作

一、跨境物流包装材料和常用物料识别

跨境电商平台交易订单以快递类发货方式居多，多数是按 g 或者 0.5 kg 为单位计费的。而且国际物流的成本将直接影响商品的价格竞争优势，所以如何控制包装成本变得非常重要。跨境电商的包裹既要控制重量，又要让包裹里的商品在国际运输途中不受到损坏，此时包装材料的选择就显得尤其重要。

（一）常见的包装材料

跨境电商物流常见的包装材料主要有：气泡信封、气泡膜、瓦楞纸箱、胶纸、包装袋、快递袋、珍珠棉、泡沫箱、气柱袋、木架。其中，气泡信封和胶纸是最常用的也是必不可少的包装材料。

（二）常用物料

跨境电商物流常用物料主要有：挂号条码、报关签条、航空标签、回邮地址、EMS 面单、快递面单等。

二、设置全球速卖通发货处理流程

（一）卖家发货

买家付款成功后，进入“等待卖家发货”状态，买家可以在“交易”→“管理订单”→“进行中的订单”页面中选择“等待卖家发货”查询订单信息（见图 5－14）。

图 5－14　等待卖家发货页面

卖家可以自己联系货代公司发货，也可以使用全球速卖通线上发货功能发货。在发货页面，可以查看剩余交货时间（见图 5－15）。

交货时间是指买家付款成功到卖家完成填写发货通知的时间。在此时间内，卖家需要完成备货、发货操作，并且填写发货通知。逾期未填写发货通知，订单将自动关闭，退款给买家。卖家应根据自己的实际情况来设置发货时间，发货期填写范围：1～60 天。如未

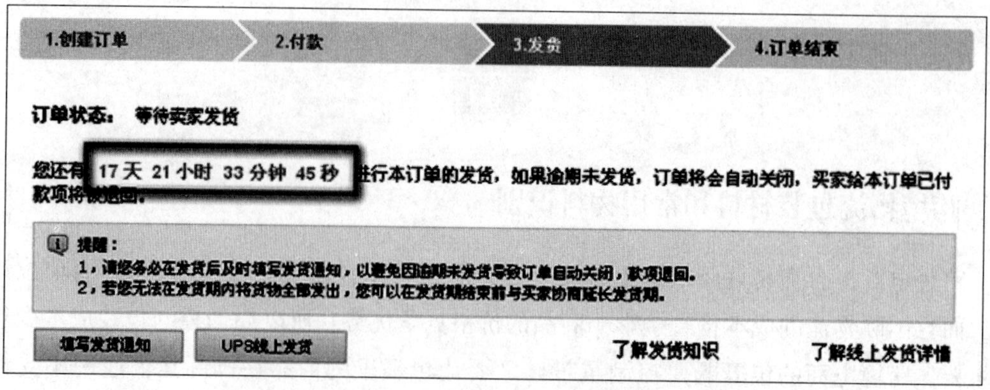

图 5-15　查询剩余交货时间

按时发货会被判“成交不卖”，成交不卖将受到严重处罚。

卖家发货后，需将正确的发货详细信息填写到“发货及物流信息”一栏中，包括承运方、货运跟踪号、发货状态等，填写完成后点击“提交”即可（见图 5-16）。

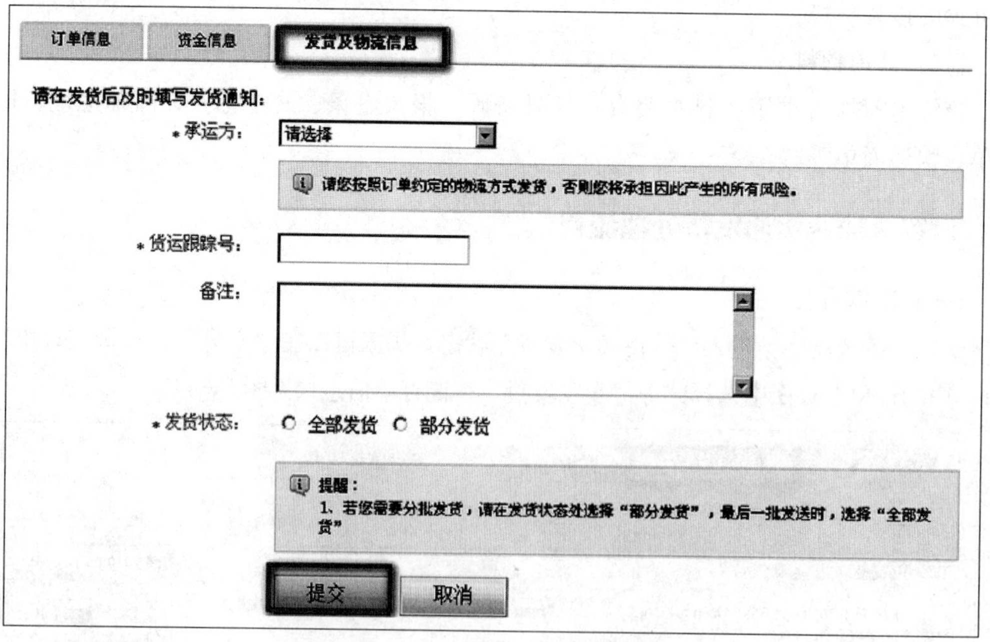

图 5-16　填写发货及物流信息页面

需要注意的是，如果卖家全部发货，则订单状态显示为卖家已发货，等待买家确认；如果卖家部分发货，则订单状态显示为部分发货，等待卖家完成发货。在交货时间内，卖家应及时与买家沟通，如果在交货时间截止前确认无法发货，可以在截止时间前要求买家延长发货时间。

卖家发货成功并填写发货及物流信息后，订单进入“等待买家收货”阶段。卖家可以在“交易”→“管理订单”→“进行中的订单”页面中选择“等待买家收货”查询订单信息（见图 5-17）。

图 5-17　等待买家收货页面

需要特别提醒的是，如果买家在收货时间内不能按时收到货物，卖家可适当延长买家确认收货的时间周期，使买家在未收到货物时不至于随意提起退款，保障双方安全及信誉。卖家发货后可以告诉买家已经发货，请买家注意查收；在买家收到货物之后，卖家应及时与买家沟通验货，进行服务指导，及时跟进买家确认收货和放款；如果买家逾期未确认收货，则订单将自动结束，订单款项将会自动支付给卖家。

（二）全球速卖通线上发货流程

线上发货是由阿里巴巴全球速卖通、菜鸟网络联合多家优质第三方物流商打造的物流服务体系。卖家使用"线上发货"需要在全球速卖通后台在线下物流订单，物流商上门（或卖家自寄至物流商仓库）后，卖家可在线支付运费并在线发起物流维权。阿里巴巴作为第三方将全称监督物流商服务质量，保障卖家权益。

对于新手卖家来说，还没有稳定的订单量，在国际物流方面也缺乏经验，全球速卖通线上发货是非常好的选择。卖家可以选择以下 3 种方式进行线上发货：一是在全球速卖通后台进行线上发货操作；二是通过第三方软件如全球交易助手、速脉打单宝、速卖 ERP 进行线上发货操作；三是对接线上发货 API 接口，通过自有 ERP 进行线上发货操作。

全球速卖通线上发货的流程如图 5-18 所示。

图 5-18　全球速卖通线上发货流程

全球速卖通线上发货操作流程具体如下：

第一步：进入等待发货页面（见图 5-19），选择"线上发货"（见图 5-20）。

第二步：选择物流方案（见图 5-21）。

第三步：创建物流订单（见图 5-22）。如果订单较多，可以批量创建物流订单（见图 5-23）。创建好后，填写批量发货文档（见图 5-24）。

第四步：打印发货标签（见图 5-25）。卖家需要打印发货标签，将标签贴在包裹外包装上再交货给物流商。

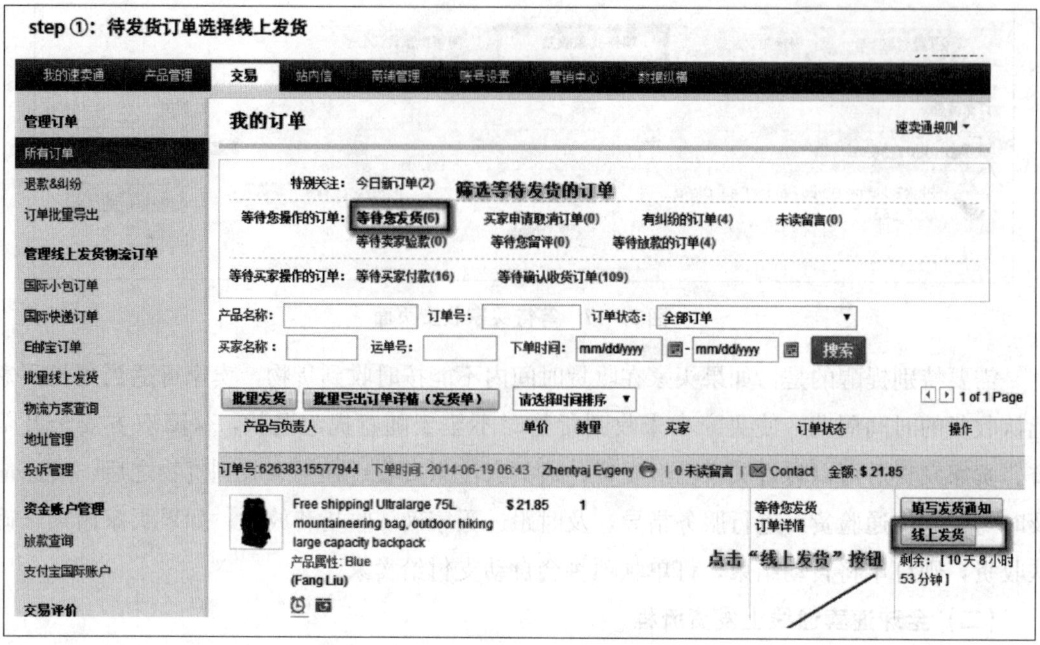

图 5 - 19　全球速卖通等待发货订单页面

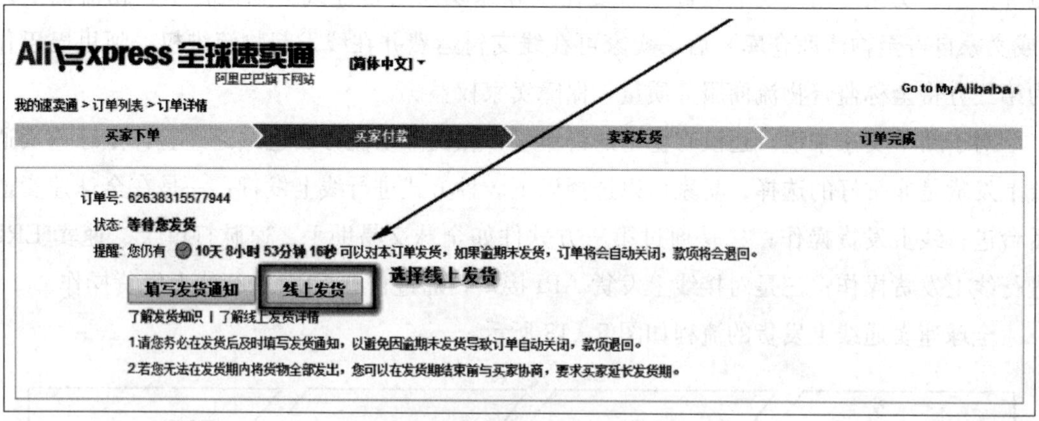

图 5 - 20　选择线上发货

一般一张 A4 纸可以打印 9 份无配货单的发货标签，可以打印 6 张有配货单的标签，打印好后将标签贴在包裹的外包装上（见图 5 - 26）。

第五步：发货/填写发货通知。点击“交易”中的“国际小包订单”，再点击“填写发货通知”（见图 5 - 27）；然后填写发货通知的详细信息（见图 5 - 28）；再批量填写运单（见图 5 - 29）。

需要注意的是，线上发货物流单号由系统分配，卖家不能随意更改物流方式，否则可能导致订单追踪信息不能在后台展示。

第六步：支付运费。线上发货的运费在包裹入库后的第二天 23 点前，卖家可以主动支付运费。可以选择通过国内支付宝账户支付人民币（见图 5 - 30），也可以选择支付国际账户支付美元。包裹入库后，如果在第二天 23 点前，卖家未主动支付，系统将从卖家支付宝国际账户中自动划扣美元（按照划扣当天的汇率折算）。支付完成后可以统计运费并下载运费报表（见图 5-31）。

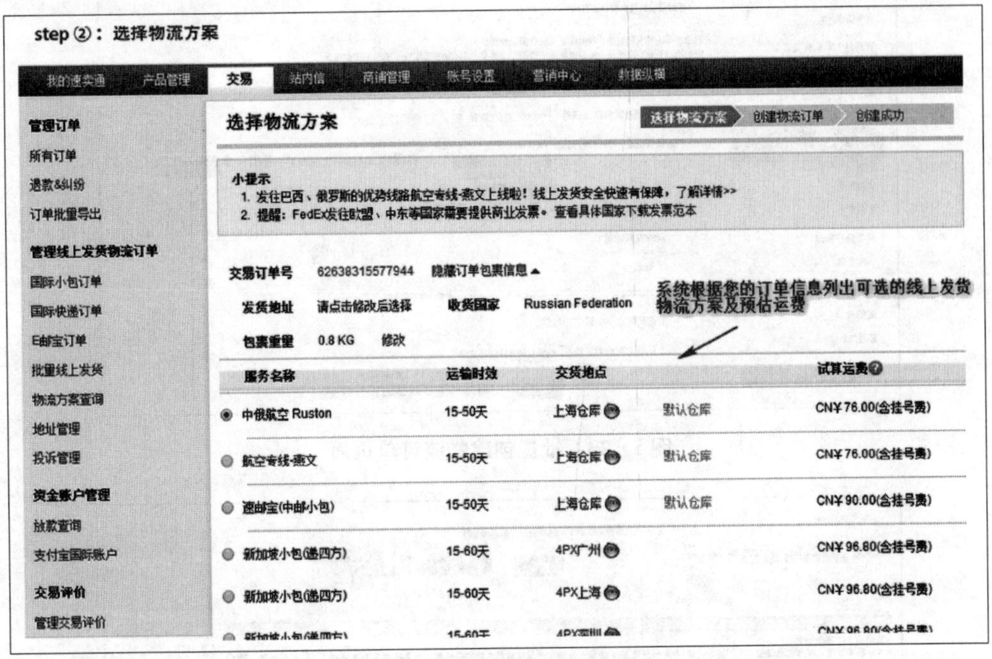

图 5-21 选择物流方案页面

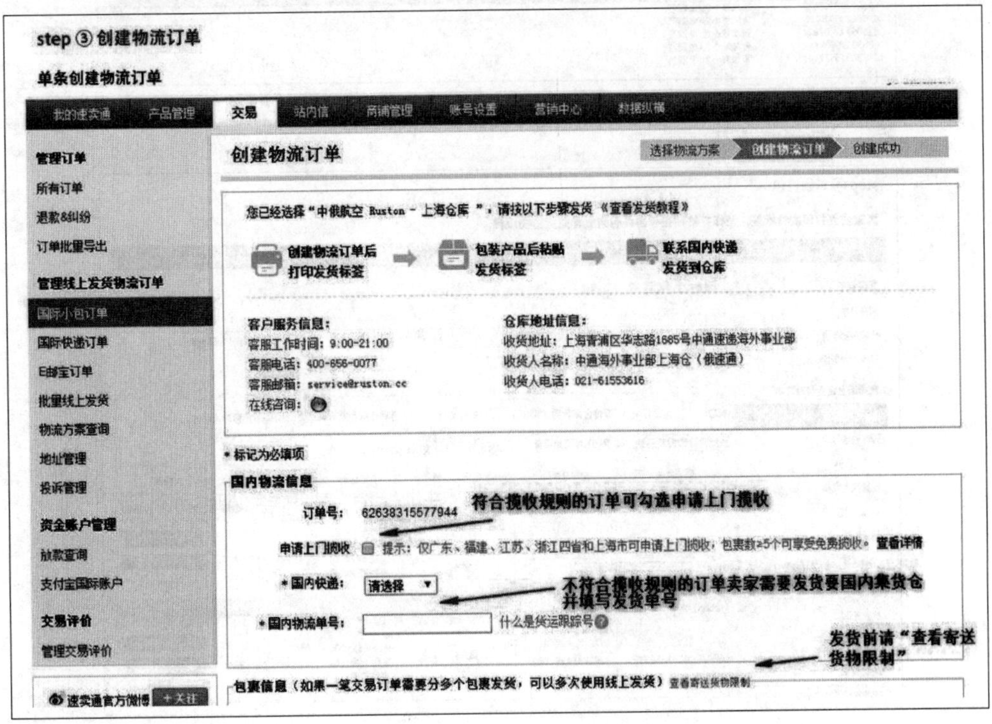

图 5-22 创建物流订单页面

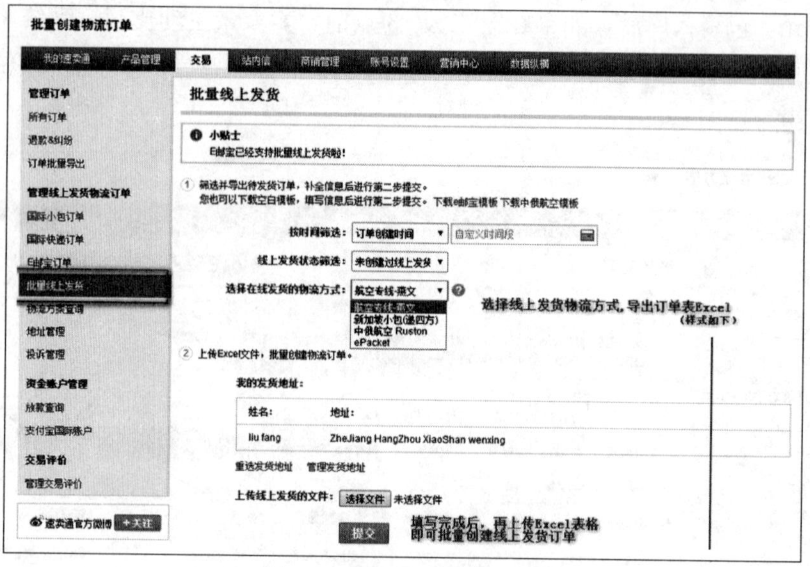

图 5－23　批量创建物流订单页面

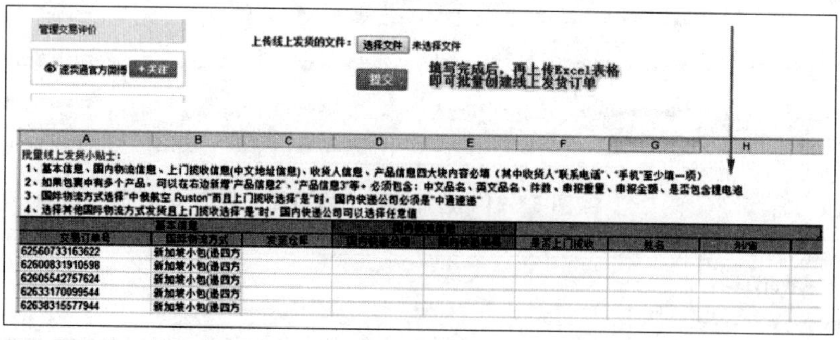

图 5－24　填写批量发货文档页面

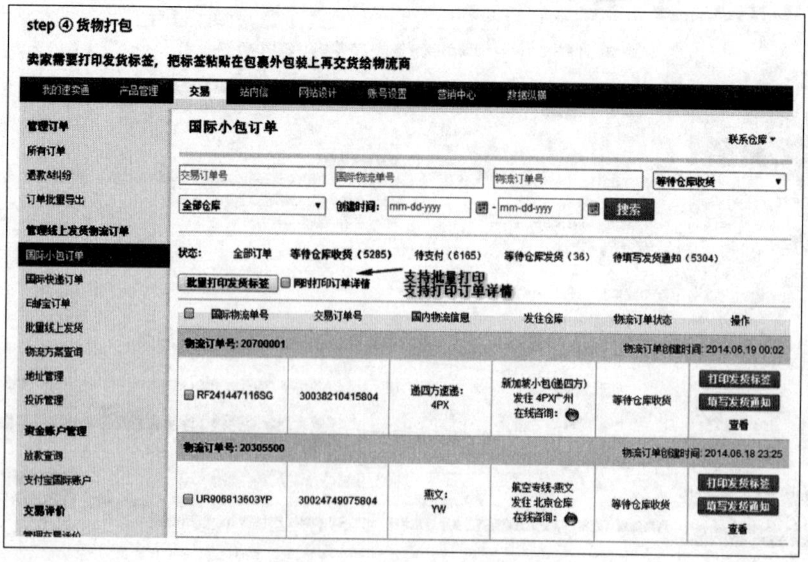

图 5－25　打印发货标签页面

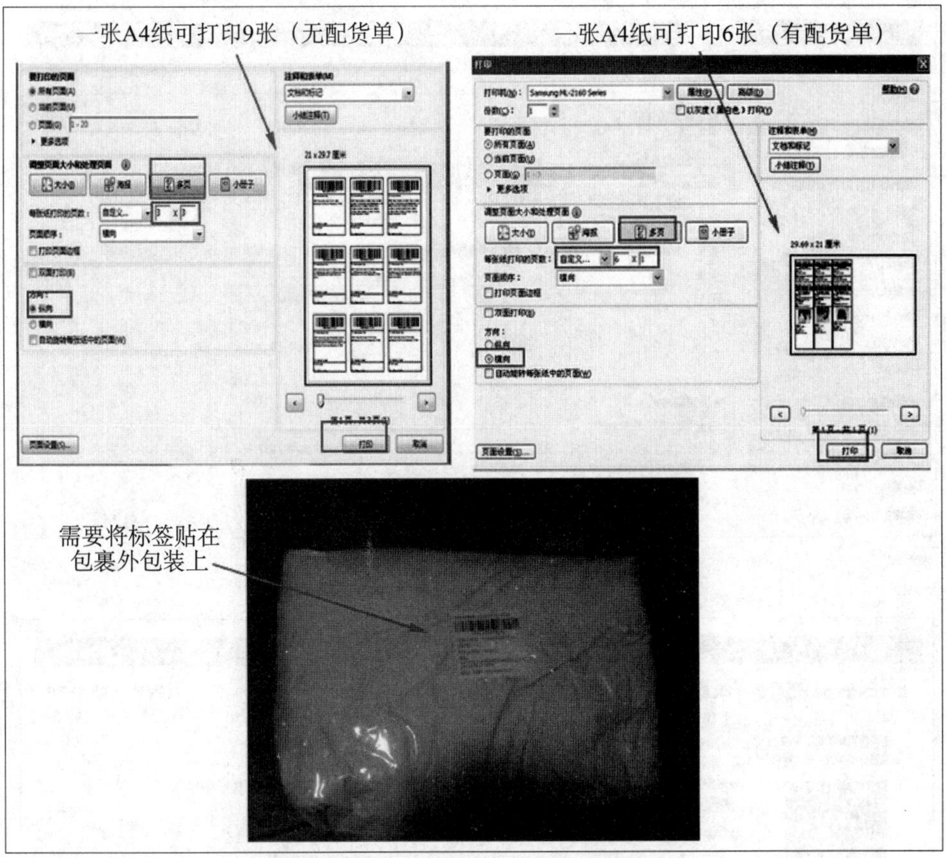

图 5－26　打印粘贴发货标签

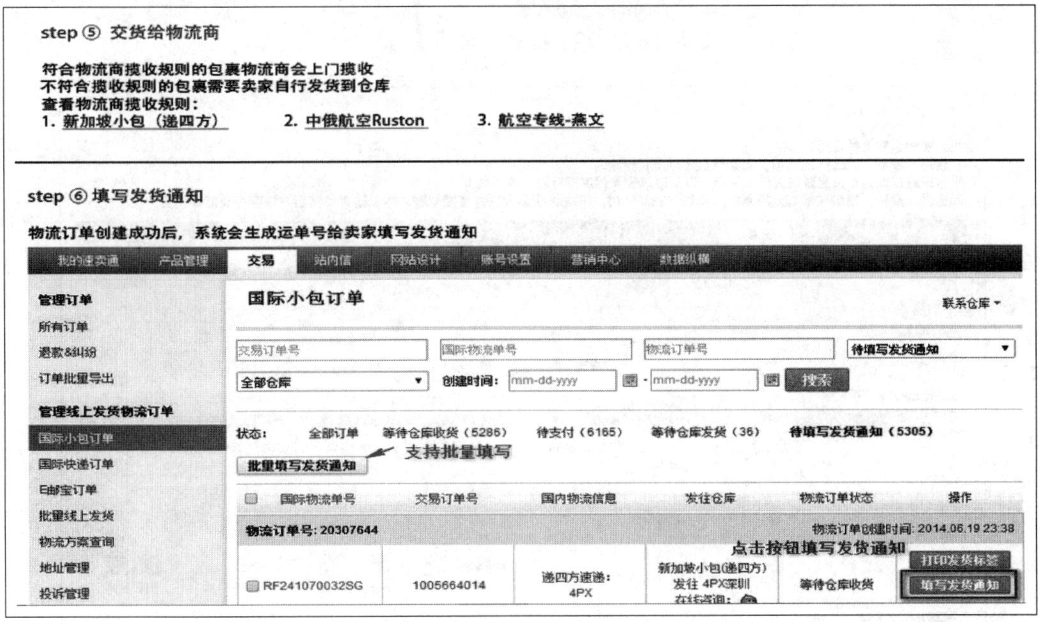

图 5－27　待填发货通知页面

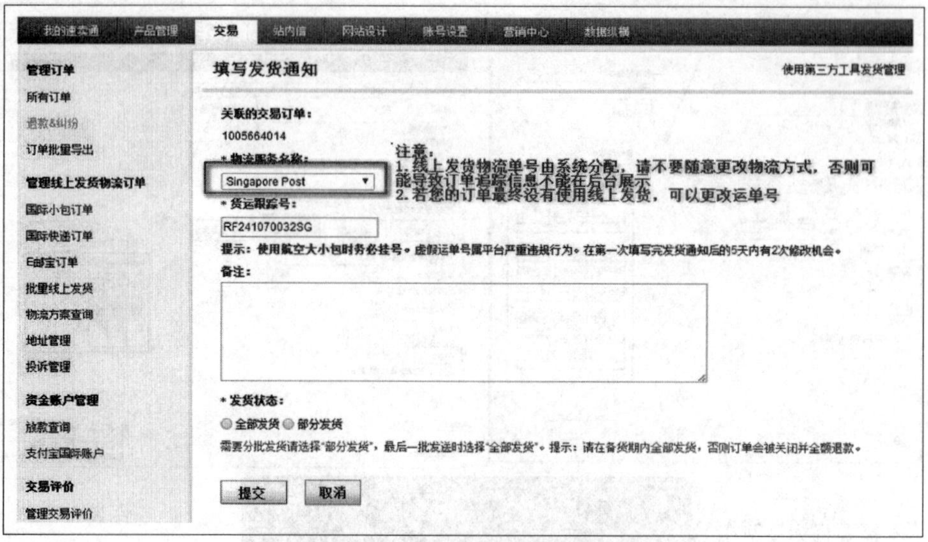

图 5-28　填写发货通知信息

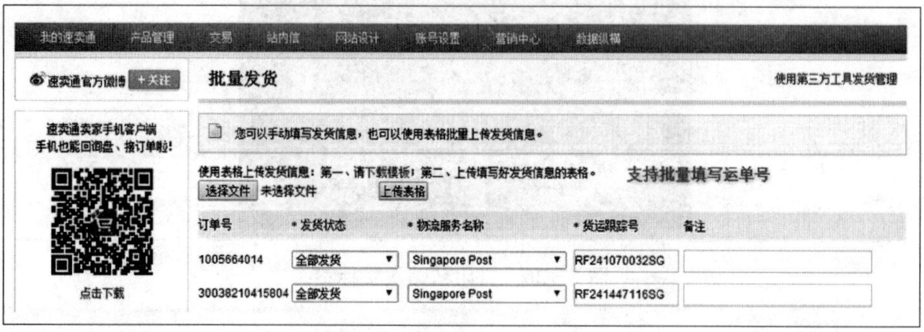

图 5-29　批量填写运单号

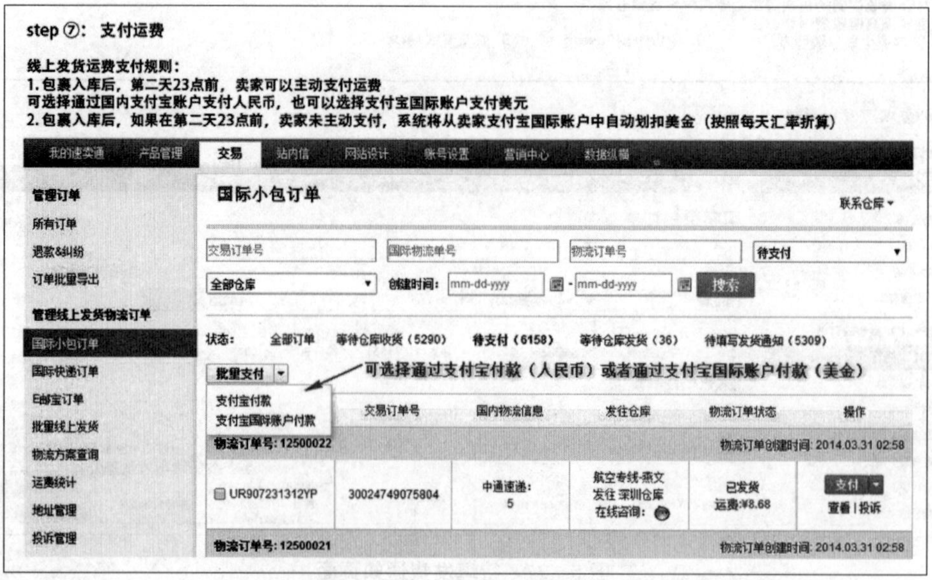

图 5-30　支付宝支付运费

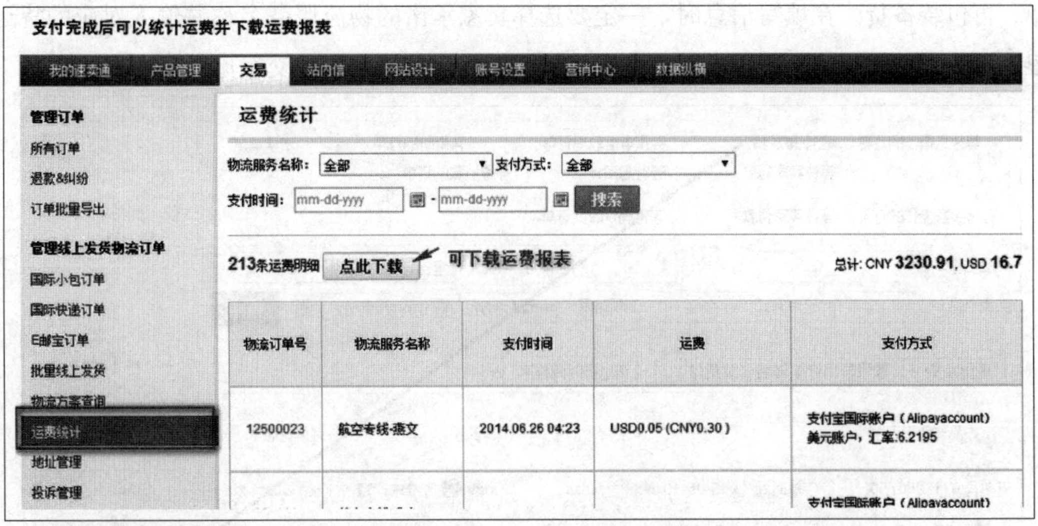

图 5-31　下载运费报表页面

（三）全球速卖通线下发货流程

线下发货是跨境电商的传统发运方式，可以通过邮局或者四大快递官方来发运，但更多的还是选择和货代公司合作的方式。发货流程如下：

第一步：登录店铺后台查看“等待您发货”信息（见图 5-32）。

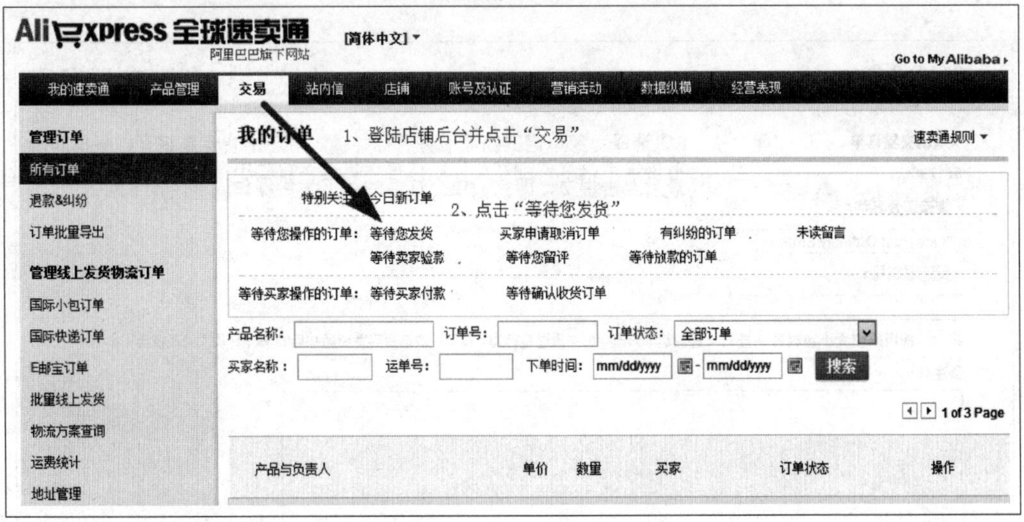

图 5-32　查看待发货信息

第二步：填写发货通知。点开“等待您发货”按钮后，点击页面右侧的“填写发货通知”（见图 5-33）。

填写发货信息前，卖家一定要核实买家的联系方式与订单留言是否一致。如果一致，则可以打印姓名和地址，同时包装备货。如果不一致，则根据实际情况做相应的修改后打印，再包装备货。在填写信息时，一定要选择卖家承诺的物流服务名称并输入对应的货运跟踪号。根据实际情况选择全部发货还是部分发货，最后点击提交（见图 5－34）。

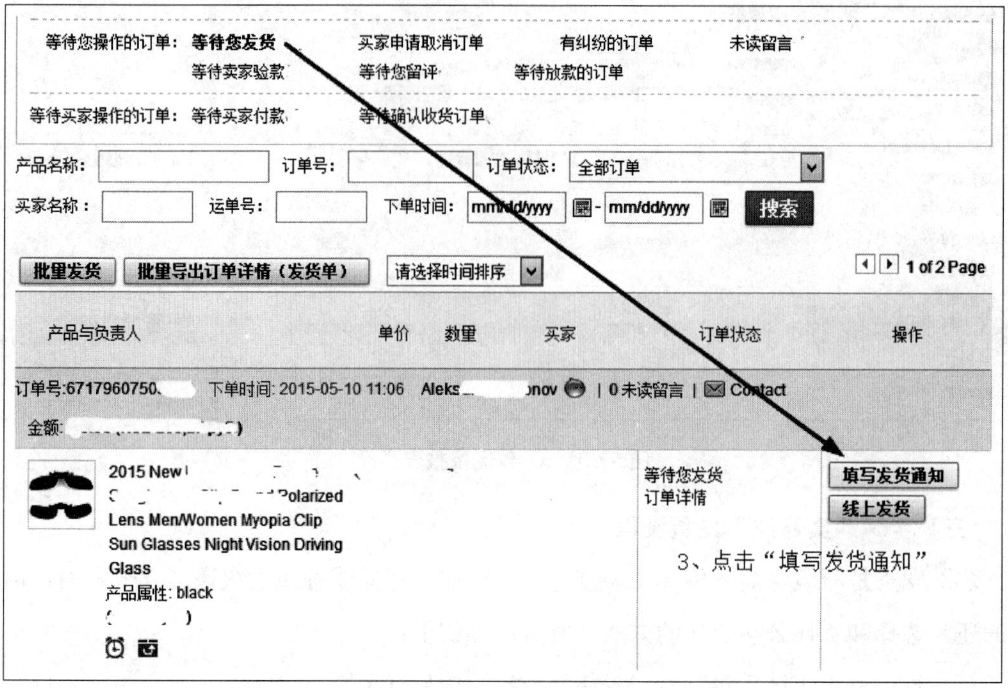

图 5－33　填写发货通知页面

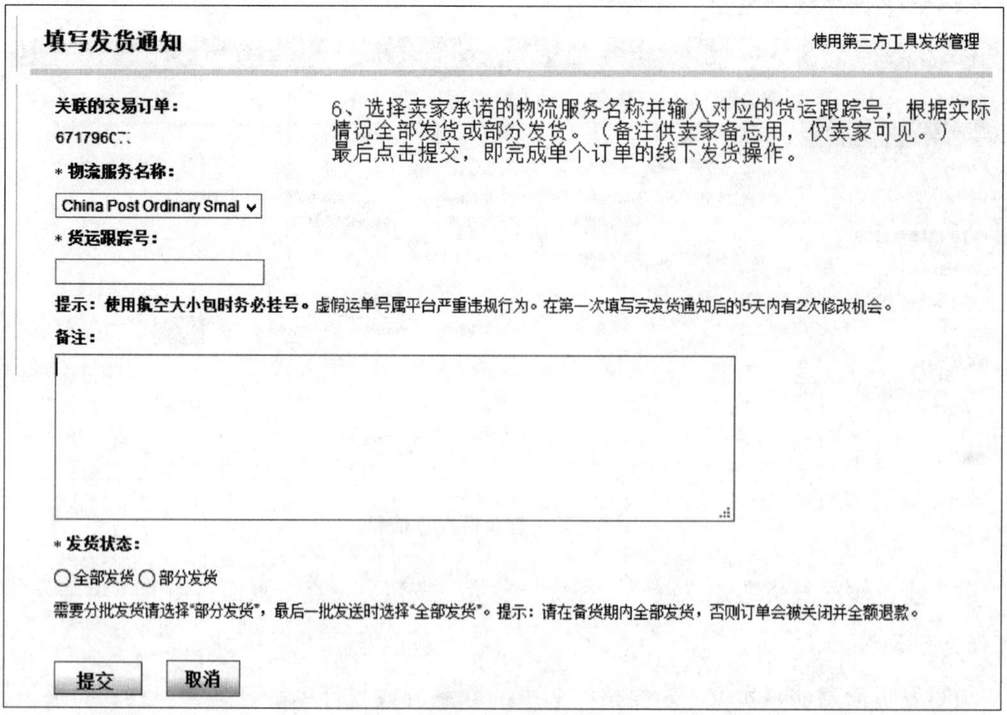

图 5－34　填写详细发货信息页面

相关知识

一、常见包装材料介绍

（一）气泡信封

气泡信封是专门针对跨境电商货物运输特性而研发出来的一种轻便型包装材料。一般的气泡信封有两层，外层是白色、黄色或者棕色牛皮纸，内层是附粘在外层牛皮纸内壁上的一层气泡膜。气泡信封同时自带封口胶，使用非常方便。也有部分气泡信封将常见的小包邮政 CN22 报关签条印刷在背面，目的是节约贴报关签条的时间和节省重量。

也有部分定制的气泡信封，定制主要表现在整个信封只有一层，即用不透明、高强度气泡膜直接做成信封，同时印刷上商家的标识或者网址，这样显得高档、大气，同时为商家带来了很好的广告效果。

普通气泡信封如图 5－35 所示。

气泡信封从小到大分为 7 种型号，分别叫一号、二号、三号、四号、五号、六号、七号，用于包装不同产品。不同规格大小的气泡信封如图 5－36 所示。

图 5－35 普通气泡信封

图 5－36 不同规格的气泡信封

（二）气泡膜

气泡膜是发大件物品不可或缺的材料（见图 5－37）。气泡膜本身是一种双层塑料膜，可以单层做成气泡，也可以双层都做成气泡，这样就将气泡膜划分成单层气泡膜和双层气泡膜。根据气泡直径的大小，又可以分为小颗粒气泡膜和大颗粒气泡膜。根据气泡膜用料，又可以分为全新料气泡膜和再生料气泡膜。全新料气泡膜表面光滑、透明、有质感，价格稍高；再生料气泡膜表面稍显粗糙，透明度和质感稍差，但价格便宜。

图 5-37　气泡膜

气泡膜的售卖按千克或者按宽度和长度计费，普通气泡膜成卷采购。

（三）瓦楞纸箱

纸箱（见图 5-38），学名瓦楞纸箱，按隔层数量一般可分为三层、五层或者七层，比较常见的是三层和五层的纸箱。按纸皮强度又分为高强度纸箱和一般强度纸箱。跨境电商物流发货比较常用的是一般强度纸箱，价格便宜且比较容易切割。

图 5-38　纸箱

瓦楞纸箱没有固定的大小规格，不同物流公司会定制不同的系列，如各地邮政部门会定制不同系列的邮政纸箱。而纸箱生产厂商也往往会根据市场热销品来专门为其量身定制合适的纸箱，如刚好装进一台某型号平板电脑的纸箱、刚好装进某型号手机的纸箱。定制纸箱的优势是形状大小合适，可以最大限度地减少体积重，方便打包。

因为各种产品规格大小不一，而且各种规格的纸箱也不能很完美地适配每一种产品，所以用纸箱打包的过程中不可避免地会用到美工刀切割纸箱。一来是为了压缩体积重，二来是为了不让纸箱里面装的物件晃动，避免国际运输途中的损失。

（四）胶纸

胶纸，又称胶带、透明胶，是打包使用量最大的包装材料之一。胶纸一般分为透明胶纸（见图 5-39）、黄色胶纸（见图 5-40）、印刷胶纸（即印刷上提示语或者品牌标识）、特殊胶纸（如超市生鲜经常用的绿色胶纸）。市场上的胶纸又分为宽窄两种规格，可分别适用于不同环境。同时，市场上的胶纸由于生产工艺的不同厚度有所不同，一般采购得到的是中等厚度的胶纸，而超薄胶纸往往用在对重量极为敏感的产品上，超薄胶纸较为少见。

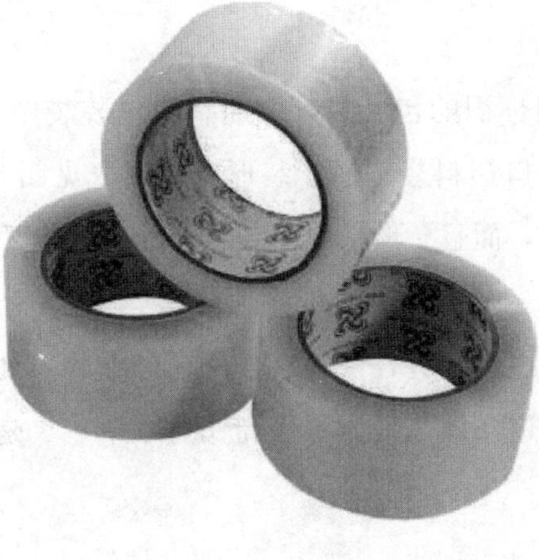

图 5－39　透明胶纸

图 5－40　黄色胶纸

基于跨境电商需要通关的特殊性考虑，同时基于尊重普遍目的国宗教信仰、风俗文化的因素考虑，推荐使用透明胶纸和黄色胶纸这两种常见胶纸。这两种常见胶纸可以按卷采购、按条采购（一条五卷）、按箱采购，或者大批量采购。

（五）包装袋

包装袋是指带封口胶的塑料袋，在跨境物流中可以用于直接包装衣服之类不用担心被压、被摔的产品，也可以用于包裹气柱袋等（见图 5－41）。

图 5－41　包装袋

包装袋有大有小，不同规格的包装袋价格也不一样。包装袋的特点是防水、防划伤，能够较好地保护内装物品。需要注意的是，在包装袋表面所贴的各类标签一定要平整。如果在贴标签时，包装袋表面留有内陷空隙，则很可能会在运输过程中因包装袋扯动变形而导致标签被撕破。

（六）快递袋

快递袋是指物流公司提供的带有物流公司标识的包装袋，快递袋比包装袋做工精良，而且快递袋的背面通常都有一个层叠式的不封口塑料袋，用于装形式发票（见图5-42）。快递袋的规格比较少，通常只有大小两种规格，而且一般情况下装快递袋的包裹不计体积重（这一点需与当地快递公司确认）。

快递袋包装的注意事项：一般物流公司都不允许折叠快递袋，只允许在封口处直接封口而无须考虑剩余空间以及内件是否会晃动。这样做一是为了提高作业效率，二是为了避免因折叠而丢失形式发票。

（七）珍珠棉

珍珠棉是近年来兴起的一种新的包装材料，主要用于在部分场合代替气泡膜（见图5-43）。珍珠棉的特点是轻且容易切割，不会像气泡膜那样因为气泡破裂而失去保护作用。

图5-42　快递袋

图5-43　珍珠棉

珍珠棉一般按卷采购。采购回来之后根据实际需要切割成不同大小，以方便打包。珍珠棉的缺点主要表现在：因为有一定的强度和韧性，所以不能像气泡膜那样严丝合缝地包住产品，这点在打包操作时需要注意，避免让产品的关键部位缺失保护。

（八）泡沫箱

泡沫箱（见图5-44）在跨境电商物流是不常用，但却是3C类电子产品必不可少的包装材料，主要用于包装手机、昂贵手表、钢化玻璃膜等带屏幕或者极易受到外力碰撞影响的产品。

图 5-44　泡沫箱

跨境电商用的泡沫箱一般是指小泡沫箱，即长、宽、高都≤20 cm 的泡沫箱。这类泡沫箱质地很轻，却非常坚硬，通常由两部分组成，矩形的箱体和带有内凸起的箱盖。

泡沫箱的箱壁厚度在 0.5 cm～1 cm，放进泡沫箱的产品需要辅以适当的填充（如气泡膜或者珍珠棉）来避免产品在箱内晃动。

产品放进泡沫箱之后还需要用黄色胶纸覆盖泡沫箱或者再套一层包装袋，然后在最外层贴条码和地址标签等物料。

用泡沫箱打包虽然麻烦，但是基本上可以保证产品放进去是什么样子，客户收到时就是什么样子。所以，带屏幕和贵重产品发货可以优先选择泡沫箱。

（九）气柱袋

气柱袋是发运带大屏幕电子产品的必备材料，需要配合充气机或者打气筒使用（见图 5-45）。

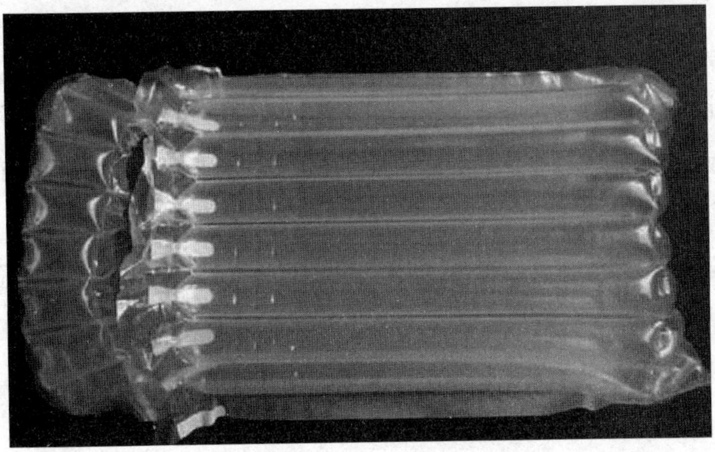

图 5-45　气柱袋

气柱袋的原始形态是一个一体化的扁平塑料，充气之后就会变成一个中间是空的、周围有若干个独立气柱、底部密封、上端开口的特殊气囊。

气柱袋这种若干独立气柱半包围的结构可以很好地弥补气泡膜强度不够、气泡容易破裂等缺陷，尤其适用于平板电脑、手机、GPS导航仪等带屏幕的产品。

（十）木架

木架主要用于陶瓷制品、竹木制品的外包装，常见于海运。

在用了高强度纸箱之后仍然不足以保护纸箱里面所装载的产品时，可以用木架进行包围加固处理。木架可以承受压力，保护纸箱内部的陶瓷或者竹木制品不会受到外力的挤压，最大限度地保护产品。但是由于各国海关对原木进口的管制，使用原木木架的包裹（海运、空运、快递等）都需要提供木架的熏蒸证书。打好木架的包装如图5-46所示。

图5-46 木架

二、常用物料介绍

常用物料是指在配单、打包过程中除了常用包装材料以外所经常使用到的条码、标签、单据等资料。

（一）挂号条码

挂号条码是指邮政小包所使用的跟踪号，英文叫Tracking Number，分为粘贴和打印两种。一般而言，个人去邮局寄国际挂号小包用的是粘贴型的挂号条码，而通过后台系统与邮局直接对接的货代公司发货则可以生成打印的挂号条码。

挂号条码通常是13位，第一、二位是字母，第一位往往是R，第二位则不固定，从第三位到第十一位是数字，最后两位是发件邮局所在国家或地区的缩写。例如：

RA123456789CN，表示这是中国邮政的挂号小包；

RB123456789HK，表示这是中国香港邮政的挂号小包；

RQ123456789SG，表示这是新加坡邮政的挂号小包。

中国邮政挂号条码示例如图 5－47 所示：

图 5－47　中国邮政挂号条码

中国香港邮政挂号条码示例如图 5－48 所示：

图 5－48　中国香港邮政挂号条码

（二）报关签条

报关签条又叫报关一体化面单，是供发件国和目的国海关查看的有关包裹内件物品详情的申报单。目前，通用的报关签条采用 CN22 格式。CN22 格式规定报关签条包括的项目主要有：内件物品类型、物品详情（物品名）、物品数量、物品价值、签名等。

不同发件邮局所提供的报关签条颜色和款式有所不同。例如：中国邮政提供的是白色自黏性的报关签条，而中国香港邮政提供的则是绿色无黏性的报关签条。

报关签条也可以按规定格式打印出来直接贴在包裹上使用，也有部分气泡信封直接把 CN22 格式的报关签条印刷在背面，这样可以一定程度上减少报关签条粘贴的工作。

中国邮政报关一体化面单示例如图 5－49 所示：

中国邮政 CHINA POST
Small Package BY AIR
KZ

RH940928549CN

From:
铭艺-1
90000005658790
NO.240
Huqingping Road
Minghang Dist
200000
上海市邮政物流分
公司 百色路1218号

Ship To: 哈萨克斯坦
Leonid Grabovski
2 m-on, 14 dom, kw. 46
Kaphagaj Almatinskaja obl.
040801 KAZAKHSTAN
Tel:87775520565

No.	Description of Contents:	Kg.	Val(US$.)	Goods Origin
1	1* 配件 parts	0.500	10.000	CN
	Total Gross:	0.500	10.000	

已验视 铭艺

I certify the particulars given in this customs declaration are correct. This item does not contain any dangerous article, or articles prohibited by legislation or by postal or customs regulations.
Sender's Signature & Date Signed: XU 2018-01-01 07:46:06 CN22

图 5－49　中国邮政报关一体化面单

（三）航空标签

航空标签用于指示这个包裹是航空件，是航空包裹必不可少的一部分，也可以印刷在气泡信封上。日常仓库操作过程中不需要过多关注航空标签，气泡信封上直接会印制航空标签，或者在一张标签纸上统一印制航空标签。

（四）回邮地址

回邮地址适用于邮件因无法派送而从国外退件回来的情形，不同发件邮局的回邮地址不同。如果个人去邮局发小包，那么贴的就是当地邮局提供的回邮地址；如果通过货代公司发货，那么贴的就是带有货代公司标志的回邮地址，如货代公司在中国香港的操作点或者新加坡的操作点。

回邮地址一般情况下用不到，但是碰到如下情况则会发挥重大作用：

（1）联系不上收件人；

（2）收件人留的不是全名；

（3）收件人地址不详而无法派送；

（4）收件人地址是错的；

（5）被目的国海关查验退回。

因为万国邮政联盟的成员国和地区邮政渠道退件回发件国家或地区是免费的，一旦发生上述情况则邮政系统会按照回邮地址进行退货，所以回邮地址不能乱贴，更不能不贴，这是发货人的权益。

小贴士

现在，邮政小包已经逐步更新为一体化面单，所以上述手工贴挂号条码和报关签条的情况已不多见，我们只需要明白包裹上需要有哪些标签即可。

（五）EMS 面单

我们通常能发的 EMS 包括中国 EMS、中国香港 EMS、新加坡 EMS，但平时能够接触得较多的是中国 EMS。以中国 EMS 为例，EMS 面单是集发件人信息、收件人信息、报关信息、跟踪号为一体的面单。既可以手写，也可以打印。面单左边是发件人信息、右边是收件人信息、左下是申报详情、右上是跟踪号，所有信息一目了然。中国 EMS 面单如图 5-50 所示。

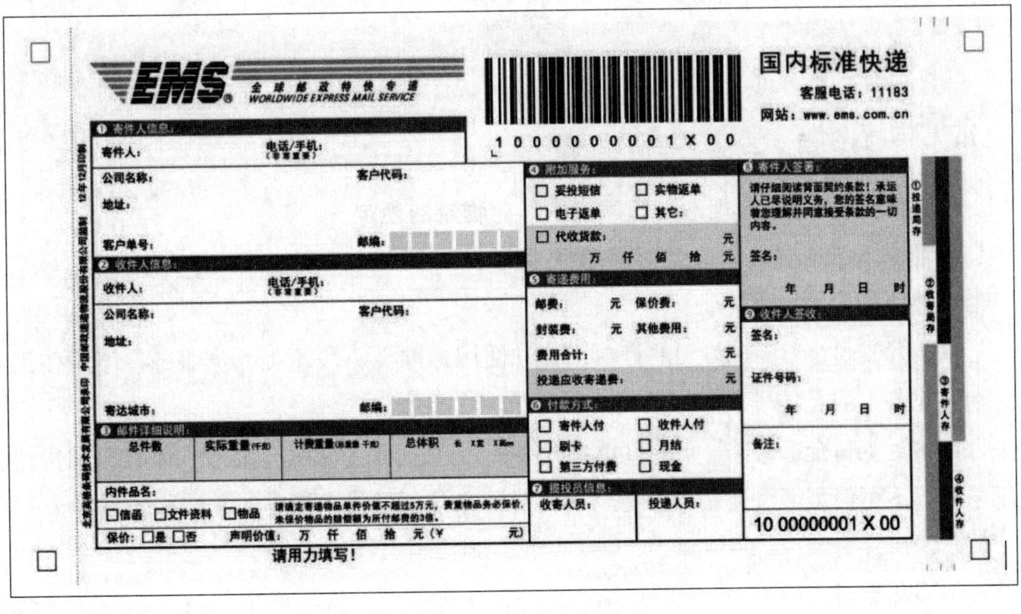

图 5-50　中国 EMS 面单

（六）快递面单

以 UPS 快递面单为例，UPS 面单与 EMS 面单在内容上极为相似，都包含发件人信息、收件人信息、申报明细等内容（见图 5-51）。

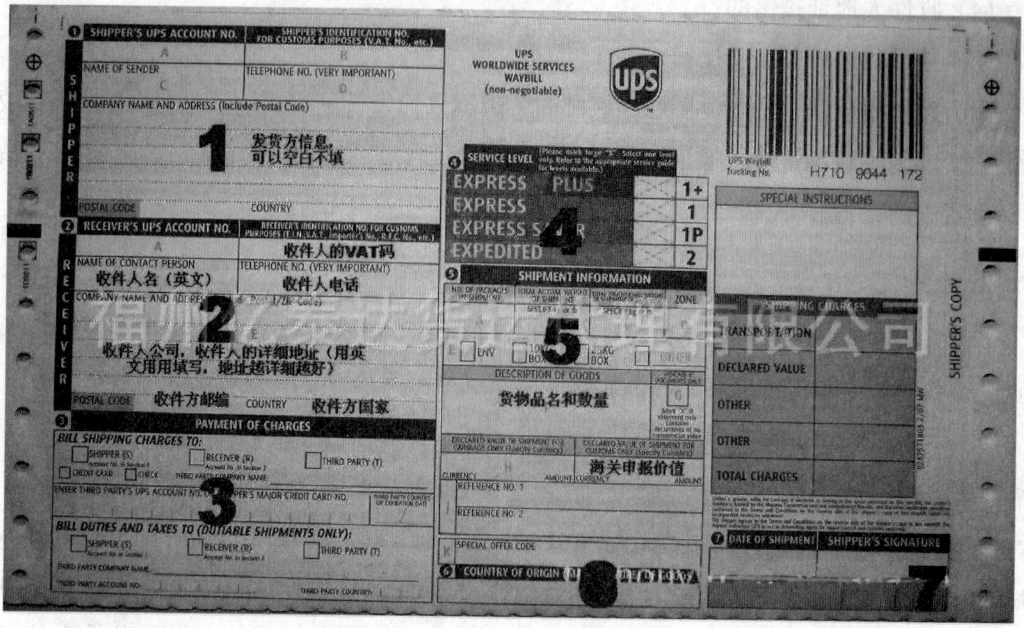

图 5-51 UPS面单

知识拓展

一、常见物流网规

（一）全球速卖通平台规则（卖家规则）对物流的规定

1. 卖家须按照如下物流政策选择物流方式

（1）俄罗斯。

订单实际支付金额>5 美元的订单：允许使用标准类、快速类物流服务，不可使用经济类物流服务（即无挂号平邮）及简易类物流服务发货。

订单实际支付金额≤5 美元的订单：允许使用线上简易类物流服务、标准类和快速类物流服务，不可使用经济类物流服务（即无挂号平邮）及线下简易类物流服务发货。

（2）西班牙。

订单实际支付金额>5 美元的订单：允许使用标准类物流服务中的 AliExpress 无忧物流——标准（特殊类目商品除外）及快速类物流服务，其他标准类、简易类物流服务及经济类物流服务不可使用。

订单实际支付金额>2 美元且≤5 美元的订单：允许使用线上简易类物流服务、标准类和快速类物流服务，不可使用经济类物流服务（即无挂号平邮）及线下简易类物流服务发货。

订单实际支付金额≤2 美元的订单：允许使用线上经济物流服务的中外运西邮经济小包、线上简易类物流服务、标准类物流服务及快速类物流服务，线下简易类物流服务及线下经济类物流服务不可使用。

（3）美国。

订单实际支付金额＞5 美元的订单：允许使用标准类物流服务中的 e 邮宝、AliExpress 无忧物流——标准（特殊类目商品除外）及快速类物流服务，其他标准类物流服务及经济类物流服务不可使用；

订单实际支付金额≤5 美元的订单：允许使用标准类、快速类物流服务及线上经济类物流服务，线下经济类物流服务（即无挂号平邮）不可使用。

（4）法国、荷兰、智利。

订单实际支付金额＞5 美元的订单：允许使用标准类物流服务中的 AliExpress 无忧物流——标准（特殊类目商品除外）及快速类物流服务，其他标准类及经济类物流服务不可使用；

订单实际支付金额≤5 美元的订单：允许使用线上经济物流服务、标准类及快速类物流服务，线下经济类物流服务不可使用。

（5）巴西、乌克兰、白俄罗斯。

所有订单不可使用经济类物流服务发货。

（6）除俄罗斯、西班牙、美国、法国、荷兰、智利、巴西、乌克兰、白俄罗斯之外的其他国家。

订单实际支付金额＞5 美元的订单：允许使用标准类及快速类物流服务，经济类物流服务不可使用。

订单实际支付金额≤5 美元的订单：允许使用标准类、快速类物流服务及线上经济类物流服务，线下经济类物流服务不可使用。

2. 物流方式需经买家同意，运单号真实可查询

卖家发货所选用的物流方式必须是买家所选择的物流方式，未经买家同意，不得无故更改物流方式。

卖家填写发货通知时，所填写的运单号必须真实并可查询。

（二）关于物流引起的纠纷

（1）卖家发货并填写发货通知后，买家如果没有收到货物或者对收到的货物不满意，可以在卖家全部发货 10 天后申请退款（若卖家设置的限时达时间小于 5 天，则买家可以在卖家全部发货后立即申请退款），买家提交退款申请时纠纷即生成。

（2）当买家提交或修改纠纷后，卖家必须在 5 天内“接受”或“拒绝”买家的退款申请，否则订单将根据买家提出的退款金额执行。

（3）如果买卖双方协商达成一致，则按照双方达成的退款协议进行操作；如果无法达

成一致，则提交至全球速卖通进行裁决。

1）买家提交纠纷后，双方有7天的协商期，平台客服人员会在7天内（包含第7天）介入处理；

2）若买家提起的退款申请原因是“未收到货——货物在途”，则系统会在限时达到达后自动提交全球速卖通平台进行裁决。

（4）为提高买家体验和对全球速卖通平台及平台卖家的信心，全球速卖通鼓励卖家积极与买家协商；协商不一致的情况，平台客服人员主动介入给出方案解决（平台客服人员介入后，买家和卖家依然可以协商）。

（5）如果买卖双方达成退款协议且买家同意退货，买家应在达成退款协议后10天内完成退货发货并填写发货通知，全球速卖通将按以下情形处理：

1）买家未在10天内填写发货通知，则结束退款流程并交易完成；

2）买家在10天内填写发货通知且卖家30天内确认收货，全球速卖通根据退款协议执行；

3）买家在10天内填写发货通知，30天内卖家未确认收货且卖家未提出纠纷的，全球速卖通根据退款协议执行；

4）在买家退货并填写退货信息后的30天内，若卖家未收到退货或收到的货物货不对版，卖家也可以提交给全球速卖通平台进行纠纷裁决。

二、ODR相关网规

全球速卖通平台规则（卖家规则）关于卖家保护政策具体内容如下：

（一）物流相关

1. 采用线上发货物流方式的订单

（1）若出现DSR物流服务评分低等级和物流原因引起的“纠纷提起”“仲裁提起”“卖家责任裁决率”，平台会对该笔订单的这4项指标进行免责；

（2）因物流问题产生的纠纷（如妥投地址错误，但卖家填写地址无误的情况），卖家可发起线上发货投诉。

2. 采用无忧物流发货的订单

（1）若出现DSR物流服务评分低等级和物流原因引起的“纠纷提起”“仲裁提起”“卖家责任裁决率”，平台会对该笔订单的这4项指标进行免责；

（2）因物流问题产生的纠纷，直接由平台介入核实物流状态并判责；

（3）物流导致的纠纷退款，由平台承担（标准物流赔付上限800元人民币，优先物流赔付上限1 200元人民币）。

（二）不可抗力相关

交易期间突发不可抗力事件（如2014年5、6月的巴西大规模罢工事件），平台会根据不可抗力事件的具体情况：

（1）对因该事件引起的“成交不卖”“仲裁提起”“仲裁有责”订单是否计入相关指标进行综合判断，具体的判定和范围以平台公告为准；

（2）在纠纷处理规则和时效上会做出相应的调整，具体的判定及时间以平台公告为准。

思考练习

1. 一个俄罗斯客人从全球速卖通店铺买了一条格子花呢披肩，重量为 287 g，加上包装后的重量为 307 g，若选择中国邮政挂号小包运输，请计算运费，并列出计算过程。

2. 一个美国客人从全球速卖通店铺购买了一副太阳眼镜，包装后的重量为 0.15 kg，若选择国际 e 邮宝运输，请计算运费，并列出计算过程。

模块三　跨境物流的海关清关

学习目标

1. 熟悉各国海关对进口货物的规定；
2. 熟悉出口货物的海关报关流程和退税流程；
3. 会对常见海关清关问题进行解析。

工作任务

本模块包括以下工作任务：第一，列出跨境电商出口商品的通关流程；第二，列出跨境电商进口商品的通关流程；第三，列出跨境电商出口货物的退税流程。

实践操作

一、跨境电商出口商品的通关流程

（1）在跨境电商服务平台上备案；

（2）商品售出后，电商、物流、支付企业向跨境电商服务平台提交订单、支付、物流三单信息；

（3）跨境电商服务平台完成三单比对，自动生成货物清单，并向中国电子口岸发送清单数据；

（4）货物运往跨境电子商务监管仓库；

（5）海关通过跨境电商服务平台审核，确定单货相符后，货物放行出口；

（6）电商公司凭报关单向国税局申请退税。

二、跨境电商进口商品的通关流程

自贸试验区内的跨境电商企业必须在口岸的海关特殊监管区内注册公司，才可以开展跨境电商保税备货模式进口。

（一）入关

跨境货物要进入海关特殊监管区等待查验。保税区内都设有海关、国检共同入驻的跨境电商监管中心。

（二）普货查验

跨境货物进入海关监管仓，等待海关进行查验关签。查验的目的是核对实际进口货物与报关单证所报内容是否相符，有无错报、漏报、瞒报、伪报等情况。海关人员检查无误后，货物进入保税仓储存，等待国检进行抽样检验。

（三）理货上架

仓库分为储存区、包装区和监管区三个区域，部分对温度和湿度有较高要求的货物，如食品、母婴产品、保健品等，则存储于恒温仓，以确保其品质。

（四）抽样检验

国检工作人员要在两天内完成对货物的抽查检验。其中，食品及保健品还需送到专业实验室进行成分检验。

（五）收到订单后

在电商企业完成备货后，国内消费者直接在电商平台下单后，电商企业就会将生成订单发送到商品所在保税仓，同时支付企业发送支付单、物流企业发送物流单，也就是“三单比对”。

在订单生成之时，订单的相关数据会全部传输到跨境服务平台（即接受企业备案的外网平台），服务平台再将数据传输到管理平台（即海关内网）。

（六）打包

保税仓工作人员开始按订单打包对应商品货物。

（七）过光机查验

打包完毕的货物运送到分拣中心，通过过光机进行查验。操作人员需扫描输入货物的条形码，经过过光机的货物均有图像留档，每一笔订单信息都将被保存。

（八）海关、国检查验

国检、海关的工作人员对过光机的货物进行现场监控。在过光机中可以看到申报的物品和发出的物品是否一致，防止货物夹带。如果经查验没有问题，包裹就会被放行。

（九）系统布控

系统会对商品进行抽验。海关对抽出的包裹进行现场查验，比对数据、实物等各项信息。

（十）通关放行

包裹在通关放行后，会经由国内物流，运往全国各地，送到买家手中。对拥有“三单”的物流配送车辆，海关特殊监管区卡口智能系统将自动识别车号放行。

三、出口退税需准备的材料、资格、形式与流程

出口到退税的基本流程为：与供应商确认好需要出口商品的发票名称、数量→供应商开具发票的到位时间→准备出口，备齐货物的资料→报关出口→出口退税的备案申报→审核→税款退付、退税清算。

出口货物的报关资料包括：报关合同、商业发票、装单箱资料、电子档报关草单，委托报关的还需要一份委托报关书。

出口退税需要的资料包括：采购合同、采购增值税专用发票、装箱单、代理报关委托书、报关单、销售合同、出口发票、形式发票以及物流提运单以及结汇水单或收汇通知书。如果产品需要商检的话，还需要提供产品的商检单。

有资格做出口退税的企业：一是有工商登记（营业执照）、税务登记、对外贸易经营者备案的外贸企业或者生产企业；二是有工商登记（营业执照）、税务登记、无外贸易经营者备案的生产企业。

相关知识

一、跨境电商目的国海关对进口货物的规定

（一）巴西的相关海关规定

（1）国外寄到巴西的包裹如果估价超过 50 美元，所征收的关税最高达 60%。

（2）所有通过快件形式进口至该国的物品必须随货附上关税号或收件人的护照或公民证复印件，否则会造成 24～48 小时的清关延误。

（3）货物在运单和发票上没有备注 VAT NO.（收件人增值税号），将不会做任何通知，直接退回始发地。

（4）巴西不接受无费用弃件，目的地清关失败，发件人选择弃件，需要支付每票至少

50欧元的弃件费，否则国外会安排到付退回。

（5）一些偏远地区或未列明地区，不接受关税到付，税款必须由寄件人付。

（6）巴西海关对进口包裹进行100%查验。

（7）如果实际产品与品名不符，将直接罚款50欧元。

（8）所有寄给当地个人的物品，同样的货物数量不能超过3件，否则海关将拒绝清关而直接安排货件退回发货地（退件前不会有任何通知），所产生的一切运费均由发货人承担。

（二）俄罗斯的相关海关规定

（1）出口到俄罗斯的快件不接受个人名义的包裹，因此发件人以及收件人必须为公司名义。如有一方是个人，快件未被送达目的地会直接安排退回，退回的费用将由发件人承担。

（2）俄罗斯只有莫斯科和圣彼得堡有快件包裹服务。

（3）俄罗斯不接受弃件，目的地清关失败，快件就会被安排退回，退回的费用将由发件人承担。

（4）俄罗斯海关禁止的产品：私人礼品、链条及别针类、珠宝类、珍贵金属及宝石类、酒精饮料类、烟草卷烟类、容易腐蚀物品类。

（5）俄罗斯食品类产品进口要求收件人持有进口许可文件，因收件人未持有进口许可文件的产品被退回给发件人，产生的费用由发件人承担。

（6）如果货物（包括运费）超过200欧元，则需支付相关的关税。

（7）征收税率：对于商业货物，海关征收关税为20%申报价值+5%海关关税；对于私人物品，海关征收关税为50%申报价值+20%海关关税。

二、跨境电商企业出口退税操作

（一）跨境电商B2C卖家出口退（免）税的情形

我国对通过一般贸易方式出口的货物可以按规定办理退（免）税，目前跨境电商卖家适用的情形包括：海外仓头程（海运/空运/快递）发货、FBA头程（海运/空运/快递）发货、国际快递发货。

（二）退税形式

退税形式分三种：（1）出口免税并退税；（2）出口免税不退税；（3）出口不免税也不退税。出口不免税是指国家限制出口的某些货物在出口环节视同内销，照常征税；出口不退税是指对这些货物不退还出口前实际负担的税款。适用这个政策的主要是税法列举限制出口的货物。

（三）出口退税货物应具备的条件

（1）必须属于增值税、消费税征税范围的货物；（2）必须是报关离境的货物；（3）必须是在财务上做销售处理的货物；（4）必须是出口收汇并已核销的货物。

需要注意的是，外贸企业必须在货物报关出口之日起90天内办理出口退税申报手续，生产企业必须在货物报关出口之日起三个月后“免、抵、退”税申报期内办理免抵税申报手续。

知识拓展

随着跨境电商物流的发展，很多跨境B2C卖家开始使用海外仓储服务。头程使用海/空运派送都是以一般贸易清关的，这种方式在符合出口退税条件下是可以退免税的，所以正在做海外仓的中小卖家也需对此予以关注。以下是跨境电商卖家必知的出口退税知识。

一、什么是出口退税

出口退税是指对出口货物退还其在国内生产和流通环节实际缴纳的增值税、消费税。出口货物退税制度是一个国家税收的重要组成部分。出口退税主要是通过退还出口货物的国内已纳税款来平衡国内产品的税收负担，使本国产品以不含税成本进入国际市场，与国外产品在同等条件下进行竞争，从而增强竞争力，增加出口创汇。

出口退税的方法：

（1）对外贸企业出口货物实行免税和退税办法，即对出口货物销售环节免征增值税，对出口货物在前各个生产流通环节已缴纳增值税予以退税；

（2）对生产企业自营或委托出口的货物实行免、抵、退税办法，对出口货物本道环节免征增值税，对出口货物所采购的原材料、包装物等所含的增值税允许抵减其内销货物的应缴税款，对未抵减完的部分再予以退税。

二、跨境电商卖家出口退税的计算

不同货物的退税率不同，主要有17%、14%、13%、11%、9%、5%几档退税率。一般跨境电商热销品的退税率都在11%～17%。企业合理利用出口退税，可有效降低成本、提高毛利。

外贸企业应退税额的计算：

应退税额＝增值税专用发票所列进项金额×退税率（采购发票上的税率和国家规定退税率的较低者）

生产企业：出口货物增值税“免、抵、退”的计算方法相对外贸企业更复杂一些，具体如下：

免：生产企业出口的自产货物免征本企业生产销售环节增值税。

抵：生产企业出口的自产货物所耗用的原材料、零部件、燃料、动力等所含应予退还的进项税额抵顶内销货物的应纳税额。

退：生产企业出口的自产货物在当月内应抵顶的进项税额大于应纳税额时，对未抵顶完的部分予以退税。

三、出口退税需准备的材料、资格、形式与流程

（一）准备材料

出口退税需要以下材料：采购合同、增值税专用发票、装箱单、代理报关委托书、报关单、销售合同、出口发票、形式发票、物流提运单以及结汇水单或收汇通知书。如果产品需要商检的话，还需要提供产品的商检单。

（二）企业资格

（1）有工商登记（营业执照）、税务登记、对外贸易经营者备案的外贸企业或者生产企业；

（2）有工商登记（营业执照）、税务登记、无外贸易经营者备案的生产企业。

（三）退税形式

（1）出口免税并退税。指货物在出口销售环节不征增值税，对货物在出口前实际承担的税收负担，按规定的退税率计算后予以退税。

（2）出口免税不退税。指货物在出口销售环节不征增值税，而且因为这类货物在前一道生产、销售环节或进口环节是免税的，因此出口时该货物的价格中是不含税的，也无须退税。

（3）出口不免税也不退税。出口不免税是指国家限制出口的某些货物在出口环节视同内销，照常征税；出口不退税是指对这些货物不退还出口前实际负担的税款。适用这个政策的主要是税法列举限制出口的货物。

（四）退税流程

出口退税备案→申报→审核→税款退付、退税清算，如图5-52所示。

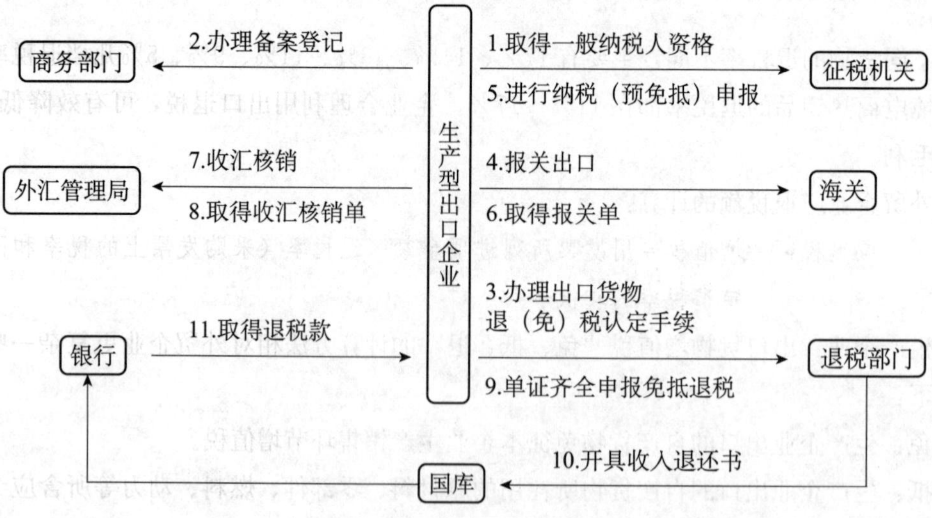

图5-52　生产型出口企业办理出口退税业务流程图

新规出现之前，外贸电商从业者基本是小型公司，退税方面面临诸多问题：一是退税流程复杂，沟通专业，耗时耗力；二是监管机构审核严格，办理周期长、时间成本高；三是企业需要招募、培养相关专业人员，人力成本高。

新规出台后，跨境电商企业可以将退税业务外包给专业的服务平台，提高了退税操作效率，同时企业也不必为办理退税进行专门的人员配置和培养。

四、出口退税货物应具备的条件

（1）必须是属于增值税、消费税征税范围的货物；

（2）必须是报关离境的货物；

（3）必须是在财务上做销售处理的货物；

（4）必须是出口收汇并已核销的货物。

五、享受免税的三个条件

如果电子商务出口企业的出口货物不符合上述退（免）税条件，但同时符合下列三种条件，可享受增值税、消费税免税政策。

（1）电子商务出口企业已办理税务登记。

（2）出口货物取得海关签发的出口货物报关单。

（3）购进出口货物取得合法有效的进货凭证。如果出口企业只有税务登记证，但未取得增值税一般纳税人资格或未办理出口退（免）税资格认定，以及出口货物报关单并非出口退税专用联次，购进货物出口时未取得合法凭证等，应当享受免税政策。

六、出口退税相关问题与解答

【问题1】我们公司是自己开发的产品，使用的是价格昂贵的进口芯片。如果我们报关出口，好像可以退税吧？因为我们已经缴纳进口关税，再出口应该是能退税的。谁知道如何操作？

解答：包括委托书、货物信息出口口岸等在内的报关单证按照货代的要求做好之后，交给货代，委托货代报关，然后货代会给发货方报关底单，发货方可以拿着报关底单去税务局办理相关退税。

此外，已纳进口关税针对国外销售税互相抵扣，需要在海外拥有贸易公司或者有VAT税号。

【问题2】出口退税与先征后退有什么区别？

解答：当“销项税额”大于“进项税额”时，应选择“免、抵、退”；当“销项税额”小于或等于“进项税额”时，应选择“先征后退”。一般而言，企业成立之初或扩展、调整阶段，出现“进项税额”大于“销项税额”的情况可能较多。除此之外，处于正常经营状态的企业都应该是“销项税额”大于“进项税额”，因此，生产型出口企业选择“免、抵、退”比“先征后退”在大多数情况下更有利。

【问题3】 如何将税务合法化、正规化？

解答： 出口退税及目的国税金正常缴税才是合法、正规的唯一途径。以英国为例，缴纳增值税会增加成本，降低产品的竞争力，出口退税却可以获得政府费用支持，降低成本。出口退税是政府鼓励出口的象征，将出口退税和目的国缴纳增值税相结合，可有效控制成本。

以某英国卖家为例说明如下：

假设每个月销售流水&国内采购成本

客户销售流水/万美元	6.84
客户销售流水/万人民币	45
客户采购成本/万人民币	20

运作分析（单位：万人民币）

①货值分析		②出口退税分析		③运费分析		④进口税金分析		⑤销售分析		⑥VAT申报分析	
假设开票税点	8.00%	假设退税率	16.00%	头程运费	2.20	关税率	5.00%	汇率	6.58	申报销售额	38.25
采购价（不含税	20.00	票上货值	18.46			VAT税率	20.00%	销售额（人民币）	45.00	销售税率	20.00%
采购价（含税）	21.60	增值税	3.14			Duty	1.08	平台费用	15.00%	销售税	6.38
		出口退税金额	2.95			进口VAT	4.98	平台销售成本	6.75	需缴税额	1.40
		出口退税单票成本	0.10					二程派送成本	3.60	申报费用/季度	0.13

图5-53　某英国卖家案例1

		利润	利润率
路径一：正规途径：出口退税+当地VAT申报　推荐!			
收入=销售额+出口退税金额	47.95	6.12	30.59%
成本=采购价（含税）+运费+Duty+进口VAT+**销售税**+平台销售成本	41.84		
路径二：正规途径：不做出口退税+当地VAT申报			
收入=销售额	45.00	4.86	24.33%
成本=采购价（不含税）+运费+Duty+进口VAT+**销售税**+平台销售成本	40.14		
路径三：不正规途径：不做退税，不做当地VAT申报			
收入=销售额	45.00	6.39	31.97%
成本=采购价（不含税）+运费+Duty+进口VAT+平台销售成本	38.61		
路径四：不正规途径：做退税，不做当地VAT申报			
收入=销售额+**出口退税金额**	47.95	7.65	38.24%
成本=采购价（含税）+运费+Duty+进口VAT+进口VAT+平台销售成本	40.31		

图5-54　某英国卖家案例2

从图5-53、图5-54可明显看出，出口退税可以提升6.27%的毛利，其中出口退税可以退回2.95万人民币，销售缴纳的增值税为1.4万人民币，此项正规操作使得成本增加也在控制范围内。

注意事项：

出口企业在办理出口退税时要特别注意申报程序，具备时间观念，以免造成损失。出口企业在办理出口退税时，应注意四个时限规定：

一是“30 天”。外贸企业购进出口货物后，应及时向供货企业索取增值税专用发票或普通发票，防伪税控增值税发票必须在开票之日起 30 天内办理认证手续。

二是“90 天”。外贸企业必须在货物报关出口之日起 90 天内办理出口退税申报手续，生产企业必须在货物报关出口之日起 3 个月后“免、抵、退”税申报期内办理免抵税申报手续。

三是“180 天”。出口企业必须在货物报关出口之日起 180 天内，向所在地主管退税部门提供出口收汇核销单（远期收汇除外）。

四是“3 个月”。出口企业出口货物纸质退税凭证丢失或内容填写有误，按有关规定可以补办或更改的，出口企业可在申报期限内向退税部门提出延期办理出口货物退（免）税申报的申请，经批准后，可延期 3 个月申报。

思考练习

根据订单详情（见图 5－55、图 5－56）填写报关一体化面单（见图 5－57）。

图 5－55　商品详情

收件人：Irina Leonidovna Lesun
地址：50 let BSSR
house 5, apartment 89
Borisov, Minskaya oblast, Belarus
邮编：222526
手机：375293123587
电话：+375-
传真：

图 5－56　收件人信息

中国邮政 CHINA POST
Small Package BY AIR
KZ
RH940928549CN

From: ①

Ship To: ②

No.	Description of Contents:	Kg.	Val(US$.)	Goods Origin
3	④	⑤	⑥	7
	Total Gross:	8	9	

I certify the particulars given in this customs declaration are correct. This item does not contain any dangerous article, or articles prohibited by legislation or by postal or customs regulations.

Sender's Signature & Date Signed: 10 11 CN22

图 5-57 报关一体化面单

模块四 海外仓

学习目标

1. 熟悉跨境电商海外仓平台规则；
2. 熟悉海外仓费用结构；
3. 会设置海外仓商品运费模板；
4. 熟悉 VAT 及各国税号申请流程。

工作任务

本模块包括以下工作任务：第一，熟悉海外仓权限申请流程；第二，设置海外仓商品运费模板；第三，发布海外仓商品。

实践操作

一、申请海外仓权限

浙江知范电子商务有限公司为了增加全球速卖通店铺商品的曝光率，提升商品的定价水平，有效减少订单响应时间，提升物流配送时效，降低物流成本，开始布局海外仓，向全球速卖通平台提交了海外仓权限申请。申请流程如图 5－58 所示：

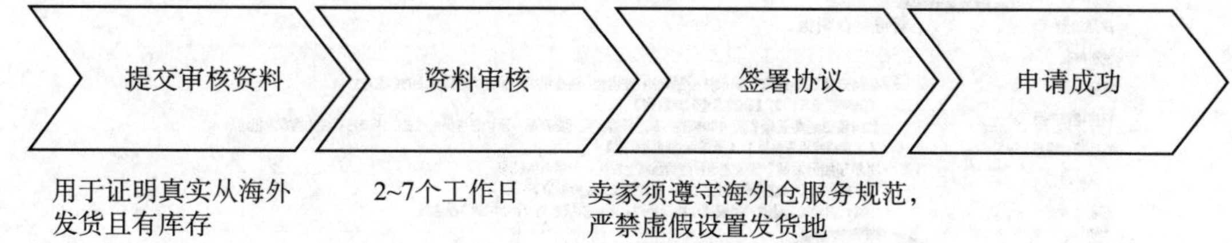

图 5－58　海外仓申请流程

店铺的主账号和子账号都可以申请，申请成功后，系统会同时开通主账号以及所属子账号的权限。

如果公司使用的是第三方海外仓，申请时需要提供以下资料：(1) 合作物流商；(2) 客户代码（物流商给客户用的代码）；(3) 与第三方物流商签订的合同照片；(4) 使用第三方物流系统的后台截图（库存查询、订单管理页面等）。

如果公司使用的是自营海外仓，申请时需要提供以下资料：(1) 海外仓地址；(2) 中国发货证明（如发货底单、发货拍照、物流跟踪详情截图等）；(3) 海外通关证明（如缴税证明等）；(4) 仓库照片（将报名 ID 写在或打印在小纸条上并放在当地最近的报纸上拍照，照片背景可看到门牌号或仓库实景）。

如果没有通过审核，可能是以下原因：(1) 海外无库存（含货物在途）；(2) 提交的资料不全或无法证明有海外库存；(3) 海外仓所在地不在开通范围内（目前仅支持 9 个海外发货地：美国、英国、德国、西班牙、法国、意大利、俄罗斯、澳大利亚、印度尼西亚）。

二、设置海外仓商品运费模板

在设置海外仓商品运费模板时，商品发货地必须和运费模板设置完全一致，所以需要根据公司海外仓所在地新增或编辑运费模板。

浙江知范电子商务有限公司有 A、B、C3 种商品，商品发货地如表 5－4 所示，这样跨境电商专员小刘需要设置 3 个不同的运费模板。因为“商品发货地”必须完全和“运费模板设置的发货地”一致，所以 A 商品只能关联运费模板 1，不能够关联运费模板 2 和 3。

表 5-4　　海外仓不同运费模板

商品	发货地	商品可关联的运费模板
A	中国	运费模板 1：发货地只有中国
B	美国	运费模板 2：发货地只有美国
C	中国 & 美国	运费模板 3：有 2 个发货地，中国和美国

设置步骤如下：

第一步：新增或编辑运费模板。进入卖家后台→“产品管理”→“模板管理”→“运费模板”，点击“新增运费模板”按钮或选择现有运费模板进行编辑，如图 5-59 所示。

图 5-59　新增运费模板页面

第二步：选择发货地。点击“新增发货地”（见图 5-60），勾选需要设置的发货国家，点击“确认”按钮（见图 5-61）。同一运费模板可以同时设置多个发货地。

目前运费模板中可选择的发货地设置仅包含中国在内的 10 个国家。如果商品发货地不在其中，请选择发货地为中国。后续平台会根据卖家发货地分布新增支持的发货国家。

第三步：设置运费及承诺运达时间。点击发货地区后的“展开设置”，可针对不同的发货地区以及不同的物流方式分别设置运费及承诺运达时间，如图 5-62 所示。

卖家既可以点击自定义运费，选择物流方式所支持的国家及运费；也可以点击自定义运达时间，对不同国家设置不同的承诺运达时间，如图 5-63 所示。例如：发货地在美

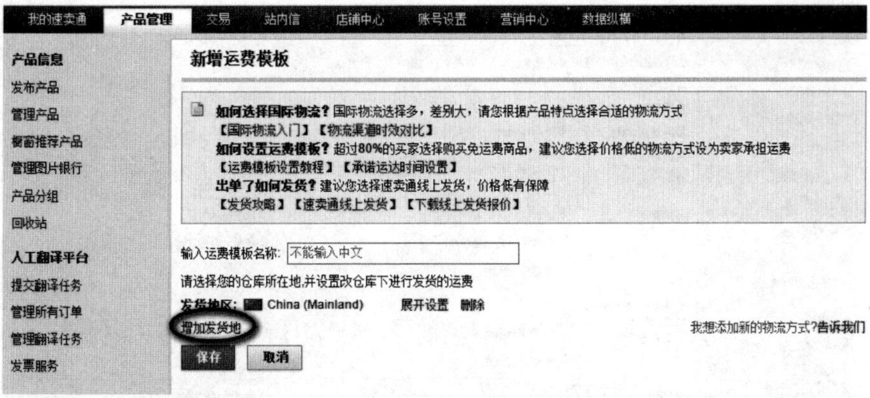

图 5－60　增加发货地

图 5－61　选择发货地

图 5－62　展开设置运费及承诺运达时间

国，可以设置支持发往美国、加拿大、墨西哥、智利、巴西 5 国，并分别设置运费及承诺运达时间。发货国与目的国一致（除俄罗斯外），承诺运达时间最长不能超过 15 天，俄罗斯可按照分区设置承诺运达时间。

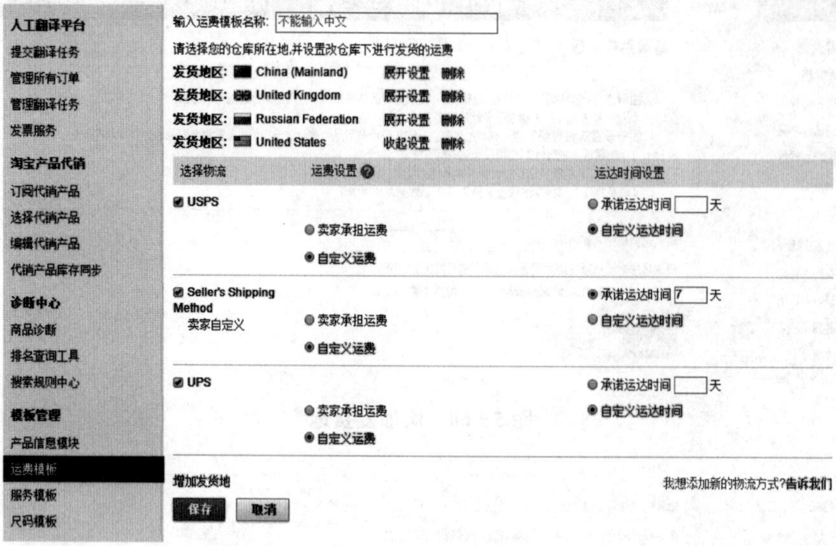

图 5－63　自定义运费

三、发布海外仓商品

全球速卖通海外仓商品的发布跟非海外仓商品发布的不同之处在于需要特别关注“发货地”和“运费模板”信息的填写。具体如下：

（一）填写发货地

在发货地一栏勾选商品发货地，可同时勾选多个发货地，如图 5－64 所示。目前运费模板中可选择的发货地设置仅包含中国在内的 10 个国家，如果您的商品发货地不在其中，请选择发货地为中国。后续平台会根据卖家发货地分布新增支持的发货国家。

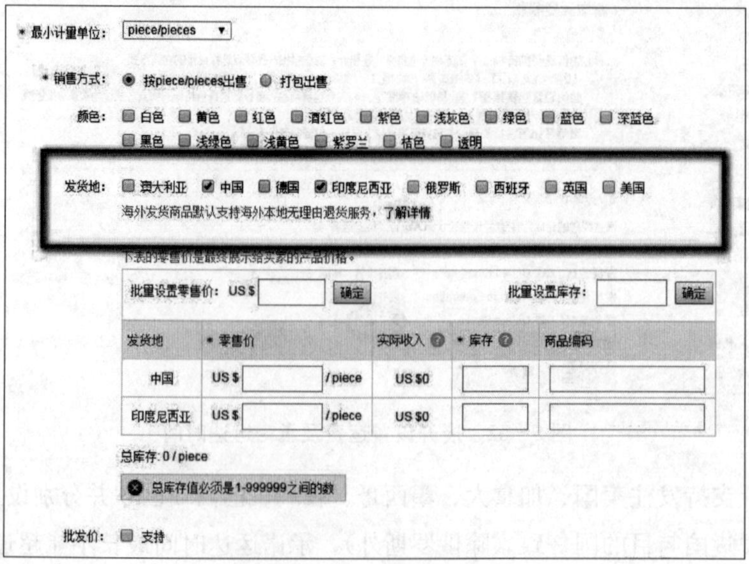

图 5－64　填写发货地

需要注意的是，海外本地发货商品默认提供本地无理由退货服务：(1) 仅发件国和目的国一致的订单默认提供本地无理由退货服务。例如：卖家备货在美国仓的商品支持发往美国和加拿大，只有收货地为美国的订单才默认提供无理由退货服务。(2) 无理由退货服务承诺。若买家不喜欢所购买的商品，可选择在交易结束前提起无理由退货，退回商品（必须未使用过，不影响二次销售）。卖家提供的退货地址必须在本地，退货运费由买家承担。买家退回商品后需要卖家确认，若卖家对退回商品或退款金额存在争议，可向平台发起申诉。

此外，海外发货商品发货期必须≤5 天。海外发货商品需要提前备货到海外仓。为保障买家收货时效，设置发货期≤5 天，并在 5 工作日内将货物发出。如果设置的发货期>5 天，将无法获得海外发货标识、搜索筛选、平台活动等海外发货商品专享推广资源。

（二）选择运费模板

产品发布页面只会展示能够选择的运费模板（运费模板发货地与商品选择的发货地完全一致），发货地不匹配的运费模板将不展示，如图 5－65 所示。商品发布成功后，卖家可以在商品管理页面通过运费模板筛选出海外仓发货的商品。

图 5－65　选择运费模板

相关知识

一、海外仓费用结构

海外仓费用结构是指将仓库设立在海外（除中国大陆以外）而产生的一系列费用。海外仓既可以是自建仓库，也可以使用第三方物流服务商公司的仓库。现在以使用第三方物流服务商的海外仓所发生的费用进行讲解。

海外仓费用主要由“头程费用＋处理费＋仓储费＋尾程运费＋关税/增值税/杂费”构成。

头程费用：卖家将物品运送到海外仓的目的国，分为空运、海运散货、海运整柜、当地拖车。

处理费：入库费用、出库费用、订单处理费。

仓储费：分为淡季和旺季，一般下半年的仓储费会更高。

尾程运费：本地的派送运费，FedEx、DHL、UPS、当地邮政。

【例 1】 女士衬衫海外仓费用计算。

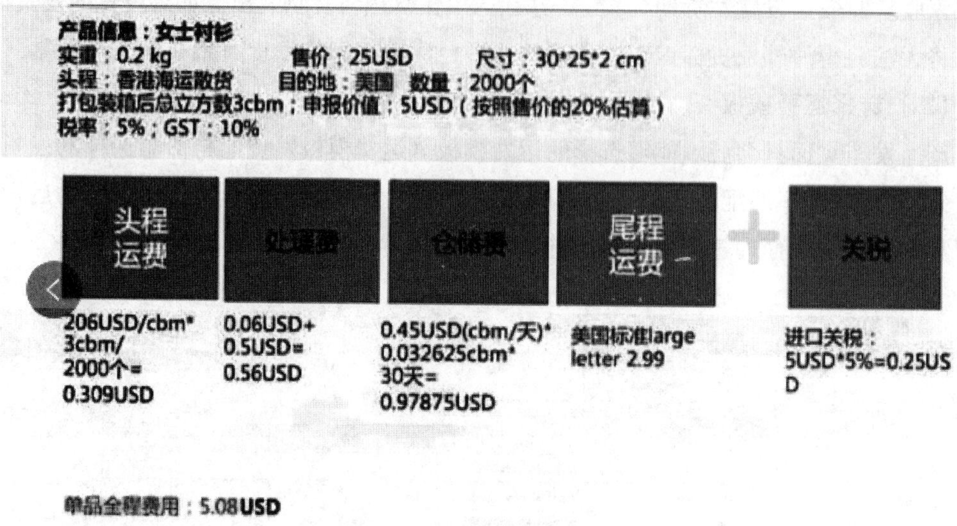

图 5 - 66　女士衬衫海外仓费用计算

【例 2】 五金工具海外仓费用计算。

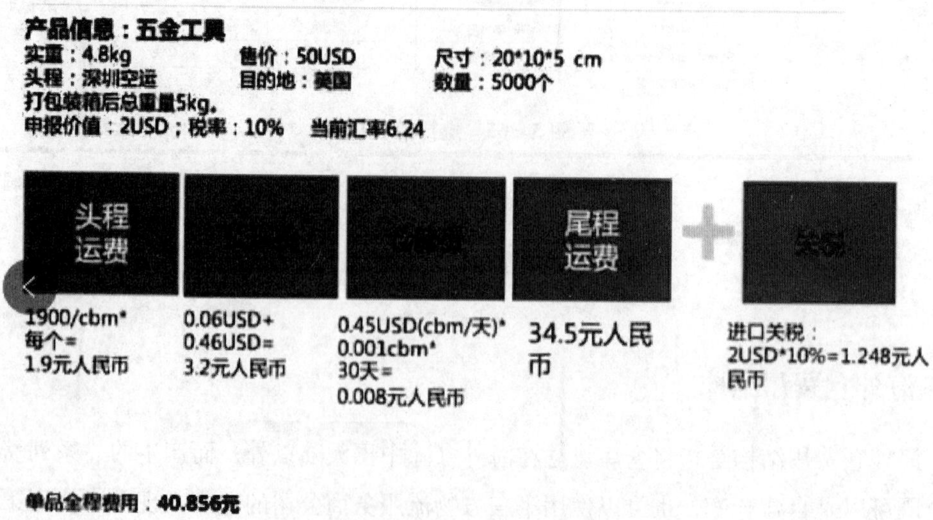

图 5 - 67　五金工具海外仓费用计算

需要注意的是，不同公司仓储收费方式不同，二程有的按体积算、有的按重量算。不同国家的关税也不同，如美洲国家只算进口关税，欧洲国家则计算进口关税＋增值税，大洋洲国家计算进口关税＋增值税＋附加税。以上数据只是个简单的举例参考。

二、税金

税金是指货物出口到某国，需按照该国进口货物政策而征收的一系列费用。通常所称的关税主要是指进口关税，进口关税是一个国家的海关对进口货物和物品征收的关税。征收进口关税会增加进口货物的成本，提高进口货物的市场价格，影响外国货物进口数量。因此，各国都以征收进口关税作为限制外国货物进口的一种手段。适当的使用进口关税可以保护本国工农业生产，也可以作为一种经济杠杆调节本国生产和经济发展。有些国家不仅有进口关税，还有一些特定的费用。

主要国家所需税金计算方式如表 5－5 所示。

表 5－5　主要国家所需税金计算方式

英国	美国	澳大利亚	俄罗斯
税金＝关税＋VAT 关税＝货值×关税税率 VAT＝（运费＋货值＋关税）×20％	税金＝关税＝货值×关税税率	税金＝关税＋GST 关税＝货值×关税税率 GST＝（运费＋货值＋关税）×10％	税金＝关税＋VAT 关税＝货值×关税税率 VAT＝（运费＋货值＋关税）×20％

俄罗斯大部分进口货品均需要缴付 20％的增值税，而食品及儿童用品则付 10％，高科技、棉花及药物则免缴增值税。此外，部分奢侈品，如烟、酒、汽车、石油及首饰，需缴付 25％～90％的消费税。

VAT：Value Added Tax，增值税。

GST：Goods and Services Tax，增值税、消费税与服务税。

关税税率：海关税则规定的对课征对象征税时计算税额的比例。

知识拓展

一、全球速卖通平台规则

（一）海外仓商品前台展示

海外仓商品发布成功后，买家可以在商品详情页（见图 5－68）看到商品的发货地信息并进行选择。

搜索页面支持海外本地发货商品的独立筛选项及专属标识。这样，海外发货商品的曝光率将大大提升。买家可以在搜索页选择 Ship from 国家，筛选海外发货的商品，还可以

图 5－68　海外仓商品前台展示

通过搜索筛选项“Domestic Delivery”一键筛选本国发货的商品。此外，海外本地发货（发货国与买家收件国一致）的商品将展示专属标识，如图 5－69 所示。

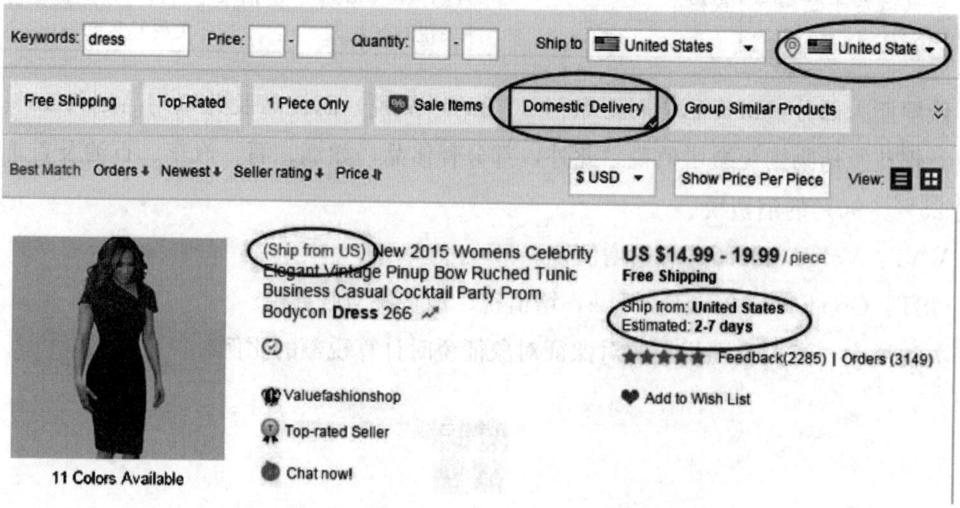

图 5－69　海外仓本地发货商品的专属标识

需要提醒的是，为保障买家收货时效，设置发货期一定要≤3 天，并在 3 天内将货物发出。如果设置的发货期>3 天，将无法获得海外发货标识、搜索筛选、平台活动等海外发货商品专享推广资源。

（二）海外仓商品服务规范

海外仓商品服务规范旨在规范海外仓物流服务标准，保证物流时效和买家体验。以下是全球速卖通平台海外仓服务规范的具体内容：

为规范海外仓物流服务标准，保证物流时效和买家体验，全球速卖通平台将定期对海外仓发货订单的物流服务进行考核。

如果您的订单为海外仓发货（即买家下单时选择的发货地非中国），则需要注意：

(1) 商品实际发货地必须与买家选择的发货地一致，禁止擅自更改发货地，一旦出现，平台有权对店铺处罚。

(2) 选择物流信息可追踪的物流方式进行发货，禁止使用无挂号物流方式。《速卖通平台规则（卖家规则）》第 4.4.3 条规定卖家填写发货通知时，所填写的运单号必须真实并可查询。

(3) 买家付款后，需要及时将货物寄出。

平台将对海外仓发货订单的物流履行率、物流跟踪率及物流时效等指标进行考核：

(1) 物流履行率：卖家实际发货的"发货国"及"物流方式"与买家下单时选择的"发货国"及"物流方式"一致的订单占比。

(2) 物流跟踪率：物流信息可跟踪的订单占比。

(3) 物流时效：买家付款后 7 天（俄罗斯 10 天）内可妥投的订单占比。

若卖家的海外发货订单无法提供优质的海外发货物流服务，物流履行率、物流跟踪率及物流时效低于海外仓发货的平均水平，将受到以下影响：

(1) 物流履行率低：速卖通将取消卖家的海外发货地设置权限（即海外仓权限），并保留店铺处罚的权利。

(2) 物流跟踪率低：速卖通将取消商品的 Domestic Delivery 打标及资源支持。

(3) 物流时效慢：速卖通将取消商品的 Domestic Delivery 打标及资源支持。

如果您通过海外仓发货，请注意：

(1) 检查商品设置，准确设置发货地，不得虚假设置。

提醒：若商品只使用了英国海外仓，可以发往英国和德国，否则只能设置发货地英国，不得设置发货地德国。

(2) 及时更新海外仓库存，避免超卖缺货。

(3) 选择可跟踪的物流方式，并在填写发货通知时准确填写。

提醒：填写发货通知时，需要准确选择物流方式并填写真实有效的运单号，物流方式选错将会导致物流信息不可追踪。例如：通过 USPS 发货的订单，若选择的物流方式为 other-US，将会导致物流不可跟踪。

(4) 买家付款后尽快发货。

(5) 选择时效有保障的物流方式。

二、Wish 海外仓政策要求

(一) 时效要求

5 个工作日内送达消费者手中，包括周一至周六（不含周日）。

（二）退款说明

超过5个工作日送达的订单，买家有权要求退款，商户承担100%责任。

（三）订单晚到率

超过5个工作日送达的订单比例，按两周数据统计。

晚到率大于5%，所有超过5个工作日送达的订单将不予支付货款。则产品将被移出Wish Express海外仓项目，且所有订单退款责任为100%。

（四）返利奖励

从11月1日至次年1月31日（旺季最忙时段），凡能遵守各项WE政策的商户，时效能满足5个工作日之内送达的订单将收到结款金额3%的奖励金。

思考练习

美国客人从全球速卖通店铺买了一件T恤，重量为56 g，选择海外仓美国芝加哥仓发货。如果选择标准型物流服务，请分别计算海外仓订单处理费和海外本地派送费。相关报价如表5-6和5-7所示。

表5-6　美国本地物流价格报价表

计费重量（盎司）	参考公制重量（克）	经济型（7个工作日）	标准型（5个工作日）	快速型（3个工作日）
1	28	12.76	14.39	16.01
2	56	13.28	14.65	16.01
3	85	13.93	14.97	16.01
4	113	16.08	16.86	17.58
5	141	16.73	18.03	19.27
6	170	17.58	19.27	20.90
7	198	18.62	20.64	22.59
8	226	19.27	21.68	24.09
9	155	20.12	22.98	25.78
10	283	20.96	24.22	27.41

表5-7　订单操作费

重量	价格（人民币元）	计量单位	备注
0～7盎司	5	每单	
7.01盎司～2磅	6.5	每单	
2磅以上	6.5＋0.65/磅	每单	
复合订单（每增加一项）		每件	每日订单100单以上，有折扣

参考文献

一、图书

[1] 廖毅芳，陈海权．国际货运代理实务［M］．广州：广东经济出版社，2008.

[2] 江太利，刘东生．国际航空货物运输知识问答［M］．北京：人民交通出版社，2010.

[3] 杨占林．国际货运代理实务精讲［M］．北京：中国海关出版社，2009.

[4] 杨鹏强．国际货运代理操作实务［M］．北京：中国海关出版社，2010.

[5] 唐丽敏．彻底搞懂海运航线［M］．北京：中国海关出版社，2009 .

[6] 陈彩凤．国际货运代理［M］．北京：北京交通大学出版社，2010.

[7] 圣才学习网．国际货运代理理论与实务过关必做习题集［M］．北京：中国石化出版社，2010.

[8] 李盾．国际货运代理［M］．北京：对外经济贸易大学出版社，2008.

[9] 余世明．国际货运代理理论与实务［M］．广州：暨南大学出版社，2006.

[10] 王智强，罗来仪，金乐闻．新编国际货运代理实务［M］．北京：对外经济贸易大学出版社，2005.

[11] 顾永才，陈幼端．国际物流与货运代理［M］．北京：首都经济贸易大学出版社，2007.

[12] 张艰伟．国际货运代理员职业技能鉴定辅导练习［M］．北京：中国劳动社会保障出版社，2007.

[13] 张艰伟．国际货运代理员［M］．北京：中国劳动社会保障出版社，2006.

[14] 张嘉生，王春丽．国际货运代理业务中的法律风险防范［M］．北京：法律出版社，2008.

[15] 孙家庆．国际货运代理（第三版）［M］．大连：东北财经大学出版社，2010.

[16] 马洁．国际货运代理实务（学生用书）［M］．北京：中国物资出版社，2011.

[17] 马洁．国际货运代理实务（教师用书）［M］．北京：中国物资出版社，2010.

[18] 王学锋，郏丙贵．国际货运代理概论［M］．上海：同济大学出版社，2006.

[19] 孙敬宜．国际货运代理实务［M］．北京：电子工业出版社，2009.

[20] 陈金山．国际货运代理［M］．北京：科学出版社，2009.

[21] 闵德权，孙家庆．新编国际货运代理实务［M］．北京：科学出版社，2009.

[22] 鲁广斌．国际货运代理实务与集装箱运输业务［M］．北京：清华大学出版社，2010.

[23] 王森勋．新编国际货运代理理论与实务［M］．北京：北京大学出版社，2009.

[24] 速卖通大学．跨境电商物流［M］．北京：电子工业出版社，2016.

[25] 丁晖．跨境电商多平台运营：实战基础（第 2 版）．北京：电子工业出版社，2017.

二、网络

[1] 锦程物流网（http：//www. jctrans. com)

[2] 合众外贸论坛（http：//bbs. tradeknow. com)

[3] 宁波天航国际物流有限公司官方网站（http：//www. tianhang. com. cn)

[4] 台湾长荣海运股份有限公司官方网站（http：//www. evergreen-marine. com)

[5] 中国远洋运输（集团）总公司官方网站（http：//www. cosco. com)

[6] 马士基航运公司网站（www. maerskcn. com)

[7] 中国邮政速递物流官方网站（http：//www. ems. com. cn)

图书在版编目（CIP）数据

国际货运代理操作实务/李春富，山囡囡主编．—3版．—北京：中国人民大学出版社，2018.7

21世纪高职高专规划教材．国际经济与贸易系列

ISBN 978-7-300-25774-7

Ⅰ.①国… Ⅱ.①李… ②山… Ⅲ.①国际货运-货运代理-高等职业教育-教材 Ⅳ.①F511.41

中国版本图书馆CIP数据核字（2018）第098307号

高等职业教育“十三五”规划精品系列教材

21世纪高职高专规划教材·国际经济与贸易系列

国际货运代理操作实务（第3版）

主　编　李春富　山囡囡

副主编　蔡文芳　訾　颖

Guoji Huoyun Daili Caozuo Shiwu

出版发行	中国人民大学出版社		
社　址	北京中关村大街31号	邮政编码	100080
电　话	010－62511242（总编室）		010－62511770（质管部）
	010－82501766（邮购部）		010－62514148（门市部）
	010－62515195（发行公司）		010－62515275（盗版举报）
网　址	http://www.crup.com.cn		
	http://www.ttrnet.com(人大教研网)		
经　销	新华书店		
印　刷	北京溢漾印刷有限公司		
规　格	185 mm×260 mm　16开本	版　次	2011年10月第1版
印　张	19.5 插页1		2018年7月第3版
字　数	407 000	印　次	2024年8月第6次印刷
		定　价	42.00元

信息反馈表

尊敬的老师:

您好！为了更好地为您的教学、科研服务，我们希望通过这张反馈表来获取您更多的建议和意见，以进一步完善我们的工作。

请您填好下表后以电子邮件、信件或传真的形式反馈给我们，十分感谢！

一、您使用的我社教材情况

您使用的我社教材名称			
您所讲授的课程		学生人数	
您希望获得哪些相关教学资源			
您对本书有哪些建议			

二、您目前使用的教材及计划编写的教材

您目前使用的教材	书名	作者	出版社
您计划编写的教材	书名	预计交稿时间	本校开课学生数量

三、请留下您的联系方式，以便我们为您赠送样书（限1本）

您的通信地址			
您的姓名		联系电话	
电子邮箱（必填）			

我们的联系方式:

地　址: 苏州工业园区仁爱路158号中国人民大学苏州校区修远楼

电　话: 0512-68839320　　传　真: 0512-68839316

E-mail: huadong@crup.com.cn　　邮　编: 215123

网　址: www.crup.com.cn